# CBAC LEFEL 2

# MATHEMATEG YCHWANEGOL

**Golygydd y gyfres** Linda Mason
**Awdur** Andrew Ginty

Boost

HODDER
EDUCATION
AN HACHETTE UK COMPANY

*CBAC Lefel 2 Mathemateg Ychwanegol*

Addasiad Cymraeg o *WJEC Level 2 Additional Mathematics* a gyhoeddwyd yn 2022 gan Hodder Education

Ariennir yn Rhannol gan
**Lywodraeth Cymru**
Part Funded by
**Welsh Government**

**Cyhoeddwyd dan nawdd Cynllun Adnoddau Addysgu a Dysgu CBAC**

Gwnaed pob ymdrech i gysylltu â'r holl ddeiliaid hawlfraint, ond os oes unrhyw rai wedi'u hesgeuluso'n anfwriadol, bydd y cyhoeddwyr yn falch o wneud y trefniadau angenrheidiol ar y cyfle cyntaf.

Er y gwnaed pob ymdrech i sicrhau bod cyfeiriadau gwefannau yn gywir adeg mynd i'r wasg, nid yw Hodder Education yn gyfrifol am gynnwys unrhyw wefan y cyfeirir ati yn y llyfr hwn. Weithiau mae'n bosibl dod o hyd i dudalen we a adleolwyd trwy deipio cyfeiriad tudalen gartref gwefan yn ffenestr LlAU (URL) eich porwr.

Polisi Hachette UK yw defnyddio papurau sy'n gynhyrchion naturiol, adnewyddadwy ac ailgylchadwy o goed a dyfwyd mewn coedwigoedd cynaliadwy. Disgwylir i'r prosesau torri coed a gweithgynhyrchu gydymffurfio â rheoliadau amgylcheddol y wlad y mae'r cynnyrch yn tarddu ohoni.

Archebion: cysylltwch â Hachette UK Distribution, Hely Hutchinson Centre, Milton Road, Didcot, Oxfordshire, OX11 7HH. Ffôn: +44 (0)1235 827827. E-bost: education@hachette.co.uk. Mae'r llinellau ar agor rhwng 9.00 a 17.00 o ddydd Llun i ddydd Gwener. Gallwch hefyd archebu trwy wefan Hodder Education: www.hoddereducation.co.uk.

ISBN 978 1 3983 8517 7

Llun y clawr © robin_ph/stock.adobe.com

Teiposodwyd yn Bembo Std, 11/13 pts. gan Aptara, Inc.

Argraffwyd a rhwymwyd gan CPI Group (UK) Ltd, Croydon, CR0 4YY

Mae cofnod catalog y teitl hwn ar gael gan y Llyfrgell Brydeinig.

**Cydnabyddiaeth lluniau**

**t. 1** © Archivist / stock.adobe.com; **t. 23** © loops7 / Getty Images; **t. 40** © efks / stock.adobe.com; **t. 59** © Africa Studio / stock.adobe.com; **t. 84** © Graham Moore /123RF.com; **t. 96** © taxiberlin / stock.adobe.com; **t. 98** © Igor Groshev / stock.adobe.com; **t. 122** © pixel. / stock.adobe.com; **t. 155** © Bastos - Fotolia.com; **t. 181** © MinDof / stock.adobe.com

MIX
Paper | Supporting
responsible forestry
FSC™ C104740

# Cynnwys

Mae'r llyfr hwn wedi'i ysgrifennu i gefnogi CBAC Tystysgrif Lefel 2 Mathemateg Ychwanegol, ond gallech chi hefyd ei ddefnyddio'n annibynnol fel cyflwyniad i bwnc Mathemateg y tu hwnt i TGAU. Y disgwyl yw y gallai llawer o'r myfyrwyr sy'n defnyddio'r llyfr hwn fod yn gweithio heb lawer o gymorth o ddydd i ddydd gan athro. Gyda hyn mewn golwg, mae'r testun wedi'i ysgrifennu mewn ffordd ryngweithiol ac mae'r atebion yn llawnach na'r hyn sydd yn aml i'w weld mewn llyfrau fel hyn.

Mae'r cymhwyster wedi'i ddylunio i fyfyrwyr sy'n cyflawni ar lefel uchel ac sydd wedi cael graddau B i A★ yn y cwrs TGAU Mathemateg yn barod, neu'n disgwyl eu cael nhw. Y gobaith yw y bydd llawer o'r myfyrwyr hyn yn astudio Mathemateg Safon Uwch a chyrsiau pellach.

Mae sgiliau mathemategol uwch yn cael eu hastudio'n fanylach ac mae'r pwyslais ar sgiliau rhesymu algebraidd, dadlau trwyadl a datrys problemau. Bydd myfyrwyr sy'n dilyn y cwrs hwn wedi'u paratoi'n dda i fynd i'r afael â chymhwyster Mathemateg Lefel 3.

Mae'r cynnwys wedi'i rannu yn adrannau, sef algebra, geometreg (gan gynnwys mesureg a thrigonometreg) a chalcwlws. Mae pob adran yn cynnwys gwaith sy'n ymestyn ac yn herio, ac sy'n mynd y tu hwnt i Raglen Astudio TGAU. Wrth symud drwy'r llyfr, mae'r cysylltiad rhwng testunau i'w weld fwyfwy, gan bwysleisio mor daclus yw mathemateg a chystal mae'r cyfan yn plethu ynghyd.

Mae pob pennod yn dechrau â dyfyniad, a'i bwrpas yw dal sylw a dod â'r testun yn fyw a/neu gynnig safbwynt gwahanol. Yna, mae'r penodau wedi'u rhannu'n isadrannau, gyda chyflwyniad byr i bob un a nifer o enghreifftiau wedi'u cyfrifo (a datrysiadau hefyd) sy'n cyflwyno technegau pwysig ac arddulliau cwestiynau. Yn olaf, mae un neu ragor o setiau o gwestiynau ymarfer. Mae blychau lliw, awgrymiadau a nodiadau yn helpu i dynnu sylw at rai o'r pwyntiau allweddol.

Hefyd, mae pob pennod yn cynnwys nifer o weithgareddau. Mae'r rhain yn aml yn cael eu defnyddio i gyflwyno cysyniad newydd, neu i atgyfnerthu'r enghreifftiau yn y testun. Drwy'r llyfr, mae'r pwyslais ar ddeall y fathemateg sy'n cael ei defnyddio, yn hytrach nag ar allu gwneud y cyfrifiadau yn unig. Fodd bynnag, mae'r ymarferion yn cynnig digon o gyfle i ymarfer technegau sylfaenol.

Mae pedwar symbol yn cael eu defnyddio'n rheolaidd yn y llyfr:

🛈 Mae'r 'arwydd rhybudd' hwn yn eich rhybuddio chi bod angen gosod cyfyngiadau neu fod yn ymwybodol o beryglon posibl.

**DD** Mae'r symbol hon yn dangos bod hwn yn gwestiwn lle mae angen dethol a defnyddio dulliau mathemategol. Bydd y math hwn o gwestiwn weithiau'n ymwneud â mwy nag un maes testun.

DRh Mae'r symbol hon yn dangos bod hwn yn gwestiwn lle mae angen dehongli a rhesymu er mwyn datrys problem fathemategol. Bydd y math hwn o gwestiwn hefyd weithiau'n ymwneud â mwy nag un maes testun.

BGI Mae'r symbol hon yn dangos bod y math hwn o gwestiwn wedi'i osod mewn cyd-destun yn y byd go iawn.

Mae 'Pwyntiau trafod' yn cael eu defnyddio yn y llyfr i'ch helpu chi i ddeall y ddamcaniaeth sydd wedi'i chyflwyno, neu sydd ar fin cael ei chyflwyno. Mae atebion i'r rhain wedi'u cynnwys hefyd.

Mae blychau 'Gwybodaeth flaenorol' yn nodi pa gynnwys o'r cwrs TGAU Mathemateg, neu ba gynnwys o adran gynharach yn y llyfr, y dylech chi fod yn gyfarwydd â hi cyn mynd i'r afael â'r testun.

Mae adrannau 'Defnydd i'r dyfodol' yn esbonio sut gall y fathemateg sy'n cael ei chyflwyno mewn pennod gael ei defnyddio mewn astudiaethau pellach, gan gynnwys yn nes ymlaen yn y llyfr. Ar y llaw arall, mae 'Cyd-destunau'r byd go iawn' yn esbonio sut mae'r fathemateg ym mhob pennod yn cael ei defnyddio. Ar ddiwedd pob pennod, byddwch chi hefyd yn gweld rhestr o ddeilliannau dysgu a phwyntiau allweddol.

Mae rhestr fer o eiriau allweddol yn dilyn y ddau bapur ymarfer. Mae'r atebion i'r papurau ymarfer, pob cwestiwn ymarfer, y gweithgareddau a'r pwyntiau trafod yng nghefn y llyfr.

Y gobaith yw y bydd y myfyrwyr sy'n defnyddio'r llyfr hwn yn datblygu diddordeb mawr mewn mathemateg, yn cael eu hysbrydoli a'u herio gan natur drwyadl y cwrs, ac yn gallu gwerthfawrogi pŵer mathemateg ei hun ac fel ffordd o ddatrys problemau.

# Rhifau ac algebra I

### Gwybodaeth flaenorol

Mae disgwyl i chi fod yn gyfarwydd â'r holl bynciau rhifau a chymarebau sydd yn y cwrs TGAU.

## 1 Rhifau a'r system rifau

Bydd rhifau yn cael eu profi'n gyson drwy'r cwrs. Mae'r enghreifftiau a'r cwestiynau canlynol yn gyfle i ymarfer rhai o'r sgiliau rhif sylfaenol y gallai fod eu hangen.

| **Enghraifft 1.1** | Symleiddiwch y gymhareb 3 cilometr : 840 metr. |
|---|---|

### Datrysiad

$$3\,km : 840\,m = 3000\,m : 840\,m$$
$$= 3000 : 840$$
$$= 300 : 84$$
$$= 100 : 28$$
$$= 25 : 7$$

**Enghraifft 1.2**

Cyfrifwch 43% o 5680.

*Datrysiad*

43% o 5680 = 0.43 × 5680

= 2442.4

**Enghraifft 1.3**

Cynyddwch 540 gan 17.5%.

*Datrysiad*

540 + 17.5% o 540 = 540 × 117.5%

= 540 × 1.175

= 634.5

**Enghraifft 1.4**

Heb ddefnyddio cyfrifiannell, cyfrifwch $\frac{9}{10} - \frac{2}{5} \div \frac{6}{7}$.

*Datrysiad*

$$\frac{9}{10} - \frac{2}{5} \div \frac{6}{7} = \frac{9}{10} - \frac{2}{5} \times \frac{7}{6}$$

$$= \frac{9}{10} - \frac{2 \times 7}{5 \times 6}$$

$$= \frac{9}{10} - \frac{1 \times 7}{5 \times 3}$$

$$= \frac{9}{10} - \frac{7}{15}$$

$$= \frac{27}{30} - \frac{14}{30}$$

$$= \frac{13}{30}$$

**Enghraifft 1.5**

O wybod y cymarebau $x : y = 5 : 3$ ac $y : z = 4 : 7$, cyfrifwch y gymhareb $x : z$ yn ei ffurf symlaf.

*Datrysiad*

$x : y = 20 : 12$ ac $y : z = 12 : 21$

felly $x : y : z = 20 : 12 : 21$

felly $x : z = 20 : 21$

**Enghraifft 1.6**

Gan roi eich ateb i 3 ffigur ystyrlon, cyfrifwch $\dfrac{3.76 \times 34}{78.4 \times 980}$.

### *Datrysiad*

$$\dfrac{3.76 \times 34}{78.4 \times 980} = 1.663\,890\,046 \times 10^{-3}$$

$$= 0.001\,663\,890\,046$$

$$= 0.00166 \quad (3 \text{ ff.y.})$$

**Ymarfer 1A**

*Peidiwch â defnyddio cyfrifiannell ar gyfer y cwestiynau sydd wedi'u nodi â ★.*

① Llinell syth yw ABCD (heb ei lluniadu wrth raddfa). AB = 4 cm, AC = 10 cm, AD = 22 cm.

```
A           B           C                D
|-----------|-----------|----------------|
```

Cyfrifwch y cymarebau hyn, gan roi eich atebion yn eu ffurf symlaf.

[i]   AC : AB       [ii]   AB : BC       [iii]   AD : AB

[iv]   BC : CD       [v]   BD : BC

> ⚠ Mewn cwestiwn yn ymwneud ag arian, os oes gofyn i chi roi ateb mewn punnoedd a cheiniogau, cofiwch roi unrhyw atebion anghyfanrifol i ddau le degol.

★② Cyfrifwch

[i]   60% o £115       [ii]   $33\frac{1}{3}$% o 780       [iii]   17.5% o 64 cm.

③ Cyfrifwch

[i]   95% o 7540       [ii]   $12\frac{1}{2}$% o 53.76       [iii]   4.2% o £150.

★④ [i] Cynyddwch 80 gan 5%.                [ii] Cynyddwch £240 gan 75%.

[iii] Gostyngwch £20 gan 40%.            [iv] Gostyngwch 36 gan $66\frac{2}{3}$%.

⑤ [i] Cynyddwch 650 gan 14%.             [ii] Gostyngwch 3250 gan 3.5%.

[iii] Gostyngwch £3650 gan 64%.         [iv] Cynyddwch £46.30 gan $5\frac{1}{2}$%.

★⑥ Gan roi eich atebion fel ffracsiynau yn eu ffurf symlaf, cyfrifwch

[i]   $\dfrac{3}{5} + \dfrac{2}{3} \times \dfrac{5}{6}$       [ii]   $\left(\dfrac{1}{2}\right)^3 \div 4$       [iii]   $3\frac{2}{5} - \dfrac{3}{4}$.

⑦ [i] Gan roi eich atebion i 3 ffigur ystyrlon, cyfrifwch   52.7 ÷ 4.93

[ii] Gan roi eich atebion i 2 ffigur ystyrlon, cyfrifwch   5.9 − 0.53 × 1.8

[iii] Gan roi eich atebion i 1 ffigur ystyrlon, cyfrifwch   $0.23 \times 0.14 + 0.09^2$

[iv] Gan roi eich atebion i 2 le degol, cyfrifwch   $\dfrac{19 + 36}{144 - 52}$.

⑧ Mae bag yn cynnwys gleiniau glas, gwyrdd a gwyn.

Cymhareb y gleiniau glas i leiniau gwyrdd yw 4 : 3.

Cymhareb y gleiniau gwyrdd i leiniau gwyn yw 2 : 7.

Cyfrifwch y nifer lleiaf posibl o leiniau yn y bag.

⑨ Mae 55% o'r athrawon mewn ysgol yn fenywod. Mae'r 36 athro arall yn wrywod. Cyfrifwch nifer yr athrawon yn yr ysgol.

# 2 Symleiddio mynegiadau

Pan fydd gofyn i chi *symleiddio* mynegiad algebraidd, bydd angen i chi ei ysgrifennu yn ei ffurf fwyaf cryno. Bydd hyn yn cynnwys technegau fel casglu termau tebyg, diddymu cromfachau, ffactorio a darganfod enwadur cyffredin (os yw'r mynegiad yn cynnwys ffracsiynau).

**Enghraifft 1.7**

Symleiddiwch y mynegiad hwn.

$3a + 4b - 2c + a - 3b - c$

**Datrysiad**

Mynegiad $= 3a + a + 4b - 3b - 2c - c$ (casglu termau tebyg)

$= 4a + b - 3c$

**Enghraifft 1.8**

Symleiddiwch y mynegiad hwn.

$2(3x - 4y) - 3(x + 2y)$

❗ Camgymeriad cyffredin mewn cwestiynau fel hyn yw anghofio lluosi pob term yn yr ail set o gromfachau â $-3$.

**Datrysiad**

Mynegiad $= 6x - 8y - 3x - 6y$ (diddymu'r cromfachau)

$= 3x - 14y$

$-3 \times 2y = -6y$

**Enghraifft 1.9**

Symleiddiwch y mynegiad hwn.

$3x^2yz \times 2xy^3$

**Datrysiad**

Mynegiad $= (3 \times 2) \times (x^2 \times x) \times (y \times y^3) \times z$ (casglu termau tebyg)

$= 6x^3y^4z$

**Enghraifft 1.10**

Symleiddiwch y mynegiad hwn.

$$\frac{12a^3b^2c^2}{8ab^5c}$$

**Datrysiad**

Rhannwch y rhifiadur a'r enwadur â'u ffactor cyffredin mwyaf.

$$\frac{12a^3b^2c^2}{8ab^5c} = \frac{3a^{3-1}c^{2-1}}{2b^{5-2}}$$

$$= \frac{3a^2c}{2b^3}$$

**Sylwch**

Nid oes angen cynnwys y cam canol sydd i'w weld yma.

**Enghraifft 1.11**

Ffactoriwch y mynegiad hwn.

$3a^2b + 6ab^2$

**Pwynt trafod**

→ Esboniwch beth mae'r gair *ffactorio* yn ei olygu.

**Datrysiad**

Yn gyntaf, ysgrifennwch ffactor cyffredin mwyaf y ddau derm, ac yna gweithiwch ar gynnwys y cromfachau.

$3a^2b + 6ab^2 = 3ab(a + 2b)$ ← $3a^2b = 3ab \times a$ a $6ab^2 = 3ab \times 2b$

**Enghraifft 1.12**

Symleiddiwch y mynegiad hwn.

$\dfrac{2x^2}{3yz} \div \dfrac{4xy^2}{5z^2}$

**Datrysiad**

$\text{Mynegiad} = \dfrac{2x^2}{3yz} \times \dfrac{5z^2}{4xy^2}$

$= \dfrac{10x^2z^2}{12xy^3z}$

$= \dfrac{5xz}{6y^3}$

**Enghraifft 1.13**

Ysgrifennwch y mynegiad canlynol fel ffracsiwn unigol.

$\dfrac{x}{4t} - \dfrac{2y}{5t} + \dfrac{z}{2t}$.

**Datrysiad**

$\dfrac{x}{4t} - \dfrac{2y}{5t} + \dfrac{z}{2t} = \dfrac{5x}{20t} - \dfrac{8y}{20t} + \dfrac{10z}{20t}$ ← $20t$ yw lluosrif cyffredin lleiaf $4t$, $5t$ a $2t$.

$= \dfrac{5x - 8y + 10z}{20t}$

**Ymarfer 1B**

① Symleiddiwch y mynegiadau canlynol.

[i] $12a + 3b - 7c - 2a - 4b + 5c$

[ii] $4x - 5y + 3z + 2x + 2y - 7z$

[iii] $3(5x - y) + 4(x + 2y)$

[iv] $2(p + 5q) - (p - 4q)$

[v] $x(x + 3) - x(x - 2)$

[vi] $a(2a + 3) + 3(3a - 4)$

[vii] $3p(q - p) - 3q(p - q)$

[viii] $5f(g + 2h) - 5g(h - f)$

② Ffactoriwch y mynegiadau canlynol drwy gymryd y ffactor cyffredin mwyaf allan.

(i) $8 + 10x^2$

(ii) $6ab + 8bc$

(iii) $2a^2 + 4ab$

(iv) $pq^3 + p^3q$

(v) $3x^2y + 6xy^4$

(vi) $6p^3q - 4p^2q^2 + 2pq^3$

(vii) $15lm^2 - 9l^3m^3 + 12l^2m^4$

(viii) $84a^5b^4 - 96a^4b^5$

③ Symleiddiwch y mynegiadau canlynol a ffactoriwch y canlyniadau.

(i) $4(3x + 2y) + 8(x - 3y)$

(ii) $x(x - 2) - x(x - 8) + 6$

(iii) $x(y + z) - y(x + z)$

(iv) $p(2q - r) + r(p - 2q)$

(v) $k(l + m + n) - km$

(vi) $a(a - 2) - a(a + 4) + 2(a - 4)$

(vii) $3x(x + y) - 3y(x - 2y)$

(viii) $a(a - 2) - a(a - 4) + 8$

④ Symleiddiwch y mynegiadau canlynol cymaint â phosibl.

(i) $2a^2b \times 5ab^3$

(ii) $6p^3q \times 2q^3r$

(iii) $lm \times mn \times np$

(iv) $3r^3 \times 6s^2 \times 2rs$

(v) $ab \times 2bc \times 4cd \times 8de$

(vi) $3xy^2 \times 4yz^2 \times 5x^2z$

(vii) $2ab^3 \times 6a^4 \times 7b^6$

(viii) $6p^2q^3r \times 7pq^5r^4$

⑤ Symleiddiwch y ffracsiynau canlynol cymaint â phosibl.

(i) $\dfrac{4a^2b}{2ab}$

(ii) $\dfrac{p^2}{q} \times \dfrac{q^2}{p}$

(iii) $\dfrac{8a}{3b^2} \times \dfrac{6b^3}{4a^2}$

(iv) $\dfrac{3ab}{2c^2} \times \dfrac{4cd}{6a^2}$

(v) $\dfrac{8xy^3z^2}{12yz}$

(vi) $\dfrac{3a^2}{9b^3} \div \dfrac{2a^4}{15b}$

(vii) $\dfrac{5p^3q}{8rs^2} \div \dfrac{15pq^5}{28r^4}$

⑥ Ysgrifennwch y mynegiadau canlynol fel ffracsiynau unigol.

(i) $\dfrac{2a}{3} + \dfrac{a}{4}$

(ii) $\dfrac{2x}{5} - \dfrac{x}{2} + \dfrac{3x}{4}$

(iii) $\dfrac{4p}{3} - \dfrac{3p}{4}$

(iv) $\dfrac{2s}{5} - \dfrac{s}{3} + \dfrac{4s}{15}$

(v) $\dfrac{3b}{8} - \dfrac{b}{6} + \dfrac{5b}{24}$

(vi) $\dfrac{3a}{b} - \dfrac{2a}{3b}$

(vii) $\dfrac{5}{2p} - \dfrac{3}{2q}$

(viii) $\dfrac{2x}{3y} - \dfrac{3x}{2y}$

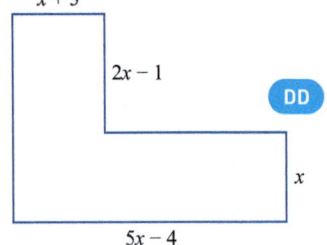

$x + 3$

$2x - 1$

$x$

$5x - 4$

**Ffigur 1.1**

DD ⑦ Mae onglau'r hecsagon yn Ffigur 1.1 i gyd yn 90° neu'n 270°.

Mae hyd ei ochrau yn cael ei roi yn nhermau $x$.

(i) Cyfrifwch ei berimedr yn nhermau $x$.

(ii) Cyfrifwch ei arwynebedd yn nhermau $x$.

Rhowch eich atebion mewn ffurf wedi'i symleiddio.

DD ⑧ Hyd y petryal yn Ffigur 1.2 yw $5x + 2$ a'i led yw $3x - 1$.

Mae sgwariau â hyd $x$ yn cael eu tynnu o bob un o gorneli'r petryal.

(i) Ysgrifennwch fynegiad wedi'i symleiddio ar gyfer perimedr y siâp newydd.

(ii) Ysgrifennwch fynegiad wedi'i symleiddio ar gyfer arwynebedd y siâp newydd.

Rhwyd ciwboid agored yw'r siâp newydd.

**Ffigur 1.2**

(iii) Ysgrifennwch fynegiad ar gyfer cyfaint y ciwboid.

# 3 Datrys hafaliadau llinol

Gall hafaliadau llinol gael eu datrys mewn ffyrdd gwahanol. Bydd yr ateb terfynol bob amser yr un peth, pa ddull bynnag sy'n cael ei ddefnyddio. Yr unig reol i'w chofio yw bod beth bynnag sy'n cael ei wneud i un ochr hefyd yn cael ei wneud i'r ochr arall. Mae'r enghreifftiau canlynol yn egluro hyn. Gydag ymarfer, byddwch chi'n hepgor peth o'r gwaith cyfrifo.

**Pwynt trafod**

➜ Beth yw hafaliad?

➜ Beth mae datrys hafaliad yn ei olygu?

> ### Gwybodaeth flaenorol
> --------------------------------------------------------------
> Mae disgwyl i chi fod yn gyfarwydd â datrys hafaliadau llinol.

**Enghraifft 1.14**

Datryswch yr hafaliad hwn.

$3(3x - 17) = 2(x - 1)$

### *Datrysiad*

| | | | |
|---|---|---|---|
| Lluoswch y cromfachau | $\Rightarrow$ | $9x - 51$ | $= 2x - 2$ |
| Tynnwch $2x$ o'r ddwy ochr | $\Rightarrow$ | $9x - 51 - 2x$ | $= 2x - 2 - 2x$ |
| Tacluswch | $\Rightarrow$ | $7x - 51$ | $= -2$ |
| Adiwch 51 i'r ddwy ochr | $\Rightarrow$ | $7x - 51 + 51$ | $= -2 + 51$ |
| Tacluswch | $\Rightarrow$ | $7x$ | $= 49$ |
| Rhannwch y ddwy ochr â 7 | $\Rightarrow$ | $x$ | $= 7$ |

**Enghraifft 1.15**

Datryswch yr hafaliad hwn.

$\frac{1}{2}(x + 8) = 2x + \frac{1}{3}(4x - 5)$

### *Datrysiad*

Dechreuwch drwy glirio'r ffracsiynau a lluosi'r ddwy ochr â 6 (lluosrif cyffredin lleiaf 2 a 3).

| | | |
|---|---|---|
| Lluoswch y ddwy ochr â 6 | $\Rightarrow$ | $6 \times \frac{1}{2}(x + 8) = 6 \times 2x + 6 \times \frac{1}{3}(4x - 5)$ |
| Tacluswch | $\Rightarrow$ | $3(x + 8) = 12x + 2(4x - 5)$ |
| Lluoswch y cromfachau | $\Rightarrow$ | $3x + 24 = 12x + 8x - 10$ |
| Tacluswch | $\Rightarrow$ | $3x + 24 = 20x - 10$ |
| Tynnwch $3x$ o'r ddwy ochr | $\Rightarrow$ | $24 = 17x - 10$ |
| Adiwch 10 i'r ddwy ochr | $\Rightarrow$ | $34 = 17x$ |
| Rhannwch y ddwy ochr ag 17 | $\Rightarrow$ | $x = 2$ |

**Pwynt trafod**

➜ Pam mae'r llythyren a'r rhif wedi newid ochrau yn y llinell olaf?

Weithiau, bydd angen i chi lunio'r hafaliad yn ogystal â'i ddatrys. Wrth wneud hyn, gwnewch yn siŵr eich bod chi'n cyflwyno unrhyw newidynnau byddwch chi'n eu cyflwyno.

**Enghraifft 1.16**

Mewn triongl, mae'r ongl fwyaf naw gwaith maint yr ongl leiaf. Mae'r drydedd ongl yn 60°.

(i)     Ysgrifennwch y wybodaeth hon ar ffurf hafaliad.

(ii)    Datryswch yr hafaliad i gyfrifo meintiau'r tair ongl.

### Datrysiad

(i)     Gadewch i $s$ = yr ongl leiaf mewn graddau.

Felly $9s$ = yr ongl fwyaf.

Swm y tair ongl yw 180°.

$s + 9s + 60 = 180$

(ii)    Gan ddatrys $\Rightarrow 10s = 120$.

$\Rightarrow \quad s = 12$

Yna, yr ongl fwyaf yw $9 \times 12 = 108$.

Felly'r onglau yw 12°, 60° a 108°.

**Ymarfer 1C**

①  Datryswch yr hafaliadau canlynol.

(i)    $2x - 3 = x + 4$                         (ii)   $5a + 3 = 2a - 3$

(iii)  $2(x + 5) = 14$                          (iv)  $7(2y - 5) = -7$

(v)    $5(2c - 8) = 2(3c - 10)$           (vi)  $3(p + 2) = 4(p - 1)$

(vii)  $3(2x - 1) = 6(x + 2) + 3x$      (viii) $\dfrac{x}{3} + 7 = 5$

(ix)   $\dfrac{5y - 2}{11} = 3$                    (x)   $\dfrac{k}{2} + \dfrac{k}{3} = 35$

(xi)   $\dfrac{2t}{3} - \dfrac{3t}{5} = 4$             (xii)  $\dfrac{5p - 4}{6} - \dfrac{2p + 3}{2} = 7$

(xiii) $p + \dfrac{1}{3}(p + 1) + \dfrac{1}{4}(p + 2) = \dfrac{5}{6}$

②  Mae hyd cae, $l$ metr, 80 m yn fwy na'r lled. Mae'r perimedr yn 600 m.

(i)    Ysgrifennwch y wybodaeth hon ar ffurf hafaliad yn $l$.

(ii)   Cyfrifwch arwynebedd y cae.

**DD**  ③  Mae Rhys ac Iwan yn efeilliaid ac mae eu brawd Steffan bedair blynedd yn iau. Cyfanswm eu hoedrannau yw 17 mlynedd.

(i)    Ysgrifennwch y wybodaeth hon ar ffurf hafaliad yn $s$, sef oedran Steffan mewn blynyddoedd.

(ii)   Beth yw oedran y tri ohonyn nhw?

DD ④ Mewn arholiad aml-ddewis 20 cwestiwn, mae pedwar marc yn cael eu rhoi am bob ateb cywir ac mae un marc yn cael ei dynnu am bob ateb anghywir. Nid oes cosb am beidio â rhoi cynnig ar gwestiwn. Mae ymgeisydd yn rhoi cynnig ar $a$ o gwestiynau ac mae'n cael $c$ yn gywir.

(i) Ysgrifennwch, a symleiddiwch, fynegiad ar gyfer cyfanswm marciau'r ymgeisydd yn nhermau $a$ ac $c$.

(ii) Mae ymgeisydd yn rhoi cynnig ar dri chwarter y cwestiynau ac mae'n cael sgôr o 40.

Ysgrifennwch, a datryswch, hafaliad ar gyfer nifer yr atebion cywir.

DD ⑤ Mae Marc dair gwaith oedran ei fab, Jac, ac ymhen 12 mlynedd, bydd Marc ddwywaith oedran Jac.

(i) O wybod bod Jac nawr yn $j$ blwydd oed, ysgrifennwch fynegiad ar gyfer oedran Marc ymhen 12 mlynedd.

(ii) Ysgrifennwch, a datryswch, hafaliad yn $j$.

DD ⑥ Mae ochrau sgwâr yn $2a$ metr o hyd, ac mae petryal yn $3a$ metr o hyd a 3 metr o led.

(i) Ysgrifennwch berimedr y sgwâr yn nhermau $a$.

(ii) Ysgrifennwch berimedr y petryal yn nhermau $a$.

(iii) Mae perimedrau'r sgwâr a'r petryal yn hafal. Cyfrifwch werth $a$.

DD ⑦ Mae swm pum rhif olynol yn hafal i 105. Gadewch i $m$ gynrychioli'r rhif canol.

(i) Ysgrifennwch y pum rhif yn nhermau $m$.

(ii) Ffurfiwch hafaliad yn $m$ a'i ddatrys.

(iii) Beth yw'r pum rhif olynol?

DRh ⑧ Mae un petryal yn $(x + 2)$ cm o hyd a 2 cm o led. Mae petryal arall, â'r un arwynebedd, yn 5 cm o hyd ac $(x - 3)$ cm o led.

Beth yw arwynebedd y petryalau?

---

### Pwynt trafod

→ Mae hufen iâ mawr yn costio 40c yn fwy nag un bach. Mae dau hufen iâ mawr yn costio'r un faint â thri o rai bach. Beth yw cost y ddau faint o hufen iâ?

→ Mae hon yn enghraifft o'r math o gwestiwn y gallech chi ei weld mewn llyfr posau neu yn yr adran bosau mewn papur newydd neu gylchgrawn. Sut byddech chi'n mynd ati i'w ddatrys?

### Pwynt trafod

→ Efallai y byddech chi'n meddwl ei bod hi'n ymddangos bod y cwestiwn canlynol yn debyg iawn i'r un ar y chwith. Beth sy'n digwydd pan fyddwch chi'n trio ei ddatrys?

→ Mae hufen iâ mawr yn costio 40c yn fwy nag un bach. Mae pum hufen iâ bach a thri o rai mawr yn costio 80c yn llai na thri hufen iâ bach a phump o rai mawr. Beth yw cost y ddau faint o hufen iâ?

# 4 Algebra a rhifau

Bydd rhai cwestiynau algebra yn cynnwys defnyddio sgiliau rhif.

**Enghraifft 1.17**

Mae $a$ yn 75% o $b$ a $b : c = 3 : 2$.

Dangoswch fod $8a = 9c$.

**Datrysiad**

Mae $a$ yn 75% o $b$.

$$a = \frac{75}{100}b$$

$$a = \frac{3}{4}b \qquad ①$$

$$b : c = 3 : 2$$

$$\frac{b}{c} = \frac{3}{2}$$

$$b = \frac{3}{2}c \qquad ②$$

Amnewidiwch ② yn ①.

$$a = \frac{3}{4} \times \frac{3}{2}c$$

$$a = \frac{9}{8}c$$

$$8a = 9c$$

**Enghraifft 1.18**

Ysgrifennwch fynegiad ar gyfer $x$ wedi'i gynyddu gan 13%.

**Datrysiad**

$$x \text{ wedi'i gynyddu gan } 13\% = x + \frac{13}{100}x$$
$$= 1.13x$$

**Enghraifft 1.19**

$p : q = 4 : 5$

Cyfrifwch $p + 2q : 4q$, gan roi eich ateb yn ei ffurf symlaf.

**Datrysiad**

Gan feddwl yn nhermau rhannau:

Mae $p$ yn 4 rhan, mae $q$ yn 5 rhan.

Mae $p + 2q$ yn $4 + 2 \times 5 = 14$ rhan

Mae $4q$ yn 20 rhan.

$$p + 2q : 4q = 14 : 20$$
$$= 7 : 10$$

Dyma ddatrysiad arall:

$$p : q = 4 : 5 \implies \frac{p}{q} = \frac{4}{5}$$

$$\implies p = \frac{4}{5}q$$

$$p + 2q : 4q = \frac{4}{5}q + 2q : 4q$$

$$= \frac{14}{5}q : 4q$$

$$= \frac{14}{5} : 4$$

$$= 7 : 10$$

**Ymarfer 1Ch**

① Ysgrifennwch fynegiadau ar gyfer y canlynol, gan roi eich atebion yn eu ffurf symlaf.

[i]  30% o $b$          [ii]  $y$% o 450          [iii]  $c$% o $d$

② 60% o $p$ = 40% o $q$.

Cyfrifwch $p$ fel canran o $q$.

③ Ysgrifennwch fynegiadau ar gyfer y canlynol, gan roi eich atebion yn eu ffurf symlaf.

[i]  $a$ wedi'i gynyddu gan 20%          [ii]  $b$ wedi'i gynyddu gan 5%

[iii]  $k$ wedi'i ostwng gan 35%          [iv]  $m$ wedi'i ostwng gan 2%

④ Mae $a$ wedi'i gynyddu gan 80% yn hafal i $b$ wedi'i gynyddu gan 50%.

Dangoswch fod $\frac{b}{a}$ = 1.2.

**DRh** ⑤ Mae $p$ wedi'i gynyddu gan 25% yn hafal i $q$ wedi'i ostwng gan 25%.

Cyfrifwch $p$ fel canran o $q$.

**DRh** ⑥ $x : y = 2 : 3$ ac $y : z = 4 : 9$.

Cyfrifwch $x : y : z$, gan roi eich ateb yn ei ffurf symlaf.

**DRh** ⑦ $a : b = 5 : 2$

[i]  Ysgrifennwch $a$ yn nhermau $b$.

[ii]  Cyfrifwch $2a + b : b$, gan roi eich ateb yn ei ffurf symlaf.

[iii]  Cyfrifwch $7a - 5b : 4a$, gan roi eich ateb yn ei ffurf symlaf.

**DRh** ⑧ $m : n = 3 : 8$ ac mae $r$ yn 20% o $n$.

Cyfrifwch $m : r$.

**DRh** ⑨ Mae $y$ 20% yn fwy nag $x$.

Mae $w$ 20% yn llai nag $y$.

Cyfrifwch y gymhareb $w : x$ yn ei ffurf symlaf.

**DRh** ⑩ Mae $p$ $m$% yn fwy na $q$.

Mae $p$ $m$% yn llai nag $r$.

Cyfrifwch y gymhareb $r : q$ yn nhermau $m$.

**DRh** ⑪ Cymhareb bechgyn i ferched mewn ystafell yw 3 : 7.

Mae 16 bachgen yn dod i mewn ac mae 6 merch yn gadael. Y gymhareb nawr yw 4 : 5.

Sawl bachgen a sawl merch sydd yn yr ystafell nawr?

# 5 Ehangu cromfachau

**Gwybodaeth flaenorol**

Mae disgwyl i chi fod yn gyfarwydd â lluosi dau neu dri mynegiad llinol.

**Pwynt trafod**

→ Pam mae $(x + 5)(2x - 3)$ yn fynegiad cwadratig?

Mae mynegiad yn y ffurf $ax^2 + bx + c$ (lle mae cyfernod $x$ yn ansero) yn gwadratig yn $x$.

Er enghraifft,

$x^2 + 3$

$a^2$ (mynegiad cwadratig yn $a$),

$2y^2 - 3y + 5$ (mynegiad cwadratig yn $y$).

**Enghraifft 1.20**

Ehangwch $(x + 5)(2x - 3)$.

**Datrysiad**

$$(x + 5)(2x - 3) = x(2x - 3) + 5(2x - 3)$$
$$= 2x^2 - 3x + 10x - 15$$
$$= 2x^2 + 7x - 15$$

Yn y dull hwn, mae popeth yn yr ail set o gromfachau wedi'i luosi â phob term yn y set gyntaf o gromfachau. Mae ffordd arall o gyflwyno hyn yn cael ei defnyddio yn yr enghraifft nesaf.

**Enghraifft 1.21**

Ehangwch $(3x - 5)^2$.

**Datrysiad**

$$(3x - 5)^2 = (3x - 5)(3x - 5)$$

$$3x - 5$$
$$\times \ 3x - 5$$
$$\overline{\phantom{xxxxx} - 15x + 25}$$
$$\underline{9x^2 - 15x \phantom{xxxx}}$$
$$9x^2 - 30x + 25$$

Ysgrifennwch y sgwâr fel lluoswm dwy set o gromfachau fel na fyddwch chi'n anghofio'r term canol.

Lluoswch y llinell uchaf â −5.

Lluoswch y llinell uchaf â $3x$.

Adiwch y ddau luoswm.

**Enghraifft 1.22**

Lluoswch $(x^3 + 2x - 4)$ â $(x^2 - x + 3)$.

**Datrysiad**

$(x^3 + 2x - 4)(x^2 - x + 3)$

$= x^3(x^2 - x + 3) + 2x(x^2 - x + 3) - 4(x^2 - x + 3)$

$= x^5 - x^4 + 3x^3 + 2x^3 - 2x^2 + 6x - 4x^2 + 4x - 12$

$= x^5 - x^4 + 5x^3 - 6x^2 + 10x - 12$

**Enghraifft 1.23**

Ehangwch a symleiddiwch $(a - 2)^3$.

**Datrysiad**

$(a - 2)^3 = (a - 2)(a - 2)^2$

Yn gyntaf, cyfrifwch $(a - 2)^2$.

$\begin{aligned}(a - 2)(a - 2) &= a(a - 2) - 2(a - 2) \\ &= a^2 - 2a - 2a + 4 \\ &= a^2 - 4a + 4\end{aligned}$

Yna, lluoswch hyn â $(a - 2)$.

$\begin{aligned}(a - 2)^3 &= (a - 2)(a^2 - 4a + 4) \\ &= a(a^2 - 4a + 4) - 2(a^2 - 4a + 4) \\ &= a^3 - 4a^2 + 4a - 2a^2 + 8a - 8 \\ &= a^3 - 6a^2 + 12a - 8\end{aligned}$

**Ymarfer 1D**

① Ehangwch y mynegiadau canlynol.

(i) $(x + 5)(x + 4)$

(ii) $(x + 3)(x + 1)$

(iii) $(a + 5)(2a - 1)$

(iv) $(2p + 3)(3p - 2)$

(v) $(x + 3)^2$

(vi) $(2x + 3)(2x - 3)$

(vii) $(2 - 3m)(m - 4)$

(viii) $(6 + 5t)(2 - t)$

(ix) $(4 - 3x)^2$

(x) $(m - 3n)^2$

② (i) Lluoswch $(x^3 - x^2 + x - 2)$ â $(x^2 + 1)$.

(ii) Lluoswch $(x^4 - 2x^2 + 3)$ â $(x^2 + 2x - 1)$.

(iii) Lluoswch $(2x^3 - 3x + 5)$ â $(x^2 - 2x + 1)$.

(iv) Lluoswch $(x^5 + x^4 + x^3 + x^2 + x + 1)$ â $(x - 1)$.

(v) Ehangwch $(x + 2)(x - 1)(x + 3)$. ◄

(vi) Ehangwch $(2x + 1)(x - 2)(x + 4)$.

(vii) Ehangwch a symleiddiwch $(x + 1)^3$.

(viii) Ehangwch a symleiddiwch $(p - 5)^3$.

(ix) Ehangwch a symleiddiwch $(2a + 3)^3$.

(x) Symleiddiwch $(2x^2 - 1)(x + 2) - 4(x + 2)^2$.

(xi) Symleiddiwch $(x^2 - 1)(x + 1) - (x^2 + 1)(x - 1)$.

> Awgrym: Ehangwch y ddwy set gyntaf o gromfachau yn gyntaf.

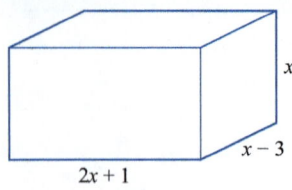

**Ffigur 1.3**

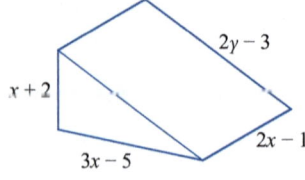

**Ffigur 1.4**

③ Hyd y ciwboid yn Ffigur 1.3 yw $(2x + 1)$, ei led yw $(x - 3)$, a'i uchder yw $x$.

(i) Cyfrifwch ei gyfaint.

(ii) Cyfrifwch ei arwynebedd arwyneb.

Gadewch eich atebion mewn ffurf wedi'i hehangu a'i symleiddio.

④ Mae gan y prism yn Ffigur 1.4 dri wyneb petryal, a dau wyneb triongl ongl sgwâr cyfath. Ei hyd yw $(3x - 5)$ a'i uchder yw $(x + 2)$. Ei uchder goleddol yw $(2y - 3)$ a'i led yw $(2x - 1)$.

(i) Cyfrifwch ei gyfaint.

(ii) Cyfrifwch ei arwynebedd arwyneb.

Gadewch eich atebion mewn ffurf wedi'i hehangu a'i symleiddio.

⑤ (i) Ehangwch a symleiddiwch $(a + b)^2$.

(ii) Trwy hyn, ehangwch a symleiddiwch $(a + b)^3$.

⑥ Defnyddiwch eich atebion i gwestiwn 5 i ysgrifennu ehangiadau

(i) $(x + 6)^3$ ⬅

(ii) $(p - 2)^3$.

> Yn ehangiad $(a + b)^3$, rhowch $x$ yn lle $a$, a rhowch 6 yn lle $b$.

# 6 Trin syrdiau

## Symleiddio mynegiadau sy'n cynnwys ail israddau

Mewn mathemateg, mae adegau pan fydd hi'n ddefnyddiol gallu trin ail israddau, yn hytrach na darganfod eu gwerthoedd o gyfrifiannell yn unig. Mae hyn yn sicrhau eich bod chi'n gweithio gan ddefnyddio'r union werth, nid fersiwn wedi'i dalgrynnu.

**Enghraifft 1.24**

Symleiddiwch y canlynol.

(i) $\sqrt{8}$

(ii) $\sqrt{32} - \sqrt{18}$

(iii) $\sqrt{6} \times \sqrt{3}$

(iv) $(4 + \sqrt{3})(4 - \sqrt{3})$

**Datrysiad**

(i)
$$\sqrt{8} = \sqrt{2 \times 2 \times 2}$$
$$= \sqrt{2} \times \sqrt{2} \times \sqrt{2}$$
$$= (\sqrt{2})^2 \times \sqrt{2}$$
$$= 2\sqrt{2}$$

(ii)
$$\sqrt{6} \times \sqrt{3} = \sqrt{6 \times 3}$$
$$= \sqrt{2 \times 3 \times 3}$$
$$= (\sqrt{3})^2 \times \sqrt{2}$$
$$= 3\sqrt{2}$$

(iii) $\quad \sqrt{32} - \sqrt{18} = \sqrt{16 \times 2} - \sqrt{9 \times 2}$

$$= 4\sqrt{2} - 3\sqrt{2}$$

$$= \sqrt{2}$$

> Edrychwch am ffactorau sgwâr 32 ac 18.
>
> 16 yw ffactor sgwâr mwyaf 32.
>
> 9 yw ffactor sgwâr mwyaf 18.

(iv) $\quad \left(4 + \sqrt{3}\right)\left(4 - \sqrt{3}\right) = 16 - 4\sqrt{3} + 4\sqrt{3} - \left(\sqrt{3}\right)^2$

$$= 16 - 3$$

$$= 13$$

**Pwynt trafod**

→ Beth yw rhif cymarebol?

Yn rhan (iv) o Enghraifft 1.24, sylwch nad oes ail isradd yn yr ateb. Yn yr enghraifft nesaf, mae'r rhifau i gyd yn cynnwys ffracsiynau sydd ag ail isradd yn rhan o'r enwadur. Mae'n haws gweithio â rhifau os yw ail israddau yn rhan o'r rhifiadur yn unig. *Cymarebu'r enwadur* yw'r enw ar yr arfer o drin rhif fel ei fod yn y ffurf honno.

Pan fydd rhifiadur ac enwadur ffracsiwn yn cael eu lluosi â'r un rhif, yna mae gwerth y ffracsiwn yn aros yr un peth. Er enghraifft, $\dfrac{3}{5} = \dfrac{3 \times 2}{5 \times 2} = \dfrac{6}{10}$.

Rydyn ni'n defnyddio'r egwyddor hon wrth gymarebu enwadur. Yn yr enghreifftiau nesaf, ac yng nghwestiwn 3 Ymarfer 1Dd, un term yn unig sydd yn yr enwadur. Ym mhob un o'r achosion hyn, lluoswch y rhifiadur a'r enwadur â'r rhif hwn, ac yna symleiddiwch.

**Enghraifft 1.25**

Symleiddiwch y canlynol drwy gymarebu eu henwaduron.

(i) $\quad \dfrac{2}{\sqrt{3}}$
(ii) $\quad \sqrt{\dfrac{3}{5}}$
(iii) $\quad \sqrt{\dfrac{3}{8}}$

*Datrysiad*

(i) $\quad \dfrac{2}{\sqrt{3}} = \dfrac{2}{\sqrt{3}} \times \dfrac{\sqrt{3}}{\sqrt{3}}$

$$= \dfrac{2\sqrt{3}}{\left(\sqrt{3}\right)^2}$$

$$= \dfrac{2\sqrt{3}}{3}$$

(ii) $\quad \sqrt{\dfrac{3}{5}} = \dfrac{\sqrt{3}}{\sqrt{5}}$

$$= \dfrac{\sqrt{3}}{\sqrt{5}} \times \dfrac{\sqrt{5}}{\sqrt{5}}$$

$$= \dfrac{\sqrt{3} \times \sqrt{5}}{\left(\sqrt{5}\right)^2}$$

$$= \dfrac{\sqrt{15}}{5}$$

(iii) $\quad \sqrt{\dfrac{3}{8}} = \dfrac{\sqrt{3}}{\sqrt{8}}$

$$= \dfrac{\sqrt{3}}{2\sqrt{2}}$$

$$= \dfrac{\sqrt{3}}{2\sqrt{2}} \times \dfrac{\sqrt{2}}{\sqrt{2}}$$

$$= \dfrac{\sqrt{3} \times \sqrt{2}}{2\left(\sqrt{2}\right)^2}$$

$$= \dfrac{\sqrt{6}}{4}$$

**Ymarfer 1Dd**

*Peidiwch â defnyddio cyfrifiannell ar gyfer yr ymarfer hwn.*

① Symleiddiwch y canlynol.

(i) $\sqrt{32}$        (ii) $\sqrt{125}$

(iii) $\sqrt{5} \times \sqrt{15}$        (iv) $\sqrt{8} - \sqrt{2}$

(v) $3\sqrt{27} - 6\sqrt{3}$        (vi) $4(3 + \sqrt{2}) - 3(5 - \sqrt{2})$

(vii) $4\sqrt{32} - 3\sqrt{8}$        (viii) $5(6 - \sqrt{3}) + 2(3 + 4\sqrt{3})$

(ix) $2\sqrt{125} + 6\sqrt{5}$        (x) $3(2\sqrt{2} - 3\sqrt{3}) - 2(3\sqrt{2} - 5\sqrt{3})$

② Symleiddiwch y canlynol.

(i) $(\sqrt{2} - 1)^2$        (ii) $(4 - \sqrt{5})(2 + \sqrt{5})$

(iii) $(2 - \sqrt{7})(\sqrt{7} - 1)$        (iv) $(\sqrt{5} - \sqrt{3})(\sqrt{5} + \sqrt{3})$

(v) $(3 + \sqrt{2})(5 - 2\sqrt{2})$        (vi) $(\sqrt{7} - 3)(2\sqrt{7} + 3)$

(vii) $(3\sqrt{3} - 2)(2\sqrt{3} - 3)$        (viii) $(\sqrt{5} \ \ \sqrt{3})^2$

(ix) $(5 - 3\sqrt{2})(2\sqrt{2} - 1)$        (x) $(2\sqrt{2} + 3)^2$

(xi) $(\sqrt{5} + \sqrt{3})^2 + (\sqrt{5} - \sqrt{3})^2$        (xii) $(\sqrt{7} + \sqrt{2})^2 - (\sqrt{7} - \sqrt{2})^2$

③ Symleiddiwch y canlynol drwy gymarebu eu henwaduron.

(i) $\dfrac{1}{\sqrt{3}}$     (ii) $\dfrac{5}{\sqrt{5}}$     (iii) $\dfrac{8}{\sqrt{6}}$

(iv) $\sqrt{\dfrac{2}{3}}$     (v) $\dfrac{2\sqrt{2}}{\sqrt{8}}$     (vi) $\sqrt{\dfrac{3}{7}}$

(vii) $\dfrac{21}{\sqrt{7}}$     (viii) $\dfrac{5}{3\sqrt{5}}$     (ix) $\dfrac{\sqrt{75}}{\sqrt{125}}$

(x) $\dfrac{8}{\sqrt{128}}$

> **Awgrym:** Cofiwch mai dim ond pan fydd ganddyn nhw'r un enwaduron y gall ffracsiynau gael eu hadio neu eu tynnu.

④ Symleiddiwch y canlynol drwy eu hysgrifennu fel ffracsiynau unigol.

(i) $\dfrac{2}{3 - \sqrt{2}} + \dfrac{2}{3 + \sqrt{2}}$        (ii) $\dfrac{5}{2 - \sqrt{3}} - \dfrac{3}{2 + \sqrt{3}}$

(iii) $\dfrac{1}{5 - 2\sqrt{6}} + \dfrac{3}{5 + 2\sqrt{6}}$        (iv) $\dfrac{4}{4 + \sqrt{3}} - \dfrac{1}{4 - \sqrt{3}}$

⑤ Datryswch yr hafaliadau canlynol.

(i) $\sqrt{32} - v\sqrt{2} = \sqrt{8}$        (ii) $w\sqrt{18} + \sqrt{8} = \sqrt{98}$

(iii) $3\sqrt{3} + y\sqrt{12} = 2\sqrt{27}$        (iv) $x\sqrt{50} + \sqrt{18} = 5x\sqrt{8}$

⑥ Symleiddiwch $(2 + \sqrt{3})^3$

> **Awgrym:** Symleiddiwch y syrdiau ac yna lluoswch drwy'r hafaliad â'r enwadur cyffredin lleiaf.

⑦ Datryswch yr hafaliadau canlynol.

(i) $\dfrac{m}{\sqrt{3}} + \dfrac{1}{\sqrt{12}} = \sqrt{3}$        (ii) $\dfrac{3n}{\sqrt{2}} - \dfrac{n + 4}{\sqrt{8}} = \sqrt{18}$

(iii) $\dfrac{2x}{\sqrt{5}} = \sqrt{20} + \dfrac{x}{\sqrt{45}}$        (iv) $3\left(\dfrac{x}{\sqrt{2}} + \sqrt{8}\right) = \dfrac{5x}{\sqrt{18}} + \dfrac{3x}{\sqrt{32}}$

⑧ Datryswch $\left(x - \sqrt{2}\right)^3 = x^2\left(x - \sqrt{18}\right) + 3\sqrt{8}$ .

**DRh** ⑨ Arwynebedd sgwâr yw $\left(7 + 4\sqrt{3}\right)$ cm².

Gall hyd (mewn centimetrau) pob ochr y sgwâr gael ei ysgrifennu yn y ffurf $m + n\sqrt{3}$, lle mae $m$ ac $n$ yn gyfanrifau.

Darganfyddwch (mewn centimetrau) berimedr y sgwâr, gan ysgrifennu eich ateb yn y ffurf $p + \sqrt{q}$, lle mae $p$ a $q$ yn gyfanrifau.

## Cymarebu enwaduron â dau derm

Ar gyfer enwadur â dau derm, y lluosydd rydyn ni'n ei ddefnyddio yw'r enwadur gydag un o'i arwyddion wedi newid.

**Enghraifft 1.26**

Cymarebwch enwadur

$$\frac{3\sqrt{2}}{4 - \sqrt{5}}.$$

**Datrysiad**

$$\frac{3\sqrt{2}}{4 - \sqrt{5}} = \frac{3\sqrt{2}}{4 - \sqrt{5}} \times \frac{4 + \sqrt{5}}{4 + \sqrt{5}}$$

$$= \frac{12\sqrt{2} + 3\sqrt{2}\sqrt{5}}{16 + 4\sqrt{5} - 4\sqrt{5} - \left(\sqrt{5}\right)^2}$$

$$= \frac{12\sqrt{2} + 3\sqrt{10}}{16 - 5}$$

$$= \frac{12\sqrt{2} + 3\sqrt{10}}{11}$$

**Enghraifft 1.27**

Ysgrifennwch $\dfrac{2\sqrt{3} - 4}{3\sqrt{3} + 5}$ yn y ffurf $a + b\sqrt{3}$, lle mae $a$ a $b$ yn gyfanrifau.

**Datrysiad**

$$\frac{2\sqrt{3} - 4}{3\sqrt{3} + 5} = \frac{2\sqrt{3} - 4}{3\sqrt{3} + 5} \times \frac{3\sqrt{3} - 5}{3\sqrt{3} - 5}$$

$$= \frac{6\left(\sqrt{3}\right)^2 - 10\sqrt{3} - 12\sqrt{3} + 20}{9\left(\sqrt{3}\right)^2 - 15\sqrt{3} + 15\sqrt{3} - 25}$$

$$= \frac{18 - 22\sqrt{3} + 20}{27 - 25}$$

$$= \frac{38 - 22\sqrt{3}}{2}$$

$$= 19 - 11\sqrt{3}$$

**Ymarfer 1E**

*Peidiwch â defnyddio cyfrifiannell ar gyfer yr ymarfer hwn.*

① Cymarebwch enwaduron y ffracsiynau canlynol.

(i) $\dfrac{2\sqrt{3}}{5 + \sqrt{2}}$      (ii) $\dfrac{\sqrt{7}}{4 - \sqrt{2}}$      (iii) $\dfrac{3\sqrt{3}}{\sqrt{3} + 1}$

(iv) $\dfrac{2 + \sqrt{2}}{3 - \sqrt{2}}$      (v) $\dfrac{\sqrt{7} - 3}{1 - \sqrt{7}}$      (vi) $\dfrac{10 + \sqrt{3}}{\sqrt{3} + \sqrt{2}}$

② Ysgrifennwch $\dfrac{3\sqrt{2} + 6}{\sqrt{2} - 1}$ yn y ffurf $a + b\sqrt{2}$, lle mae $a$ a $b$ yn gyfanrifau.

③ Ysgrifennwch $\dfrac{2\sqrt{5}}{4\sqrt{5} + 9}$ yn y ffurf $c\sqrt{5} + d$, lle mae $c$ a $d$ yn gyfanrifau.

④ Ysgrifennwch $\dfrac{1 + \sqrt{3}}{3 + 2\sqrt{3}}$ yn y ffurf $p + \dfrac{q}{r}\sqrt{3}$, lle mae $p$ a $q$ yn gyfanrifau.

**DD** ⑤ Lled petryal yw $(2 + \sqrt{5})$ cm a'i arwynebedd yw $(1 + \sqrt{5})$ cm². Cyfrifwch ei hyd.

⑥ Symleiddiwch $\dfrac{19}{\sqrt{27} - \sqrt{8}}$.

**DD** ⑦ Arwynebedd triongl yw $(11\sqrt{2} - 2)$ cm² a hyd ei sail yw $(2 + 3\sqrt{2})$ cm. Cyfrifwch ei uchder perpendicwlar.

**DD** ⑧ Arwynebedd trapesiwm yw $(4 + \sqrt{27})$ cm².
Hyd ei ochrau paralel yw $(3 + \sqrt{12})$ cm a $(2 - \sqrt{3})$ cm.
Cyfrifwch y pellter perpendicwlar rhwng yr ochrau paralel.

# 7 Deall a defnyddio indecsau â gwerthoedd negatif a ffracsiynol

Dyma ddeddfau indecsau defnyddiol i'w dysgu:

- $a^m \times a^n = a^{m+n}$

- $a^m \div a^n = a^{m-n}$

- $(a^m)^n = a^{mn} = (a^n)^m$

- $a^{\frac{m}{n}} = \sqrt[n]{a^m} = \left(\sqrt[n]{a}\right)^m$

- $a^{-m} = \dfrac{1}{a^m}$

- $a^0 = 1$

**Enghraifft 1.28**

Symleiddiwch y mynegiadau canlynol.

(i) $a^3 \times a^4$ (ii) $c^8 \div c^5$ (iii) $(x^3)^5$

**Datrysiad**

(i) $a^3 \times a^4 = a^7$ (ii) $c^8 \div c^5 = c^3$ (iii) $(x^3)^5 = x^{15}$

**Enghraifft 1.29**

Enrhifwch y canlynol.

(i) $8^{\frac{4}{3}}$ (ii) $2^{-3}$ (iii) $27^{-\frac{2}{3}}$

**Datrysiad**

(i) $8^{\frac{4}{3}} = \left(\sqrt[3]{8}\right)^4 = 2^4 = 16$ ◄──

(ii) $2^{-3} = \dfrac{1}{2^3} = \dfrac{1}{8}$

(iii) $27^{-\frac{2}{3}} = 3^{-2} = \dfrac{1}{3^2} = \dfrac{1}{9}$ ◄──

> Ffordd arall fyddai cyfrifo'r pedwerydd pŵer yn gyntaf, ac yna y trydydd isradd. Ond byddai hyn yn golygu defnyddio rhifau mwy:
> $$8^{\frac{4}{3}} = \sqrt[3]{8^4} = \sqrt[3]{4096} = 16$$

> Gall y tri gweithrediad gael eu gwneud mewn unrhyw drefn. Er enghraifft,
> $$27^{-\frac{2}{3}} = \frac{1}{27^{\frac{2}{3}}} = \frac{1}{\sqrt[3]{729}} = \frac{1}{9}$$

**Enghraifft 1.30**

Symleiddiwch y mynegiadau canlynol.

(i) $\left(2x \times x^{\frac{1}{3}} \times 8x^{-\frac{1}{2}}\right)^{\frac{3}{4}}$

(ii) $\dfrac{9m^{\frac{4}{5}} - 6m^{\frac{2}{5}}}{12m^{\frac{3}{5}}}$

**Datrysiad**

(i) $\left(2x \times x^{\frac{1}{3}} \times 8x^{-\frac{1}{2}}\right)^{\frac{3}{4}} = \left(16x^{1+\frac{1}{3}-\frac{1}{2}}\right)^{\frac{3}{4}} = \left(16x^{\frac{5}{6}}\right)^{\frac{3}{4}} = 16^{\frac{3}{4}}\left(x^{\frac{5}{6}}\right)^{\frac{3}{4}}$

$\qquad = 2^3 x^{\frac{5}{6} \times \frac{3}{4}} = 8x^{\frac{5}{8}}$

(ii) $\dfrac{9m^{\frac{4}{5}} - 6m^{\frac{2}{5}}}{12m^{\frac{3}{5}}} = \dfrac{3m^{\frac{2}{5}}\left(3m^{\frac{2}{5}} - 2\right)}{12m^{\frac{3}{5}}} = \dfrac{3m^{\frac{2}{5}} - 2}{4m^{\frac{1}{5}}}$

> Ffactoriwch y rhifiadur ac yna canslwch unrhyw ffactorau sy'n gyffredin â'r enwadur.

> Ffordd arall fyddai hollti'r mynegiad yn ffracsiynau ar wahân.
> $$\frac{9m^{\frac{4}{5}}}{12m^{\frac{3}{5}}} - \frac{6m^{\frac{2}{5}}}{12m^{\frac{3}{5}}} = \frac{3m^{\frac{1}{5}}}{4} - \frac{1}{2m^{\frac{1}{5}}} = \frac{3}{4}m^{\frac{1}{5}} - \frac{1}{2}m^{-\frac{1}{5}}$$

**Ymarfer 1F**

*Peidiwch â defnyddio cyfrifiannell ar gyfer yr ymarfer hwn.*

① Symleiddiwch y canlynol.

(i) $a^7 \times a^2$

(ii) $c^7 \div c^2$

(iii) $(e^3)^8$

(iv) $(2g^4)^3$

(v) $5h^4 \times 3h^{-6}$

(vi) $12k^6 \div 3k^{-8}$

(vii) $(2m)^3 \times (3m)^2$

(viii) $(n^3)^4 \times 6n^8 \div 2n^5$

(ix) $(2n^5 \times 3n^4)^2$

(x) $(3p^5 \div 6p^{-2})^{-8}$

② Enrhifwch y canlynol.

(i) $6^0$

(ii) $3^{-2}$

(iii) $7^{-1}$

(iv) $9^{\frac{1}{2}}$

(v) $2^{-7}$

(vi) $27^{\frac{1}{3}}$

(vii) $16^{\frac{1}{4}}$

(viii) $\left(\dfrac{1}{32}\right)^{\frac{1}{5}}$

(ix) $64^{\frac{1}{2}}$

(x) $64^{\frac{1}{3}}$

(xi) $64^{\frac{1}{6}}$

(xii) $\left(\dfrac{1}{7}\right)^{-1}$

③ Enrhifwch y canlynol.

(i) $4^{\frac{3}{2}}$

(ii) $\left(\dfrac{7}{8}\right)^0$

(iii) $\left(\dfrac{5}{9}\right)^{-1}$

(iv) $16^{\frac{3}{4}}$

(v) $25^{\frac{3}{2}}$

(vi) $27^{\frac{4}{3}}$

(vii) $16^{-\frac{1}{2}}$

(viii) $8^{-\frac{1}{3}}$

(ix) $\left(\dfrac{4}{9}\right)^{\frac{1}{2}}$

(x) $(-8)^{\frac{1}{3}}$

(xi) $\left(1\dfrac{7}{9}\right)^{\frac{1}{2}}$

(xii) $\left(-3\dfrac{3}{8}\right)^{\frac{1}{3}}$

④ Symleiddiwch y canlynol.

(i) $(m^3 n^2)^2 \times (m^8 n)^3$

(ii) $(6ac^3)^2 \div (4a^4c^2)^3$

(iii) $\dfrac{1}{x^{-2}}$

(iv) $\dfrac{6}{9y^{-5}}$

(v) $\left(m^3 \times m^5 \times m^6\right)^{\frac{1}{2}}$

(vi) $n^{\frac{1}{2}} \times n^{\frac{1}{3}} \times n^{\frac{1}{4}}$

(vii) $\dfrac{x^2 \times x^5}{x^8}$

(viii) $\dfrac{x^2 + x^5}{x^8}$

⑤ Enrhifwch y canlynol.

(i) $8^{-\frac{2}{3}}$

(ii) $4^{-\frac{3}{2}}$

(iii) $27^{-\frac{4}{3}}$

(iv) $\left(\dfrac{1}{125}\right)^{-\frac{2}{3}}$

(v) $64^{\frac{5}{6}}$

(vi) $36^{\frac{1}{2}} \times 8^{\frac{2}{3}}$

[vii] $\left(8^{\frac{1}{3}}\right)^2 \times \left(9^{\frac{1}{2}}\right)^{-2}$     [viii] $\left(7^{\frac{1}{3}}\right)^6$

[ix] $\left(\dfrac{9}{16}\right)^{-\frac{3}{2}} \times \left(\dfrac{64}{27}\right)^{-\frac{2}{3}}$     [x] $\left(2\dfrac{7}{9}\right)^{-1\frac{1}{2}}$

⑥ Symleiddiwch y canlynol.

[i] $\dfrac{3m^5 \times 5m^3}{6m^{13}}$     [ii] $\dfrac{6a^{\frac{1}{2}} \times 4a^{\frac{3}{2}}}{10a^{\frac{7}{2}}}$

[iii] $\dfrac{5c^{\frac{2}{3}} \times 4c^{\frac{5}{3}}}{6c^{\frac{4}{3}}}$     [iv] $\dfrac{7d^{\frac{3}{5}} \times 5d^{-\frac{4}{5}}}{14d^{\frac{7}{5}}}$

[v] $\dfrac{8e^{-\frac{5}{4}} \times 4e^{\frac{7}{4}}}{12e^{-\frac{3}{2}}}$     [vi] $\dfrac{9g^{-\frac{4}{7}} \times 5g^{-\frac{8}{7}}}{g^{\frac{3}{4}}}$

⑦ Symleiddiwch y canlynol.

[i] $\dfrac{3m^5 + 5m^3}{6m^{13}}$     [ii] $\dfrac{6a^{\frac{1}{2}} - 4a^{\frac{3}{2}}}{10a^{\frac{7}{2}}}$

[iii] $\dfrac{5c^{\frac{2}{3}} + c^{\frac{5}{3}}}{c^{\frac{4}{3}}}$     [iv] $\dfrac{10d^{\frac{3}{5}} - 5d^{\frac{4}{5}} + 20d^{\frac{2}{5}}}{15d^{\frac{7}{5}}}$

[v] $\dfrac{8e^{\frac{5}{4}} + 4e^{\frac{7}{4}}}{12e^{\frac{3}{2}}}$     [vi] $\dfrac{9h^{-\frac{5}{6}} - 5h^{-\frac{7}{6}}}{h^{\frac{3}{4}}}$

⑧ Symleiddiwch y canlynol.

[i] $\dfrac{4x^{\frac{5}{9}} \times 5x^{\frac{3}{9}}}{12x^{\frac{2}{9}}}$     [ii] $\dfrac{4y^{\frac{5}{9}} + 5y^{\frac{3}{9}}}{12y^{\frac{2}{9}}}$

[iii] $\left(w^{\frac{1}{2}} \times w^{\frac{2}{3}} \times w^{\frac{3}{4}}\right)^{\frac{1}{3}}$     [iv] $\dfrac{3a^{\frac{3}{4}} \times 6a^{\frac{1}{4}}}{9a^{\frac{1}{3}}}$

[v] $\dfrac{3e^{\frac{3}{4}} - 6e^{\frac{1}{4}}}{9e^{\frac{1}{3}}}$     [vi] $\left(7g^{\frac{1}{2}} \times 7g^{\frac{2}{3}} \times 49g^{-\frac{3}{4}}\right)^{-\frac{1}{4}}$

[vii] $\dfrac{2x^{\frac{1}{2}} \times 5x^{\frac{2}{3}} \times 8x^{\frac{3}{4}}}{20x^{\frac{1}{4}}}$

DRh ⑨ Ysgrifennwch $2^{\frac{1}{3}} + 2^{\frac{1}{3}}$ yn y ffurf $2^n$.

DRh ⑩ Darganfyddwch werth $\left(36^{\frac{1}{3}} \times 4^{-\frac{4}{3}} \times 9^{\frac{2}{3}}\right)^{-\frac{1}{2}}$

DD ⑪ Ysgrifennwch $\dfrac{1}{\left(\sqrt[3]{x^2}\right)^{-\frac{2}{5}}}$ yn y ffurf $x^n$.

DD ⑫ Ysgrifennwch $3^{-\frac{3}{2}} + 3^{-\frac{1}{2}} + 3^{\frac{1}{2}} + 3^{\frac{3}{2}}$ fel swrd wedi'i symleiddio.

DRh ⑬ Ysgrifennwch $5^{-20} + 5^{-20} + 5^{-20} + 5^{-20} + 5^{-20}$ yn y ffurf $5^n$.

## DEILLIANNAU DYSGU

Gan eich bod chi wedi gorffen y bennod hon, dylech chi allu

➤ symleiddio mynegiad algebraidd

➤ datrys hafaliad llinol

➤ datrys problemau canrannau

➤ datrys problemau cymarebau

➤ cyfrifo lluoswm dau fynegiad algebraidd (neu fwy)

➤ trin mynegiadau sy'n cynnwys syrdiau, gan gynnwys

    ○ symleiddio syrdiau

    ○ adio/tynnu syrdiau cydnaws

    ○ cymarebu enwadur sydd yn y ffurf $\sqrt{a}$

    ○ cymarebu enwadur sydd yn y ffurf $a + \sqrt{b}$

    ○ cymarebu enwadur sydd yn y ffurf $\sqrt{a} + \sqrt{b}$

➤ deall a defnyddio indecsau â gwerthoedd negatif a ffracsiynol.

## PWYNTIAU ALLWEDDOL

1 Deddfau indecsau defnyddiol i'w dysgu:

   ■ $a^m \times a^n = a^{m+n}$

   ■ $a^m \div a^n = a^{m-n}$

   ■ $(a^m)^n = a^{mn} = (a^n)^m$

   ■ $a^{\frac{m}{n}} = \sqrt[n]{a^m} = \left(\sqrt[n]{a}\right)^m$

   ■ $a^{-m} = \dfrac{1}{a^m}$

   ■ $a^0 = 1$

2 Rydyn ni'n symleiddio mynegiadau algebraidd drwy gasglu termau tebyg a/neu drwy ehangu cromfachau.

3 Rydyn ni'n adio/tynnu mynegiadau algebraidd drwy eu hailysgrifennu gydag enwaduron cyffredin.

4 Rydyn ni'n symleiddio ffracsiynau drwy ganslo ffactorau cyffredin yn y rhifiadur a'r enwadur.

5 Wrth symleiddio syrdiau

   ■ syrdiau tebyg yn unig a all gael eu hadio neu eu tynnu

   ■ $\sqrt{a} \times \sqrt{b} = \sqrt{ab}$.

6 Gall enwadur gael ei gymarebu fel hyn:

   ■ gall $\sqrt{a}$ gael ei gymarebu gan ddefnyddio'r lluosydd $\sqrt{a}$

   ■ gall $a + \sqrt{b}$ gael ei gymarebu gan ddefnyddio'r lluosydd $a - \sqrt{b}$

   ■ gall mynegiad dau derm gael ei gymarebu gan ddefnyddio lluosydd lle mae un arwydd wedi'i newid.

# 2

# Algebra II

### Gwybodaeth flaenorol

Mae angen i chi allu adnabod ffactor cyffredin dau neu fwy o dermau. Gallai hyn fod yn rhif, yn llythyren, neu'r ddau; gweler Pennod 1.

## 1 Ffactorio

Mae ffactorio mynegiad yn golygu ysgrifennu'r mynegiad fel lluoswm gan ddefnyddio cromfachau. Gwelon ni enghreifftiau syml o hyn ym Mhennod 1. Yma, bydd angen parau o gromfachau. Os ydych chi wedi dysgu dull arall yn barod, ac yn ei ddefnyddio'n gyflym a chywir, dylech chi gadw at y dull hwnnw. Gydag ymarfer, efallai y byddwch chi'n gallu ffactorio rhai o'r mynegiadau hyn **drwy archwiliad**.

Byddwn ni'n edrych ar ffactorio unwaith eto ym Mhennod 4.

❗ Wrth ffactorio cwadratig sydd heb gysonyn, dim ond un set o gromfachau sydd ei hangen. Er enghraifft, $2x^2 - 8x = 2x(x - 4)$.

**Enghraifft 2.1**

Ffactoriwch $xa + xb + ya + yb$.

## Datrysiad

Yn gyntaf, cymerwch ffactor cyffredin allan o'r ddau bâr o dermau.

$$\Rightarrow \quad xa + xb + ya + yb = x(a + b) + y(a + b)$$

Nesaf, sylwch fod $(a + b)$ nawr yn ffactor cyffredin.

$$\Rightarrow \quad x(a + b) + y(a + b) = (a + b)(x + y)$$

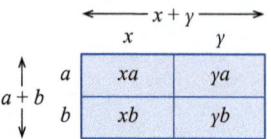

**Ffigur 2.1**

Yn ymarferol, gall hyn fod yn berthnasol i arwynebedd petryalau.

Gall y syniad sy'n cael ei ddarlunio yn Ffigur 2.1 gael ei ddefnyddio i ffactorio mynegiad cwadratig sy'n cynnwys tri therm, ond yn gyntaf mae'n rhaid i chi benderfynu sut i hollti'r term yn $x$.

**Enghraifft 2.2**

Ffactoriwch $x^2 + 6x + 8$.

## Datrysiad

Mae hollti'r $6x$ yn $4x + 2x$ yn rhoi

$$x^2 + 6x + 8 = x^2 + 4x + 2x + 8$$
$$= x(x + 4) + 2(x + 4)$$
$$= (x + 4)(x + 2).$$

> Pam byddech chi'n dewis hollti'r $6x$ fel hyn?

**Pwynt trafod**

→ Ai'r darluniad yn Ffigur 2.2 yw'r unig bosibilrwydd?

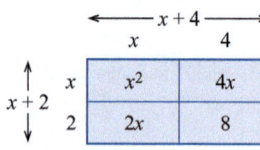

**Ffigur 2.2**

Y cam hanfodol yw gwybod sut i hollti'r term yn y canol.

I ateb y cwestiwn hwn, sylwch mai:

■ swm y rhifau 4 a 2 yw 6, sef *cyfernod x* (h.y. y rhif sy'n lluosi ag $x$) yn $x^2 + 6x + 8$

■ lluoswm 4 a 2 yw 8, sef *y cysonyn* yn $x^2 + 6x + 8$.

Dim ond un pâr o rifau sy'n bodloni'r ddau amod hyn.

**Enghraifft 2.3**

Ffactoriwch $x^2 - 7x - 18$.

**Pwynt trafod**

→ Ydych chi'n cael yr un ffactorau os ydych chi'n newid ym mha drefn rydych chi'n defnyddio'r 2 a'r (−9) fel eich bod chi'n ei ysgrifennu yn y ffurf $x^2 - 9x + 2x - 18$?

## Datrysiad

Dyma'r parau o rifau â lluoswm o (−18):

1 a (−18)

2 a (−9)

3 a (−6)

6 a (−3)

9 a (−2)

18 a (−1).

> Gan fod y pâr o rifau rydych chi'n chwilio amdano yn unigryw, gallwch chi roi'r gorau i restru lluosymiau pan fyddwch chi wedi darganfod un â'r swm cywir.

Dim ond un pâr, 2 a (−9), sydd â swm o (−7), felly defnyddiwch y rhain.

$$x^2 - 7x - 18 = x^2 + 2x - 9x - 18$$
$$= x(x + 2) - 9(x + 2)$$
$$= (x + 2)(x - 9)$$

> Sylwch ar y newid arwydd oherwydd yr arwydd − o flaen y 9.

---

**Enghraifft 2.4**

Ffactoriwch $x^2 - 16$.

### Datrysiad

Yn gyntaf, ysgrifennwch $x^2 - 16 = x^2 + 0x - 16$.

Dyma'r parau o rifau â lluoswm o (−16):

    1 a (−16)

    2 a (−8)

    4 a (−4),…(stopiwch yma).

> Yr unig bâr â swm o 0 yw 4 a (−4).

$$x^2 - 16 = x^2 + 4x - 4x - 16$$
$$= x(x + 4) - 4(x + 4)$$
$$= (x + 4)(x - 4)$$

Dyma enghraifft o achos arbennig a'r enw arno yw'r *gwahaniaeth rhwng dau sgwâr* oherwydd bod gennych chi $x^2 - 4^2 = (x + 4)(x - 4)$.

Yn gyffredinol, $a^2 - b^2 = (a + b)(a - b)$.

Mae'r rhan fwyaf o bobl yn adnabod hyn pan fydd yn digwydd ac yn ysgrifennu'r ateb yn syth.

---

**Enghraifft 2.5**

Ffactoriwch $4x^2 - 9y^2$.

### Datrysiad

$$4x^2 - 9y^2 = (2x)^2 - (3y)^2$$
$$= (2x + 3y)(2x - 3y)$$

Sylwch y gall y dechneg hon gael ei hymestyn i unrhyw sefyllfa lle mae cyfernodau'r ddau derm yn rhifau sgwâr.

---

**Enghraifft 2.6**

Ffactoriwch $y^5 - 36y^3$ yn llawn.

### Datrysiad

Mae'r cyfarwyddyd i ffactorio'n llawn yn dweud wrthoch chi ei bod hi'n debygol y bydd angen gwneud mwy nag un cam.

Cymerwch ffactor cyffredin mwyaf y ddau derm allan $y^5 - 36y^3 = y^3(y^2 - 36)$.

Defnyddiwch y gwahaniaeth rhwng dau sgwâr $y^3(y^2 - 36) = y^3(y + 6)(y - 6)$.

Mae angen addasu'r dechneg o ddarganfod sut i hollti'r term canol ar gyfer enghreifftiau lle mae'r mynegiad yn dechrau â lluosrif $x^2$. Y gwahaniaeth yw eich bod chi nawr yn lluosi'r ddau rif ar y tu allan â'i gilydd i roi'r lluoswm sydd ei angen arnoch chi.

**Enghraifft 2.7**

Ffactoriwch $2x^2 - 11x + 15$.

*Mae swm negatif a lluoswm positif yn golygu bod y ddau rif yn negatif.*

### Datrysiad

Yma, y swm yw $(-11)$ a'r lluoswm yw $2 \times 15 = 30$.

Dyma'r opsiynau i roi'r lluoswm cywir:

$(-1)$ a $(-30)$ $(-5)$ a $(-6)$

$(-2)$ a $(-15)$

$(-3)$ a $(-10)$.

*$(-5)$ a $(-6)$, mewn unrhyw drefn, yw'r unig opsiynau sy'n rhoi swm o $(-11)$.*

$$2x^2 - 11x + 15 = 2x^2 - 5x - 6x + 15$$
$$= x(2x - 5) - 3(2x - 5)$$
$$= (x - 3)(2x - 5)$$

**Pwynt trafod**

→ Rhowch gynnig ar yr enghraifft hon gan ysgrifennu $2x^2 - 11x + 15$ fel $2x^2 - 6x - 5x + 15$

**Enghraifft 2.8**

Ffactoriwch $3x^2 - 10xy - 8y^2$.

### Datrysiad

Gall y mynegiad hwn gael ei ffactorio gan ddefnyddio'r un dull a ddefnyddiwyd yn yr enghraifft flaenorol.

Yma, y swm yw $(-10)$ a'r lluoswm yw $3 \times -8 = -24$.

Yr opsiwn sydd ei angen yw $(-12)$ a 2.

*Mae lluoswm negatif yn golygu bod un rhif yn bositif a'r llall yn negatif.*

$$3x^2 - 10xy - 8y^2 = 3x^2 - 12xy + 2xy - 8y^2$$
$$= 3x(x - 4y) + 2y(x - 4y)$$
$$= (3x + 2y)(x - 4y)$$

**Enghraifft 2.9**

Ffactoriwch $(x + 3)^2 - 4y^2$.

### Datrysiad

Mae'r enghraifft hon yn defnyddio'r gwahaniaeth rhwng dau sgwâr.

Mae ysgrifennu'r mynegiad fel $(x + 3)^2 - (2y)^2$ a ffactorio yn rhoi

$$[(x + 3) + (2y)]\,[(x + 3) - 2y]$$
$$= (x + 3 + 2y)(x + 3 - 2y).$$

① Ffactoriwch y mynegiadau canlynol.

[i] $ab - ac + db - dc$    [ii] $2xy + 2x + wy + w$

[iii] $2pq - 8p - 3rq + 12r$    [iv] $5 - 5m - 2n + 2nm$

② Ffactoriwch y mynegiadau canlynol.

[i] $x^2 + 5x + 6$    [ii] $y^2 - 5y + 4$    [iii] $m^2 - 8m + 16$

[iv] $m^2 - 8m + 15$    [v] $x^2 + 3x - 10$    [vi] $a^2 + 20a + 96$

[vii] $x^2 - x - 6$    [viii] $y^2 - 16y + 48$    [ix] $k^2 + 10k + 24$

[x] $k^2 - 10k - 24$

③ Mae pob un o'r rhain yn wahaniaeth rhwng dau sgwâr. Ffactoriwch nhw.

[i] $x^2 - 4$    [ii] $a^2 - 25$    [iii] $9 - p^2$

[iv] $x^2 - y^2$    [v] $t^2 - 64$    [vi] $4x^2 - 1$

[vii] $4x^2 - 9$    [viii] $4x^2 - y^2$    [ix] $16x^2 - 25$

[x] $9a^2 - 4b^2$

④ Ffactoriwch y mynegiadau canlynol.

[i] $2x^2 + 5x + 2$    [ii] $2a^2 + 11a - 21$    [iii] $15p^2 + 2p - 1$

[iv] $3x^2 + 8x - 3$    [v] $5a^2 - 9a - 2$    [vi] $2p^2 + 5p - 3$

[vii] $8x^2 + 10x - 3$    [viii] $2a^2 - 3a - 27$    [ix] $9x^2 - 30x + 25$

[x] $4x^2 + 4x - 15$

⑤ Ffactoriwch y mynegiadau canlynol.

[i] $x^2 + 3xy + 2y^2$    [ii] $x^2 + 4xy - 5y^2$    [iii] $a^2 - ab - 12b^2$

[iv] $c^2 - 11cd + 24d^2$    [v] $x^2 + 9xy + 20y^2$    [vi] $p^2 + 2pr - 15r^2$

[vii] $a^2 - 2ar - 15r^2$    [viii] $s^2 - 4st + 4t^2$    [ix] $m^2 - 5mn - 6n^2$

[x] $r^2 + 2rs - 8s^2$

> Mae Enghraifft 2.8 yn dangos i chi sut i ffactorio mynegiad lle mae dau newidyn.

⑥ Ffactoriwch y mynegiadau canlynol. (Mae'r cwestiwn hwn yn ymestyn ffactorio gan ddefnyddio'r gwahaniaeth rhwng dau sgwâr fel yn Enghraifft 2.9.)

[i] $(2a + 1)^2 - a^2$    [ii] $(3x + 1)^2 - (x + 4)^2$

[iii] $(2p - 3)^2 - (p + 1)^2$    [iv] $16 - (5y - 2)^2$

[v] $(2a + 1)^2 - a^2$    [vi] $(3x + 1)^2 - (x + 4)^2$

[vii] $(2p - 3)^2 - (p + 1)^2$    [viii] $9 - (2y - 3)^2$

⑦ Ffactoriwch y mynegiadau canlynol.

[i] $2x^2 + 5xy + 2y^2$    [ii] $3x^2 + 5xy - 2y^2$

[iii] $5a^2 - 8ab + 3b^2$    [iv] $6c^2 + 5cd - 4d^2$

[v] $6p^2 - 37pq + 6q^2$    [vi] $7g^2 + 5gh - 2h^2$

[vii] $6h^2 - 5hk - 4k^2$    [viii] $8w^2 - 6wx + x^2$

⑧ Ffactoriwch y mynegiadau canlynol yn llawn.

[i] $x^3 - 4x$    [ii] $a^4 - 16a^2$

[iii] $9y^3 - y^5$    [iv] $2x^3 - 2x$

[v] $4p^4 - 9p^2$    [vi] $100x - x^3$

[vii] $18c^3 - 2c$    [viii] $8x^3 - 50xy^2$

## GWEITHGAREDD 2.1

[i] Cyfrifwch $9^2$ ac $(a^2)^2$.    ← Cofiwch fod $(a^p)^q = a^{pq}$.

[ii] Dangoswch fod $a^4 - 81$ yn wahaniaeth rhwng dau sgwâr.

[iii] Ffactoriwch $a^4 - 81$ yn llawn.

GWEITHGAREDD 2.2

(i)   Ffactoriwch $10x^2 + 11x + 3$.

(ii)  Ffactoriwch $10(p + q)^2 + 11(p + q) + 3$.

# 2 Ad-drefnu fformiwlâu

> Rydyn ni'n dweud mai $C$ yw *testun* y fformiwla.

Mae cylchedd cylch yn cael ei roi gan $C = 2\pi r$ lle $r$ yw'r radiws. Mae hafaliad fel hwn yn aml yn cael ei alw'n fformiwla.

Mewn rhai achosion, byddwch chi eisiau cyfrifo $r$ yn uniongyrchol o $C$. Rydych chi eisiau i $r$ fod yn destun y fformiwla.

### Enghraifft 2.10

> ❗ Sylwch y dylai'r testun newydd fod ar ei ben ei hun ar ochr chwith y fformiwla newydd ac na ddylai ymddangos ar yr ochr dde.

Gwnewch $r$ yn destun $C = 2\pi r$.

**Datrysiad**

Rhannwch y ddwy ochr â $2\pi \Rightarrow \dfrac{C}{2\pi} = r$

$$\Rightarrow \quad r = \frac{C}{2\pi}$$

### Enghraifft 2.11

Gwnewch $x$ yn destun y fformiwla hon.

$$h = \sqrt{(x^2 + y^2)}$$

> Rydyn ni'n tybio bod ail isradd yn bositif oni bai bod $\pm$ o'i flaen.

> **Pwynt trafod**
>
> ➔ Beth byddech chi'n ei wneud â'r arwydd $\pm$ yn yr achos lle $h$ yw hypotenws triongl ongl sgwâr ac $x$ ac $y$ yw'r ddwy ochr arall.

**Datrysiad**

| | | |
|---|---|---|
| Sgwariwch y ddwy ochr | $\Rightarrow$ | $h^2 = x^2 + y^2$ |
| Tynnwch $y^2$ o'r ddwy ochr | $\Rightarrow$ | $h^2 - y^2 = x^2$ |
| Gwnewch y term $x^2$ yn destun | $\Rightarrow$ | $x^2 = h^2 - y^2$ |
| Cymerwch ail isradd y ddwy ochr | $\Rightarrow$ | $x = \pm\sqrt{(h^2 - y^2)}$ |

### Enghraifft 2.12

Gwnewch $a$ yn destun y fformiwla hon.

$$v = u + at$$

**Datrysiad**

| | | |
|---|---|---|
| Tynnwch $u$ o'r ddwy ochr | $\Rightarrow$ | $v - u = at$ |
| Rhannwch y ddwy ochr â $t$ | $\Rightarrow$ | $\dfrac{v - u}{t} = a$ |
| Ysgrifennwch yr ateb gydag $a$ ar yr ochr chwith | $\Rightarrow$ | $a = \dfrac{v - u}{t}$ |

Yn yr ymarfer hwn, mae'r hafaliadau i gyd yn cyfeirio at fformiwlâu sy'n cael eu defnyddio mewn mathemateg. Sawl fformiwla rydych chi'n ei hadnabod?

① Gwnewch

   (i)    $u$            (ii)    $t$

   yn destun $v = u + at$.

② Gwnewch $b$ yn destun $A = \frac{1}{2}bh$.

③ Gwnewch $l$ yn destun $P = 2(l + b)$.

④ Gwnewch $r$ yn destun $A = \pi r^2$.

⑤ Gwnewch $c$ yn destun $A = \frac{1}{2}(b + c)h$.

⑥ Gwnewch $h$ yn destun $A = \pi r^2 + 2\pi rh$.

⑦ Gwnewch $l$ yn destun $T = \frac{\lambda e}{l}$.

⑧ Gwnewch

   (i)    $u$            (ii)    $a$

   yn destun $s = ut + \frac{1}{2}at^2$.

⑨ Gwnewch $x$ yn destun $v^2 = \omega^2(a^2 - x^2)$.

Mae'r enghreifftiau canlynol yn dangos sut i ad-drefnu fformiwla pan fydd y llythyren a fydd yn destun yn ymddangos fwy nag unwaith.

**Enghraifft 2.13**

Gwnewch $t$ yn destun y fformiwla hon.

$$at = 3(t + 2)$$

### Datrysiad

| | | |
|---|---|---|
| Ehangwch y cromfachau | $\Rightarrow$ | $at = 3t + 6$ |
| Casglwch y termau yn $t$ i gyd ar un ochr | $\Rightarrow$ | $at - 3t = 6$ |
| Ffactoriwch | $\Rightarrow$ | $t(a - 3) = 6$ |
| Rhannwch y ddwy ochr ag $(a - 3)$ | $\Rightarrow$ | $t = \dfrac{6}{a - 3}$ |

Nid oes angen y cromfachau yn yr enwadur.

**Enghraifft 2.14**

Gwnewch $x$ yn destun y fformiwla hon.

$$y = \frac{x + 2}{1 + 3x}$$

### Datrysiad

| | | |
|---|---|---|
| Lluoswch y ddwy ochr ag $(1 + 3x)$ | $\Rightarrow$ | $y(1 + 3x) = x + 2$ |
| Ehangwch y cromfachau | $\Rightarrow$ | $y + 3xy = x + 2$ |
| Casglwch y termau yn $x$ i gyd ar un ochr a'r termau eraill i gyd ar yr ochr arall | $\Rightarrow$ | $3xy - x = 2 - y$ |
| Ffactoriwch | $\Rightarrow$ | $x(3y - 1) = 2 - y$ |
| Rhannwch y ddwy ochr â $(3y - 1)$ | $\Rightarrow$ | $x = \dfrac{2 - y}{3y - 1}$ |

**Ymarfer 2C**

① Gwnewch $m$ yn destun $3m = x(m + 2)$.

② Gwnewch $y$ yn destun $5y - 2x = xy$.

③ Gwnewch $b$ yn destun $4(a + b) = 3(a - b)$.

④ Gwnewch $h$ yn destun $S = 2\pi r^2 + 2\pi rh$.

⑤ Gwnewch $x$ yn destun $y = \dfrac{x + 1}{2 + x}$.

⑥ Gwnewch $c$ yn destun $d(2 + c) = 1 - 3c$.

⑦ (i) Gwnewch $t$ yn destun $x = \dfrac{t}{t - 3}$.

    (ii) Trwy hyn, neu fel arall, cyfrifwch werth $t$ pan fydd $x = 3$.

⑧ (i) Gwnewch $p$ yn destun $r = \dfrac{3p + 2}{2p + 3}$.

    (ii) Trwy hyn, neu fel arall, cyfrifwch werth $p$ pan fydd $r = -1$.

## GWEITHGAREDD 2.3

(i) (a) Dangoswch fod $(x + 3)^2 = x^2 + 6x + 9$.

    (b) Trwy hyn, gwnewch $x$ yn destun $y = x^2 + 6x + 9$.

(ii) (a) Dangoswch fod $(x - 5)^2 + 4 = x^2 - 10x + 29$.

    (b) Trwy hyn, gwnewch $x$ yn destun $p = x^2 - 10x + 29$.

# 3 Symleiddio ffracsiynau algebraidd

## Gwybodaeth flaenorol

Dylech chi anelu at allu canslo ffracsiynau, darganfod lluosrif cyffredin lleiaf dau rif ac adnabod enwadur cyffredin lleiaf dau neu fwy o ffracsiynau.

## Pwyntiau trafod

➡ Beth yw ffracsiwn mewn rhifyddeg?

➡ Beth am mewn algebra?

Mae ffracsiynau mewn algebra yn dilyn yr un rheolau ag mewn rhifyddeg.

Mae'r rhain yn ymwneud â dau bar o weithrediadau: × a ÷, ac + a −.

## Pwyntiau trafod

➡ Pryd gallwch chi ganslo ffracsiynau mewn rhifyddeg?

➡ Beth am mewn algebra?

➡ Beth yw ffactor mewn rhifyddeg?

➡ Beth am mewn algebra?

**Enghraifft 2.15**

Symleiddiwch y canlynol.

(i) $\dfrac{18}{24}$

(ii) $\dfrac{2x + 2}{3x + 3}$

(iii) $\dfrac{a^2 - a - 6}{a^2 - 8a + 15}$

*Datrysiad*

(i) $\dfrac{18}{24} = \dfrac{{}^{1}\cancel{6} \times 3}{{}_{1}\cancel{6} \times 4} = \dfrac{3}{4}$

(ii) $\dfrac{2x + 2}{3x + 3} = \dfrac{2\,(x + 1)}{3\,\cancel{(x + 1)}} = \dfrac{2}{3}$

(iii) $\dfrac{a^2 - a - 6}{a^2 - 8a + 15} = \dfrac{\cancel{(a - 3)}\,(a + 2)}{\cancel{(a - 3)}\,(a - 5)} = \dfrac{a + 2}{a - 5}$

**Enghraifft 2.16**

Symleiddiwch y canlynol.

(i) $\dfrac{2}{3} \times \dfrac{9}{14}$

(ii) $\dfrac{3}{4} \div \dfrac{9}{16}$

(iii) $\dfrac{3a^2 b}{2c} \times \dfrac{4c^3}{9ab}$

(iv) $\dfrac{4n^2 - 9}{n + 1} \div \dfrac{2n + 3}{n^2 - 1}$

*Datrysiad*

(i) $\dfrac{{}^{1}\cancel{2}}{{}_{1}\cancel{3}} \times \dfrac{\cancel{9}^{3}}{\cancel{14}_{7}} = \dfrac{1 \times 3}{1 \times 7} = \dfrac{3}{7}$

(ii) $\dfrac{3}{4} \div \dfrac{9}{16} = \dfrac{\cancel{3}^{1}}{\cancel{4}_{1}} \times \dfrac{\cancel{16}^{4}}{\cancel{9}_{3}} = \dfrac{4}{3}$

(iii) $\dfrac{{}^{1}\cancel{3}\,a^2\,\cancel{b}}{{}_{1}\cancel{2}\,\cancel{c}} \times \dfrac{{}_{2}\cancel{4}\,c^{\cancel{3}^{2}}}{{}_{3}\cancel{9}\,\cancel{ab}} = \dfrac{2ac^2}{3}$

(iv) $\dfrac{4n^2 - 9}{n + 1} \div \dfrac{2n + 3}{n^2 - 1} = \dfrac{(2n + 3)(2n - 3)}{\cancel{(n + 1)}_{1}} \times \dfrac{\cancel{(n + 1)}^{1}(n - 1)}{\cancel{(2n + 3)}_{1}}$

$$= (2n - 3)(n - 1)$$

**Enghraifft 2.17**

Ysgrifennwch y canlynol fel ffracsiwn unigol a symleiddiwch lle mae hynny'n bosibl.

(i) $\dfrac{2}{3} + \dfrac{3}{4}$

(ii) $\dfrac{5x}{6} + \dfrac{x}{4}$

(iii) $\dfrac{2}{(x + 1)} + \dfrac{5}{(x - 1)}$

(iv) $\dfrac{a}{a^2 - 1} - \dfrac{2}{a + 1}$

(v) $\dfrac{2}{x + 3} - \dfrac{3}{x - 1} + 4$

*Datrysiad*

(i) $\dfrac{2}{3} + \dfrac{3}{4} = \dfrac{8}{12} + \dfrac{9}{12} = \dfrac{17}{12}$

Cymerwch ofal i sicrhau mai'r enwadur cyffredin yw lluosrif cyffredin lleiaf yr enwaduron gwreiddiol.

(ii) $\dfrac{5x}{6} + \dfrac{x}{4} = \dfrac{10x}{12} + \dfrac{3x}{12} = \dfrac{13x}{12}$

(iii) $\dfrac{2}{(x+1)} + \dfrac{5}{(x-1)} = \dfrac{2(x-1)}{(x+1)(x-1)} + \dfrac{5(x+1)}{(x+1)(x-1)}$

$$= \dfrac{2x - 2 + 5x + 5}{(x+1)(x-1)}$$

$$= \dfrac{7x + 3}{(x+1)(x-1)}$$

(iv) $\dfrac{a}{a^2 - 1} - \dfrac{2}{a+1} = \dfrac{a}{(a-1)(a+1)} - \dfrac{2}{a+1}$

$$= \dfrac{a}{(a-1)(a+1)} - \dfrac{2(a-1)}{(a-1)(a+1)}$$

$$= \dfrac{a - 2a + 2}{(a-1)(a+1)}$$

$$= \dfrac{2 - a}{(a-1)(a+1)}$$

(v)

$$\dfrac{2}{x+3} - \dfrac{3}{x-1} + 4 = \dfrac{2}{x+3} - \dfrac{3}{x-1} + \dfrac{4}{1}$$

Rydyn ni'n ehangu'r cromfachau yn y rhifiadur fel y gall y termau tebyg gael eu casglu a'u symleiddio. Gallen ni ehangu'r enwadur i $x^2 + 2x - 3$, ond mae'n fwy defnyddiol ei adael wedi'i ffactorio.

$$= \dfrac{2(x-1)}{(x+3)(x-1)} - \dfrac{3(x+3)}{(x-1)(x+3)} + \dfrac{4(x-1)(x+3)}{(x-1)(x+3)}$$

$$= \dfrac{2x - 2 - (3x + 9) + 4(x^2 + 2x - 3)}{(x-1)(x+3)}$$

$$= \dfrac{2x - 2 - 3x - 9 + 4x^2 + 8x - 12}{(x-1)(x+3)}$$

$$= \dfrac{4x^2 + 7x - 23}{(x-1)(x+3)}$$

**Ymarfer 2Ch**

① Symleiddiwch y canlynol.

(i) $\dfrac{2(x+3)}{4x+12}$

(ii) $\dfrac{4x - 8}{(x-2)(x+8)}$

(iii) $\dfrac{3(x+y)}{x^2 - y^2}$

(iv) $\dfrac{6x^2 y^3}{9xy^4}$

(v) $\dfrac{2p}{6p - 2p^2}$

(vi) $\dfrac{4ab^3}{10a^3 b}$

② Symleiddiwch y canlynol.

(i) $\dfrac{x^2 - 4x + 3}{2x - 6}$

(ii) $\dfrac{x^2 + xy}{x^2 - y^2}$

(iii) $\dfrac{a + 2}{a^2 - a - 6}$

(iv) $\dfrac{3x^2 + 15x}{10x + 2x^2}$

(v) $\dfrac{9x^2 - 1}{9x + 3}$

(vi) $\dfrac{3x^2 + 3xy}{6xy + 6y^2}$

③ Symleiddiwch y canlynol.

(i) $\dfrac{3a}{b^2} \times \dfrac{b^3}{6a}$

(ii) $\dfrac{xy - y^2}{y} \times \dfrac{x}{x - y}$

(iii) $\dfrac{x^2 - y^2}{y} \times \dfrac{x}{x - y}$

(iv) $\dfrac{x + 1}{2x} \div \dfrac{4x^2 - 4}{x^2}$

(v) $\dfrac{3a^2 + a - 2}{2} \div \dfrac{6a^2 - a - 2}{8a + 4}$

(vi) $\dfrac{2p^2 - pq - q^2}{3p + 3q} \div \dfrac{2p^2 - 3pq + q^2}{2p + 2q}$

④ Symleiddiwch y canlynol.

(i) $\dfrac{x^2 - 4x + 4}{x^2 - 2x} \times \dfrac{x - 2}{x^2 - 4}$

(ii) $\dfrac{2x - 1}{x + 1} \div \dfrac{2x^2 - x - 1}{x^2 + 3x + 2}$

(iii) $\dfrac{4p^2 + 12}{p - 3} \times \dfrac{p^2 - 9}{p^2 + 3}$

(iv) $\dfrac{3x^2 - 9}{x + 2} \div \dfrac{x^2 - 6x + 9}{x^2 + x - 2}$

(v) $\dfrac{3a^2 - 12}{5a^2 - 4a - 1} \times \dfrac{5a + 1}{(a - 2)^2}$

(vi) $\dfrac{2t}{t^2 + 1} \div \dfrac{4t^2}{t^4 - 1}$

⑤ Ysgrifennwch y canlynol fel ffracsiwn unigol a symleiddiwch lle mae hynny'n bosibl.

(i) $\dfrac{3a}{5} - \dfrac{a}{4}$

(ii) $\dfrac{5}{3a} - \dfrac{4}{a}$

(iii) $\dfrac{2}{(m + n)} - \dfrac{1}{(m - n)}$

(iv) $\dfrac{4}{p - 2} - \dfrac{3}{2p + 1}$

(v) $\dfrac{1}{2(x - 1)} + \dfrac{2}{(x + 4)}$

(vi) $\dfrac{1}{2(a - 1)} + \dfrac{2}{3(a + 4)}$

⑥ Ysgrifennwch y canlynol fel ffracsiwn unigol a symleiddiwch lle mae hynny'n bosibl.

(i) $\dfrac{2}{a^2 + a} + \dfrac{3}{a^2 - a}$

(ii) $\dfrac{2x}{x - y} + \dfrac{2y}{y - x}$

(iii) $\dfrac{p}{p^2 - 1} - \dfrac{1}{p + 1}$

(iv) $\dfrac{a - b}{a + b} + \dfrac{a + b}{a - b}$

(v) $\dfrac{4}{x^2 - 4} - \dfrac{3}{x + 2}$

(vi) $\dfrac{7}{5(x - 2)} - \dfrac{2}{x + 4}$

⑦ Ysgrifennwch y canlynol fel ffracsiwn unigol a symleiddiwch lle mae hynny'n bosibl.

(i) $\dfrac{1}{x + 1} - \dfrac{2}{x + 2} + \dfrac{3}{x + 3}$

(ii) $\dfrac{3}{x + 1} - \dfrac{2}{x - 2} + \dfrac{4}{x + 3}$

(iii) $\dfrac{x + 2}{(x + 1)^2} - \dfrac{1}{x}$

⑧ Ysgrifennwch y canlynol fel ffracsiwn unigol a symleiddiwch lle mae hynny'n bosibl.

(i) $\dfrac{4t}{t^2 + 2t + 1} + \dfrac{3}{t + 1}$

(ii) $\dfrac{1}{y^2 - x^2} + \dfrac{3}{y + x}$

(iii) $\dfrac{2}{x - 2} + \dfrac{1}{2x - 1} - 1$

(iv) $1 + \dfrac{1}{n} + \dfrac{1}{n + 1} + \dfrac{1}{n + 2}$

(v) $\dfrac{3}{x + 1} + \dfrac{2}{x - 1} - \dfrac{2}{3}$

(vi) $\dfrac{5}{2x + 1} - \dfrac{1}{3x - 2} + \dfrac{7}{8}$

# 4 Datrys hafaliadau llinol sy'n cynnwys ffracsiynau

> **Gwybodaeth flaenorol**
> ---
> Mae disgwyl i chi fod yn gyfarwydd â'r rheolau sylfaenol ar gyfer y gweithrediadau mathemategol +, −, × a ÷ sy'n cael eu defnyddio ym Mhennod 1.

**Enghraifft 2.18**

Datryswch y canlynol.

$$\frac{x+2}{6} = \frac{x-6}{2}$$

*Datrysiad*

Lluosrif Cyffredin Lleiaf 6 a 2 yw 6, felly lluoswch â 6.

$$^1\cancel{6} \times \frac{(x+2)}{\cancel{6}_1} = {}^3\cancel{6} \times \frac{(x-6)}{\cancel{2}_1}$$

$$\Rightarrow \quad x + 2 = 3x - 18$$
$$\Rightarrow \quad 20 = 2x$$
$$\Rightarrow \quad x = 10$$

> **Pwynt trafod**
> ➜ Pan fyddwch chi'n lluosi ffracsiwn â chyfanrif, ei rifiadur (llinell uchaf) yn unig sy'n cael ei luosi. Pam?

**Enghraifft 2.19**

Datryswch y canlynol.

$$\frac{x+2}{6} + 3 = \frac{x}{5}$$

*Datrysiad*

Lluosrif Cyffredin Lleiaf 6 a 5 yw 30, felly lluoswch â 30.

$$^5\cancel{30} \times \frac{(x+2)}{\cancel{6}_1} + 30 \times 3 = {}^6\cancel{30} \times \frac{x}{\cancel{5}_1}$$

$$\Rightarrow \quad 5x + 10 + 90 = 6x$$
$$\Rightarrow \quad x = 100$$

> **Pwynt trafod**
> ➜ Edrychwch ar y fersiwn hwn o gam cyntaf y datrysiad ar gyfer Enghraifft 2.19.
> $$30 \times \frac{(x+2)}{6} + 3$$
> $$= 30 \times \frac{x}{5}$$
> Pam mae'n anghywir?

**Ymarfer 2D**

Datryswch yr hafaliadau canlynol.

① $x - \frac{x}{5} = \frac{2}{3}$

② $\frac{2}{a} - \frac{3}{4a} = 2$

③ $\frac{x-4}{6} = \frac{x+2}{3}$

④ $\frac{2-3x}{6} = \frac{2}{3}$

⑤ $\frac{3p+2}{2} - \frac{p-1}{5} = 3$

⑥ $\frac{3(x-2)}{2} - \frac{x-5}{4} = 2$

⑦ $x + 1 - \frac{3(x-2)}{2} = 7$

⑧ $\frac{3(t+4)}{8} + 2 = \frac{2t}{3}$

⑨ $\frac{x+1}{5} + \frac{2x-3}{6} = \frac{1}{3}$

⑩ $\frac{2x-1}{7} - \frac{x+3}{4} = \frac{2}{5}$

# 5 Cwblhau'r sgwâr

Wrth ystyried mynegiad cwadratig, weithiau bydd hi'n ddefnyddiol ei ysgrifennu i gynnwys y term $(x + a)^2$ neu $(x - a)^2$, lle mae $a$ yn gysonyn. Byddwn ni'n gweld rhai o'r ffyrdd o ddefnyddio'r dull hwn yn nes ymlaen mewn adrannau ar hafaliadau cwadratig a graffiau cwadratig.

Byddwn ni'n edrych eto ar gwblhau'r sgwâr ym Mhennod 4.

---

**Enghraifft 2.20**

Cyfrifwch werthoedd $p$ a $q$ fel bod $x^2 - 6x + 2 = (x - p)^2 + q$.

### Datrysiad

Ehangwch y cromfachau $\quad x^2 - 6x + 2 = x^2 - 2px + p^2 + q$

Rhowch gyfernodau $x$ yn hafal $-6 = -2p$

$\qquad\qquad\qquad\qquad\qquad 3 = p$

Rhowch y cysonion yn hafal $2 = p^2 + q$

$\qquad\qquad\qquad\qquad\qquad 2 = 9 + q$

$\qquad\qquad\qquad\qquad\quad -7 = q$

$\qquad\qquad\qquad\qquad p = 3$ a $q = -7$

> Mae 'Rhowch gyfernodau $x$ yn hafal' yn golygu rhoi nifer yr $x$ y naill ochr a'r llall i'r hafaliad yn hafal.

$$(x - p)^2 = (x - p)(x - p)$$
$$= x^2 - px - px + p^2$$
$$= x^2 - 2px + p^2$$

---

**Enghraifft 2.21**

Cyfrifwch werthoedd $a$, $b$ ac $c$ fel bod $2x^2 + bx + 5 = a(x - 3)^2 + c$.

### Datrysiad

Ehangwch y cromfachau $\qquad\qquad 2x^2 - bx + 5 = a(x^2 - 6x + 9) + c$

$\qquad\qquad\qquad\qquad\qquad\qquad = ax^2 - 6ax + 9a + c$

Rhowch gyfernodau $x^2$ yn hafal $\qquad\quad 2 = a$

Rhowch gyfernodau $x$ yn hafal $\qquad\quad\; b = -6a$

$\qquad\qquad\qquad\qquad\qquad\qquad\quad b = -12$

Rhowch y cysonion yn hafal $\qquad 5 = 9a + c$

$\qquad\qquad\qquad\qquad\qquad\quad 5 = 18 + c$

$\qquad\qquad\qquad\qquad\quad -13 = c$

$\qquad\qquad\qquad\qquad\quad a = 2$ $b = -12$ ac $c = -13$

**Enghraifft 2.22**

Cyfrifwch werthoedd $a$, $b$ ac $c$ fel bod $3x^2 + 5x - 1 = a(x + b)^2 + c$.

### Datrysiad

Ehangwch y cromfachau

$$3x^2 + 5x - 1 = a(x^2 + 2bx + b^2) + c$$

$$= ax^2 + 2abx + ab^2 + c$$

Rhowch gyfernodau $x^2$ yn hafal $\qquad 3 = a$

Rhowch gyfernodau $x$ yn hafal $\qquad 5 = 2ab$

$$5 = 6b$$

$$\frac{5}{6} = b$$

Rhowch y cysonion yn hafal $\qquad -1 = ab^2 + c$

$$-1 = 3 \times \left(\frac{5}{6}\right)^2 + c$$

$$-1 = 3 \times \frac{25}{36} + c$$

$$-1 = \frac{25}{12} + c$$

$$-\frac{37}{12} = c$$

$$a = 3, \ b = \frac{5}{6} \ \text{a} \ c = -\frac{37}{12}$$

### Sylwch

Mae cymharu cyfernodau yn dechneg ddefnyddiol a all gael ei defnyddio gydag unrhyw bolynomial.

Dull arall wrth ailysgrifennu cwadratig yn y ffurf $a(x + b)^2 + c$, yw defnyddio techneg 'cwblhau'r sgwâr' sy'n cael ei rhoi ym Mhennod 4.

**Ymarfer 2Dd**

① Cyfrifwch werthoedd $a$ a $b$ fel bod $x^2 + 8x + 10 = (x + a)^2 + b$.

② Cyfrifwch werthoedd $c$ a $d$ fel bod $x^2 - cx + 7 = (x - 1)^2 + d$.

③ Cyfrifwch werthoedd $p$ a $q$ fel bod $x^2 - 12x - 4 = (x - p)^2 + q$.

④ Cyfrifwch werthoedd $a$ a $b$ fel bod $x^2 + 5x - 2 = (x + a)^2 + b$.

⑤ Cyfrifwch werthoedd $p$ a $q$ fel bod $5 + 4x - x^2 = p - (x - q)^2$.

⑥ Cyfrifwch werthoedd $c$ a $d$ fel bod $2 - x - x^2 = c - (x + d)^2$.

⑦ Cyfrifwch werthoedd $a$, $b$ ac $c$ fel bod $2x^2 + bx + 5 = a(x + 2)^2 + c$.

⑧ Cyfrifwch werthoedd $a$, $b$ ac $c$ fel bod $5x^2 + 30x + 10 = a(x + b)^2 + c$.

⑨ Cyfrifwch werthoedd $p$, $q$ ac $r$ fel bod $3x^2 - 12x + 14 = p(x + q)^2 + r$.

⑩ Cyfrifwch werthoedd $a$, $b$ ac $c$ fel bod $3x^2 - bx + 1 = a(x - 4)^2 + c$.

⑪ Cyfrifwch werthoedd $a$, $b$ ac $c$ fel bod $6 + bx - 2x^2 = c - a(x - 1)^2$.

⑫ Cyfrifwch werthoedd $p$, $q$ ac $r$ fel bod $5 - 12x - 2x^2 = p - q(x + r)^2$.

⑬ (i) Cyfrifwch werthoedd $a$ a $b$ fel bod $x^2 - 8x + 20 = (x - a)^2 + b$.

　　(ii) Trwy hyn, gwnewch $x$ yn destun $y = x^2 - 8x + 20$.

⑭ (i) Cyfrifwch werthoedd $p$, $q$ ac $r$ fel bod $3x^2 + 6x + 1 = p(x + q)^2 + r$.

　　(ii) Trwy hyn, gwnewch $x$ yn destun $y = 3x^2 + 6x + 1$.

# 6 Gwerth minimwm mynegiad cwadratig

Gall gwerth minimwm (neu werth lleiaf) mynegiad cwadratig gael ei ddarganfod drwy gwblhau'r sgwâr.

Gwerth lleiaf mynegiad yn y ffurf $(x + a)^2 + b$ yw $b$, ac mae'n digwydd pan fydd $x + a = 0$.

> Ni all mynegiadau wedi'u sgwario fod â gwerth negatif, felly $(x + a)^2 \geq 0$ ac felly $(x + a)^2 + b \geq b$.

**Enghraifft 2.23**

(i) Drwy gwblhau'r sgwâr, darganfyddwch werth lleiaf $x^2 + 6x - 10$.

> Gallwn ni ailysgrifennu $x^2 + px + q$ fel $\left(x + \dfrac{p}{2}\right)^2 - \left(\dfrac{p}{2}\right)^2 + q$.

(ii) Beth yw gwerth $x$ pan fydd gan $x^2 + 6x - 10$ ei werth lleiaf?

## Datrysiad

$$x^2 + 6x - 10 = (x + 3)^2 - 3^2 - 10$$

$$= (x + 3)^2 - 19$$

(i) Gwerth lleiaf $x^2 + 6x - 10$ yw $-19$.

(ii) Mae hyn yn digwydd pan fydd $x + 3 = 0 \implies x = -3$.

Os nad 1 yw cyfernod $x^2$, yna diddymwch ef fel ffactor o'r ddau derm cyntaf cyn cwblhau'r sgwâr.

**Enghraifft 2.24**

(i) Drwy gwblhau'r sgwâr, darganfyddwch werth lleiaf $2x^2 - 4x + 7$.

(ii) Beth yw gwerth $x$ pan fydd gan $2x^2 - 4x + 7$ ei werth lleiaf?

## Datrysiad

$$2x^2 - 4x + 7 = 2\left[x^2 - 2x\right] + 7$$

> Nawr cwblhewch y sgwâr ar $x^2 - 2x$.

$$= 2\left[(x - 1)^2 - 1^2\right] + 7$$

$$= 2\left[(x - 1)^2 - 1\right] + 7$$

> Nawr lluoswch drwy'r cromfachau allanol â 2, sef y ffactor a gafodd ei ddiddymu ar y dechrau.

$$= 2(x - 1)^2 - 2 + 7$$

$$= 2(x - 1)^2 + 5.$$

(i) Y gwerth lleiaf yw 5.

(ii) Mae'n digwydd pan fydd $x - 1 = 0 \implies x = 1$.

Os yw cyfernod $x^2$ yn negatif, yna nid oes gan y mynegiad werth minimwm. Yn hytrach, mae ganddo werth macsimwm (neu werth mwyaf).

**Enghraifft 2.25**

(i)   Drwy gwblhau'r sgwâr, darganfyddwch werth mwyaf $-3x^2 + 8x - 2$.

(ii)   Beth yw gwerth $x$ pan fydd gan $-3x^2 + 8x - 2$ ei werth mwyaf?

*Datrysiad*

$$-3x^2 + 7x - 2 = -3\left[x^2 - \frac{7}{3}x\right] - 2$$

$$= -3\left[\left(x - \frac{7}{6}\right)^2 - \left(\frac{7}{6}\right)^2\right] - 2$$

$$= -3\left[\left(x - \frac{7}{6}\right)^2 - \frac{49}{36}\right] - 2$$

$$= -3\left(x - \frac{7}{6}\right)^2 + \frac{49}{12} - \frac{24}{12}$$

$$= \frac{25}{12} - 3\left(x - \frac{7}{6}\right)^2$$

(i)   Y gwerth mwyaf yw $\frac{25}{12}$

(ii)   Mae'n digwydd pan fydd $x - \frac{7}{6} = 0 \quad \Rightarrow \quad x = \frac{7}{6}$

**Exercise 2E**

① Darganfyddwch werthoedd minimwm y mynegiadau canlynol.

(i)   $x^2 + 2x + 8$    (ii)   $x^2 - 6x - 7$    (iii)   $y^2 + 12y - 21$

(iv)   $m^2 - 5m + 3$    (v)   $n^2 + 7n + 1$    (vi)   $x^2 - 11x$

② Ar gyfer pob un o'r mynegiadau hyn, darganfyddwch werth $x$ pan fydd gan y mynegiad ei werth lleiaf.

(i)   $x^2 - 4x + 9$    (ii)   $x^2 + 10x - 5$    (iii)   $x^2 + 9x + 6$

(iv)   $x^2 - x + 7$    (v)   $4 + 6x + x^2$    (vi)   $x + x^2 - 5$

③ Darganfyddwch werthoedd minimwm y mynegiadau canlynol.

(i)   $2x^2 + 4x - 7$    (ii)   $3x^2 - 6x + 1$    (iii)   $4x^2 + 12x - 3$

(iv)   $2x^2 - 5x + 4$    (v)   $3x^2 - 4x + 2$    (vi)   $5x^2 + 8x$

④ (i)   Defnyddiwch ddull cwblhau'r sgwâr i ddarganfod gwerth lleiaf $x^2 + 18x + 100$.

(ii)   Beth yw gwerth $x$ pan fydd gan $x^2 + 18x + 100$ ei werth lleiaf?

⑤ (i) Defnyddiwch ddull cwblhau'r sgwâr i ddarganfod gwerth mwyaf $-2x^2 - 8x + 5$.

   (ii) Beth yw gwerth $x$ pan fydd gan $-2x^2 - 8x + 5$ ei werth mwyaf?

⑥ (i) Defnyddiwch ddull cwblhau'r sgwâr i ddarganfod gwerth mwyaf $-x^2 + 12x - 7$.

   (ii) Beth yw gwerth $x$ pan fydd gan $-x^2 + 12x - 7$ ei werth mwyaf?

## DEILLIANNAU DYSGU

Gan eich bod chi wedi gorffen y bennod hon, dylech chi allu

➤ ffactorio mynegiad algebraidd heb ddefnyddio mwy na dwy set o gromfachau

➤ ad-drefnu fformiwla i wneud llythyren arall yn destun
  ○ pan fydd y testun newydd yn digwydd unwaith
  ○ pan fydd y testun newydd yn ymddangos fwy nag unwaith

➤ symleiddio ffracsiynau algebraidd sydd wedi'u cysylltu ag unrhyw un o'r symbolau +, −, × neu ÷

➤ datrys hafaliadau llinol sy'n cynnwys ffracsiynau algebraidd

➤ ysgrifennu mynegiad cwadratig yn y ffurf $a(x + b)^2 + c$.

## PWYNTIAU ALLWEDDOL

1 Wrth ffactorio mynegiad cwadratig, mae angen i chi ei ysgrifennu fel lluoswm gan ddefnyddio cromfachau.

2 Wrth newid testun hafaliad, dylai'r testun newydd fod ar ei ben ei hun ar yr ochr chwith.

3 Wrth symleiddio ffracsiwn algebraidd sy'n cynnwys adio neu dynnu, mae angen i chi ddarganfod enwadur cyffredin.

4 Wrth ddatrys hafaliad sy'n cynnwys ffracsiynau, rydych chi'n dechrau drwy luosi popeth â lluosrif cyffredin lleiaf pob un o'r enwaduron er mwyn dileu'r ffracsiwn.

5 Gall mynegiadau cwadratig gael eu hysgrifennu yn y ffurf $a(x + b)^2 + c$.

6 Gwerth lleiaf (neu fwyaf) $a(x + b)^2 + c$ yw $c$, ac mae'n digwydd pan fydd $x = -b$.

# 3 Algebra III

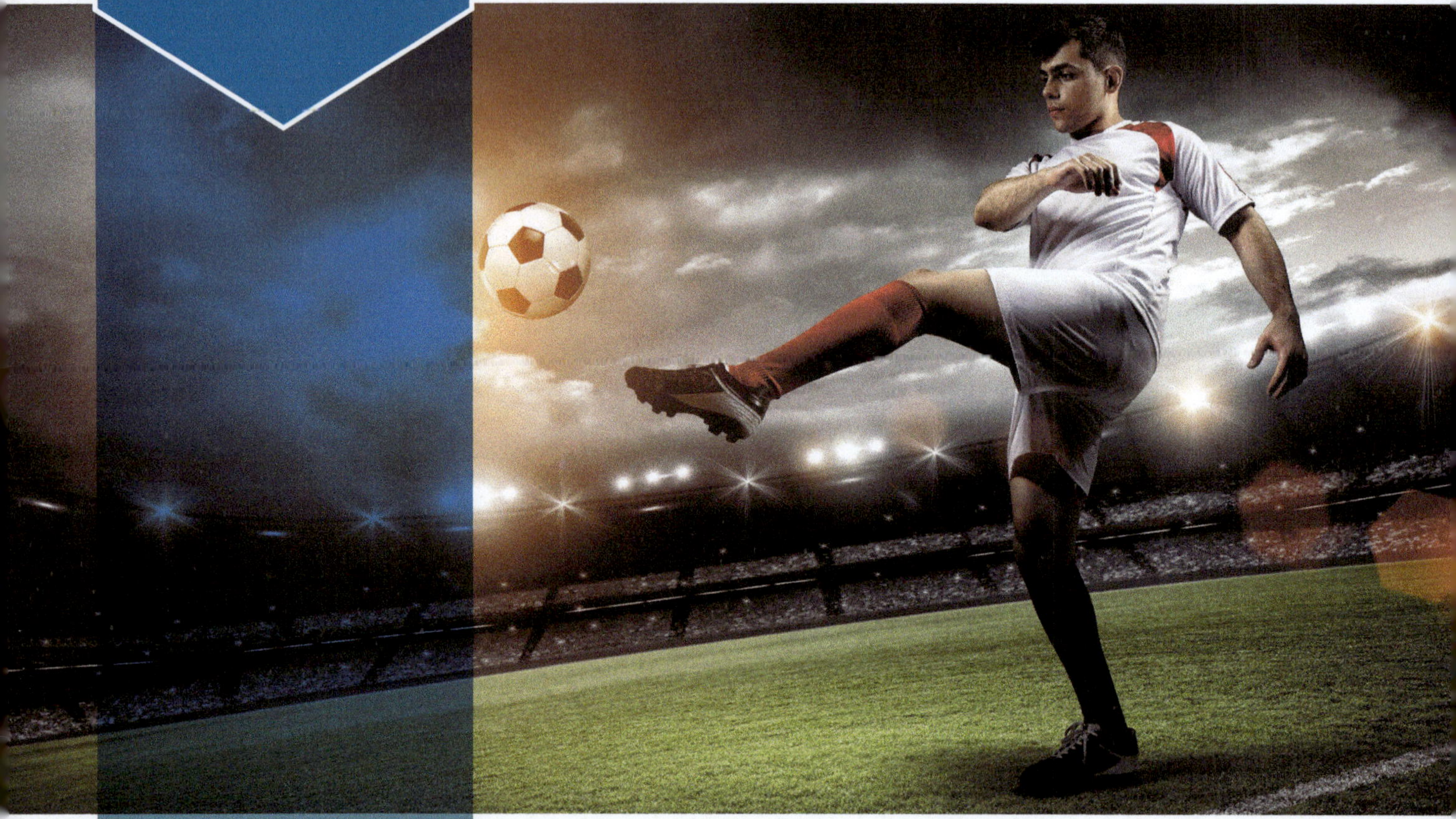

*Mae pobl eraill wedi'i wneud o'm blaen i. Gallaf i ei wneud hefyd.*

Y Corporal John Faunce (Milwr Americanaidd)

## 1 Nodiant ffwythiant

Dyma siart llif.

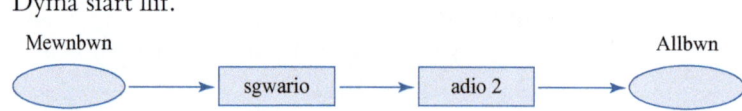

Mewnbwn
sgwario
adio 2
Allbwn


**Ffigur 3.1**

Ar gyfer mewnbwn o 5, $5 \rightarrow 25 \rightarrow 27$ yr allbwn yw 27.

Ar gyfer mewnbwn o –2, $-2 \rightarrow 4 \rightarrow 6$ yr allbwn yw 6.

Ar gyfer mewnbwn o $x$, $x \rightarrow x^2 \rightarrow x^2 + 2$ yr allbwn yw $x^2 + 2$.

Mae hyn yn arwain at ddefnyddio nodiant ffwythiant $f(x) = x^2 + 2$

Ar gyfer mewnbwn o 5,

$$\begin{aligned} f(5) &= 5^2 + 2 \\ &= 25 + 2 \\ &= 27. \end{aligned}$$

Ar gyfer mewnbwn o –2,

$$\begin{aligned} f(-2) &= (-2)^2 + 2 \\ &= 4 + 2 \\ &= 6. \end{aligned}$$

Mae'n rhaid bod gan *ffwythiant* allbwn unigryw ar gyfer pob mewnbwn.

O ganlyniad, nid yw $f(x) = \pm x^2$ yn ffwythiant.

### Pwynt trafod

→ A yw'r canlynol yn ffwythiannau?

(i) $f(x) = (\pm x)^2$

(ii) $f(x) = (1 \pm x)^2$

---

**Enghraifft 3.1**

$f(x) = 10 - 4x$ a $g(x) = x^3$.

(i) Enrhifwch $f(-1)$ a $g\left(\dfrac{1}{2}\right)$.

(ii) Ysgrifennwch fynegiad ar gyfer $f(3x)$.

(iii) Datryswch $g(x) = -64$.

### *Datrysiad*

(i) $f(-1) = 10 - 4(-1)$

$\quad\quad = 10 + 4$

$\quad\quad = 14$

$g\left(\dfrac{1}{2}\right) = \left(\dfrac{1}{2}\right)^3$

$\quad\quad = \dfrac{1}{2} \times \dfrac{1}{2} \times \dfrac{1}{2}$

$\quad\quad = \dfrac{1}{8}$

(ii) $f(3x) = 10 - 4(3x)$

$\quad\quad = 10 - 12x$

(iii) $g(x) = -64$

$\quad\quad x^3 = -64$

$\quad\quad x = \sqrt[3]{-64}$

$\quad\quad = -4$

---

**Ymarfer 3A**

① $f(x) = 2x - 1$ a $g(x) = x^2 + 2x$.

Cyfrifwch werth

(i) $f(-4)$  (ii) $f(0.6)$  (iii) $g(3)$

(iv) $g(-1)$  (v) $f(0)$  (vi) $g(0)$.

② $f(x) = 3x^2$ a $g(x) = \dfrac{6}{x}$.

Cyfrifwch werth

(i) $f(2)$  (ii) $f(-5)$  (iii) $g(2)$

(iv) $g(-1.5)$  (v) $g\left(\dfrac{1}{2}\right)$  (vi) $g\left(-\dfrac{2}{3}\right)$.

③ $f(x) = (2x - 1)^2$ a $g(x) = 2x + 1$.

Cyfrifwch werth

(i) $f(0)$  (ii) $g(-2)$  (iii) $f(0.5)$

(iv) $f\left(-\dfrac{1}{4}\right)$  (v) $g\left(-\dfrac{1}{2}\right)$  (vi) $g(1.6)$.

④ $f(x) = 8 - 3x$ a $g(x) = 4(x + 3)$.

Datryswch

(i) $f(x) = 0$  (ii) $g(x) = 20$  (iii) $f(x) = g(x)$.

⑤ $h(x) = 3x - 2$

Ysgrifennwch fynegiadau, gan roi'r atebion yn y ffurf symlaf, ar gyfer

(i) $h(2x)$  (ii) $h(x + 1)$  (iii) $h(x^2)$.

⑥ $f(x) = (x - 1)^2$

Gan roi'r atebion yn eu ffurf symlaf, ysgrifennwch fynegiadau ar gyfer

(i) $f(x^2)$     (ii) $[f(x)]^2$     (iii) $(f(x + 1))^2$.

⑦ $f(x) = x^2 + 5x - 1$

Gan roi'r atebion yn eu ffurf symlaf, ysgrifennwch fynegiadau ar gyfer

(i) $f(3x)$     (ii) $f(x - 2)$.

⑧ $g(x) = \dfrac{x + 6}{2x}$

(i) Cyfrifwch werth $g(3)$.

(ii) Datryswch $g(x) = 3$.

(iii) Datryswch $g(2x) = 1$.

# 2 Graffiau ffwythiannau

## Lluniadu neu blotio graff

Os bydd gofyn i chi luniadu graff, defnyddiwch bapur graff. Dylai'r echelinau fod wedi'u rhifo. Dylai'r graff gael ei luniadu yn mynd drwy'r pwyntiau sydd naill ai wedi'u rhoi neu wedi'u cyfrifo.

Dyma luniad o graff $y = 2x + 1$ ar gyfer gwerthoedd $x$ o $-2$ i $4$. Yn yr achos hwn, mae cyfesurynnau'r pwyntiau wedi'u cyfrifo.

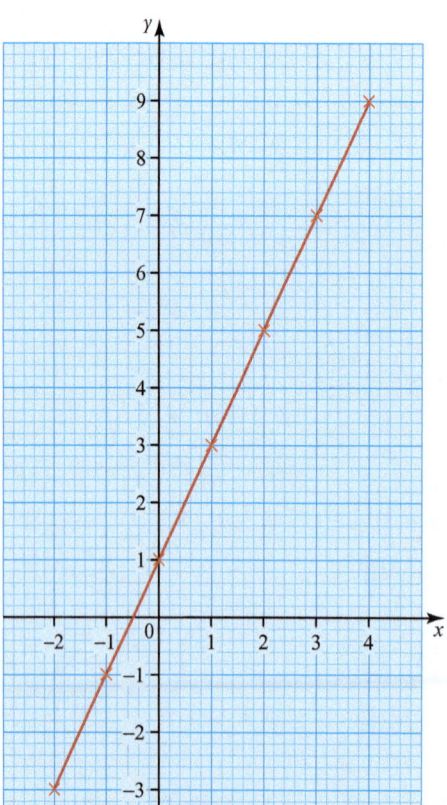

### Sylwch

Mewn rhai achosion, efallai y gwelwch chi'r nodiant $f(x) = 2x + 1$ lle bydd gofyn i chi luniadu graff $y = f(x)$. Mae hynny'n gyfystyr â 'Lluniadwch $y = 2x + 1$'.

Ffigur 3.2

## Braslunio graff

Os bydd gofyn i chi fraslunio graff, ni ddylech chi ddefnyddio papur graff. Dylai'r echelinau gael eu lluniadu a dim ond rhai rhifau penodol bydd angen eu nodi ar yr echelinau (e.e. pwyntiau lle mae'r graff yn croesi'r echelinau).

Dylai siâp cywir y graff gael ei ddangos a dylai fod yn y safle cywir mewn perthynas â'r echelinau.

Mae hyn yn golygu bod prif nodweddion y graff yn cael eu dangos er nad oes gofyn plotio'r pwyntiau'n gywir.

Dyma fraslun o graff $y = 2x + 1$

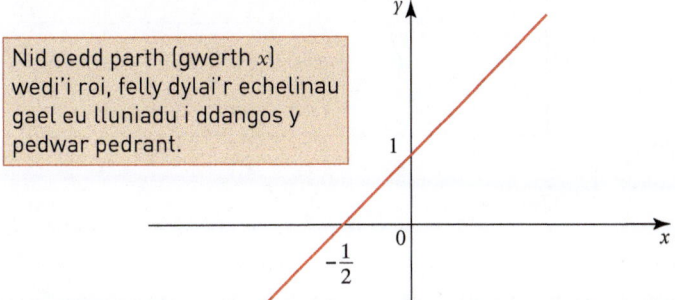

Nid oedd parth (gwerth $x$) wedi'i roi, felly dylai'r echelinau gael eu lluniadu i ddangos y pedwar pedrant.

**Ffigur 3.3**

# 3 Graffiau ffwythiannau llinol

## Graddiant llinell

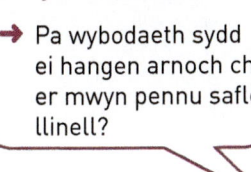

**Pwynt trafod**

→ Pa wybodaeth sydd ei hangen arnoch chi er mwyn pennu safle llinell?

Mewn mathemateg, mae'r gair *llinol* yn cyfeirio at linell syth. Mae goledd llinell yn cael ei fesur gan ei graddiant ac mae'r llythyren *m* yn aml yn cael ei defnyddio i gynrychioli hyn.

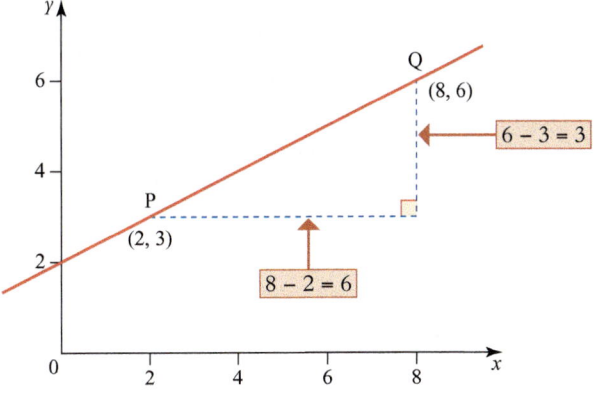

**Ffigur 3.4**

$$\text{Graddiant} = \frac{\text{Newid yn y cyfesuryn-}y \text{ o P i Q}}{\text{Newid yn y cyfesuryn-}x \text{ o P i Q}}$$

Yn Ffigur 3.4, graddiant $\frac{6-3}{8-2} = \frac{3}{6} = \frac{1}{2}$ .

**GWEITHGAREDD 3.1**

Ar bob llinell yn Ffigur 3.5, cymerwch unrhyw ddau bwynt a'u defnyddio i gyfrifo graddiant y llinell.

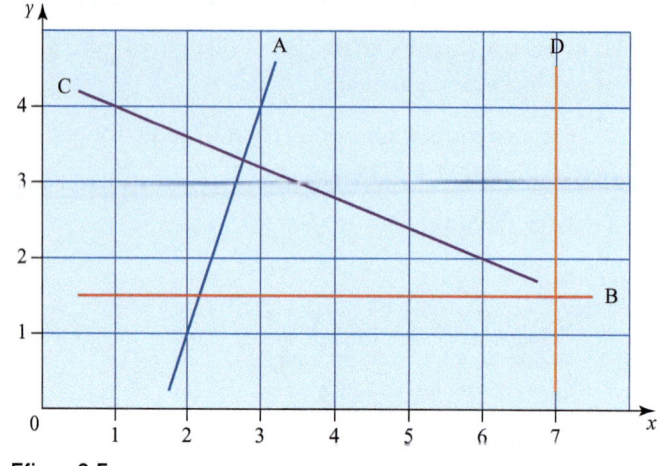

**Ffigur 3.5**

**Pwynt trafod**

➜ A oes gwahaniaeth pa bwynt rydych chi'n ei alw'n $(x_1, y_1)$ a pha bwynt yn $(x_2, y_2)$?

Gallwch chi gyffredinoli'r gweithgaredd blaenorol i ddarganfod graddiant $m$ y llinell sy'n cysylltu $(x_1, y_1)$ ac $(x_2, y_2)$.

$$m = \frac{y_2 - y_1}{x_2 - x_1}$$

Drwy edrych ar linell, mae'n hawdd dweud a yw ei graddiant yn bositif, yn negatif, yn sero neu'n anfeidraidd.

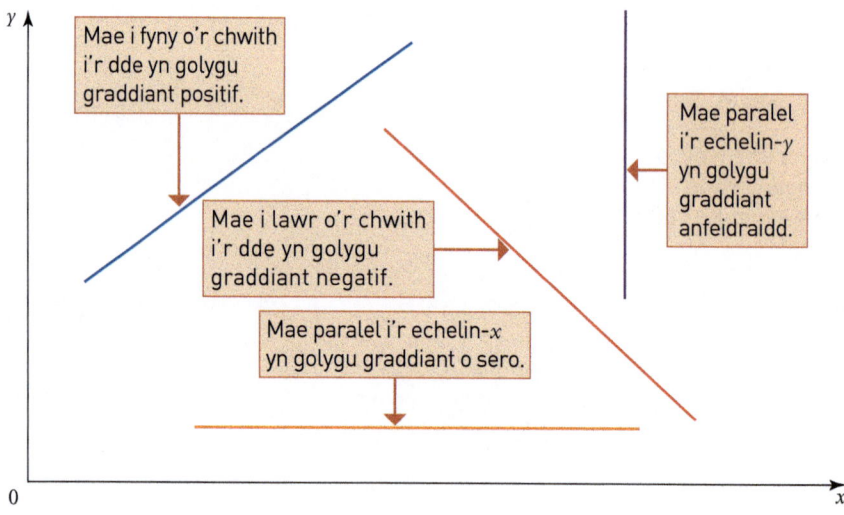

**Ffigur 3.6**

# Hafaliad llinell syth

Cyfrifwch hafaliad y llinell syth â graddiant 2 sy'n mynd drwy'r pwynt â chyfesurynnau $(0, 1)$.

## *Datrysiad*

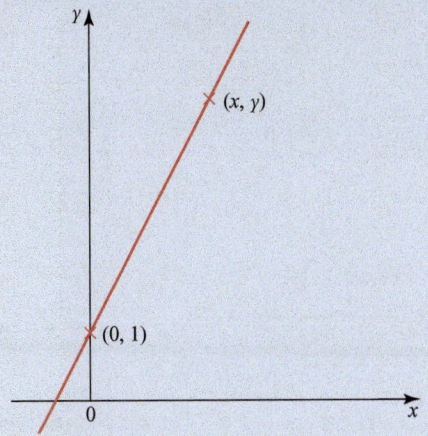

**Ffigur 3.7**

Cymerwch bwynt cyffredinol $(x, y)$ ar y llinell, fel sydd i'w weld yn Ffigur 3.7, a hefyd y pwynt $(0, 1)$ sydd wedi'i roi i chi. Mae graddiant y llinell sy'n cysylltu $(0, 1)$ ac $(x, y)$ yn cael ei roi gan

$$\text{graddiant} = \frac{y - 1}{x - 0} = \frac{y - 1}{x}.$$

Gan eich bod chi'n cael gwybod mai graddiant y llinell yw 2,

$$\frac{y - 1}{x} = 2 \qquad \Rightarrow \qquad y = 2x + 1$$

Gan fod $(x, y)$ yn bwynt cyffredinol ar y llinell, mae hyn yn wir am unrhyw bwynt ar y llinell, felly dyma hafaliad y llinell.

Gall yr enghraifft hon gael ei chyffredinoli i roi'r canlyniad mai hafaliad y llinell â graddiant $m$ ac sy'n torri'r echelin-$y$ yn y pwynt $(0, c)$ yw

$$\frac{y - c}{x - 0} = m$$
$$\Rightarrow \quad y = mx + c.$$

Mae hon yn ffurf safonol adnabyddus ar gyfer hafaliad llinell syth.

## Lluniadu neu fraslunio llinell o wybod ei hafaliad

Mae sawl ffurf safonol ar gyfer hafaliad llinell syth (gweler Ffigur 3.8). Pan fydd angen i chi luniadu neu fraslunio llinell, edrychwch ar ei hafaliad i weld a yw'n cyd-fynd ag un o'r rhain.

**Hafaliadau yn y ffurf $x = a$**

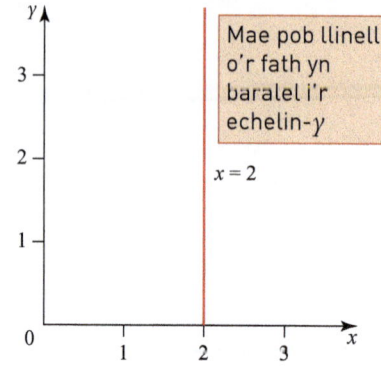

**Hafaliadau yn y ffurf $y = b$**

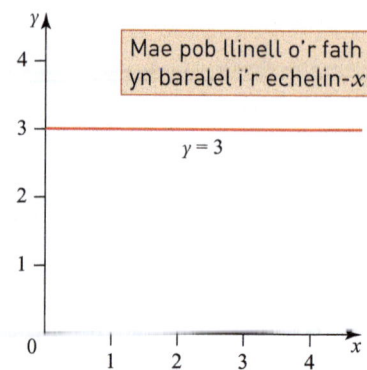

**Hafaliadau yn y ffurf $y = mx$**

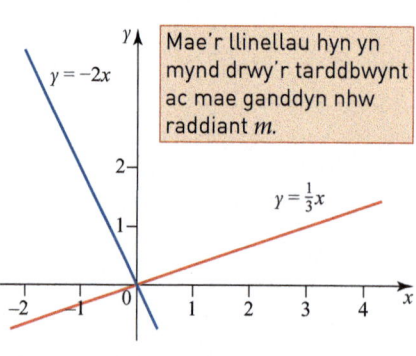

**Hafaliadau yn y ffurf $y = mx + c$**

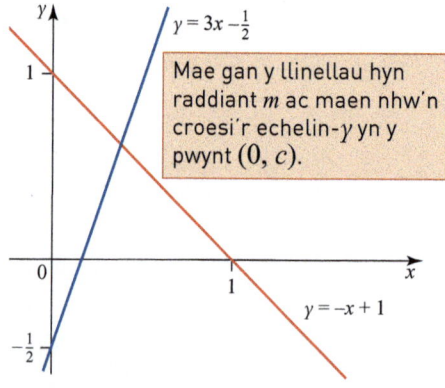

**Hafaliadau yn y ffurf $px + qy + r = 0$**

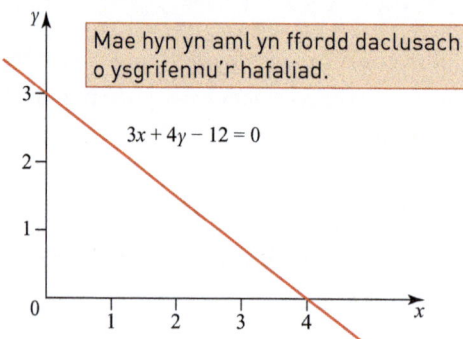

Ffigur 3.8

Bydd graffiau hafaliadau yn y ffurf $px + qy + r = 0$ fel arfer yn cael eu braslunio drwy ddarganfod cyfesurynnau'r pwyntiau lle mae'r llinell yn croesi'r echelinau-$x$ ac -$y$.

## Pwynt trafod

(i)   Ad-drefnwch yr hafaliad $3x + 4y - 12 = 0$ i'r ffurf $\frac{x}{a} + \frac{y}{b} = 1$.

(ii)  Beth yw gwerthoedd $a$ a $b$?

(iii) Beth mae'r gwerthoedd hyn yn ei gynrychioli?

**Enghraifft 3.3**

Brasluniwch y llinellau $y = -2$, $y = 3x - 2$ ac $x + 3y - 9 = 0$ ar yr un echelinau.

### Datrysiad

Mae'r llinell $y = -2$ yn baralel i'r echelin-$x$ ac mae'n mynd drwy $(0, -2)$.

Mae gan y llinell $y = 3x - 2$ raddiant 3 ac mae'n mynd drwy $(0, -2)$.

I fraslunio'r llinell $x + 3y - 9 = 0$, darganfyddwch ddau bwynt arno.

$x = 0$ $\Rightarrow$ $3y - 9 = 0$ $\Rightarrow$ $y = 3$ Mae $(0, 3)$ ar y llinell.

$y = 0$ $\Rightarrow$ $x - 9 = 0$ $\Rightarrow$ $x = 9$ Mae $(9, 0)$ ar y llinell.

Mae Ffigur 3.9 yn dangos y tair llinell.

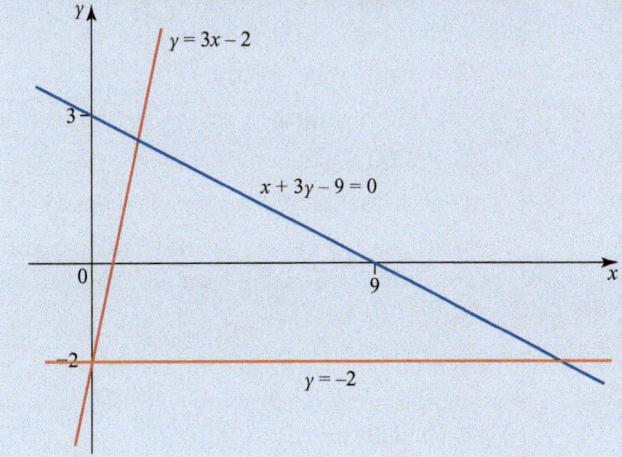

**Ffigur 3.9**

**Ymarfer 3B**

① Ar gyfer pob un o'r parau canlynol o bwyntiau, A a B, cyfrifwch raddiant y llinell AB.

| | | | | |
|---|---|---|---|---|
| (i)    | A(4, 3)    | B(8, 11)   | (ii)   | A(3, 4)    B(0, 13) |
| (iii)  | A(5, 3)    | B(10, −8)  | (iv)   | A(−6, −14)  B(1, 7) |
| (v)    | A(6, 0)    | B(8, 15)   | (vi)   | A(−2, −4)   B(3, 9) |
| (vii)  | A(−3, −6)  | B(2, −7)   | (viii) | A(4, 7)    B(7, −4) |

*Yn y cwestiynau canlynol, nodwch gyfesurynnau pob pwynt croestoriad â'r echelinau.*

② Brasluniwch y llinellau hyn.

(i)  $x = 5$      (ii)  $y = -3$      (iii)  $x = 0$      (iv)  $y = 0$

③ Brasluniwch y llinellau hyn.

   (i)   $y = 4x$      (ii)   $y = -3x$      (iii)   $y = 4 + x$      (iv)   $y = -3 + x$

④ Brasluniwch y llinellau hyn.

   (i)   $y = 2x + 3$   (ii)   $y = 2x - 3$      (iii)   $y = 2 + 3x$      (iv)   $y = 2 - 3x$

⑤ Brasluniwch y llinellau hyn.

   (i)   $y = \frac{1}{2}x - 1$      (ii)   $y = \frac{1}{3}x + \frac{2}{3}$

   (iii)   $y = 2 - \frac{1}{2}x$      (iv)   $y = 3 - \frac{2x}{3}$

⑥ Brasluniwch y llinellau hyn.

   (i)   $x + 2y = 5$      (ii)   $3x - y = 4$

   (iii)   $2x + y = 0$      (iv)   $x - 2y = 0$

⑦ Brasluniwch y llinellau hyn.

   (i)   $x + y - 1 = 0$      (ii)   $2x + y - 4 = 0$

   (iii)   $x - 3y + 6 = 0$      (iv)   $y - 3x + 9 = 0$

⑧ Brasluniwch y llinellau hyn.

   (i)   $\frac{x}{2} - \frac{y}{3} - 1 = 0$      (ii)   $\frac{x}{3} - \frac{y}{2} - 1 = 0$

   (iii)   $\frac{3x}{2} - \frac{2y}{3} - 1 = 0$      (iv)   $\frac{2x}{3} - \frac{3y}{2} - 1 = 0$

⑨ Mae cwmni argraffu yn dweud y byddai'n costio £$C$ i argraffu $n$ o gardiau busnes lle mae $C = 60 + 0.06n$.

   (i)   Cyfrifwch gost argraffu

      (a)   500 o gardiau

      (b)   5000 o gardiau

      a'r gost fesul cerdyn yn y naill achos a'r llall.

   (ii)   Mae'r gost yn cynnwys cost sefydlog gosod yr argraffydd a chost am bob un cerdyn sy'n cael ei argraffu. Nodwch gost y naill a'r llall o'r rhain.

   (iii)   Brasluniwch graff $C$ yn erbyn $n$.

*Os oes modd i chi ddefnyddio cyfrifiannell graffig, gallwch chi ei ddefnyddio i wirio eich canlyniadau. Fel arall, gwiriwch eich atebion gan ddefnyddio adnodd creu graffiau am ddim ar-lein.*

# 4 Darganfod hafaliad llinell

Mae'r ffordd symlaf o ddarganfod hafaliad llinell syth yn dibynnu ar y wybodaeth sydd wedi'i rhoi i chi.

## O wybod y graddiant, *m*, a'r pwynt croestoriad (0, *c*) â'r echelin-*y*

Cymerwch y pwynt cyffredinol $(x, y)$ ar y llinell, fel sydd i'w weld yn Ffigur 3.10.

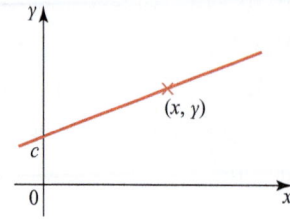

**Ffigur 3.10**

Mae graddiant y llinell sy'n cysylltu $(0, c)$ ac $(x, y)$ yn cael ei roi gan

$$m = \frac{y - c}{x - 0}$$
$$\Rightarrow y = mx + c.$$

### O wybod y graddiant, $m$, a chyfesurynnau $(x_1, y_1)$ pwynt ar y llinell

Cymerwch y pwynt cyffredinol $(x, y)$ ar y llinell, fel sydd i'w weld yn Ffigur 3.11.

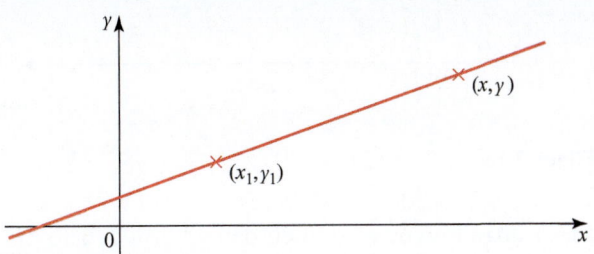

**Ffigur 3.11**

Mae graddiant $m$ y llinell sy'n cysylltu $(x_1, y_1)$ ac $(x, y)$ yn cael ei roi gan

$$m = \frac{y - y_1}{x - x_1}$$
$$\Rightarrow y - y_1 = m(x - x_1).$$

Mae hwn yn ganlyniad safonol, ac yn un a fydd yn ddefnyddiol iawn i chi.

**Enghraifft 3.4**

Cyfrifwch hafaliad y llinell sydd â graddiant 2 ac sy'n mynd drwy'r pwynt $(-1, 3)$.

### Datrysiad

Gan ddefnyddio $y - y_1 = m(x - x_1)$
$$\Rightarrow y - 3 = 2(x - (-1))$$
$$\Rightarrow y - 3 = 2x + 2$$
$$\Rightarrow \qquad y = 2x + 5$$

Yn y fformiwla

$$y - y_1 = m(x - x_1)$$

mae dau o safleoedd y pwynt $(x_1, y_1)$ yn arwain at ganlyniadau rydych chi wedi'u gweld yn barod:

• Mae $(x_1, y_1)$ yn $(0, 0) \Rightarrow y = mx$

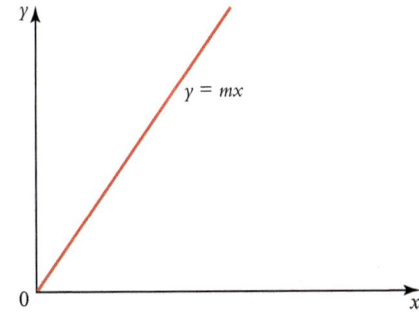

• Mae $(x_1, y_1)$ yn $(0, c) \Rightarrow y = mx + c.$

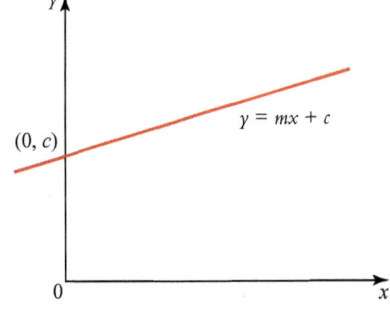

**Ffigur 3.12**

O wybod dau bwynt $(x_1, y_1)$ ac $(x_2, y_2)$

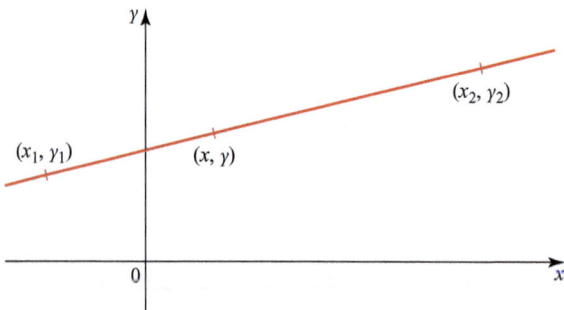

**Ffigur 3.13**

Mae'r ddau bwynt yn cael eu defnyddio i gyfrifo'r graddiant.

$$m = \frac{y_2 - y_1}{x_2 - x_1}$$

Yna, mae'r gwerth hwn yn cael ei amnewid i'r hafaliad

$$y - y_1 = m(x - x_1).$$

Mae hyn yn rhoi

$$y - y_1 = \frac{y_2 - y_1}{x_2 - x_1}(x - x_1).$$

Mae ad-drefnu hyn yn rhoi

$$\frac{y - y_1}{y_2 - y_1} = \frac{x - x_1}{x_2 - x_1} \qquad \text{neu}$$

$$\frac{y - y_1}{x - x_1} = \frac{y_2 - y_1}{x_2 - x_1}.$$

**Enghraifft 3.5**

Cyfrifwch hafaliad y llinell sy'n cysylltu $(-1, 4)$ a $(2, -3)$.

## Datrysiad

Gadewch i $(x_1, y_1)$ fod yn $(-1, 4)$ ac $(x_2, y_2)$ fod yn $(2, -3)$.

Mae amnewid y gwerthoedd hyn i mewn i $\dfrac{y - y_1}{y_2 - y_1} = \dfrac{x - x_1}{x_2 - x_1}$

yn rhoi $\qquad \dfrac{y - 4}{(-3) - 4} = \dfrac{x - (-1)}{2 - (-1)}$

$\Rightarrow \qquad \dfrac{y - 4}{(-7)} = \dfrac{x + 1}{3}$

$\Rightarrow \qquad 3(y - 4) = (-7)(x + 1)$

$\Rightarrow \qquad 7x + 3y - 5 = 0$

**Enghraifft 3.6**

Cyfrifwch hafaliadau'r llinellau **(a)** i **(c)** yn Ffigur 3.14.

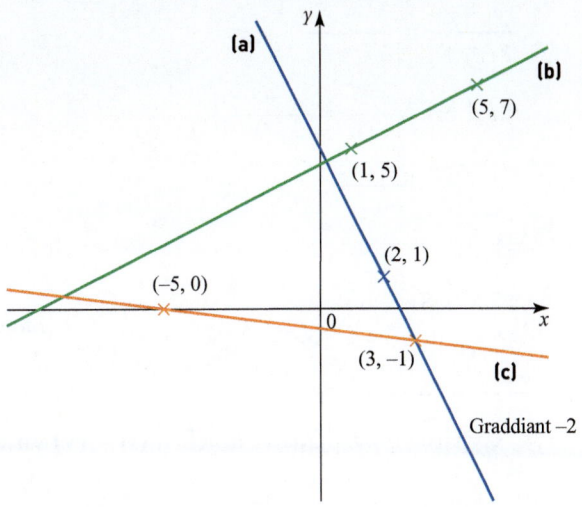

**Ffigur 3.14**

## Datrysiad

Mae gan linell **(a)** raddiant o −2 ac mae'n mynd drwy'r pwynt (2, 1).

Gan ddefnyddio $y - y_1 = m(x - x_1)$

$y - 1 = -2(x - 2)$

$\Rightarrow y - 1 = -2x + 4$

$\Rightarrow y = -2x + 5$

> Gall hyn hefyd gael ei ysgrifennu fel $2x + y = 5$ neu $2x + y - 5 = 0$.

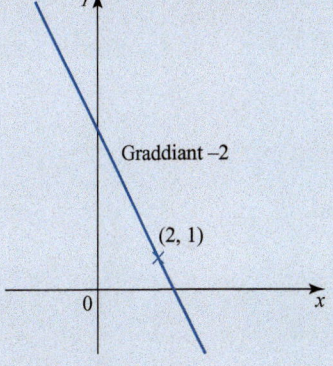

**Ffigur 3.15**

Mae llinell **(b)** yn mynd drwy'r pwyntiau (1, 5) a (5, 7).

Gan ddefnyddio $m = \dfrac{y_2 - y_1}{x_2 - x_1}$ i ddarganfod y graddiant

$m = \dfrac{7 - 5}{5 - 1} = 0.5$

Gan ddefnyddio $y - y_1 = m(x - x_1)$ a'r pwynt (1, 5)

$y - 5 = 0.5(x - 1)$

$\Rightarrow y - 5 = 0.5x - 0.5$

> I osgoi pwynt degol yn yr ateb, gallai hyn hefyd gael ei roi fel $2y = x + 9$ neu $x - 2y + 9 = 0$.

$\Rightarrow y = 0.5x + 4.5$

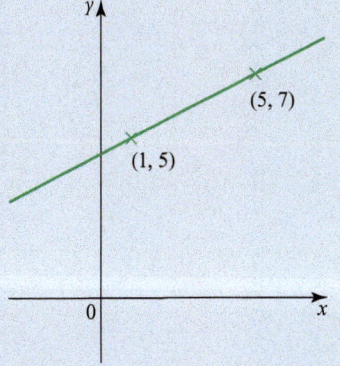

**Ffigur 3.16**

Mae llinell (c) yn mynd drwy'r pwyntiau $(-5, 0)$ a $(3, -1)$.

Gadewch i $(x_1, y_1)$ fod yn $(-5, 0)$ ac $(x_2, y_2)$ fod yn $(3, -1)$.

Mae amnewid y gwerthoedd hyn i mewn i
$$\frac{y - y_1}{y_2 - y_1} = \frac{x - x_1}{x_2 - x_1}$$

yn rhoi $\dfrac{y - 0}{-1 - 0} = \dfrac{x - (-5)}{3 - (-5)}$

$\Rightarrow \dfrac{y}{-1} = \dfrac{x + 5}{8}$

$\Rightarrow 8y = -x - 5$

$\Rightarrow x + 8y + 5 = 0$

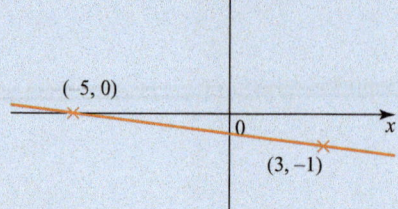

Ffigur 3.17

① Cyfrifwch hafaliadau'r llinellau (i) – (v) yn y diagram hwn.

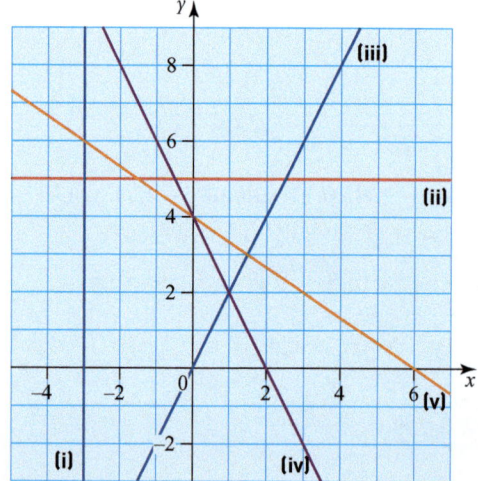

Ffigur 3.18

② Cyfrifwch hafaliadau'r llinellau (i) – (v) yn y diagram hwn.

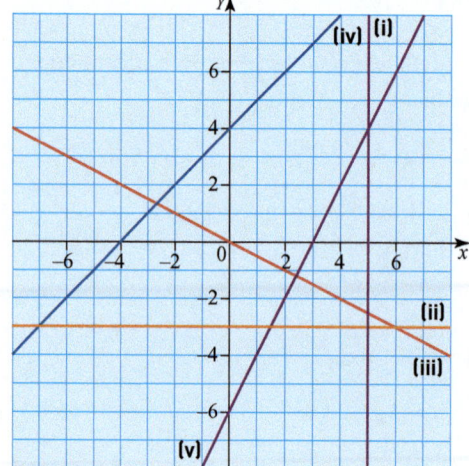

Ffigur 3.19

③ Cyfrifwch hafaliadau'r llinellau hyn.

(i)    Graddiant 3 ac yn mynd drwy $(2, -1)$

(ii)   Graddiant 2 ac yn mynd drwy $(0, 0)$

(iii)  Graddiant 3 ac yn mynd drwy $(2, -7)$

(iv)  Graddiant 4 ac yn mynd drwy $(4, 0)$

④ Cyfrifwch hafaliadau'r llinellau hyn.

(i)    Graddiant $\frac{1}{3}$ ac yn mynd drwy $(3, 1)$

(ii)   Graddiant $\frac{2}{5}$ ac yn mynd drwy $(-4, -10)$

(iii)  Graddiant $-\frac{3}{2}$ ac yn mynd drwy $(1, -2)$

(iv)  Graddiant $-\frac{1}{2}$ ac yn mynd drwy $(0, 6)$

⑤ Cyfrifwch hafaliad y llinell AB ym mhob un o'r achosion hyn.

(i)    A$(2, 0)$          B$(3, 1)$

(ii)   A$(3, -1)$        B$(0, 4)$

(iii)  A$(2, -3)$        B$(3, -2)$

⑥ Cyfrifwch hafaliad y llinell AB ym mhob un o'r achosion hyn.

(i)    A$(-1, 3)$       B$(4, 0)$

(ii)   A$(3, -5)$        B$(10, -6)$

(iii)  A$(-1, -2)$     B$(-4, -8)$

⑦ Mae taith mewn tacsi'n costio £2 ac 80c am bob milltir. Defnyddiwch £$C$ i gynrychioli cyfanswm cost y daith ac $m$ milltir i gynrychioli cyfanswm y pellter a deithiwyd.

(i)    Ysgrifennwch hafaliad yn rhoi $C$ yn nhermau $m$.

(ii)   Faint fyddai cost taith o 4 milltir?

(iii)  Pa mor bell gallwn i deithio pe bai gen i £10?

⑧ Mae ysgol gynradd yn archebu llyfrau ymarferion i'r disgyblion ac mae'n tybio y bydd y rhan fwyaf o'r disgyblion yn defnyddio 8 llyfr yn unig yn ystod y flwyddyn, ond maen nhw eisiau archebu 100 yn ychwanegol. Gadewch i $N$ gynrychioli nifer y llyfrau mae angen eu harchebu a gadewch i $s$ fod yn nifer y disgyblion sydd ar y gofrestr ar gyfer y flwyddyn.

(i)    Ysgrifennwch hafaliad yn rhoi $N$ yn nhermau $s$.

(ii)   Mae'r llyfrau ymarferion yn costio £1.50 yr un. Os oes 240 o ddisgyblion y flwyddyn honno, faint fyddai cyfanswm cost y llyfrau?

(iii)  Dim ond £3000 yw cyllideb yr ysgol ar gyfer llyfrau ymarferion. Sut gallai'r archeb gael ei haddasu?

# 5 Graffiau ffwythiannau cwadratig

**Pwynt trafod**

→ Beth yw'r gwahaniaeth rhwng ffwythiant cwadratig a hafaliad cwadratig?

## GWEITHGAREDD 3.2

Copïwch a llenwch y tabl o werthoedd a lluniadwch graff $y = x^2 - 5$ ar gyfer gwerthoedd $x$ o $-3$ i $4$.

| $x$ | $-3$ | $-2$ | $-1$ | $0$ | $1$ | $2$ | $3$ | $4$ |
|---|---|---|---|---|---|---|---|---|
| $y$ | $4$ | | | $-5$ | | $-1$ | $4$ | |

Copïwch a llenwch y tabl o werthoedd a lluniadwch graff $y = 4x - x^2$ ar gyfer gwerthoedd $x$ o $-2$ i $6$.

| $x$ | $-2$ | $-1$ | $0$ | $1$ | $2$ | $3$ | $4$ | $5$ | $6$ |
|---|---|---|---|---|---|---|---|---|---|
| $y$ | $-12$ | $-5$ | | | $4$ | | | | $-12$ |

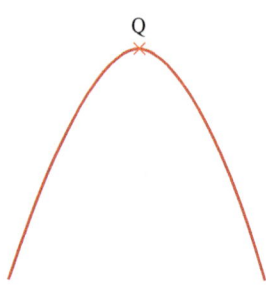

**Ffigur 3.20**

Siâp parabola sydd i graff $y = ax^2 + bx + c$.

Arwydd cyfernod $x$ sy'n pennu cyfeiriad y gromlin.

$a > 0$

P yw'r pwynt isaf ar y graff yn Ffigur 3.20.

P yw'r fertig.

$a < 0$

Q yw'r pwynt uchaf ar y graff yn Ffigur 3.21.

Q yw'r fertig.

## Cymesuredd

Mae gan graffiau cwadratig linell cymesuredd pan fyddan nhw'n cael eu lluniadu gan ddefnyddio parth addas.

Dyma graff $y = x^2 - 2x - 3$ ar gyfer y parth $-2 \leqslant x \leqslant 4$.

**Ffigur 3.21**

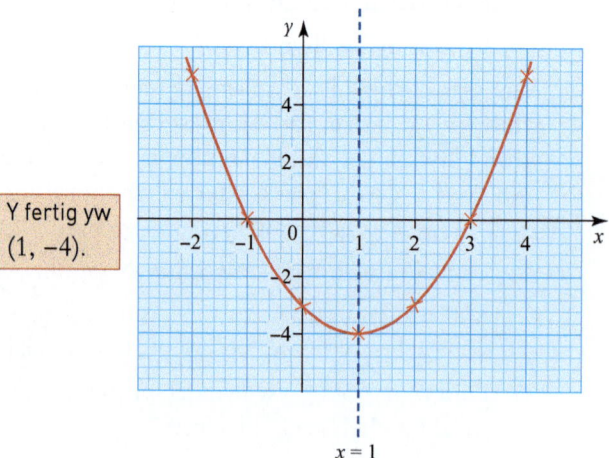

Y fertig yw $(1, -4)$.

$x = 1$

**Ffigur 3.22**

Mae gan y llinell gymesuredd yr hafaliad $x = 1$ ac mae'n mynd drwy'r fertig.

Dyma fraslun o graff $y = 9 - x^2$ ar gyfer y parth $-4 \leqslant x \leqslant 4$.

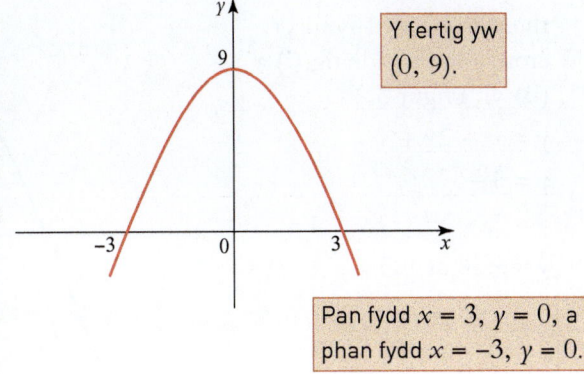

Y fertig yw $(0, 9)$.

Pan fydd $x = 3$, $y = 0$, a phan fydd $x = -3$, $y = 0$.

Ffigur 3.23

Yr echelin-$y$ yw'r llinell gymesuredd ac mae'n mynd drwy'r fertig.

**Enghraifft 3.7**

Ar gyfer graff $y = x^2 + 6x + 11$, nodwch

(i) y fertig

(ii) hafaliad y llinell gymesuredd

(iii) cyfesurynnau'r pwynt lle mae'r graff yn croestorri'r echelin-$y$.

Brasluniwch y graff.

## Datrysiad

Ysgrifennwch y mynegiad cwadratig yn y ffurf $(x + a)^2 + b$.

$$x^2 + 6x + 11 \equiv (x + a)^2 + b$$

$$\equiv x^2 + 2ax + a^2 + b$$

Mae 'Rhowch gyfernodau $x$ yn hafal' yn golygu rhoi nifer yr $x$ y naill ochr a'r llall i'r hafaliad yn hafal.

Rhowch gyfernodau $x$ yn hafal

$$6 = 2a$$
$$3 = a$$

$$11 = a^2 + b$$

Rhowch y cysonion yn hafal

$$11 = 9 + b$$
$$2 = b$$

$$y = x^2 + 6x + 11$$
$$= (x + 3)^2 + 2$$

Mae $(x + 3)^2$ bob amser yn bositif neu'n sero.

Gwerth lleiaf $(x + 3)^2 + 2$ yw 2 ac mae hyn yn digwydd pan fydd $x = -3$.

(i) Y fertig yw $(-3, 2)$.

(ii) Hafaliad y llinell gymesuredd yw $x = -3$.

(iii) Pan fydd $x = 0$, $y = 11$, felly cyfernodau'r rhyngdoriad â'r echelin-$y$ yw $(0, 11)$.

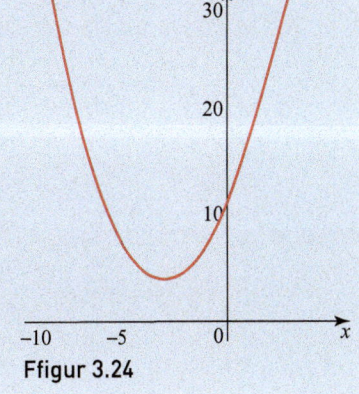

Ffigur 3.24

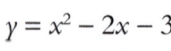

**Ymarfer 3Ch**

① Dewiswch hafaliad o'r rhestr isod i gyd-fynd â'r cromliniau cwadratig **(i)** a **(ii)** yn Ffigur 3.25.

$y = x^2 - 2x + 4$

$y = 5 - x^2$

$y = 3x - x^2$

$y = x^2 - 2x - 3$

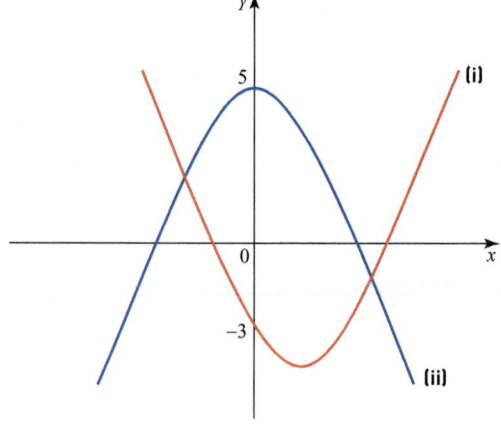

**Ffigur 3.25**

② Dewiswch hafaliad o'r rhestr isod i gyd-fynd â'r cromliniau cwadratig **(i)** a **(ii)** yn Ffigur 3.26.

$y = x^2 + 3x + 4$

$y = 4 - 7x - 2x^2$

$y = x^2 + 2x$

$y = 4x - x^2$

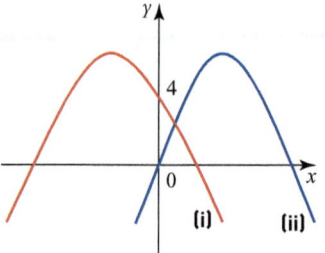

**Ffigur 3.26**

③ (i) Ar gyfer graff $y = x^2 + 2x + 3$, cyfrifwch

    (a) y fertig

    (b) hafaliad y llinell gymesuredd

    (c) cyfesurynnau'r pwynt lle mae'r graff yn croestorri'r echelin-$y$.

  (ii) Brasluniwch y graff.

④ (i) Ar gyfer graff $y = x^2 - 4x + 5$, cyfrifwch

    (a) y fertig

    (b) hafaliad y llinell gymesuredd

    (c) cyfesurynnau'r pwynt lle mae'r graff yn croestorri'r echelin-$y$.

  (ii) Brasluniwch y graff.

⑤ (i) Ar gyfer graff $y = x^2 - 6x + 7$, cyfrifwch

    (a) y fertig

    (b) hafaliad y llinell gymesuredd

    (c) cyfesurynnau'r pwynt lle mae'r graff yn croestorri'r echelin-$y$.

  (ii) Brasluniwch y graff.

⑥ (i) Ar gyfer graff $y = x^2 - 3x - 4$, cyfrifwch

    (a) y fertig

    (b) hafaliad y llinell gymesuredd

    (c) cyfesurynnau'r pwynt lle mae'r graff yn croestorri'r echelin-$y$.

(ii) Defnyddiwch ddull cynnig a gwella i gyfrifo cyfesurynnau'r pwyntiau lle mae'r gromlin yn croestorri'r echelin-$x$.

(iii) Brasluniwch y graff.

⑦ (i) Dangoswch fod $x^2 - 6x + 10 = (x - 3)^2 + 1$.

(ii) Ysgrifennwch fertig y graff $y = x^2 - 6x + 10$.

(iii) Ysgrifennwch hafaliad llinell gymesuredd $y = x^2 - 6x + 10$.

(iv) Ysgrifennwch gyfesurynnau'r pwyntiau lle mae graff $y = x^2 - 6x + 10$ yn croestorri'r echelinau cyfesurynnol.

(v) Brasluniwch graff $y = x^2 - 6x + 10$.

⑧ (i) Dangoswch fod $6 - 4x - x^2 = 10 - (x + 2)^2$.

(ii) Ysgrifennwch fertig y graff $y = 6 - 4x - x^2$.

(iii) Ysgrifennwch hafaliad llinell gymesuredd $y = 6 - 4x - x^2$.

(iv) Ysgrifennwch gyfesurynnau'r pwyntiau lle mae graff $y = 6 - 4x - x^2$ yn croestorri'r echelin-$y$.

(v) Brasluniwch graff $y = 6 - 4x - x^2$.

⑨ Mae gan gromlin gwadratig ei fertig yn $(3, -7)$ ac mae'n mynd drwy $(0, 2)$. Cyfrifwch hafaliad y gromlin.

⑩ Mae cwmni llogi ceir yn trafod pris $n$ o geir newydd unfath gyda'r gwneuthurwr ac yn cynnig cyfanswm pris o £$P$, lle mae $P = 20\,000n - 200n^2$.

(i) Beth yw pris tebygol un car?

(ii) Cyfrifwch gost archeb ar gyfer

(a) 5 car      (b) 20 car      (c) 50 car.

(iii) Cyfrifwch gyfartaledd y gost fesul car pan fydd y nifer canlynol o geir yn cael eu harchebu:

(a) 5 car      (b) 20 car      (c) 50 car.

(iv) Awgrymwch pam ei bod hi'n bosibl na fyddai'r gwneuthurwr eisiau gwerthu 50 car ar unwaith.

## DEILLIANNAU DYSGU

Gan eich bod chi wedi gorffen y bennod hon, dylech chi allu

► lluniadu graff ffwythiant ar bapur graff

► braslunio graff – heb ddefnyddio papur graff

► darganfod hafaliad llinell naill ai o wybod cyfesurynnau dau bwynt ar y llinell neu raddiant y llinell a chyfesurynnau un pwynt

► adnabod siâp graff cwadratig o'i hafaliad, gan nodi a oes ganddo drobwynt sy'n bwynt macsimwm neu'n bwynt minimwm.

## PWYNTIAU ALLWEDDOL

1 Mae ffwythiant yn mapio mewnbwn, $x$, i allbwn, f($x$).

2 Pan fydd cwestiwn yn gofyn i chi luniadu graff, defnyddiwch bapur graff.

3 Pan fydd cwestiwn yn gofyn i chi fraslunio graff, peidiwch â defnyddio papur graff.

4 Mae graddiant llinell syth sy'n cysylltu'r pwyntiau $(x_1, y_1)$ ac $(x_2, y_2)$ yn cael ei roi gan $\frac{y_2 - y_1}{x_2 - x_1}$.

5 Gall hafaliad llinell syth fod yn unrhyw un o'r ffurfiau hyn.

- Llinell sy'n baralel i'r echelin-$y$: $x = a$
- Llinell sy'n baralel i'r echelin-$x$: $y = b$
- Llinell drwy'r tarddbwynt â graddiant $m$: $y = mx$
- Llinell drwy $(0, c)$ â graddiant $m$: $y = mx + c$
- Llinell drwy $(x_1, y_1)$ â graddiant $m$: $y - y1 = m(x - x1)$
- Llinell drwy $(x_1, y_1)$ ac $(x_2, y_2)$:

$$\frac{y - y_1}{y_2 - y_1} = \frac{x - x_1}{x_2 - x_1} \quad \text{neu} \quad \frac{y - y_1}{x - x_1} = \frac{y_2 - y_1}{x_2 - x_1}$$

6 Siâp parabola sydd i graff cwadratig. Gall naill ai fod ar siâp $\cup$ (pan fydd cyfernod y term sgwâr yn bositif) neu ar siâp $\cap$ (pan fydd yn negatif).

# Algebra IV

## 1 Hafaliadau cwadratig

### Datrys hafaliad cwadratig drwy ffactorio

Wrth ddatrys hafaliad drwy ffactorio, mae'n hanfodol bod termau ansero i gyd yn cael eu symud i un ochr yr hafaliad, gan adael sero ar yr ochr arall. Nodwedd unigryw sero yw'r rheswm am hyn: pan fydd lluoswm dau (neu fwy) o fynegiadau yn sero, yna mae'n rhaid bod o leiaf un o'r rhifau neu'r mynegiadau hynny yn sero. Nid oes gan unrhyw rif arall y nodwedd hon.

**Enghraifft 4.1**    Datryswch $x^2 = 4x + 21$.

**Datrysiad**

$$x^2 = 4x + 21$$
$$\Rightarrow \quad x^2 - 4x - 21 = 0$$
$$\Rightarrow \quad (x + 3)(x - 7) = 0$$
$$\Rightarrow \quad x + 3 = 0 \quad \text{neu} \quad x - 7 = 0$$
$$\Rightarrow \quad x = -3 \quad \text{neu} \quad x = 7$$

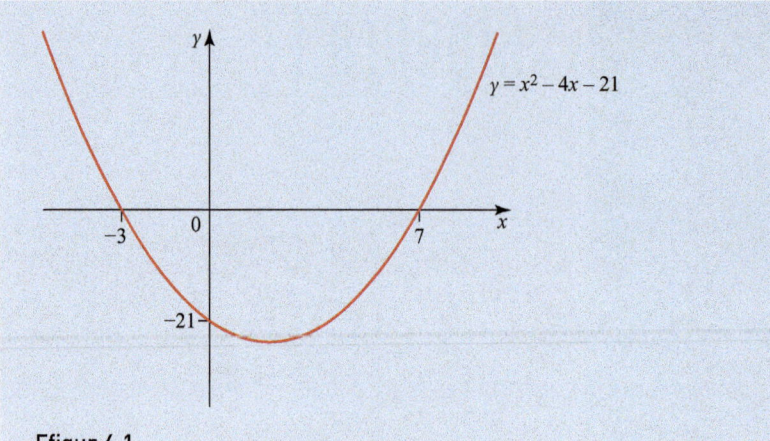

Ffigur 4.1

> ⚠ Cyn datrys hafaliad cwadratig drwy ffactorio, gwnewch yn siŵr bod y termau ansero i gyd ar un ochr yr hafaliad yn unig.

**Enghraifft 4.2**

Datryswch $8x^2 + 10x = 3$.

### Datrysiad

Yn gyntaf, symudwch y 3 i ochr chwith yr hafaliad, gan adael sero ar yr ochr arall.

$$8x^2 + 10x = 3$$
$$\Rightarrow \quad 8x^2 + 10x - 3 = 0$$
$$\Rightarrow \quad 8x^2 + 12x - 2x - 3 = 0$$
$$\Rightarrow \quad 4x(2x + 3) - 1(2x + 3) = 0$$
$$\Rightarrow \quad (2x + 3)(4x - 1) = 0$$
$$\Rightarrow \quad 2x + 3 = 0 \quad \text{neu} \quad 4x - 1 = 0$$
$$\Rightarrow \quad x = -\frac{3}{2} \quad \text{neu} \quad x = \frac{1}{4}$$

> Darganfyddwch ddau rif â swm o 10 a lluoswm o −24 (10 yw cyfernod $x$, a −24 yw lluoswm y cysonyn a chyfernod $x^2$).
>
> Y rhifau sydd eu hangen yw 12 a −2.

Weithiau, ni fydd hafaliad cwadratig yn ffactorio.

Os felly, bydd yn rhaid i chi gwblhau'r sgwâr neu ddefnyddio'r fformiwla gwadratig.

## Datrys hafaliad cwadratig drwy gwblhau'r sgwâr

**Enghraifft 4.3**

Datryswch $x^2 - 8x + 3 = 0$.

> Ystyriwch gyfernod $x$ $(-8)$. Hanerwch ef $(-4)$.
> Yna, sgwariwch yr hanner (16).
> Yna, rydyn ni'n adio hyn i ddwy ochr yr hafaliad. 'Cwblhau'r sgwâr' yw'r enw ar y broses hon.

> Os yw'r sgwâr wedi'i gwblhau'n gywir, bydd yr ochr chwith bob amser yn ffactorio i'r ffurf $\left(x \pm p\right)^2$.

### Datrysiad

Tynnwch y cysonyn o ddwy ochr yr hafaliad.

$$\Rightarrow \quad x^2 - 8x = -3$$

Adiwch 16 i ddwy ochr yr hafaliad $\quad \Rightarrow \quad x^2 - 8x + 16 = -3 + 16$

Ffactoriwch yr ochr chwith $\quad \Rightarrow \quad (x - 4)^2 = 13$

Cymerwch ail isradd y ddwy ochr $\quad \Rightarrow \quad x - 4 = \pm\sqrt{13}$

Adiwch 4 i'r ddwy ochr $\quad \Rightarrow \quad x = 4 + \sqrt{13} \quad \text{neu} \quad x = 4 - \sqrt{13}$

$$\Rightarrow \quad x = 7.6055... \quad \text{neu} \quad x = 0.3944...$$

Os nad 1 yw cyfernod y term sgwâr, yna rhannwch yr hafaliad â'r cyfernod yn gyntaf.

**Enghraifft 4.4**

Datryswch $2x^2 + 3x - 7 = 0$.

*Datrysiad*

$$2x^2 + 3x - 7 = 0$$

$$\Rightarrow \quad x^2 + \frac{3}{2}x - \frac{7}{2} = 0$$

$$\Rightarrow \quad x^2 + \frac{3}{2}x = \frac{7}{2}$$

$$\Rightarrow \quad \left(x + \frac{3}{4}\right)^2 - \left(\frac{3}{4}\right)^2 = \frac{7}{2}$$

$$\Rightarrow \quad \left(x + \frac{3}{4}\right)^2 - \frac{9}{16} = \frac{7}{2}$$

$$\Rightarrow \quad \left(x + \frac{3}{4}\right)^2 = \frac{56}{16} + \frac{9}{16}$$

$$\Rightarrow \quad \left(x + \frac{3}{4}\right)^2 = \frac{65}{16}$$

$$\Rightarrow \quad x + \frac{3}{4} = \pm\sqrt{\frac{65}{16}}$$

$$\Rightarrow \quad x = -\frac{3}{4} \pm \frac{\sqrt{65}}{4}$$

## Y fformiwla gwadratig

$$ax^2 + bx + c = 0$$

$$\Rightarrow \quad x^2 + \frac{b}{a}x + \frac{c}{a} = 0$$

$$\Rightarrow \quad x^2 + \frac{b}{a}x = -\frac{c}{a}$$

$$\Rightarrow \quad \left(x + \frac{b}{2a}\right)^2 - \left(\frac{b}{2a}\right)^2 = -\frac{c}{a}$$

$$\Rightarrow \quad \left(x + \frac{b}{2a}\right)^2 - \frac{b^2}{4a^2} = -\frac{c}{a}$$

$$\Rightarrow \quad \left(x + \frac{b}{2a}\right)^2 = -\frac{4ac}{4a^2} + \frac{b^2}{4a^2}$$

$$\Rightarrow \quad \left(x + \frac{b}{2a}\right)^2 = \frac{b^2 - 4ac}{4a^2}$$

$$\Rightarrow \quad x + \frac{b}{2a} = \pm\sqrt{\frac{b^2 - 4ac}{4a^2}}$$

$$\Rightarrow \quad x = -\frac{b}{2a} \pm \frac{\sqrt{b^2 - 4ac}}{2a}$$

$$\Rightarrow \quad x = \frac{-b \pm \sqrt{b^2 - 4ac}}{2a}$$

**Pwyntiau trafod**

→ Os yw $b^2 - 4ac$ yn sero, pa effaith mae hyn yn ei gael ar yr atebion?

→ Os yw $b^2 - 4ac$ yn negatif, pa effaith mae hyn yn ei gael ar yr atebion?

Y *fformiwla gwadratig* yw'r enw ar y canlyniad $x = \dfrac{-b \pm \sqrt{b^2 - 4ac}}{2a}$. Gall gael ei ddefnyddio i ddatrys unrhyw hafaliad cwadratig.

Mae'r arwydd $\pm$ yn dynodi bod dau wreiddyn posibl. Mae un gwreiddyn yn cael ei ddarganfod gan ddefnyddio'r arwydd +, a'r llall gan ddefnyddio'r arwydd −.

Mae Ffigur 4.2 yn dangos parabola – siâp cromlin gwadratig.

Y llinell doredig yw'r llinell gymesuredd.

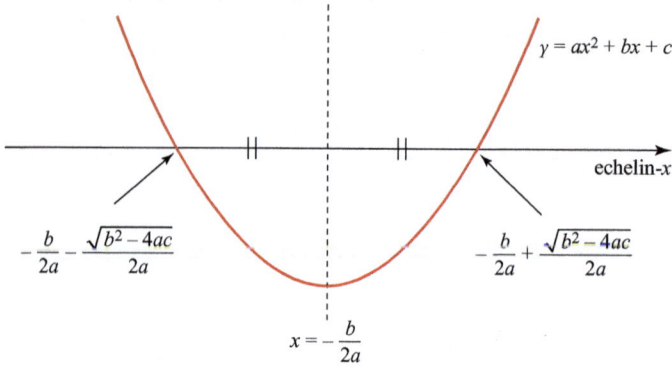

$y = ax^2 + bx + c$

echelin-$x$

$$-\frac{b}{2a} - \frac{\sqrt{b^2 - 4ac}}{2a}$$

$$-\frac{b}{2a} + \frac{\sqrt{b^2 - 4ac}}{2a}$$

$$x = -\frac{b}{2a}$$

**Ffigur 4.2**

## Datrys hafaliad cwadratig gan ddefnyddio'r fformiwla gwadratig

**Enghraifft 4.5**

Defnyddiwch y fformiwla gwadratig i ddatrys $3x^2 - 4x - 2 = 0$.

### *Datrysiad*

Mae cymharu

$3x^2 - 4x - 2 = 0$

ag

$ax^2 + bx + c = 0$

yn rhoi

$a = 3, \quad b = -4, \quad c = -2.$

Mae defnyddio'r gwerthoedd hyn yn y fformiwla yn rhoi

$$x = \frac{-b \pm \sqrt{b^2 - 4ac}}{2a}$$

$$x = \frac{-(-4) \pm \sqrt{(-4)^2 - 4 \times 3 \times -2}}{2 \times 3}$$

$$x = \frac{4 \pm \sqrt{16 + 24}}{6}$$

$$x = \frac{4 \pm \sqrt{40}}{6}.$$

Mewn papur heb gyfrifiannell, gallai'r ateb gael ei symleiddio a'i adael mewn ffurf union fel

$$x = \frac{2 \pm \sqrt{10}}{3}.$$

Fel arall, mewn papur â chyfrifiannell, gallai gwerthoedd bras y gwreiddiau gael eu cyfrifo fel

$x = 1.72, \quad x = -0.39$ \qquad (wedi'u talgrynnu i 2 le degol).

**Enghraifft 4.6**

Mae hyd carped 1 m yn fwy na'i led. Ei arwynebedd yw $9\,\text{m}^2$.

Cyfrifwch ddimensiynau'r carped i'r centimetr agosaf.

$x$

$(x-1)$

**Ffigur 4.3**

## Datrysiad

Gadewch i'r hyd fod yn $x$ metr, felly'r lled yw $(x-1)$ metr.

hyd $\times$ lled = arwynebedd felly

felly $\quad x(x-1) = 9$

$\Rightarrow \qquad x^2 - x = 9$

$\Rightarrow \qquad x^2 - x - 9 = 0$ (gan gasglu'r termau i gyd ar y chwith)

Mae amnewid $a = 1$, $b = -1$, $c = -9$ i mewn i'r fformiwla

$$x = \frac{-b \pm \sqrt{b^2 - 4ac}}{2a}$$

yn rhoi $\quad x = \dfrac{-(-1) \pm \sqrt{(-1)^2 - 4 \times 1 \times (-9)}}{2 \times 1}$

$\Rightarrow \qquad x = \dfrac{1 \pm \sqrt{37}}{2}$

$\Rightarrow \qquad x = 3.541\ldots$ neu $x = -2.541\ldots$

Mae'n amlwg nad yw ateb negatif yn bosibl, felly'r dimensiynau yw

hyd $= 3.54$ m

lled $= 2.54$ m    (i'r cm agosaf).

**Enghraifft 4.7**

Datryswch

$$\frac{5}{a+1} - \frac{2a}{a^2 - 1} = \frac{1}{2}.$$

## Datrysiad

Yn gyntaf, ffactoriwch $(a^2 - 1)$ fel $(a+1)(a-1)$.

$$\frac{5}{a+1} - \frac{2a}{(a+1)(a-1)} = \frac{1}{2}$$

Lluoswch bob term â $2(a+1)(a-1)$.

$\Rightarrow \quad 2\,(a+1)(a-1) \times \dfrac{5}{(a+1)} - 2\,(a+1)\,(a-1) \times \dfrac{2a}{(a+1)(a-1)}$

$$= 2(a+1)(a-1) \times \frac{1}{2}$$

$\Rightarrow \quad 10(a-1) - 4a = (a+1)(a-1)$

$\Rightarrow \quad 10a - 10 - 4a = a^2 - 1$

$\Rightarrow \qquad\qquad 0 = a^2 - 6a + 9$

$\Rightarrow \qquad\qquad 0 = (a-3)(a-3)$

$\Rightarrow \qquad\qquad a = 3$ (gwreiddyn sy'n ailadrodd)

# Ffurfio a thrin hafaliadau cwadratig

Wrth ddatrys problemau gan ddefnyddio algebra, gadewch i werth anhysbys fod yn $x$.

Ysgrifennwch bob gwerth anhysbys arall yn nhermau $x$.

Ffurfiwch hafaliad gan ddefnyddio'r wybodaeth sy'n cael ei rhoi yn y cwestiwn.

Os yw'r hafaliad yn gwadratig, ad-drefnwch yr hafaliad i'r ffurf $ax^2 + bx + c = 0$.

Yn aml, bydd gan hafaliadau o'r fath ddau ddatrysiad. Fel arfer, gall un o'r datrysiadau gael ei wrthod oherwydd nad yw'n ddatrysiad synhwyrol. Er enghraifft, yn aml, ni fydd datrysiadau negatif neu anghyfanrifol yn gwneud synnwyr o gwbl mewn rhai sefyllfaoedd.

---

**Enghraifft 4.8**

Pan fydd Dylan yn dyblu ei oedran ($x$) ac yna'n adio 3, mae'r ateb yr un peth ag oedran Bethan.

Lluoswm eu hoedrannau yw 90.

(i) Ysgrifennwch hafaliad cwadratig yn nhermau $x$.

(ii) Trwy hyn, darganfyddwch oedran Dylan.

### Datrysiad

(i) $\qquad x(2x + 3) = 90$ ← Oedran Bethan yw $2x + 3$.

$\qquad\qquad 2x^2 + 3x = 90$

$\qquad\quad 2x^2 + 3x - 90 = 0$

(ii) Darganfyddwch ddau rif â swm o 3 a lluoswm o −180. ← $2 \times (-90) = -180$

$\qquad 2x^2 + 15x - 12x - 90 = 0$ ← $15 + (-12) = 3$ ac $15 \times (-12) = -180$

$\qquad x(2x + 15) - 6(2x + 15) = 0$

$\qquad\qquad (2x + 15)(x - 6) = 0$

$\qquad\qquad x = -7.5$ neu $x = 6$

Oedran Dylan yw 6. ← Mae'n rhaid i oedran person fod yn bositif, felly gall −7.5 gael ei wrthod.

---

**Ymarfer 4A**

① Datryswch yr hafaliadau canlynol drwy ffactorio.

[i] $x^2 - 8x + 12 = 0$

[ii] $m^2 - 4m + 4 = 0$

[iii] $p^2 - 2p - 15 = 0$

[iv] $a^2 + 11a + 18 = 0$

[v] $2x^2 + 5x + 2 = 0$

[vi] $4x^2 + 3x - 7 = 0$

[vii] $15t^2 + 2t - 1 = 0$

[viii] $24r^2 + 19r + 2 = 0$

[ix] $3x^2 + 8x = 3$

[x] $3p^2 = 14p - 8$

4

② Datryswch yr hafaliadau canlynol

(a) gan gwblhau'r sgwâr

(b) gan ddefnyddio'r fformiwla gwadratig.

Rhowch eich atebion yn gywir i 2 le degol.

(i) $x^2 - 2x - 10 = 0$      (ii) $x^2 + 3x - 6 = 0$

(iii) $x^2 + x - 8 = 0$      (iv) $2x^2 + x - 8 = 0$

(v) $2x^2 + 2x - 9 = 0$      (vi) $x^2 + x = 10$

(vii) $x^2 = 4x + 1$      (viii) $2x^2 - 8x + 5 = 0$

③ Datryswch yr hafaliadau canlynol gan ddefnyddio'r fformiwla gwadratig.

Rhowch eich atebion yn gywir i 2 le degol.

(i) $3x^2 + 5x = -1$      (ii) $4x^2 = -9x - 3$

(iii) $2x^2 + 11x = 4$      (iv) $4x^2 + 4 = 9x$

(v) $5x^2 + 1 = 10x$      (vi) $-9 - 11x = 3x^2$

④ Hyd ochrau petryal yw $x$ cm ac $(x + 1)$ cm.

Arwynebedd y petryal yw $110 \text{ cm}^2$.

(i) Ffurfiwch hafaliad cwadratig yn nhermau $x$.

(ii) Datryswch yr hafaliad cwadratig drwy ffactorio.

(iii) Cyfrifwch berimedr y petryal.

⑤ Hyd ochrau triongl ongl sgwâr, mewn centimetrau, yw $x$, $2x - 2$, ac $x + 2$, lle $x + 2$ yw'r hypotenws.

Defnyddiwch theorem Pythagoras i gyfrifo eu hyd.

**DD** ⑥ Mae lawnt betryal yn mesur $8 \text{ m}$ wrth $10 \text{ m}$ ac mae wedi'i hamgylchynu â llwybr o led unffurf $x$ m. Cyfanswm arwynebedd y llwybr yw $63 \text{ m}^2$.

Cyfrifwch werth $x$.

**DRh** ⑦ Y gwahaniaeth rhwng dau rif positif yw 2 a'r gwahaniaeth rhwng eu sgwariau yw 40.

Cyfrifwch y ddau rif.

⑧ Mae'r fformiwla $h = 15t - 5t^2$ yn rhoi uchder $h$ metr pêl, $t$ eiliad ar ôl iddi gael ei thaflu i fyny i'r awyr.

(i) Cyfrifwch yr amserau pan fydd yr uchder yn $10 \text{ m}$.

(ii) Ar ôl faint o amser mae'r bêl yn taro'r llawr?

⑨ Arwynebedd y triongl hwn yw $68 \text{ cm}^2$.

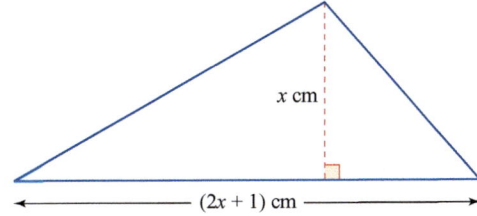

$x$ cm

$(2x + 1)$ cm

Ffigur 4.4

(i) Dangoswch fod $x$ yn bodloni'r hafaliad $2x^2 + x - 136 = 0$.

(ii) Datryswch yr hafaliad i gyfrifo hyd sail y triongl.

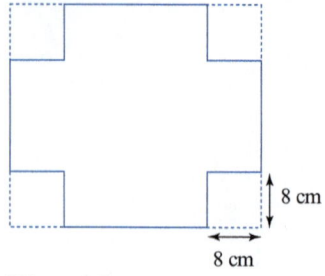

**Ffigur 4.5**

⑩ Mae bocsys yn cael eu creu drwy dorri sgwariau ag ochrau 8 cm o gorneli dalennau petryal o gardbord ac yna plygu'r cardbord sy'n weddill. Mae hyd y dalennau o gardbord 6 cm yn fwy na'u lled.

   (i) Ar gyfer dalen o gardbord â lled $x$ cm, ysgrifennwch fynegiadau, yn nhermau $x$, ar gyfer

      (a) hyd y ddalen

      (b) hyd y bocs gorffenedig

      (c) lled y bocs gorffenedig.

   (ii) Dangoswch mai cyfaint y bocs yw $8x^2 - 208x + 1280$ cm³.

   (iii) Cyfrifwch ddimensiynau'r ddalen o gardbord sydd ei hangen i greu bocs â chyfaint 1728 cm³.

⑪ Datryswch yr hafaliadau canlynol.

   (i) $\dfrac{1}{x} = 3 - \dfrac{2}{x+1}$        (ii) $\dfrac{2}{3x-1} + \dfrac{1}{x+8} = \dfrac{1}{2}$

   (iii) $\dfrac{2}{a} - \dfrac{5}{2a-1} = 0$        (iv) $\dfrac{6}{p-2} + \dfrac{6}{p+1} = 1$

⑫ Datryswch yr hafaliadau canlynol.

   (i) $\dfrac{1}{p} + p + 1 = \dfrac{13}{3}$        (ii) $1 + \dfrac{1}{x-1} = \dfrac{2x}{x+1}$

   (iii) $\dfrac{6r}{r+1} - \dfrac{5}{r+3} = 3$        (iv) $\dfrac{2}{x-3} + \dfrac{1}{x-1} = \dfrac{5}{4}$

   (v) $\dfrac{2}{x-1} - \dfrac{3}{x+1} = \dfrac{1}{4}$        (vi) $\dfrac{5}{x+2} = 3 - \dfrac{4}{x-1}$

   (vii) $\dfrac{1}{2x+1} = \dfrac{4}{3} + \dfrac{1}{x-2}$        (viii) $\dfrac{7}{3x-2} - \dfrac{1}{x-1} = \dfrac{1}{2}$

   (ix) $\dfrac{2}{2x-1} = 1 + \dfrac{3}{2x+1}$

⑬ Datryswch yr hafaliadau canlynol.

   (i) $\dfrac{a+4}{2a-3} = \dfrac{3(a+7)}{4(a+2)}$

   (ii) $\dfrac{4x-13}{2x+1} = \dfrac{5x-23}{x+5}$

   (iii) $\dfrac{2x+7}{x+7} = \dfrac{5x+13}{3-x}$

**DD** ⑭ Fformiwla sy'n cael ei defnyddio ym maes ffiseg yw $\dfrac{1}{f} = \dfrac{1}{u} + \dfrac{1}{v}$ lle $f$ yw hyd ffocal drych, $u$ yw pellter y gwrthrych o'r drych, a $v$ yw pellter y ddelwedd o'r drych.

Ar gyfer drych â hyd ffocal o 20 cm, cyfrifwch bellter y gwrthrych o'r drych pan fydd y ddelwedd ddwywaith mor bell o'r drych ag yw'r gwrthrych.

**DRh** ⑮ Defnyddiodd Anna y fformiwla gwadratig i ddatrys hafaliad cwadratig.

Cyfrifodd yn gywir mai'r ateb yw $x = \dfrac{4 \pm \sqrt{124}}{6}$.

Ysgrifennwch hafaliad y gallai Anna fod wedi'i ddatrys.

⑯ Mae un ymyl ciwboid â sylfaen sgwâr 5 cm yn hirach nag ymyl arall.

Arwynebedd arwyneb y ciwboid yw 114 cm².

Darganfyddwch ddau gyfaint posibl y ciwboid.

# 2 Hafaliadau cydamserol mewn dau anhysbysyn

Mae'r hafaliadau rydych chi wedi'u gweld hyd yn hyn yn cynnwys un anhysbysyn yn unig.

Er enghraifft, $2x + 2 = x - 5$   neu   $a^2 - 3a + 2 = 0$.

Mae Ffigur 4.6 yn dangos y llinell $x + y = 4$.

## Pwynt trafod

→ Pan fydd hafaliad yn cynnwys dau anhysbysyn, er enghraifft $x + y = 4$, sawl pâr posibl o werthoedd sydd ar gyfer $x$ ac $y$?

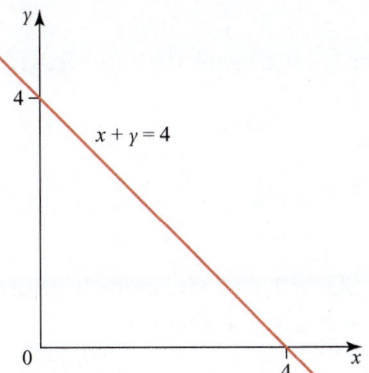

**Ffigur 4.6**

Mae cyfesurynnau pob pwynt ar y llinell honno yn rhoi pâr o werthoedd posibl ar gyfer $x$ ac $y$. Os yw'r llinell $y = 2x + 1$ hefyd yn cael ei dangos, fel yn Ffigur 4.7, gallwn ni weld bod y ddwy linell yn croestorri ar bwynt unigol.

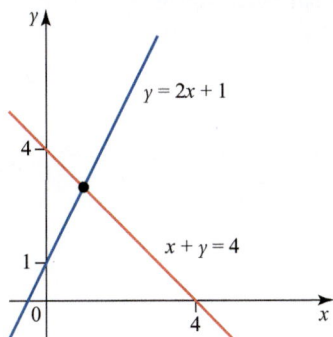

**Ffigur 4.7**

Cyfesurynnau'r pwynt hwn $(1, 3)$ yw'r datrysiad $(x = 1, y = 3)$ i'r *hafaliadau cydamserol*

$$x + y = 4$$

ac       $y = 2x + 1$.

Mae sawl ffordd o ddatrys hafaliadau cydamserol. Rydych chi newydd weld un dull, sef lluniadu graffiau. Mae'r dull hwn yn ddilys, ond mae dwy anfantais iddo:

(i)   mae'n cymryd amser

(ii)  efallai na fydd yn fanwl gywir, yn enwedig os nad oes gan y datrysiad werthoedd cyfanrifol.

## Datrys hafaliadau cydamserol drwy amnewid

**Enghraifft 4.9**

Datryswch yr hafaliadau cydamserol

$$x + y = 4$$

$$y = 2x + 1$$

drwy amnewid.

> Mae'r dull hwn yn arbennig o addas pan fydd un o'r anhysbysion wedi'i ysgrifennu'n destun un o'r hafaliadau yn barod.

### Datrysiad

Cymerwch y mynegiad ar gyfer $y$ o'r ail hafaliad a'i amnewid i'r hafaliad cyntaf. Mae hyn yn rhoi

$$x + (2x + 1) = 4$$
$$\Rightarrow \qquad 3x = 3$$
$$\Rightarrow \qquad x = 1$$

Yna, amnewidiwch $x = 1$ i mewn i un o'r hafaliadau gwreiddiol, e.e. $y = 2x + 1$, i roi $y = 2 \times 1 + 1 = 3$.

Felly'r datrysiad yw $x = 1$, $y = 3$, fel roedd y graffiau'n ei ddangos.

**Enghraifft 4.10**

Mae Ffigur 4.8 yn dangos graffiau $y = x^2 + x$ a $2x + y = 4$.

Datryswch yr hafaliadau cydamserol

$$y = x^2 + x$$

a $\qquad 2x + y = 4$

gan ddefnyddio'r dull amnewid.

> Mae'r dull hwn hefyd yn addas pan fydd un o'r hafaliadau'n cynrychioli cromlin.

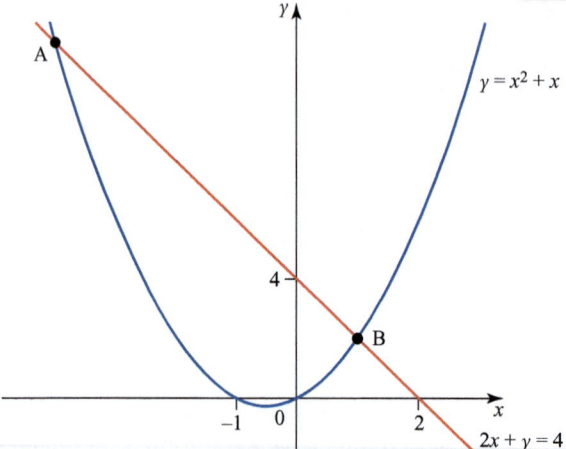

Ffigur 4.8

> **!** Sylwch o Ffigur 4.8 fod dau bwynt croestoriad, A a B, felly gallwch chi ddisgwyl mai dau bâr o werthoedd ar gyfer $x$ ac $y$ fydd y datrysiad.

**Pwynt trafod**

→ Ar ôl darganfod gwerthoedd $x$ yn yr enghraifft, roedd gwerthoedd $y$ yn cael eu darganfod drwy amnewid i hafaliad y llinell. Pam roedd hi'n syniad da defnyddio'r hafaliad llinol yn hytrach na'r cwadratig?

### Datrysiad

$$y = x^2 + x \qquad \text{①}$$
$$2x + y = 4 \qquad \text{②}$$

Amnewidiwch ar gyfer $y$ o hafaliad ① i mewn i hafaliad ②.

$$2x + (x^2 + x) = 4$$
$$\Rightarrow \quad x^2 + 3x - 4 = 0$$
$$\Rightarrow \quad (x + 4)(x - 1) = 0$$
$$\Rightarrow \quad x = -4 \text{ neu } x = 1$$

Gan amnewid i $2x + y = 4$:

$$x = -4 \Rightarrow -8 + y = 4 \Rightarrow y = 12$$
$$x = 1 \ \Rightarrow 2 + y = 4 \ \Rightarrow y = 2$$

Y datrysiad yw $x = -4$, $y = 12$ (pwynt A) ac $x = 1$, $y = 2$ (pwynt B).

> Dylech chi bob amser amnewid yn ôl i mewn i'r hafaliad llinol.

> Gwiriwch fod eich datrysiad hefyd yn bodloni hafaliad ①.

> **!** Mae'n rhaid i'r datrysiad gael ei roi fel parau o werthoedd bob amser. Mae'n anghywir ysgrifennu $x = -4$ neu 1, $y = 12$ neu 2, oherwydd nad yw pob pâr o werthoedd yn bosibl.

## Datrys hafaliadau cydamserol llinol drwy ddileu

Pan fydd y ddau hafaliad yn llinol ac wedi'u hysgrifennu yn yr un ffurf, gall fod yn well defnyddio proses o'r enw 'datrys drwy ddileu'.

**Enghraifft 4.11**

Datryswch yr hafaliadau cydamserol

$$2x + y = 8 \qquad \text{①}$$
$$5x + 2y = 21 \qquad \text{②}$$

### Datrysiad

Sylwch fod lluosi hafaliad ① â 2 yn rhoi hafaliad arall sy'n cynnwys $2y$.

$$5x + 2y = 21 \qquad \text{hafaliad} \quad \text{②}$$
$$\underline{4x + 2y = 16} \qquad 2 \times \text{hafaliad} \quad \text{①}$$

Gan dynnu $\Rightarrow \quad x \quad = 5$

Amnewidiwch $x = 5$ i mewn i hafaliad ①.

$$10 + y = 8 \quad \Rightarrow \quad y = -2$$

Y datrysiad yw $x = 5$, $y = -2$.

Weithiau, bydd angen i chi drin y ddau hafaliad er mwyn dileu un o'r anhysbysion, fel yn yr enghraifft ganlynol.

**Enghraifft 4.12**

Datryswch yr hafaliadau cydamserol

$$2x + 3y = -1 \qquad ①$$
$$3x - 2y = 18 \qquad ②$$

### Datrysiad

Mae'r un mor hawdd dileu $x$ neu $y$. Cewch chi ddewis pa un. Mae'r dull canlynol yn dileu $y$.

$$4x + 6y = -2 \qquad \text{2} \times \text{hafaliad ①}$$
$$\underline{9x - 6y = 54} \qquad \text{3} \times \text{hafaliad ②}$$

Gan adio $\quad \Rightarrow \quad 13x \quad = 52$

$\qquad\qquad \Rightarrow \quad x \quad = 4$

Amnewidiwch $x = 4$ i mewn i hafaliad ①.

$8 + 3y = -1 \quad \Rightarrow \quad y = -3$

Y datrysiad yw $x = 4$, $y = -3$.

**Pwynt trafod**

→ Yn Enghraifft 4.11, rydyn ni'n tynnu'r hafaliadau; yn Enghraifft 4.12, rydyn ni'n adio'r hafaliadau. Sut mae dewis a ydych chi'n adio neu'n tynnu?

Gall hafaliadau cydamserol godi mewn problemau pob dydd.

**Enghraifft 4.13**

Mae Tracey yn prynu ffrwythau ar gyfer picnic.

Mae pum afal a phedair gellygen yn costio £2.20 yn union.

Mae dau afal a chwe gellygen hefyd yn costio £2.20 yn union.

(i)     Ysgrifennwch y wybodaeth hon fel pâr o hafaliadau cydamserol.

(ii)    Datryswch eich hafaliadau i ddarganfod cost y naill fath o ffrwyth a'r llall.

### Datrysiad

Gadewch i gost afal fod yn $a$ ceiniog a gadewch i gost gellygen fod yn $g$ ceiniog.

Gwnewch yn siŵr eich bod chi'n cyflwyno eich anhysbysion.

Nifer o geiniogau fydd cost y naill ffrwyth a'r llall, felly mae ysgrifennu £2.20 fel 220 ceiniog yn osgoi gweithio â degolion.

(i)     $5a + 4g = 220 \quad ①$

$\qquad 2a + 6g = 220 \quad ②$

(ii)    $\qquad\qquad \Rightarrow \quad 15a + 12g = 660 \qquad \text{3} \times \text{hafaliad ①}$

$\qquad\qquad\qquad\qquad \underline{4a + 12g = 440} \qquad \text{2} \times \text{hafaliad ②}$

Gan dynnu $\qquad\qquad 11a \qquad = 220$

$\qquad\qquad \Rightarrow \qquad a \qquad = 20$

Amnewidiwch $a = 20$ i mewn i hafaliad ①.

$\qquad 100 + 4g = 220$

$\Rightarrow \qquad g = 30$

Mae afal yn costio 20 ceiniog ac mae gellygen yn costio 30 ceiniog.

**Enghraifft 4.14**

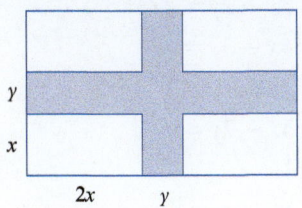

**Ffigur 4.9**

Mae baner yn cynnwys croes las ar gefndir gwyn. Mae pob petryal gwyn yn mesur $2x$ cm wrth $x$ cm, ac mae'r groes yn $y$ cm o led.

(i)    Cyfrifwch gyfanswm arwynebedd y faner yn nhermau $x$ ac $y$.

(ii)   Dangoswch mai arwynebedd y groes yw $6xy + y^2$.

(iii)  Cyfanswm arwynebedd y faner yw 4500 cm$^2$ ac arwynebedd y groes yw 1300 cm$^2$. Cyfrifwch werthoedd $x$ ac $y$.

*Datrysiad*

(i)    Hyd $= 4x + y$ a lled $= 2x + y$

   felly    arwynebedd $= (4x + y)(2x + y)$
   $$= 8x^2 + 6xy + y^2$$

(ii)   Mae gan bob petryal gwyn arwynebedd $2x \times x = 2x^2$.

   $\therefore$ arwynebedd y groes $= 8x^2 + 6xy + y^2 - (4 \times 2x^2)$
   $$= 6xy + y^2$$

(iii)
$$8x^2 + 6xy + y^2 = 4500$$
$$6xy + y^2 = 1300$$

Gan dynnu    $8x^2 \qquad\qquad = 3200$

$\Rightarrow \quad x^2 = 400$

$\Rightarrow \quad x = 20 \qquad$ (ateb positif yn unig)

Amnewidiwch $x = 20$ i mewn i $6xy + y^2 = 1300$

$$120y + y^2 = 1300$$

$\Rightarrow \quad y^2 + 120y - 1300 = 0$

$\Rightarrow \quad (y + 130)(y - 10) = 0$

$\Rightarrow \quad y = -130$ (gwrthod am mai hyd yw $y$, felly ni all fod yn negatif) neu $y = 10$

$\Rightarrow \quad x = 20$ ac $y = 10$

**Ymarfer 4B**

① Datryswch y parau canlynol o hafaliadau cydamserol gan ddefnyddio'r dull amnewid.

[i]    $y = x - 3$          [ii]   $y = 2x - 9$          [iii]  $y = 11 - 2x$
       $3x + 2y = 19$              $4x - y = 17$                $2x + 5y = 37$

[iv]   $y = 3x + 3$          [v]    $y = 7 - 2x$          [vi]   $y = 3x - 5$
       $x - 2y = 4$                $2x + 3y = 15$                $x + 3y = -20$

② Datryswch y parau canlynol o hafaliadau cydamserol gan ddefnyddio'r dull dileu.

(i) $3x + 2y = 12$
$4x - y = 5$

(ii) $3x - 2y = 6$
$5x + 6y = 38$

(iii) $3x + 2y = 22$
$4x - 3y = 18$

(iv) $5x + 4y = 11$
$2x + 3y = 9$

(v) $4x + 5y = 33$
$3x + 2y = 16$

(vi) $4x - 3y = 2$
$5x - 7y = 9$

③ Datryswch y parau canlynol o hafaliadau cydamserol.

(i) $x + y = 5$
$x^2 + y^2 = 17$

(ii) $x - y + 1 = 0$
$3x^2 - 4y = 0$

(iii) $x^2 + xy = 8$
$x - y = 6$

(iv) $2x - y + 3 = 0$
$y^2 - 5x^2 = 20$

(v) $x = 2y$
$x^2 - y^2 + xy = 20$

(vi) $x + 2y = -3$
$x^2 - 2x + 3y^2 = 11$

**DD** ④ Ar gyfer pob un o'r sefyllfaoedd canlynol, ffurfiwch bâr o hafaliadau cydamserol a'u datrys i ateb y cwestiwn.

(i) Mae tri thaffi a phedwar lolipop yn costio 72c. Mae pum taffi a dau lolipop yn costio 64 ceiniog.

Cyfrifwch gost taffi a chost lolipop.

(ii) Mae cwmni tacsis yn codi swm sefydlog a hefyd ffi ychwanegol am bob milltir.

Mae taith o bum milltir yn costio £5.00 ac mae taith o saith milltir yn costio £6.60.

Faint mae taith o ddwy filltir yn ei gostio?

(iii) Mae tri phecyn o greision a dau becyn o gnau yn costio £1.45. Mae dau becyn o greision a phum pecyn o gnau yn costio £2.25.

Faint mae un pecyn o greision a phedwar pecyn o gnau yn ei gostio?

(iv) Talodd dau oedolyn ac un plentyn £37.50 i fynd i'r theatr. £37.50 oedd y gost ar gyfer un oedolyn a thri phlentyn hefyd.

Faint yw'r gost ar gyfer dau oedolyn a phum plentyn?

**DD** ⑤ Mae'r diagram yn dangos y cylch $x^2 + y^2 = 25$ a'r llinell $x + y = 7$.

Cyfrifwch gyfesurynnau A a B.

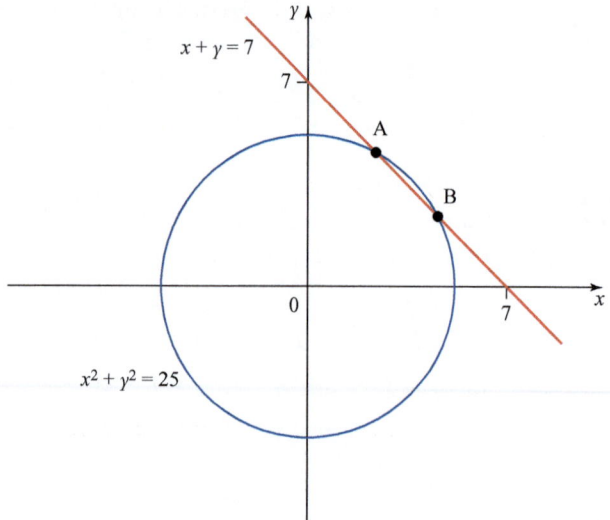

Ffigur 4.10

**DRh** ⑥ Swm dau rif yw 10. Y lluoswm yw −96.

Cyfrifwch y ddau rif.

**DRh** ⑦ (i) Cyfrifwch bwynt croestoriad y cylch $x^2 + y^2 = 8$ a'r llinell syth $y - x = 4$.

(ii) Dim ond un pwynt croestoriad sydd rhwng y cylch a'r llinell yn rhan (i). Pa un o'r diagramau hyn sy'n fraslun o'r ddau graff?

Rhowch reswm dros eich ateb.

(a)

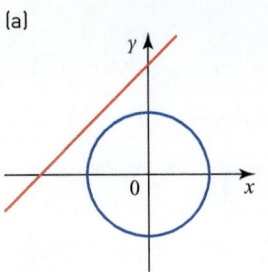

(b)

(c)

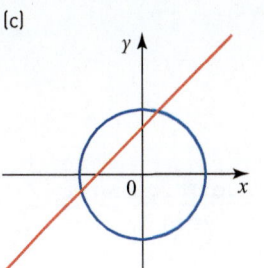

**Ffigur 4.11**

# 3 Theorem y gweddill

Pan fydd polynomial yn cael ei rannu â mynegiad llinol, bydd naill ai'n rhannu'n union neu bydd yna weddill.

Er enghraifft,

$$(x^2 + 3x + 2) \div (x + 1) = x + 2$$

> Rydyn ni'n gwybod y canlyniadau hyn oherwydd bod $x^2 + 3x + 2 = (x + 1)(x + 2)$.

Hefyd

$$(x^2 + 3x + 3) \div (x + 1) = x + 2 \text{ adio gweddill o } 1$$

Yn gyffredinol, os yw P$(x)$ yn bolynomial, a Q$(x)$ yw'r cyniferydd pan fydd P$(x)$ yn cael ei rannu ag $(x - a)$ ac $r$ yw'r gweddill, yna

$$\frac{P(x)}{x - a} \equiv Q(x) + \frac{r}{x - a}$$

> Cyniferydd yw canlyniad rhaniad. Ni fydd disgwyl i fyfyrwyr Mathemateg Ychwanegol CBAC fod yn gyfarwydd â'r gair hwn.

Mae lluosi popeth ag $(x - a)$ yn rhoi

$$P(x) \equiv (x - a)Q(x) + r$$

Mae'r cywerthedd hwn yn wir am bob gwerth $x$.

Pan fydd $x = a$ yn cael ei amnewid, yna

$$P(a) \equiv (a - a)Q(a) + r \quad \Rightarrow \quad P(a) = 0 \times Q(a) + r \quad \Rightarrow \quad P(a) = r.$$

Dyma *theorem y gweddill*.

> Pan fydd polynomial P$(x)$ yn cael ei rannu ag $(x - a)$, y gweddill fydd P$(a)$.

Gall hyn gael ei ymestyn i gynnwys rhannu â mynegiad llinol mwy cyffredinol:

> Pan fydd polynomial P$(x)$ yn cael ei rannu ag $(ax + b)$, y gweddill fydd P$\left(-\dfrac{b}{a}\right)$.

(i) Darganfyddwch y gweddill pan fydd $(x^2 - 4x + 7)$ yn cael ei rannu ag $(x + 6)$.

(ii) Darganfyddwch y gweddill pan fydd $(x^3 + 5x - 7)$ yn cael ei rannu â $(2x - 1)$.

*Datrysiad*

(i) Amnewidiwch $x = -6$ i mewn i $x^2 - 4x + 7$.

Y gweddill yw $(-6)^2 - 4 \times (-6) + 7 = 36 + 24 + 7 = 67$.

(ii) Amnewidiwch $x = \frac{1}{2}$ i mewn i $x^3 + 5x - 7$.

Y gwerth $x$ hwn yw datrysiad $2x - 1 = 0$.

Y gweddill yw $\left(\frac{1}{2}\right)^3 + 5 \times \left(\frac{1}{2}\right) - 7 = \frac{1}{8} + \frac{5}{2} - 7 = -\frac{35}{8}$.

① Darganfyddwch y gweddill pan fydd $(x^2 + 4x - 9)$ yn cael ei rannu ag $(x - 2)$.

② Darganfyddwch y gweddill pan fydd pob un o'r polynomialau, P($x$), hyn yn cael eu rhannu â'r mynegiad llinol cyfatebol.

| | | |
|---|---|---|
| [i] | P($x$) = $x^2 - 2x + 2$ | $(x - 5)$ |
| [ii] | P($x$) = $x^3 + x + 6$ | $(x + 1)$ |
| [iii] | P($x$) = $x^3 + x^2 - 7x - 6$ | $(x - 4)$ |
| [iv] | P($x$) = $x^2 - 3x - 2$ | $(2x - 1)$ |
| [v] | P($t$) = $t^4 - 2t^3 - 1$ | $(2t + 3)$ |
| [vi] | P($c$) = $c^5 + 3c^4 - 2c + 1$ | $(3c - 1)$ |

DD ③ Pan fydd $(x^3 + ax - 3)$ yn cael ei rannu ag $(x + 2)$, y gweddill yw 7.

Darganfyddwch werth $a$.

DD ④ Pan fydd $(x^4 - bx^2 + x - 2)$ yn cael ei rannu ag $(x + 3)$, y gweddill yw $-5$.

Darganfyddwch y gweddill pan fydd $(x^4 - bx^2 + x - 2)$ yn cael ei rannu ag $(x - 2)$.

DRh ⑤ P($x$) = $x^3 + cx + d$

Pan fydd P($x$) yn cael ei rannu ag $(x - 1)$, y gweddill yw $-3$.

Pan fydd P($x$) yn cael ei rannu ag $(x + 2)$, y gweddill yw 3.

Darganfyddwch werthoedd $c$ a $d$.

# 4 Theorem ffactorau

**Gwybodaeth flaenorol**

Dylech chi fod yn gyfarwydd â nodiant ffwythiant o'ch gwaith TGAU.

Y pŵer uchaf mewn cwadratig yw 2. Mae mynegiadau ciwbig yn mynd i fyny i 3, mynegiadau cwartig i 4, mynegiadau'r bumed radd i 5, ac ati. Gyda'i gilydd, rydyn ni'n cyfeirio at fynegiadau o'r fath fel polynomialau. Gradd polynomial yw ei bŵer uchaf.

Sylwch: nid yw polynomial yn cynnwys pwerau negatif nac anghyfanrifol.

Fel yn achos y fformiwla gwadratig, mae fformiwlâu i ddatrys hafaliadau ciwbig a hafaliadau cwartig.

Y fformiwla ar gyfer datrys yr hafaliad ciwbig $ax^3 + bx^2 + cx + d = 0$ yw

$$x = \sqrt[3]{\left(\frac{-b^3}{27a^3} + \frac{bc}{6a^2} - \frac{d}{2a}\right) + \sqrt{\left(\frac{-b^3}{27a^3} + \frac{bc}{6a^2} - \frac{d}{2a}\right)^2 + \left(\frac{c}{3a} - \frac{b^2}{9a^2}\right)^3}}$$

$$+ \sqrt[3]{\left(\frac{-b^3}{27a^3} + \frac{bc}{6a^2} - \frac{d}{2a}\right) - \sqrt{\left(\frac{-b^3}{27a^3} + \frac{bc}{6a^2} - \frac{d}{2a}\right)^2 + \left(\frac{c}{3a} - \frac{b^2}{9a^2}\right)^3}} - \frac{b}{3a}$$

Mae'n amlwg nad yw hon yn fformiwla ymarferol i'w defnyddio heb gyfrifiannell wedi'i rhaglennu ymlaen llaw, neu gyfrifiadur. Mae'r fformiwla gwartig hyd yn oed yn fwy cymhleth, ac yn rhy hir i'w chynnwys yma. Yn ddiddorol, mae wedi cael ei brofi ei bod hi'n amhosibl ysgrifennu fformiwla ar gyfer hafaliad y bumed radd.

Yn y cwrs hwn, hafaliadau polynomial a all gael eu lleihau i ffactorau llinol a/neu gwadratig yn unig y bydd gofyn i chi eu datrys.

## DEFNYDD I'R DYFODOL

Gall rhai cyfrifiannellau ddatrys hafaliadau cymhleth. Mae cyfrifiannellau o'r fath yn defnyddio dull Newton–Raphson, sy'n dechneg y bydd myfyrwyr Mathemateg Safon Uwch yn ei dysgu. Mae'r fformiwla uchod weithiau'n cynnwys defnyddio rhifau dychmygol hyd yn oed os nad yw'r rhifau terfynol eu hunain yn ddychmygol. Bydd myfyrwyr Mathemateg Bellach Safon Uwch yn dysgu am rifau dychmygol (ail israddau rhifau negatif).

I ddatrys hafaliadau polynomial, yn gyntaf rydych chi'n defnyddio'r theorem ffactorau.

Edrychwch ar yr hafaliad cwadratig hwn.

$$x^2 - 5x - 6 = 0$$

Gan ffactorio $\Rightarrow$  $(x - 6)(x + 1) = 0$

$\Rightarrow$  $(x - 6) = 0$ neu $(x + 1) = 0$

$\Rightarrow$  $x = 6$  neu  $x = -1$

Mae'r *theorem ffactorau* yn nodi'r canlyniad hwn mewn ffurf gyffredinol:

Os yw $(x - a)$ yn ffactor o'r polynomial $f(x)$, yna

- $f(a) = 0$
- mae $x = a$ yn wreiddyn i'r hafaliad $f(x) = 0$.

Ar y llaw arall, os yw $f(a) = 0$, yna mae $(x - a)$ yn ffactor o $f(x)$.

**Pwyntiau trafod**

→ Beth sy'n digwydd os ydych chi'n amnewid $x = 6$ i mewn i $x^2 - 5x - 6$?

→ Beth am $x = -1$?

| Enghraifft 4.16 |
| --- |

O wybod bod

$$f(x) = x^3 + 2x^2 - x - 2$$

(i)     darganfyddwch $f(1), f(-1), f(2), f(-2)$

(ii)    a thrwy hyn ffactoriwch $x^3 + 2x^2 - x - 2$.

## Datrysiad

(i) $\quad$ f(1) = 1 + 2 − 1 − 2

$\qquad = 0 \qquad\qquad\qquad\qquad\qquad \Rightarrow \quad$ Mae $(x − 1)$ yn ffactor.

$\quad$ f(−1) = $(−1)^3 + 2(−1)^2 − (−1) − 2$

$\qquad = −1 + 2 + 1 − 2$

$\qquad = 0 \qquad\qquad\qquad\qquad\qquad \Rightarrow \quad$ Mae $(x + 1)$ yn ffactor.

$\quad$ f(2) = 8 + 8 − 2 − 2

$\qquad = 12 \qquad\qquad\qquad\qquad\qquad \Rightarrow \quad$ Nid yw $(x − 2)$ yn ffactor.

$\quad$ f(−2) = $(−2)^3 + 2(−2)^2 − (−2) − 2$

$\qquad = −8 + 8 + 2 − 2$

$\qquad = 0 \qquad\qquad\qquad\qquad\qquad \Rightarrow \quad$ Mae $(x + 2)$ yn ffactor.

(ii) $\quad$ Felly $\quad x^3 + 2x^2 − x − 2 = k(x − 1)(x + 1)(x + 2)$

lle mae $k$ yn gysonyn.

Cyfernod $x^3$ yw 1, felly mae'n rhaid bod $k = 1$.

f(x) = $(x − 1)(x + 1)(x + 2)$

---

Enghraifft 4.17

O wybod bod

f(x) = $x^3 + 3x^2 − x − 3$

(i) $\quad$ dangoswch fod $(x + 1)$ yn ffactor o f(x)

(ii) $\quad$ awgrymwch werthoedd eraill o $x$ dylech chi roi cynnig arnyn nhw wrth edrych am ffactor arall

(iii) $\quad$ datryswch yr hafaliad f(x) = 0.

## Datrysiad

(i) $\quad$ f(−1) = $(−1)^3 + 3(−1)^2 − (−1) − 3$

$\qquad = −1 + 3 + 1 − 3$

$\qquad = 0$

$\quad \therefore$ mae $(x + 1)$ yn ffactor o f(x).

(ii) $\quad$ Bydd unrhyw ffactor llinol arall yn y ffurf $(x − a)$, lle mae $a$ yn ffactor o'r cysonyn $(−3)$.

Mae hyn yn golygu mai'r unig werthoedd eraill o $x$ sy'n werth rhoi cynnig arnyn nhw yw 1, 3 a −3.

(iii) $\quad$ f(1) = 1 + 3 − 1 − 3

$\qquad = 0 \qquad\qquad\qquad\qquad\qquad \Rightarrow \quad$ Mae $(x − 1)$ yn ffactor.

$\quad$ f(3) = 27 + 27 − 3 − 3

$\qquad = 48$

$\quad$ f(−3) = −27 + 27 + 3 − 3

$\qquad = 0 \qquad\qquad\qquad\qquad\qquad \Rightarrow \quad$ Mae $(x + 3)$ yn ffactor.

Gan fod f(x) yn giwbig, nid oes unrhyw wreiddiau eraill/nid oes mwy na thri gwreiddyn.

$x = −1, x = 1, x = −3$

Weithiau, mae'n bosibl mai dim ond un ffactor llinol gallwch chi ei ddarganfod i'r mynegiad ciwbig ac, yn yr achos hwn, bydd angen i chi ddefnyddio rhannu hir wedyn.

**Enghraifft 4.18**

O wybod bod

$f(x) = x^3 - x^2 - 3x - 1$

(i) dangoswch fod $(x + 1)$ yn ffactor

(ii) ffactoriwch $f(x)$

(iii) datryswch $f(x) = 0$.

**Pwyntiau trafod**

→ Beth sy'n digwydd pan fyddwch chi'n rhoi cynnig ar $x = 1$?

→ A oes unrhyw werth arall dylech chi roi cynnig arno?

*Datrysiad*

(i) $f(-1) = (-1)^3 - (-1)^2 - 3(-1) - 1$

$= -1 - 1 + 3 - 1$

$= 0$

$\Rightarrow$ Mae $(x + 1)$ yn ffactor o $x^3 - x^2 - 3x - 1$.

(ii) Gan fod $(x + 1)$ yn ffactor, rhannwch $f(x)$ ag $(x + 1)$.

$$
\begin{array}{r}
x^2 - 2x - 1 \\
x + 1 \overline{\smash{\big)}\ x^3 - x^2 - 3x - 1} \\
\underline{x^3 + x^2} \phantom{xxxxxxxxx} \\
-2x^2 - 3x \phantom{xxx} \\
\underline{-2x^2 - 2x} \phantom{xxx} \\
-x - 1 \\
\underline{-x - 1} \\
0
\end{array}
$$

$x^3 + x^2$ yw $x^2 \times (x + 1)$

$-2x^2 - 2x$ yw $-2x \times (x + 1)$

$-x - 1$ yw $-1 \times (x + 1)$

Ni all $x^2 - 2x - 1$ gael ei ffactorio, felly mae $f(x)$ nawr wedi'i ffactorio'n llawn.

Felly $f(x) = (x + 1)(x^2 - 2x - 1)$.

(iii) $f(x) = 0 \Rightarrow (x + 1)(x^2 - 2x - 1) = 0$

$\Rightarrow$ naill ai $x = -1$ neu $x^2 - 2x - 1 = 0$.

Mae defnyddio'r fformiwla gwadratig ar $x^2 - 2x - 1 = 0$ yn rhoi

$x = \dfrac{2 \pm \sqrt{4 - (4 \times 1 \times (-1))}}{2}$

$= \dfrac{2 \pm \sqrt{8}}{2}$

$= 2.414$ neu $-0.414$

Y datrysiad cyfan yw $x = -1$, $x = -0.414$ neu $x = 2.414$ (i 3 lle degol).

> ❗ Wrth ddefnyddio rhannu hir, mae'n syniad da cadw'r termau mewn colofnau. Gall hyn olygu y dylech chi gynnwys term sero ychwanegol i helpu gyda hyn.

**Enghraifft 4.19**

O wybod bod $(x + 2)$ yn ffactor o $x^3 - 5x - 2$, cyfrifwch ffactor cwadratig.

*Datrysiad*

**Dull 1**

$$\begin{array}{r} x^2 - 2x - 1 \\ x + 2\overline{)x^3 + 0x^2 - 5x - 2} \\ \underline{x^3 + 2x^2} \\ -2x^2 - 5x \\ \underline{-2x^2 - 4x} \\ -x - 2 \\ \underline{-x - 2} \\ 0 \end{array}$$

$\Rightarrow$ Mae $x^2 - 2x - 1$ hefyd yn ffactor.

**Dull 2**

Gan fod $(x + 2)$ yn ffactor, $x^3 - 5x - 2 \equiv (x + 2)(ax^2 + bx + c)$

Dylech chi gymharu'r cyfernodau fel sydd i'w weld ym Mhennod 2.

Fodd bynnag, mae'n amlwg bod yn rhaid i $a$ fod yn 1 ac $c$ yn $-1$, felly mae'n symlach ysgrifennu ar unwaith

$x^3 - 5x - 2 \equiv (x + 2)(x^2 + bx - 1)$

ac yna cymharu cyfernodau $x^2$ neu $x$ i ddarganfod $b$:

$0 = 2 + b$ neu $-5 = 2b - 1$ ac mae'r ddau yn rhoi $b = -2$,

felly $x^3 - 5x - 2 \equiv (x + 2)(x^2 - 2x - 1)$.

Mae estyniad i'r theorem ffactorau yn cynnwys gwreiddiau ffracsiynol wedi'u symleiddio.

$$f\left(\frac{b}{a}\right) = 0 \iff (ax - b) \text{ sy'n ffactor } f(x).$$

**Enghraifft 4.20**

(i)  Dangoswch fod $(x + 1)$ a $(3x - 2)$ yn ffactorau o
    $3x^4 + 4x^3 - 16x^2 - 7x + 10$.

(ii) Trwy hyn, datryswch $3x^4 + 4x^3 - 16x^2 - 7x + 10 = 0$.

*Datrysiad*

(i)    Gadewch i $f(x) = 3x^4 + 4x^3 - 16x^2 - 7x + 10$.

$f(-1) = 3 \times (-1)^4 + 4 \times (-1)^3 - 16 \times (-1)^2 - 7 \times (-1) + 10$

$= 3 - 4 - 16 + 7 + 10$

$= 0$

$\Rightarrow$ Mae $(x + 1)$ yn ffactor o $3x^4 + 4x^3 - 16x^2 - 7x + 10$.

$f\left(\dfrac{2}{3}\right) = 3 \times \left(\dfrac{2}{3}\right)^4 + 4 \times \left(\dfrac{2}{3}\right)^3 - 16 \times \left(\dfrac{2}{3}\right)^2 - 7 \times \dfrac{2}{3} + 10$

$= \dfrac{16}{27} + \dfrac{32}{27} - \dfrac{64}{9} - \dfrac{14}{3} + 10$

$= 0$

$\Rightarrow$ Mae $(3x - 2)$ hefyd yn ffactor o $3x^4 + 4x^3 - 16x^2 - 7x + 10$.

(ii)    $(x + 1)(3x - 2) = 3x^2 + x - 2$

$$
\begin{array}{r}
x^2 + x - 5 \phantom{00000} \\
3x^2 + x - 2 \overline{)3x^4 + 4x^3 - 16x^2 - 7x + 10} \\
\underline{3x^4 + x^3 - 2x^2} \phantom{0000000000} \\
3x^3 - 14x^2 - 7x \phantom{0000} \\
\underline{3x^3 + x^2 - 2x} \phantom{0000} \\
-15x^2 - 5x + 10 \\
\underline{-15x^2 - 5x + 10} \\
0
\end{array}
$$

$\Rightarrow \quad f(x) = (x + 1)(3x - 2)\left(x^2 + x - 5\right)$

Mae hyn yn hafal i sero pan fydd

$x + 1 = 0$, $3x - 2 = 0$, $x^2 + x - 5 = 0$

$\Rightarrow x = -1$   neu   $x = \dfrac{2}{3}$   neu   $x = \dfrac{-1 \pm \sqrt{1^2 - 4 \times 1 \times -5}}{2 \times 1}$

$\Rightarrow x = \dfrac{-1 \pm \sqrt{21}}{2}$

**Ymarfer 4Ch**

① Darganfyddwch a yw'r ffwythiannau llinol canlynol yn ffactorau o'r polynomialau sydd wedi'u rhoi.

[i]    $x^3 - 8x + 7$                              $(x - 1)$

[ii]   $x^3 + x^2 - 4x - 5$                       $(x + 2)$

[iii]  $x^4 - 6x^2 + 10x - 12$                    $(x - 2)$

[iv]  $x^5 + 32$                                 $(x + 2)$

[v]   $2x^4 - x^3 - 20$                          $(x + 2)$

[vi]  $x^3 - ax^2 + a^2x - a^3$                  $(x - a)$

> Mae'n annhebygol y bydd cwestiynau arholiad yn gofyn i chi ddarganfod pedwar neu bum ffactor llinol gwahanol o fynegiad. Fodd bynnag, bydd disgwyl i chi deimlo'n gyfforddus yn gweithio â pholynomialau o radd mor uchel â hyn.

② Ffactoriwch y ffwythiannau canlynol fel lluoswm o ffactorau llinol.

(i)   $x^3 - 3x^2 - x + 3$        (ii)  $x^3 - 7x - 6$

(iii) $x^3 - x^2 - 2x$        (iv)  $x^3 - 2x^2 - 13x - 10$

(v)  $x^3 - x^2 - 14x + 24$        (vi)  $x^4 - 3x^3 - 11x^2 + 3x + 10$

(vii) $x^4 - 4x^3 + 6x^2 - 4x + 1$        (viii) $x^4 - 13x^2 + 36$

(ix) $x^5 - 4x^4 - 17x^3 + 24x^2 + 36x$    (x)  $x^5 - 3x^4 - 23x^3 + 51x^2 + 94x - 120$

③ Datryswch yr hafaliadau canlynol.

(i)   $x^3 - 2x^2 - 5x + 6 = 0$      (ii)  $x^3 + 3x^2 - 6x - 8 = 0$

(iii) $x^3 - 2x^2 - 21x - 18 = 0$    (iv)  $x^4 + 3x^3 - 5x^2 - 3x + 4 = 0$

(v)  $2x^3 + x^2 - 7x + 4 = 0$     (vi)  $x^5 - 3x^4 - 23x^3 + 51x^2 + 94x - 120 = 0$

④ $f(x) = x^3 + 2x^2 + ax - 76$

O wybod bod $(x - 4)$ yn ffactor o $f(x)$, cyfrifwch werth $a$.

⑤ $f(x) = x^3 + px^2 + qx + 6$

(i)   O wybod bod $(x - 1)$ yn ffactor o $f(x)$, ysgrifennwch hafaliad yn $p$ a $q$.

(ii)  O wybod hefyd bod $(x + 3)$ yn ffactor o $f(x)$, ysgrifennwch hafaliad arall yn $p$ a $q$.

(iii) Datryswch eich hafaliadau cydamserol i gyfrifo gwerthoedd $p$ a $q$.

**DD** ⑥ (i) Cyfrifwch werth $k$ fel bod $x = 2$ yn wreiddyn i $x^3 + kx + 6 = 0$.

(ii) Cyfrifwch y gwreiddiau eraill pan fydd gan $k$ y gwerth hwn.

**DD** ⑦ Mae'r diagram yn dangos tanc ciwboid agored sydd â sylfaen sgwâr ag ochr $x$ metr ac sydd â chyfaint 8 m³.

(i)   Ysgrifennwch fynegiad yn nhermau $x$ ar gyfer uchder y tanc.

(ii)  Dangoswch mai arwynebedd arwyneb y tanc yw $\left(x^2 + \dfrac{32}{x}\right)$ m².

(iii) O wybod mai'r arwynebedd arwyneb yw 24 m², dangoswch fod $x^3 - 24x + 32 = 0$.

(iv)  Datryswch $x^3 - 24x + 32 = 0$ i gyfrifo gwerthoedd posibl $x$.

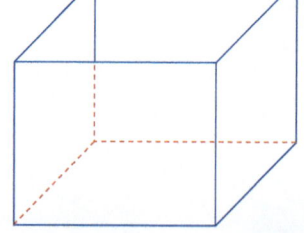

Ffigur 4.12

**DRh** ⑧ Mae $(x - 1)$ a $(5x + 2)$ yn ffactorau o $5x^4 + px^3 - 10x^2 + qx + 2$.

Datryswch $5x^4 + px^3 - 10x^2 + qx + 2 = 0$.

# 5 Prawf algebraidd

Gallai fod angen i chi ddefnyddio unrhyw rai o'r sgiliau algebraidd sy'n ymddangos yn yr adrannau blaenorol yn y maes hwn (prawf algebraidd).

Wrth lunio prawf, dylech chi osgoi ysgrifennu'r canlyniad gofynnol fel llinell gyntaf y gwaith cyfrifo. Mae hyn yn gamgymeriad cyffredin. Yn hytrach, dechreuwch â mynegiad sy'n cael ei roi a'i newid yn raddol gan ddefnyddio proses algebraidd, neu dechreuwch â ffaith hysbys sydd, o'i chyfuno â ffeithiau hysbys eraill, yn profi'r canlyniad gofynnol.

**Enghraifft 4.21**

Profwch fod $2a^3 - a^2(2a - 9)$ yn rhif sgwâr pan fydd $a$ yn gyfanrif.

**Datrysiad**

Ehangwch a symleiddiwch

$$2a^3 - a^2(2a - 9) = 2a^3 - 2a^3 + 9a^2$$
$$= 9a^2$$
$$= (3a)^2$$

Gan fod $a$ yn gyfanrif, mae $3a$ hefyd yn gyfanrif.

$\therefore$ Mae $2a^3 - a^2(2a - 9)$ yn rhif sgwâr pan fydd $a$ yn gyfanrif. ◄

> Dylai llinell olaf unrhyw brawf ailadrodd y gosodiad gofynnol yn y cwestiwn.

**Enghraifft 4.22**

(i) Mynegwch $x^2 - 8x + 18$ yn y ffurf $(x - a)^2 + b$ lle mae $a$ a $b$ yn gyfanrifau.

(ii) Trwy hyn, profwch fod $x^2 - 8x + 18$ bob amser yn bositif.

**Datrysiad**

(i) $x^2 - 8x + 18 \equiv (x - a)^2 + b$

$x^2 - 8x + 18 \equiv x^2 - 2ax + a^2 + b$

Rhowch gyfernodau $x$ yn hafal $\quad -8 = -2a$

$4 = a$

Rhowch y cysonion yn hafal $\quad 18 = a^2 + b$

$18 = 16 + b$

$2 = b$ ◄

> Dull arall yw cwblhau'r sgwâr ar $x^2 - 8x$,
> h.y. $x^2 - 8x + 18$
> $= (x - 4)^2 - 4^2 + 18$
> $= (x - 4)^2 + 2.$

$x^2 - 8x + 18 \equiv (x - 4)^2 + 2$

(ii) Rydych chi'n gwybod bod $(x - 4)^2 \geqslant 0$ ◄

$\Rightarrow (x - 4)^2 + 2 \geqslant 2$

$\Rightarrow (x - 4)^2 + 2 > 0$

$\Rightarrow x^2 - 8x + 18 > 0$

> Pan fydd rhif yn cael ei sgwario, ni all yr ateb byth fod yn negatif.

**Enghraifft 4.23**

Mae $c$ a $d$ yn gyfanrifau positif fel bod $c > d$.

$$f(x) = \frac{2c + cx}{2d + dx} \qquad x \neq -2$$

Profwch fod $f(x) > 1$.

**Datrysiad**

Ffactoriwch y rhifiadur a'r enwadur $\qquad f(x) = \dfrac{c(2 + x)}{d(2 + x)}$

Canslwch $(2 + x)$ $\qquad f(x) = \dfrac{c}{d}$

Ond mae $c > d$ (ac mae $d$ yn bositif) $\Rightarrow \dfrac{c}{d} > 1 \quad \therefore \quad f(x) > 1.$

**Ymarfer 4D**

① Profwch fod $2(m + 7) - 2(5 + m)$ bob amser yn gyfanrif positif.

② Profwch fod $5(c - 3) + 3(c + 7)$ bob amser yn eilrif pan fydd $c$ yn gyfanrif positif.

③ Profwch fod $(y + 6)(y + 3) - y^2$ yn lluosrif 9 pan fydd $y$ yn gyfanrif positif.

④ Profwch yr unfathiannau canlynol.

   (i)   $\dfrac{x}{2} + \dfrac{x - 1}{3} \equiv \dfrac{5x - 2}{6}$

   (ii)   $\dfrac{2x}{3} + \dfrac{x + 1}{4} \equiv \dfrac{11x + 3}{12}$

   (iii)   $\dfrac{y + 1}{4} - \dfrac{y}{6} \equiv \dfrac{y + 3}{12}$

   (iv)   $\dfrac{y}{2} + \dfrac{y - 1}{3} + \dfrac{y + 1}{4} \equiv \dfrac{13y - 1}{12}$

   (v)   $\dfrac{5}{x} - \dfrac{x - 1}{3} \equiv \dfrac{15 - x^2 + x}{3x}$

   (vi)   $\dfrac{x + 1}{6} + \dfrac{2x - 3}{9} - \dfrac{3x - 2}{12} \equiv \dfrac{5x}{36}$

⑤ $f(n) = n^2$ ar gyfer pob gwerth cyfanrifol positif $n$.

   (i)   Dangoswch fod $f(n + 1) = n^2 + 2n + 1$.

   (ii)   Profwch fod $f(n + 1) + f(n - 1)$ bob amser yn eilrif.

   (iii)   Profwch fod $f(n + 1) - f(n - 1)$ bob amser yn lluosrif 4.

⑥ (i)   Mynegwch $x^2 + 2x + 5$ yn y ffurf $(x + a)^2 + b$ lle mae $a$ a $b$ yn gyfanrifau.

   (ii)   Trwy hyn, profwch fod $x^2 + 2x + 5$ bob amser yn bositif.

**DRh** ⑦ Profwch fod $y^2 - 10y + 26 > 0$ ar gyfer pob gwerth $y$.

**DRh** ⑧ Profwch fod $9m^2(3m - 1) + (3m)^2$ yn rhif ciwb pan fydd $m$ yn gyfanrif positif.

**DD** ⑨ Profwch fod $\dfrac{6p - 18}{2p - 6}$ bob amser yn gyfanrif positif pan fydd $p \neq 3$.

**DRh** ⑩ Mae $a$ yn rhif positif ac mae $b$ yn rhif negatif.

$a \neq -b$

Profwch fod $\dfrac{a^2 + ab}{ab + b^2}$ yn negatif.

**DD** ⑪ $f(x) = x^2 + 2x$.

Profwch fod $f(4x) = kx(2x + 1)$ lle mae $k$ yn gyfanrif.

**DD** ⑫ Pedair ochr hecsagon yw $(2x + 8)$ cm, $(2y - 4)$ cm, $(x - 2)$ cm ac $(y + 1)$ cm fel sydd i'w weld isod.

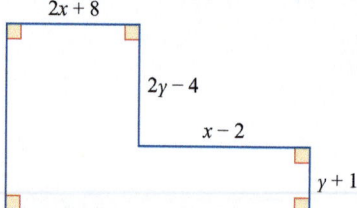

**Ffigur 4.13**

Perimedr yr hecsagon yw 42 cm.

   (i)   Dangoswch fod $x + y = 6$.

   (ii)   Trwy hyn, dangoswch mai'r arwynebedd yw $(-7x^2 + 15x + a)$ cm², lle mae $a$ yn werth i'w ddarganfod.

## DEFNYDD I'R DYFODOL

Bydd myfyrwyr sy'n mynd ymlaen i astudio Mathemateg Safon Uwch yn dysgu amrywiaeth o dechnegau prawf, gan gynnwys prawf drwy wrthddywediad a phrawf drwy anwythiad.

## DEILLIANNAU DYSGU

Gan eich bod chi wedi gorffen y bennod hon, dylech chi allu

➤ datrys hafaliadau cwadratig
  o drwy ffactorio
  o drwy gwblhau'r sgwâr
  o gan ddefnyddio'r fformiwla gwadratig
  o drwy luniadu graff
➤ datrys hafaliadau cydamserol
  o mewn dau anhysbysyn
  o drwy blotio eu graffiau
➤ defnyddio theorem y gweddill
  o i ddarganfod y gweddill pan fydd polynomial yn cael ei rannu â mynegiad llinol
➤ defnyddio'r theorem ffactorau
  o i ffactorio polynomial
  o i ddatrys hafaliad polynomaidd
➤ profi gosodiadau mathemategol yn algebraidd.

## PWYNTIAU ALLWEDDOL

1   Wrth ffactorio mynegiadau cwadratig yn y ffurf $ax^2 + bx + c$, darganfyddwch ddau rif â swm $b$ a lluoswm $ac$. Yna, holltwch gyfernod $x$ i roi'r ddau rif hyn.

2   Wrth gwblhau'r sgwâr ar fynegiad cwadratig yn y ffurf $ax^2 + bx + c$, cymerwch $a$ allan fel ffactor, neu rhannwch ddwy ochr yr hafaliad ag $a$.

3   Os yw $ax^2 + bx + c = 0$, yna $x = \dfrac{-b \pm \sqrt{b^2 - 4ac}}{2a}$

4   $P\left(-\dfrac{b}{a}\right)$ yw'r gweddill pan fydd y polynomial $P(x)$ yn cael ei rannu ag $(ax + b)$.

5   $f(a) = 0 \iff$ Mae $(x - a)$ yn ffactor o $f(x)$.

6   Mewn cwestiwn ar brawf, dangoswch bob cam yn glir.

# Geometreg gyfesurynnol

*Mae'r rhan fwyaf o syniadau sylfaenol gwyddoniaeth yn syml yn eu hanfod ac, yn gyffredinol, mae'n bosibl eu mynegi mewn iaith sy'n ddealladwy i bawb.*

Albert Einstein

## 1 Llinellau paralel a pherpendicwlar

### Gwybodaeth flaenorol

Ym Mhennod 3, defnyddion ni'r ffaith hon:

Mae gan y llinell sy'n cysylltu $(x_1, y_1)$ ac $(x_2, y_2)$ raddiant $m$, lle mae $m = \dfrac{y_2 - y_1}{x_2 - x_1}$.

Os ydych chi'n gwybod graddiannau $m_1$ ac $m_2$ dwy linell, gallwch chi ddweud ar unwaith a ydyn nhw'n baralel neu'n berpendicwlar.

Llinellau paralel: $m_1 = m_2$          Llinellau perpendicwlar: $m_1 m_2 = -1$

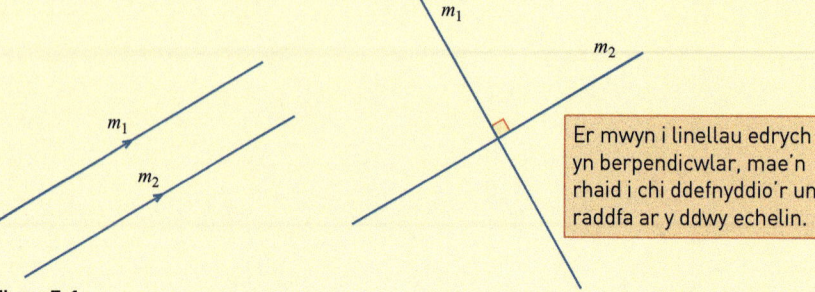

Er mwyn i linellau edrych yn berpendicwlar, mae'n rhaid i chi ddefnyddio'r un raddfa ar y ddwy echelin.

Ffigur 5.1

I egluro'r canlyniad ar gyfer llinellau perpendicwlar, rhowch gynnig ar Weithgaredd 5.1 ar bapur sgwâr.

## GWEITHGAREDD 5.1

(i) Lluniadwch ddau driongl ongl sgwâr cyfath yn y safleoedd sydd i'w gweld yn Ffigur 5.2. Gall $p$ a $q$ gymryd unrhyw werthoedd.

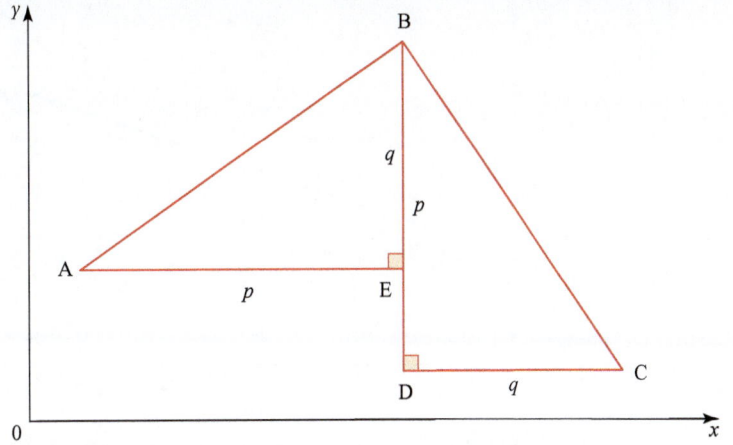

Ffigur 5.2

(ii) Esboniwch pam mae $\angle ABC = 90°$.

(iii) Cyfrifwch raddiant AB ($m_1$) a graddiant BC ($m_2$).

(iv) Dangoswch fod $m_1 m_2 = -1$.

# 2 Y pellter rhwng dau bwynt

Edrychwch ar Ffigur 5.3. P yw (3, 1) a Q yw (6, 5).

Ffigur 5.3

$$PQ = \sqrt{3^2 + 4^2} = \sqrt{25} = 5$$

Gan gyffredinoli hyn, os oes gan P gyfesurynnau $(x_1, y_1)$ a Q gyfesurynnau $(x_2, y_2)$, yna hyd $PQ = \sqrt{(x_2 - x_1)^2 + (y_2 - y_1)^2}$.

# 3 Canolbwynt llinell sy'n cysylltu dau bwynt

Edrychwch ar y llinell sy'n cysylltu'r pwyntiau P(1, 2) a Q(7, 4) yn Ffigur 5.4. Y pwynt M yw canolbwynt PQ.

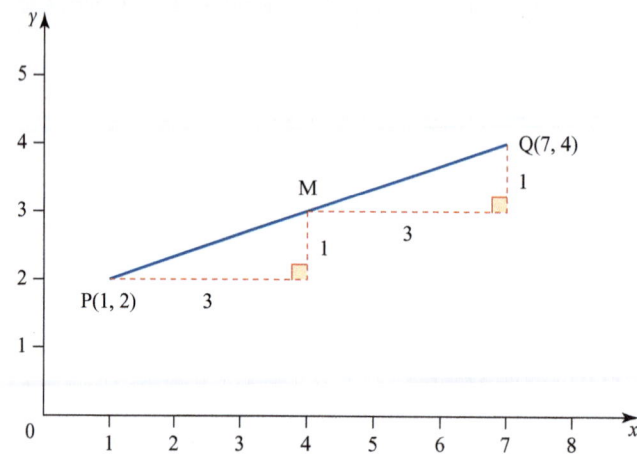

Ffigur 5.4

Cyfesurynnau M yw cymedrau (cyfartaleddau) cyfesurynnau P a Q.

$$\frac{1}{2}(1 + 7) = 4 \text{ a } \frac{1}{2}(2 + 4) = 3$$

M yw $\left(4, 3\right)$.

Unwaith eto, os oes gan P gyfesurynnau $(x_1, y_1)$ a Q gyfesurynnau $(x_2, y_2)$, yna mae cyfesurynnau canolbwynt PQ yn cael eu rhoi gan

$$\text{canolbwynt} = \left(\frac{x_1 + x_2}{2}, \frac{y_1 + y_2}{2}\right).$$

**Enghraifft 5.1**

A a B yw'r pwyntiau (−4, 2) a (2, 5). Cyfrifwch y canlynol:

(i)      graddiant AB

(ii)     graddiant y llinell sy'n berpendicwlar i AB

(iii)    hyd AB

(iv)    cyfesurynnau canolbwynt AB.

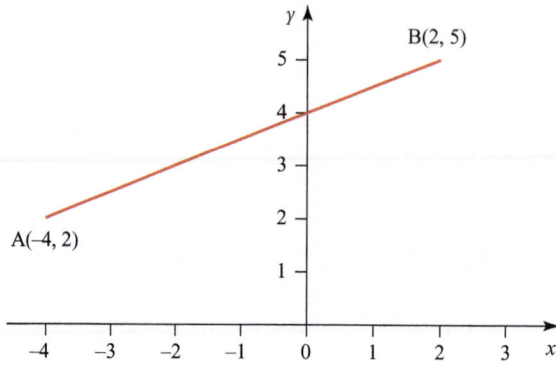

Ffigur 5.5

## Datrysiad

(i) Gan gymryd $(-4, 2)$ fel $(x_1, y_1)$ a $(2, 5)$ fel $(x_2, y_2)$,

$$\text{graddiant} = \frac{5 - 2}{2 - (-4)} = \frac{3}{6} = \frac{1}{2}.$$

(ii) $m_1 = \frac{1}{2}$ ac $m_1 m_2 = -1$

$$\Rightarrow \quad \frac{1}{2} m_2 = -1$$

$$\Rightarrow \quad m_2 = -2$$

Mae gan y llinell sy'n berpendicwlar i AB raddiant $-2$.

(iii) $\text{hyd} = \sqrt{(2 - (-4))^2 + (5 - 2)^2}$

$$= \sqrt{36 + 9}$$

$$= \sqrt{45}$$

$$= 6.71 \text{ (i3 ff.}y.)$$

(iv) $\text{canolbwynt} = \left( \frac{-4 + 2}{2}, \frac{2 + 5}{2} \right)$

$$= (-1, 3.5)$$

---

**Enghraifft 5.2**

P yw'r pwynt $(a, b)$ a Q yw'r pwynt $(3a, 5b)$.

Ysgrifennwch fynegiadau, yn nhermau $a$ a $b$, ar gyfer

(i) graddiant PQ

(ii) hyd PQ

(iii) canolbwynt PQ.

## Datrysiad

Gan gymryd $(a, b)$ fel $(x_1, y_1)$ a $(3a, 5b)$ fel $(x_2, y_2)$

(i) $\text{graddiant} = \frac{5b - b}{3a - a}$

$$= \frac{4b}{2a}$$

$$= \frac{2b}{a}$$

(ii) $\text{hyd} = \sqrt{(3a - a)^2 + (5b - b)^2}$

$$= \sqrt{4a^2 + 16b^2}$$

(iii) $\text{canolbwynt} = \left( \frac{a + 3a}{2}, \frac{b + 5b}{2} \right)$

$$= (2a, 3b)$$

> **Pwynt trafod**
>
> → Sut gall yr hyd yn rhan (ii) gael ei symleiddio ymhellach?

**Enghraifft 5.3**

A, B ac C yw'r pwyntiau $(1, 2)$, $(5, b)$ a $(6, 2)$. $\angle ABC = 90°$.

(i)     Cyfrifwch ddau werth posibl $b$.

(ii)    Dangoswch y pedwar pwynt ar fraslun a disgrifiwch siâp y ffigur rydych chi wedi'i luniadu.

*Datrysiad*

(i)     Graddiant AB $= \dfrac{b - 2}{5 - 1} - \dfrac{b - 2}{4}$

        Graddiant BC $= \dfrac{2 - b}{6 - 5} = 2 - b$

$\angle ABC = 90° \Rightarrow$ Mae AB a BC yn berpendicwlar.

$\Rightarrow \left(\dfrac{b - 2}{4}\right) \times (2 - b) = -1$

$\Rightarrow (b - 2)(2 - b) = -4$

$\Rightarrow 2b - b^2 - 4 + 2b = -4$

$\Rightarrow \qquad\qquad 4b - b^2 = 0$

$\Rightarrow \qquad\qquad b(4 - b) = 0$

Felly $b = 0$ neu $b = 4$.

(ii)

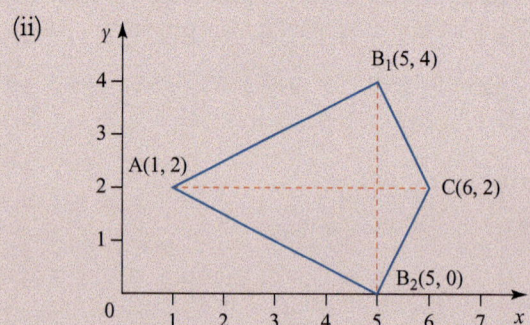

**Ffigur 5.6**

Mae $AB_1CB_2$ yn bedrochr â'i groeslinau yn berpendicwlar, oherwydd bod AC yn baralel i'r echelin-$x$ a $B_1B_2$ yn baralel i'r echelin-$y$.

Mae hyn yn golygu bod $AB_1CB_2$ ar siâp barcud.

**Ymarfer 5A**

① Ar gyfer pob un o'r parau canlynol o bwyntiau A a B, cyfrifwch y canlynol:

(a)    graddiant y llinell sy'n berpendicwlar i AB

(b)    hyd AB

(c)    cyfesurynnau canolbwynt AB

    (i)     A(4, 3)             B(8, 11)

    (ii)    A(3, 4)             B(0, 13)

    (iii)   A(5, 3)             B(10, −8)

[iv]   A(−6, −14)          B(1, 7)

[v]    A(6, 0)             B(8, 15)

[vi]   A(−2, −4)           B(3, 9)

[vii]  A(−3, −6)           B(2, −7)

[viii] A(4, 7)             B(7, −4)

② Mae A(0, 5), B(4, 1) ac C(2, 7) yn fertigau triongl.
Dangoswch fod y triongl yn driongl ongl sgwâr

[i]   drwy ddarganfod graddiannau'r ochrau

[ii]  drwy ddarganfod hyd yr ochrau.

③ Mae A(3, 6), B(7, 4) ac C(1, 2) yn fertigau triongl.
Dangoswch fod y triongl yn driongl isosgeles ongl sgwâr.

④ Mae A(3, 5), B(3, 11) ac C(6, 2) yn fertigau triongl.

[i]   Cyfrifwch berimedr y triongl.

[ii]  Gan ddefnyddio AB yn sail, cyfrifwch arwynebedd y triongl.

⑤ Mae gan bedrochr PQRS fertigau P(−2, −5), Q(11, −7), R(9, 6) ac S(−4, 8).

[i]   Cyfrifwch hydoedd pedair ochr PQRS.

[ii]  Cyfrifwch ganolbwyntiau'r croeslinau PR a QS.

[iii] Heb luniadu diagram, dangoswch pam na all PQRS fod yn sgwâr.
Beth ydyw?

⑥ Mae gan y pwyntiau A, B ac C gyfesurynnau (2, 3), (6, 12) ac (11, 7) yn ôl eu
trefn.

[i]   Lluniadwch y triongl ABC.

[ii]  Dangoswch, drwy gyfrifo, fod y triongl yn isosgeles ac enwch y ddwy
ochr hafal.

[iii] Cyfrifwch ganolbwynt y drydedd ochr.

[iv]  Drwy gyfrifo hydoedd priodol, cyfrifwch arwynebedd triongl ABC.

⑦ Mae gan baralelogram WXYZ dri o'i fertigau yn W(2, 1), X(−1, 5) ac Y(−3, 3).

[i]   Cyfrifwch ganolbwynt WY.

[ii]  Defnyddiwch y wybodaeth hon i gyfrifo cyfesurynnau Z.

⑧ Mae gan driongl ABC fertigau yn A(3, 2), B(4, 0) ac C(8, 2).

[i]   Dangoswch fod y triongl yn driongl ongl sgwâr.

[ii]  Cyfrifwch gyfesurynnau'r pwynt D fel bod ABCD yn betryal.

⑨ Mae'r tri phwynt P(−2, 3), Q(1, q) ac R(7, 0) yn unllin (h.y. maen nhw'n
gorwedd ar yr un llinell syth).

[i]   Cyfrifwch werth q.

[ii]  Cyfrifwch gymhareb yr hydoedd PQ:QR.

⑩ Mae gan bedrochr y fertigau A(−2, 8), B(−5, 5), C(5, 3) a D(3, 7).

[i]   Lluniadwch y pedrochr.

[ii]  Dangoswch, drwy gyfrifo, ei fod yn drapesiwm.

[iii] Cyfrifwch gyfesurynnau E pan fydd ABCE yn baralelogram.

# 4 Hafaliad llinell syth

**Enghraifft 5.4**

Mae gan driongl isosgeles lle mae AB = BC fertigau yn A(2, 3), B(8, 5) ac C(4, 9).

Cyfrifwch hafaliad y llinell gymesuredd.

*Datrysiad*

Mae Ffigur 5.7 yn dangos y triongl ABC, lle mae'r llinell gymesuredd yn cysylltu A â chanolbwynt BC.

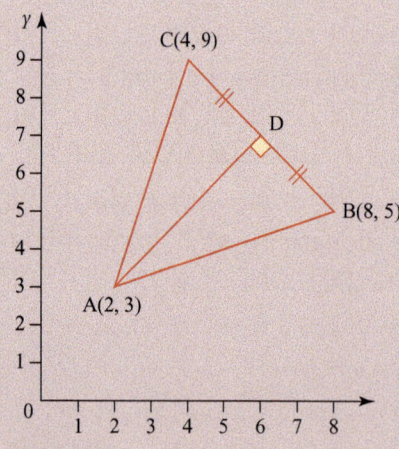

**Ffigur 5.7**

Cyfesurynnau D yw $\left( \dfrac{8 + 4}{2}, \dfrac{5 + 9}{2} \right) = (6, 7)$.

Gadewch i $(x_1, y_1)$ fod yn (2, 3) ac $(x_2, y_2)$ fod yn (6, 7).

$$\frac{y - y_1}{y_2 - y_1} = \frac{x - x_1}{x_2 - x_1}$$

$$\Rightarrow \quad \frac{y - 3}{7 - 3} = \frac{x - 2}{6 - 2}$$

$$\Rightarrow \quad \frac{y - 3}{4} = \frac{x - 2}{4}$$

$$\Rightarrow \quad y = x + 1$$

**Enghraifft 5.5**

Mae'r llinell syth â'r hafaliad $5x - 4y = 40$ yn croestorri'r echelin-$x$ yn P a'r echelin-$y$ yn Q.

(i) Cyfrifwch arwynebedd triongl OPQ lle O yw'r tarddbwynt.

(ii) Cyfrifwch hafaliad y llinell sy'n mynd drwy Q ac sy'n berpendicwlar i PQ.

*Datrysiad*

(i) Cyfrifwch gyfesurynnau P a Q.

Amnewidiwch $y = 0$ i mewn i hafaliad y llinell

$$5x - 0 = 40$$
$$x = 8 \qquad \text{P}(8, 0)$$

Amnewidiwch $x = 0$ i mewn i hafaliad y llinell

$$0 - 4y = 40$$
$$y = -10 \qquad \text{Q}(0, -10)$$

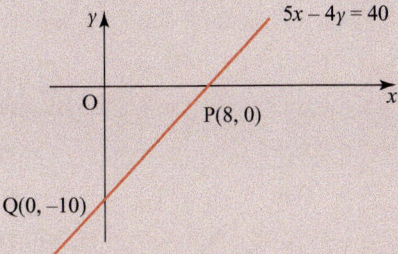

Bydd braslun o'r graff yn aml yn ddefnyddiol.

**Ffigur 5.8**

Pellter OP = 8 a phellter OQ = 10.

Arwynebedd y triongl $= \dfrac{1}{2} \times$ sail $\times$ uchder

$$= \dfrac{1}{2} \times 8 \times 10$$
$$= 40 \text{ uned}^2$$

(ii) Cyfrifwch raddiant PQ.

$$\dfrac{0 - (-10)}{8 - 0} = \dfrac{10}{8}$$
$$= \dfrac{5}{4}$$

Graddiant y llinell sy'n berpendicwlar i PQ $= -\dfrac{4}{5}$

Y llinell sy'n mynd drwy $(0, -10)$ $\qquad y = -\dfrac{4}{5}x - 10$

① Drwy gyfrifo graddiannau'r parau canlynol o linellau, nodwch a ydyn nhw'n baralel, yn berpendicwlar, neu'r naill na'r llall.

(i) $x = 2$
$y = -2$

(ii) $y = 2x$
$y = -2x$

(iii) $x + 2y = 1$
$2x - y = 1$

(iv) $y = x - 3$
$x - y + 4 = 0$

(v) $y = 3 - 4x$
$y = 4 - 3x$

(vi) $x + y = 5$
$x - y = 5$

(vii) $x - 2y = 3$
$y = \frac{1}{2}x - 1$

(viii) $x + 3y - 4 = 0$
$y = 3x + 4$

(ix) $2y = x$
$2x + y = 4$

(x) $2x + 3y - 4 = 0$
$2x + 3y - 6 = 0$

(xi) $x + 3y = 1$
$y + 3x = 1$

(xii) $2x = 5y$
$5x + 2y = 0$

② Cyfrifwch hafaliadau'r llinellau hyn.

(i) Yn baralel i $y = 3x$ ac yn mynd drwy $(3, -1)$

(ii) Yn baralel i $y = 2x + 3$ ac yn mynd drwy $(0, 7)$

(iii) Yn baralel i $y = 3x - 4$ ac yn mynd drwy $(3, -7)$

(iv) Yn baralel i $4x - y + 2 = 0$ ac yn mynd drwy $(5, 0)$

(v) Yn baralel i $3x + 2y - 1 = 0$ ac yn mynd drwy $(3, -2)$

(vi) Yn baralel i $2x + 4y - 5 = 0$ ac yn mynd drwy $(0, 5)$

③ Cyfrifwch hafaliadau'r llinell hyn.

(i) Yn berpendicwlar i $y = 2x$ ac yn mynd drwy $(0, 0)$

(ii) Yn berpendicwlar i $y = 3x - 1$ ac yn mynd drwy $(0, 4)$

(iii) Yn berpendicwlar i $y + x = 2$ ac yn mynd drwy $(3, -1)$

(iv) Yn berpendicwlar i $2x - y + 4 = 0$ ac yn mynd drwy $(1, -1)$

(v) Yn berpendicwlar i $3x + 2y + 4 = 0$ ac yn mynd drwy $(3, 0)$

(vi) Yn berpendicwlar i $2x + y - 1 = 0$ ac yn mynd drwy $(4, 1)$

④ Mae gan bwyntiau P a Q gyfesurynnau P$(3, -1)$ a Q$(5, 7)$.

(i) Cyfrifwch raddiant PQ.

(ii) Cyfrifwch gyfesurynnau canolbwynt PQ.

(iii) Hanerydd perpendicwlar llinell PQ yw'r llinell sy'n berpendicwlar i PQ ac sy'n mynd drwy ei chanolbwynt.
Cyfrifwch hafaliad hanerydd perpendicwlar PQ.

⑤ Mae gan driongl y fertigau P$(2, 5)$, Q$(-2, -2)$ ac R$(6, 0)$.

(i) Brasluniwch y triongl.

(ii) Cyfrifwch gyfesurynnau L, M ac N, sef canolbwyntiau PQ, QR ac RP yn ôl eu trefn.

(iii) Cyfrifwch hafaliadau'r llinellau LR, MP ac NQ (y rhain yw llinellau canol y triongl).

(iv) Dangoswch fod y pwynt $(2, 1)$ yn gorwedd ar bob un o'r tair llinell hyn. (Mae hyn yn dangos bod llinellau canol triongl yn gytgroes.)

⑥ Mae'r llinell syth â'r hafaliad $2x + 3y - 12 = 0$ yn torri'r echelin-$x$ yn A a'r echelin-$y$ yn B.

   (i)   Brasluniwch y llinell.

   (ii)   Cyfrifwch gyfesurynnau A a B.

   (iii)   Cyfrifwch arwynebedd triongl OAB lle O yw'r tarddbwynt.

   (iv)   Cyfrifwch hafaliad y llinell sy'n mynd drwy O ac sy'n berpendicwlar i AB.

   (v)   Cyfrifwch hyd AB, a gan ddefnyddio'r canlyniad yn (iii), cyfrifwch y pellter byrraf o O i AB.

⑦ Mae gan bedrochr fertigau yn y pwyntiau A(−7, 0), B(2, 3), C(5, 0) a D(−1, −6).

   (i)   Brasluniwch y pedrochr.

   (ii)   Cyfrifwch raddiant pob ochr.

   (iii)   Cyfrifwch hafaliad pob ochr.

   (iv)   Cyfrifwch hyd pob ochr.

   (v)   Cyfrifwch arwynebedd y pedrochr.

⑧ Mae £10 000 yn cael ei fuddsoddi ac mae llog syml o 2% y flwyddyn yn cael ei dderbyn ar y buddsoddiad hwn. (Llog syml yw pan fydd y llog yn cael ei dderbyn bob blwyddyn ac yn cael ei gyfrifo ar y buddsoddiad cychwynnol yn y cyfrif yn unig.)

   (i)   Cyfrifwch y llog sy'n cael ei dderbyn ar ddiwedd pob un o'r tair blynedd gyntaf.

   (ii)   Brasluniwch graff y llog yn erbyn amser ac ysgrifennwch ei hafaliad.

   (iii)   Defnyddiwch yr hafaliad i gyfrifo faint byddai'n ei gymryd i'r buddsoddiad gyrraedd £11 000.

⑨ Hyd sbring heb ei ymestyn (sy'n aml yn cael ei alw'n hyd naturiol) yw 20 cm. Pan fydd yn cael ei hongian â llwyth o 50 g ynghlwm wrtho, ei hyd estynedig yw 25 cm.

Gan dybio bod estyniad y sbring yn gyfrannol i'r llwyth bob amser

   (i)   cyfrifwch y llwyth sy'n cyfateb i estyniad o 12.5 cm

   (ii)   cyfrifwch yr estyniad sy'n cyfateb i lwyth o 75 g

   (iii)   cyfrifwch yr estyniad sy'n cyfateb i lwyth o 800 g a rhowch sylwadau ar eich ateb.

---

**Gwybodaeth flaenorol**

Dysgoch chi sut i ddatrys hafaliadau llinol cydamserol ym Mhennod 4.

# 5 Croestoriad dwy linell

Gallwch chi gyfrifo pwynt croestoriad unrhyw ddwy linell (neu gromliniau) drwy ddatrys eu hafaliadau'n gydamserol.

---

**Enghraifft 5.6**

   (i)   Brasluniwch y llinellau $x + 3y - 6 = 0$ ac $y = 2x - 5$ ar yr un echelinau.

   (ii)   Cyfrifwch gyfesurynnau'r pwynt lle maen nhw'n croestorri.

## Datrysiad

(i)     Mae'r llinell $x + 3y - 6 = 0$ yn mynd drwy $(0, 2)$ a $(6, 0)$.

Mae'r llinell $y = 2x - 5$ yn mynd drwy $(0, -5)$ ac mae ganddi raddiant 2.

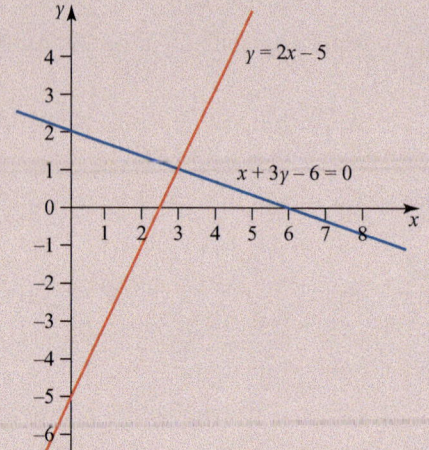

**Ffigur 5.9**

(ii)
$$x + 3y - 6 = 0 \implies 2x + 6y - 12 = 0 \quad \text{(gan luosi â 2)} \quad ①$$
$$y = 2x - 5 \implies 2x - y - 5 = 0 \quad\quad ②$$
$$① - ② \implies 7y - 7 = 0$$
$$\implies y = 1$$

Mae amnewid $y = 1$ yn ① yn rhoi $2x + 6 - 12 = 0$

$$\implies x = 3$$

Felly, cyfesurynnau'r pwynt croestoriad yw $(3, 1)$.

> ## Pwynt trafod
>
> ➡ Bydd manwl gywirdeb dulliau graffigol fel hyn yn gyfyngedig. Pa ffactorau fyddai'n effeithio ar fanwl gywirdeb eich datrysiad yn yr achos hwn?

Dull arall o ddatrys yr hafaliadau hyn yn gydamserol fyddai plotio'r ddwy linell ar bapur graff a darllen cyfesurynnau'r pwynt croestoriad.

---

**Enghraifft 5.7**

(i)     Plotiwch y llinellau $x + y - 2 = 0$ a $4y - x = 4$ ar yr un set o echelinau, ar gyfer $-4 \leqslant x \leqslant 4$, gan ddefnyddio 1 cm i gynrychioli 1 uned ar y ddwy echelin.

(ii)    Darllenwch y datrysiad i'r hafaliadau cydamserol canlynol.
$$x + y - 2 = 0$$
$$4y - x = 4$$

## Datrysiad

(i)     Ar gyfer y naill linell a'r llall, dewiswch dri gwerth $x$ a chyfrifwch werthoedd cyfatebol $y$. Yna, plotiwch y llinellau a darllenwch gyfesurynnau'r pwynt croestoriad.

$x + y - 2 = 0$

| $x$ | −2 | 0 | 2 |
|---|---|---|---|
| $y$ | 4 | 2 | 0 |

$4y - x = 4$

| $x$ | −4 | 0 | 4 |
|---|---|---|---|
| $y$ | 0 | 1 | 2 |

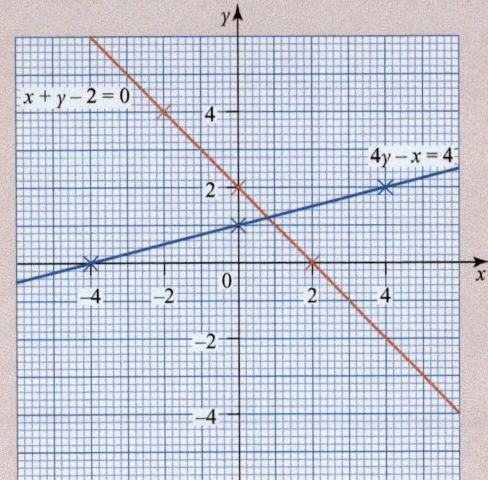

Ffigur 5.10

**Pwyntiau trafod**

➜ Pam dylech chi blotio tri phwynt i bob llinell?

➜ Mae'n bosibl i ddwy linell beidio â chroestorri. Pryd byddai hyn yn digwydd?

(ii)　Y pwynt croestoriad yw (0.8, 1.2), felly'r datrysiad i'r hafaliadau cydamserol yw

$x = 0.8, y = 1.2$

---

**Ymarfer 5C**

*Bydd angen papur graff arnoch chi ar gyfer yr ymarfer hwn.*

① Datryswch y parau hyn o hafaliadau cydamserol drwy blotio eu graffiau. Ym mhob achos, mae amrediad addas o werthoedd $x$ yn cael eu rhoi.

(i)　$x = 3y + 1$　　　　$y = x - 1$　　　　$0 \leqslant x \leqslant 3$

(ii)　$3x + 2y = 5$　　　$x + y = 3$　　　　$-2 \leqslant x \leqslant 2$

② Datryswch y parau hyn o hafaliadau cydamserol drwy blotio eu graffiau. Ym mhob achos, mae amrediad addas o werthoedd $x$ yn cael eu rhoi.

(i)　$y = 2x - 4$　　　　$3x + 4y = 17$　　　$0 \leqslant x \leqslant 6$

(ii)　$6x + y = 1$　　　　$4x - y = 4$　　　　$0 \leqslant x \leqslant 2$

③ (i)　Plotiwch y llinellau $x = 4$, $y = x + 4$ a $4x + 3y = 12$ ar yr un echelinau ar gyfer $-1 \leqslant x \leqslant 5$.

(ii)　Nodwch gyfesurynnau'r tri phwynt croestoriad, ac ar gyfer pob pwynt rhowch y pâr o hafaliadau cydamserol sy'n cael eu bodloni yno.

(iii)　Cyfrifwch arwynebedd y triongl sydd wedi'i amgáu gan y tair llinell.

④ (i)　Gan ddefnyddio'r un raddfa ar gyfer y ddwy echelin, plotiwch y llinellau $2y + x = 4$ a $2y + x = 10$ ar yr un echelinau ar gyfer $0 \leqslant x \leqslant 6$, a dywedwch beth sy'n eich taro chi amdanyn nhw. Pam mae hyn yn wir?

(ii)　Ychwanegwch y llinell $y = 2x$ at eich graff. Beth sy'n eich taro chi nawr? Allwch chi gyfiawnhau'r hyn rydych chi'n ei weld?

(iii)　Nodwch gyfesurynnau'r ddau bwynt croestoriad, ac ar gyfer pob pwynt rhowch y pâr o hafaliadau cydamserol sy'n cael eu bodloni yno.

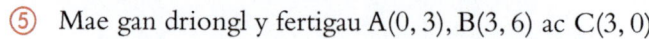

⑤ Mae gan driongl y fertigau A(0, 3), B(3, 6) ac C(3, 0).

   (i)   Cyfrifwch hydoedd ochrau'r triongl ABC.

   (ii)  Cyfrifwch hafaliadau ochrau'r triongl ABC.

   (iii) Disgrifiwch y triongl ABC.

⑥ A(1, 2), B(2, 5), C(5, 4) a D(4, 1) yw fertigau pedrochr ABCD.

   (i)   Cyfrifwch raddiannau ochrau'r pedrochr a nodwch ddau ddarn o wybodaeth mae hyn yn ei roi i chi.

   (ii)  Cyfrifwch hydoedd AB a BC.

   (iii) Pa fath o bedrochr yw ABCD?

⑦ Dyma strwythurau prisio Alffa a Beta, sef dau gwmni tacsi:

Alffa: Ffi sefydlog o £2 a hefyd 60c am bob milltir.

Beta: Ffi sefydlog o £3 a hefyd 40c am bob milltir.

   (i)   Ar yr un echelinau, brasluniwch graff pris (echelin fertigol) yn erbyn y pellter a deithiwyd (echelin lorweddol) ar gyfer y ddau gwmni.

   (ii)  Ysgrifennwch hafaliad y ddwy linell.

   (iii) Pa gwmni byddech chi'n ei ddefnyddio ar gyfer pellter o 7 milltir?

   (iv) Ar gyfer pa bellter mae'r ddau gwmni'n codi'r un pris?

⑧ Pan fydd pris y farchnad £$p$ ar gyfer eitem yn amrywio, mae'r nifer mae galw amdanyn nhw, $D$, a'r nifer sy'n cael eu cyflenwi, $S$, hefyd yn amrywio.

Mewn un achos, $D = 15 + 0.5p$ ac $S = p - 10$.

   (i)   Brasluniwch y ddwy linell ar yr un graff gyda $D$ ac $S$ ar yr echelin fertigol.

Y safle ecwilibriwm ar gyfer y farchnad yw pan fydd y cyflenwad a'r galw yn hafal.

   (ii)  Cyfrifwch y pris ecwilibriwm a'r nifer sy'n cael eu prynu a'u gwerthu mewn ecwilibriwm.

---

### DEILLIANNAU DYSGU

Gan eich bod chi wedi gorffen y bennod hon, dylech chi allu

➤ adnabod llinellau paralel a pherpendicwlar

➤ cyfrifo hafaliad llinell o wybod graddiant llinell sy'n baralel neu'n berpendicwlar iddi ac o leiaf un pwynt mae'n mynd drwyddo

➤ cyfrifo'r pellter rhwng dau bwynt

➤ cyfrifo cyfesurynnau canolbwynt llinell sy'n cysylltu dau bwynt

➤ adnabod gwahanol ffurfiau ar gyfer hafaliad llinell syth

➤ darganfod pwynt croestoriad dwy linell.

## PWYNTIAU ALLWEDDOL

1  Mae dwy linell yn baralel pan fydd eu graddiannau'n hafal.

2  Mae dwy linell yn berpendicwlar pan fydd lluoswm eu graddiannau yn $-1$.

3  Pan fydd gan y pwyntiau A a B gyfesurynnau $(x_1, y_1)$ ac $(x_2, y_2)$ yn ôl eu trefn, yna

- pellter AB $= \sqrt{(x_2 - x_1)^2 + (y_2 - y_1)^2}$

- canolbwynt AB yw $\left( \dfrac{x_1 + x_2}{2}, \dfrac{y_1 + y_2}{2} \right)$.

4  Mae cyfesurynnau pwynt croestoriad dwy linell yn cael eu darganfod drwy ddatrys eu hafaliadau'n gydamserol.

# 6 Geometreg I

*Nid y syniadau newydd sy'n anodd, ond dianc rhag yr hen rai, sy'n ymledu, i'r rhai a fagwyd fel y magwyd y rhan fwyaf ohonom, i bob cornel o'n meddwl.*

John Maynard Keynes

## Gwybodaeth flaenorol

Byddwch chi wedi astudio llawer o'r gwaith yn y bennod hon yn barod yn eich cwrs TGAU.

Bydd angen gwybodaeth am destunau geometreg mewn sawl adran o'r fanyleb.

Mae'r adran hon yn rhoi crynodeb o'r prif ffeithiau sydd eu hangen.

## 1 Theorem Pythagoras

$c^2 = a^2 + b^2$

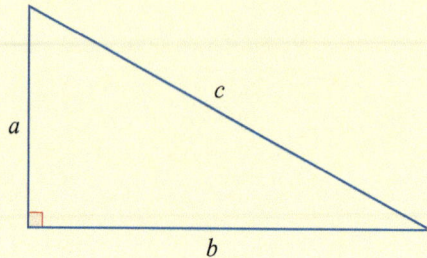

Ffigur 6.1

### Triawdau Pythagoreaidd

Mae'r canlynol i gyd yn driawdau Pythagoreaidd gan fod pob set o dri rhif yn bodloni $c^2 = a^2 + b^2$.

3, 4, 5     5, 12, 13     8, 15, 17     7, 24, 25

Gan ddefnyddio trionglau tebyg, bydd unrhyw luosrif neu ffracsiwn o bob set hefyd yn driawd Pythagoreaidd.

Er enghraifft,     9, 12, 15     2.5, 6, 6.5     16, 30, 34     1.4, 4.8, 5

# 2 Trigonometreg mewn dau ddimensiwn

Rydych chi wedi gweld diffiniadau o'r tri ffwythiant trigonometrig, sin, cos a tan, gan ddefnyddio ochrau triongl ongl sgwâr.

Mae cos yn dalfyriad o 'cosin', ac mae tan yn dalfyriad o 'tangiad'.

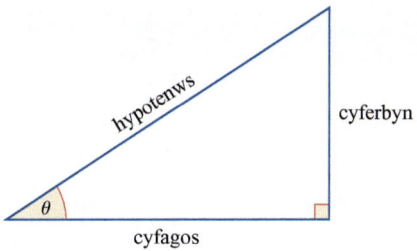

**Ffigur 6.2**

Yn Ffigur 6.2

$$\sin\theta = \frac{\text{cyferbyn}}{\text{hypotenws}} \qquad \cos\theta = \frac{\text{cyfagos}}{\text{hypotenws}} \qquad \tan\theta = \frac{\text{cyferbyn}}{\text{cyfagos}}$$

**Enghraifft 6.1**     Cyfrifwch hyd ochr $a$ yn y triongl yn Ffigur 6.3.

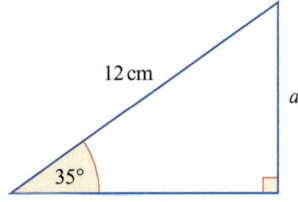

**Ffigur 6.3**

*Datrysiad*

Mae ochr *a gyferbyn* â'r ongl 35°, ac mae'r hypotenws yn 12 cm, felly rydyn ni'n defnyddio sin 35°.

$$\sin 35° = \frac{\text{cyferbyn}}{\text{hypotenws}}$$

$$= \frac{a}{12}$$

$$\Rightarrow \quad a = 12 \sin 35°$$

$$\Rightarrow \quad a = 6.9 \, \text{cm (i 1 lle degol)}$$

---

**Enghraifft 6.2**

(BGI)

Mae'r diagram yn cynrychioli ysgol sy'n pwyso yn erbyn wal.

Cyfrifwch hyd yr ysgol.

Rhowch eich ateb i 3 ffigur ystyrlon.

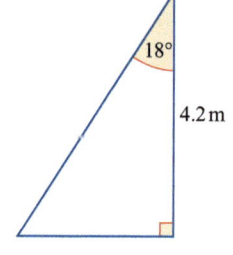

**Ffigur 6.4**

*Datrysiad*

Mae'r ochr â hyd 4.2 m yn *gyfagos* i'r ongl 18°, ac rydyn ni eisiau'r *hypotenws* felly rydyn ni'n defnyddio cos 18°.

$$\cos 18° = \frac{\text{cyfagos}}{\text{hypotenws}}$$

$$= \frac{4.2}{\text{hypotenws}}$$

$$\text{hypotenws} = \frac{4.2}{\cos 18°}$$

$$= 4.42 \, \text{m (i 3 ff.y.)}$$

---

**Enghraifft 6.3**

Cyfrifwch faint yr ongl $\theta$ yn y triongl yn Ffigur 6.5.

**Pwynt trafod**

→ Mae gwerth llawn y gyfrifiannell ar gyfer $\frac{5}{7}$ wedi'i ddefnyddio i gyfrifo gwerth $\theta$. Beth yw'r nifer lleiaf o leoedd degol y gallech chi ei ddefnyddio i roi'r un gwerth ar gyfer ongl (i 1 lle degol) yn yr enghraifft hon?

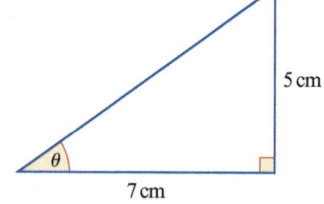

**Ffigur 6.5**

*Datrysiad*

Yr ochrau sydd â hydoedd hysbys yw'r rhai sydd *gyferbyn* ac yn *gyfagos* i $\theta$, felly rydyn ni'n defnyddio tan $\theta$.

$$\tan \theta = \frac{\text{cyferbyn}}{\text{cyfagos}} = \frac{5}{7}$$

$$\Rightarrow \quad \theta = 35.5° \text{ (i 1 lle degol)}$$

Enghraifft 6.4

BGI

Mae aderyn yn hedfan o frig coeden sy'n 15 m o uchder, ar ongl ostwng o 27°, i ddal mwydyn ar y llawr.

(i) Pa mor bell mae'r aderyn yn hedfan?

(ii) Pa mor bell roedd y mwydyn o waelod o goeden?

## Sylwch

Bydd cwestiynau sy'n ymwneud â thrionglau ongl sgwâr yn aml yn galw am gymhwyso trigonometreg mewn cyd-destun. Mae'r enghreifftiau a'r ymarferion yn cynnwys rhai cwestiynau heb gyd-destun i roi cyfle i ymarfer y sgiliau sydd eu hangen mewn cwestiynau cymhwyso.

## Pwynt trafod

→ Os defnyddioch chi drigonometreg ar gyfer rhan (ii) y cwestiwn hwn, pa ffwythiant fyddai'r gorau i'w ddefnyddio? Pam?

### Datrysiad

Yn gyntaf, lluniadwch fraslun, gan labelu'r wybodaeth sydd wedi'i rhoi a defnyddio llythrennau i nodi'r hyn rydych chi eisiau ei ddarganfod.

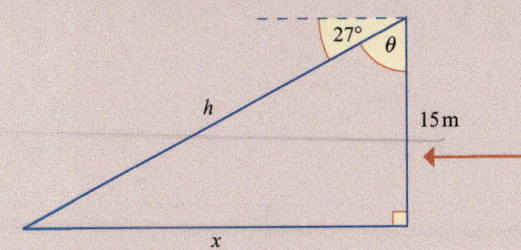

**Ffigur 6.6**

Cofiwch, mae *ongl ostwng* yn cael ei mesur <u>tuag i lawr</u> o'r llorweddol ac mae *ongl godiad* yn cael ei mesur <u>tuag i fyny</u> o'r llorweddol.

(i)   $\theta + 27° = 90°$

$\Rightarrow \quad \theta = 63°$

$\cos 63° = \dfrac{15}{h}$

$\Rightarrow \quad h = \dfrac{15}{\cos 63°} = 33.040\,338\,97$

Mae'r aderyn yn hedfan 33 m.

(ii)   Gan ddefnyddio theorem Pythagoras

$h^2 = x^2 + 15^2$

$\Rightarrow \quad x^2 = 33.040\,338\,97^2 - 15^2 = 866.663\,999$

$\Rightarrow \quad x = 29.439\,157\,58$

Mae'r mwydyn 29.4 m o waelod y goeden.

! Gwnewch yn siŵr eich bod chi'n cofnodi gwerth llawn y gyfrifiannell ar gyfer $h$ i'w ddefnyddio yn y dyfodol.

### Nodyn hanesyddol

Mae'r gair trigonometreg yn tarddu o dri gair Groeg.

Tria: *tri*        gonia: *ongl*        metron: *mesur*

(τρια)            (γονια)            (μετρον)

Mae hyn yn dangos sut y datblygodd trigonometreg o astudio onglau, a hynny'n aml yn ymwneud â seryddiaeth, er ei bod hi'n debygol bod y testun wedi'i ddarganfod yn annibynnol gan nifer o bobl. Y gred yw mai Hipparchus (150ccc) a luniodd y tablau trigonometrig cyntaf a oedd yn rhoi hydoedd cordiau cylch â radiws uned. Cafodd ei waith ei ddatblygu ymhellach gan Ptolemy yn 100oc.

① Cyfrifwch yr hyd *x* ym mhob un o'r trionglau hyn. Rhowch eich atebion yn gywir i 1 lle degol.

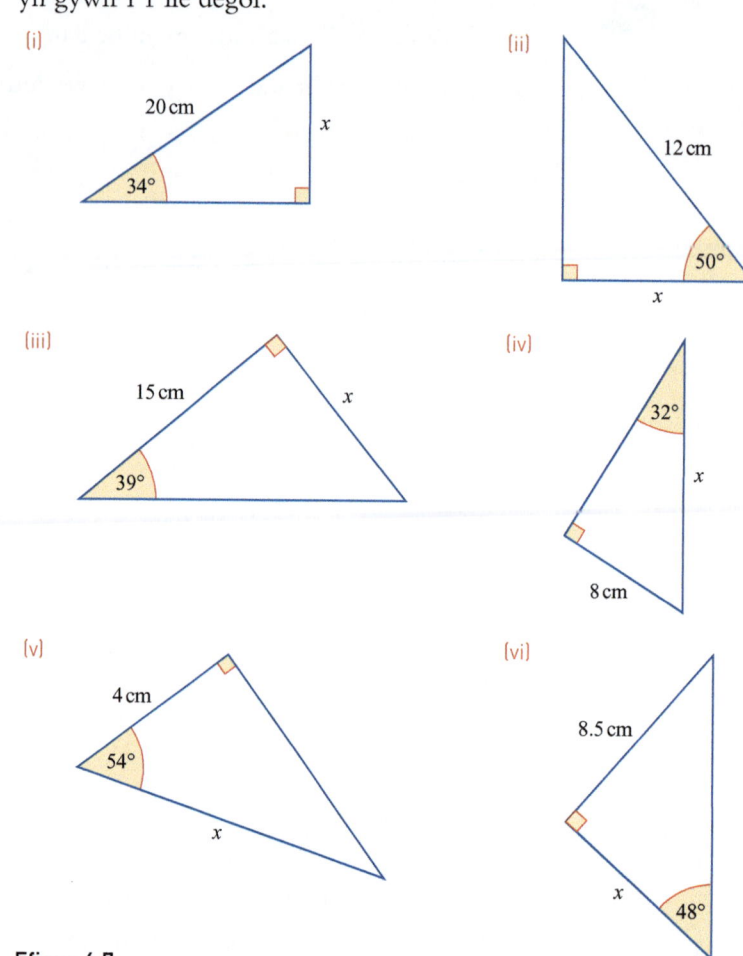

Ffigur 6.7

② Cyfrifwch faint yr ongl **θ** ym mhob un o'r trionglau hyn. Rhowch eich atebion yn gywir i 1 lle degol.

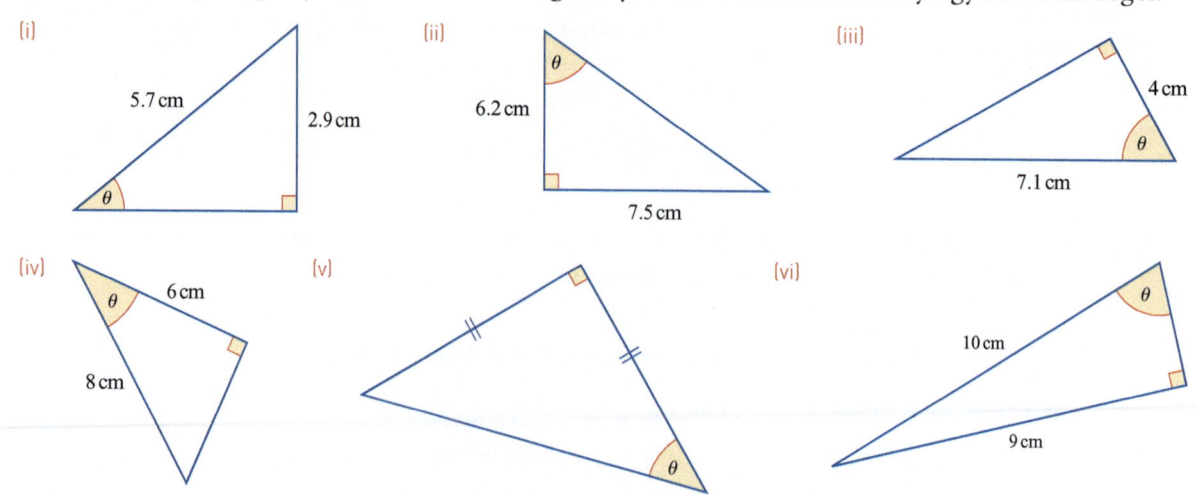

Ffigur 6.8

③ Mewn triongl isosgeles, mae'r llinell gymesuredd yn haneru sail y triongl.

Defnyddiwch y ffaith hon i gyfrifo'r ongl $\theta$ a'r hydoedd $x$ ac $y$ yn y diagramau hyn.

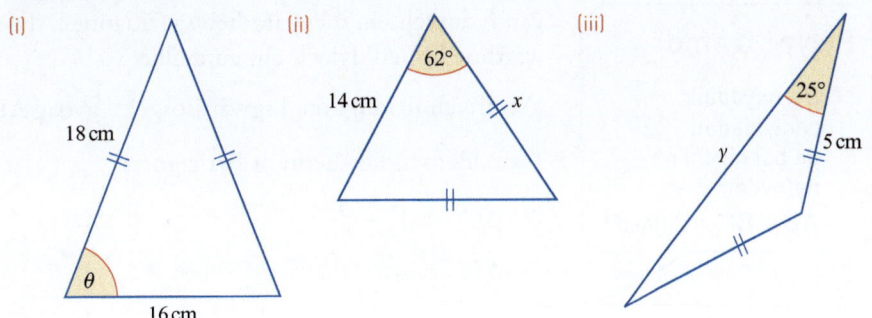

**Ffigur 6.9**

BGI ④ Mae ysgol 5 m o hyd yn pwyso yn erbyn wal. Mae troed yr ysgol yn gwneud ongl 65° â'r llawr.

Pa mor bell i fyny'r wal mae'r ysgol yn cyrraedd.

BGI ⑤ O ben clogwyn fertigol 30 m o uchder, ongl ostwng llong ar y môr yw 21°.

Pa mor bell yw'r llong o waelod y clogwyn.

BGI ⑥ O bwynt sydd 120 m o waelod bloc o swyddfeydd, ongl godiad pen uchaf y bloc yw 67°.

Pa mor uchel yw'r bloc?

⑦ Mae gan betryal ochrau o 12 cm ac 8 cm.

Pa ongl mae'r groeslin yn ei gwneud â'r ochr hiraf?

BGI ⑧ Mae'r diagram yn dangos safleoedd tri maes awyr:

E (Dwyrain Canolbarth Lloegr), M (Manceinion) ac L (Leeds).

Ongl LME = 90° ac ME = 100 km.

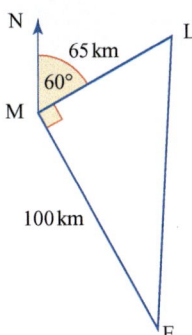

**Ffigur 6.10**

(i) Cyfrifwch, yn gywir i 3 ffigur ystyrlon, y pellter LE.

(ii) Cyfrifwch, yn gywir i'r radd agosaf, faint ongl MEL.

(iii) Mae awyren yn gadael M am 10.45 a.m. ac yn hedfan yn syth i E, gan gyrraedd am 11.03 a.m.

Cyfrifwch, yn gywir i 3 ffigur ystyrlon, fuanedd cyfartalog yr awyren mewn cilometrau yr awr.

## Onglau o 45°, 30° a 60°

Mae gan sin, cosin a thangiad yr onglau hyn werthoedd union.

Pan fyddwch chi'n cyfrifo heb gyfrifiannell, dylech chi fod yn gwybod yr union werthoedd neu dylech chi eu deillio.

Ystyriwch driongl ongl sgwâr isosgeles gydag AB = BC = 1 uned.

Gan ddefnyddio theorem Pythagoras

$$AC^2 = 1^2 + 1^2$$
$$AC = \sqrt{2}$$

$$\sin 45° = \frac{\text{cyferbyn}}{\text{hypotenws}}$$

$$\sin 45° = \frac{1}{\sqrt{2}} \qquad \cos 45° = \frac{1}{\sqrt{2}} \qquad \tan 45° = 1$$

> **Pwynt trafod**
>
> → Beth fyddai'r canlyniadau pe baech chi'n defnyddio AB = BC = 2 uned?

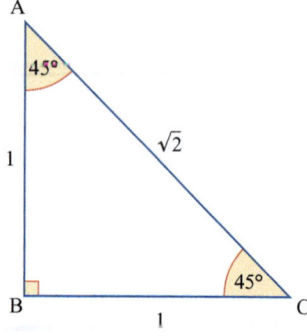

**Ffigur 6.11**

Ystyriwch driongl hafalochrog gyda'i ochrau'n 2 uned o hyd (Ffigur 6.12(a)).

Drwy ychwanegu hanerydd, rydyn ni'n cael dau driongl cyfath (Ffigur 6.12(b)).

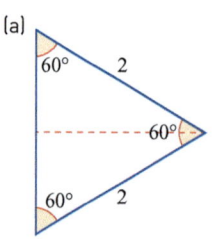
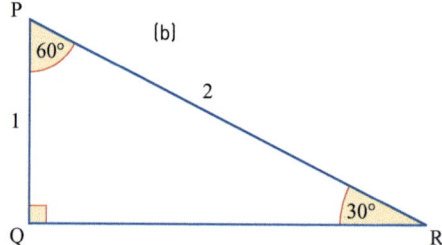

**Ffigur 6.12**

Gan ddefnyddio theorem Pythagoras

$$QR^2 = 2^2 - 1^2$$
$$QR = \sqrt{3}$$

Gan ddefnyddio'r cymarebau trigonometrig, mae hyn yn rhoi

$$\sin 30° = \frac{1}{2} \qquad \cos 30° = \frac{\sqrt{3}}{2} \qquad \tan 30° = \frac{1}{\sqrt{3}}$$

$$\sin 60° = \frac{\sqrt{3}}{2} \qquad \cos 60° = \frac{1}{2} \qquad \tan 60° = \sqrt{3}$$

**Enghraifft 6.5**

*Peidiwch â defnyddio cyfrifiannell ar gyfer y cwestiwn hwn.*

Cyfrifwch union werth $y$.

Rhowch eich ateb yn y ffurf $p + q\sqrt{3}$ lle mae $p$ a $q$ yn gyfanrifau.

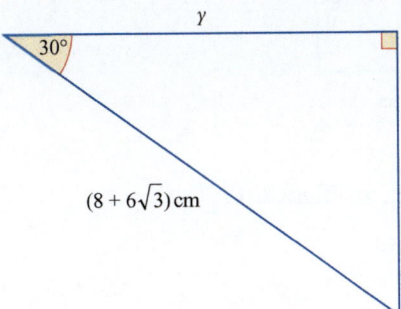

**Ffigur 6.13**

## Datrysiad

$$\cos 30° = \frac{y}{8 + 6\sqrt{3}}$$

$$\Rightarrow \quad \frac{\sqrt{3}}{2} = \frac{y}{8 + 6\sqrt{3}}$$

$$\Rightarrow \quad \frac{\sqrt{3}}{2} \times (8 + 6\sqrt{3}) = y$$

$$\Rightarrow \quad 4\sqrt{3} + 9 = y$$

$$y = 9 + 4\sqrt{3}$$

**Ymarfer 6B**

*Ni chaniateir defnyddio cyfrifiannell.*

① Cyfrifwch union werth $x$ ym mhob un o'r canlynol.

Rhowch eich atebion yn eu ffurf symlaf.

(i)

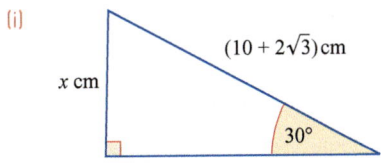

(ii)

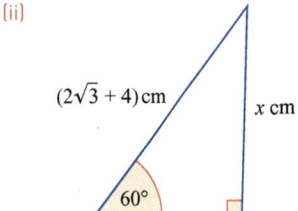

(iii)

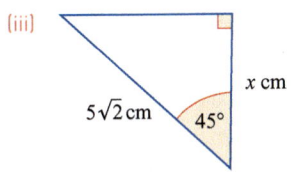

(iv)

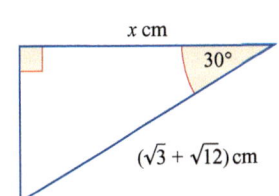

**Ffigur 6.14**

② Edrychwch ar Ffigur 6.15. Dangoswch fod *y* yn gyfanrif.

③ Edrychwch ar Ffigur 6.16. Dangoswch fod *p* yn gyfanrif.

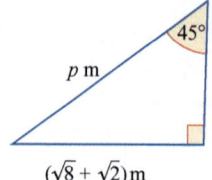

Ffigur 6.15

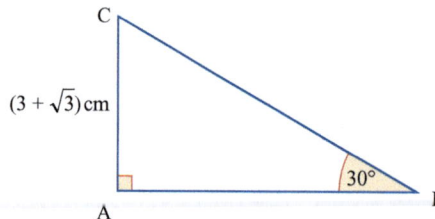

Ffigur 6.16

④ Edrychwch ar Ffigur 6.17.

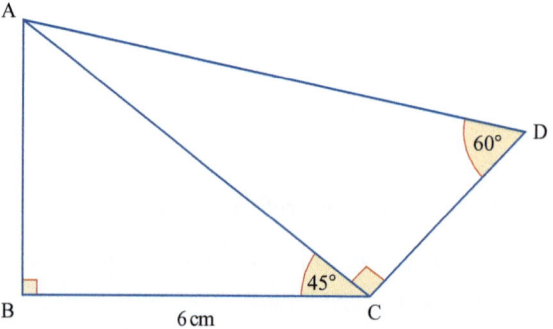

Ffigur 6.17

Cyfrifwch arwynebedd triongl ABC.

Rhowch eich ateb yn y ffurf $p + q\sqrt{3}$ lle mae *p* a *q* yn gyfanrifau.

⑤ Edrychwch ar Ffigur 6.18. Cyfrifwch union werth CD.

Rhowch eich ateb yn y ffurf $k\sqrt{6}$ lle mae *k* yn gyfanrif.

Ffigur 6.18

**BGI** ⑥ Mae lifft sgïo yn croesi dyffryn yn yr Alpau, gan godi o uchder o 2039 m i uchder o 2364 m dros bellter llorweddol o 325 m. Beth yw ongl godiad y lifft sgïo?

**BGI** ⑦ Mae'r brif eitem mewn gardd arddangos wedi'i dylunio ar ffurf sgwâr sydd ag ochrau o 3 metr wedi'i amgylchynu gan bedwar triongl hafalochrog fel sydd i'w weld yn Ffigur 6.19.

(i) Bydd llwyni bach yn cael eu plannu yn y sgwâr canolog, ac mae angen arwynebedd sgwâr gyda ochrau o 30 cm ar bob llwyn. Sawl llwyn sydd ei angen?

(ii) Bydd blodau yn cael eu plannu yn yr ardaloedd trionglog, ac mae angen arwynebedd tua 100 cm² ar bob blodyn. Tua faint o flodau fydd eu hangen?

(iii) Mae'r blodau'n cael eu gwerthu mewn bocsys o 12 ac mae'r prif arddwr yn penderfynu archebu 5% o flodau yn ychwanegol i ganiatáu ar gyfer rhai a allai fod o safon annerbyniol. Sawl bocs mae angen iddi ei archebu?

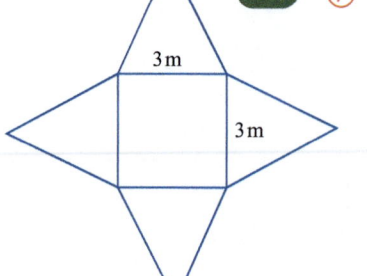

Ffigur 6.19

⑧ Mae Ffigur 6.20 yn dangos adeilad fertigol sy'n sefyll ar dir llorweddol. Mae'r pwyntiau A, B ac C mewn llinell syth ar dir llorweddol ac AC = 30 m. Mae'r pwynt T ar ben uchaf yr adeilad ac mae CT yn fertigol. Onglau codiad T o A a B yw 30° a 60° yn ôl eu trefn.

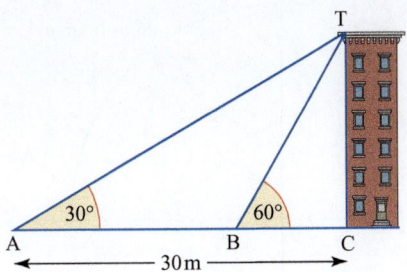

**Ffigur 6.20**

(i) Cyfrifwch union werth uchder CT yr adeilad.

(ii) Cyfrifwch y pellteroedd BC ac AB.

# 3 Ffwythiannau trigonometrig ar gyfer onglau o unrhyw faint

Yn ôl confensiwn, mae onglau'n cael eu mesur yn wrthglocwedd o'r echelin-$x$ bositif (Ffigur 6.21). Mae gwrthglocwedd yn cael ei gymryd i fod yn bositif a chlocwedd yn negatif.

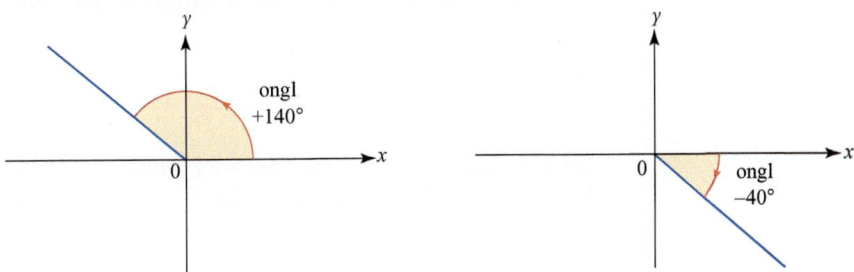

**Ffigur 6.21**

Yr unig eithriad yw cyfeiriannau cwmpawd, sy'n cael eu mesur yn glocwedd o'r gogledd.

## Diffiniadau o'r ffwythiannau trigonometrig, sin, cos a tan

Yn gyntaf, edrychwch ar y triongl ongl sgwâr yn Ffigur 6.22 sydd â'i hypotenws yn un uned o hyd.

Mae sin, cos a tan yn cael eu diffinio gan y cymarebau canlynol.

$$\sin\theta = \frac{y}{1} = y \qquad \cos\theta = \frac{x}{1} = x \qquad \tan\theta = \frac{y}{x}$$

Gallwn ni ymestyn y diffiniadau hyn i onglau y tu hwnt i 90°.

**Ffigur 6.22**

Dychmygwch fod yr ongl $\theta$ wedi'i lleoli yn y tarddbwynt, fel yn Ffigur 6.23, a gadewch i $\theta$ gymryd unrhyw werth. Mae gan y fertig P gyfesurynnau $(\cos \theta, \sin \theta)$ a gall nawr fod mewn unrhyw le ar y cylch uned.

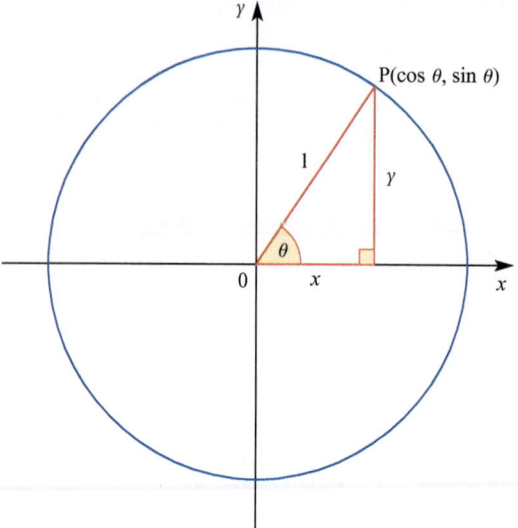

**Ffigur 6.23**

Nawr, gallwch chi weld y gall y diffiniadau hyn gael eu cymhwyso at *unrhyw* ongl $\theta$, a yw'n bositif neu'n negatif, ac a yw'n fwy neu'n llai na $90°$.

$$\sin \theta = y \quad \cos \theta = x \quad \tan \theta = \frac{y}{x}$$

Yn achos rhai onglau, bydd gan $x$ neu $y$ (neu'r ddau), werth negatif, felly bydd arwyddion $\sin \theta$, $\cos \theta$, a $\tan \theta$ yn amrywio yn unol â hynny.

# 4 Graffiau sin a chosin

Edrychwch ar Ffigur 6.24. Mae cylch uned, ac mae onglau wedi'u lluniadu bob $30°$. Mae'r cyfesurynnau-$y$ cyfatebol wedi'u plotio mewn perthynas â'r echelinau ar y dde. Maen nhw wedi'u cysylltu â chromlin barhaus i roi graff $\sin \theta$ ar gyfer $0 \le \theta \le 360°$.

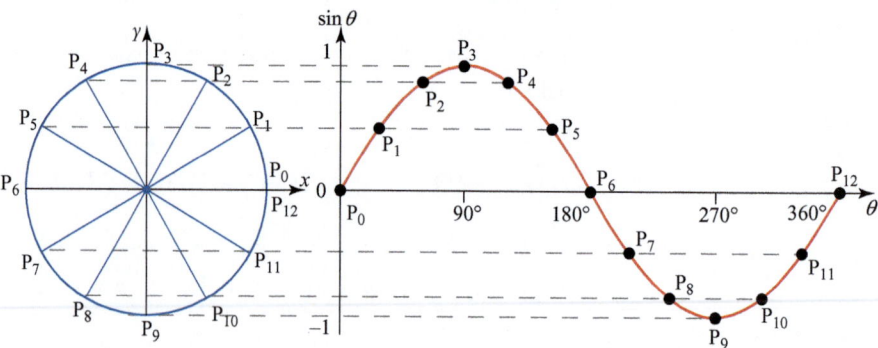

**Ffigur 6.24**

Gan barhau â'r broses hon ar gyfer yr onglau 390°, 420°, ... a'r onglau −30°, −60°, ... cewch chi'r graff $y = \sin \theta$, fel sydd i'w weld yn Ffigur 6.25.

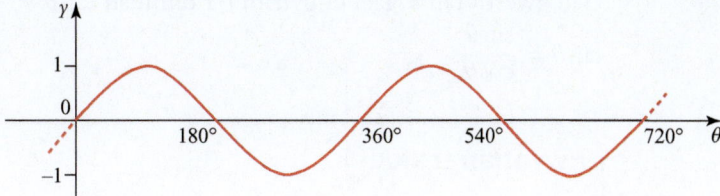

**Ffigur 6.25**

Gan fod y gromlin yn ei ailadrodd ei hun bob 360°, rydyn ni'n dweud bod ffwythiant sin yn *gyfnodol* â *chyfnod* o 360°.

Mewn ffordd debyg, gallwch chi drosglwyddo'r cyfesurynnau-*x* i set o echelinau i gael graff cosin. Y ffordd hawsaf o ddangos hyn yw drwy gylchdroi'r cylch drwy 90° yn wrthglocwedd yn gyntaf.

Mae Ffigur 6.26 yn dangos y cyfeiriadedd newydd hwn, a hefyd y graff cyfatebol.

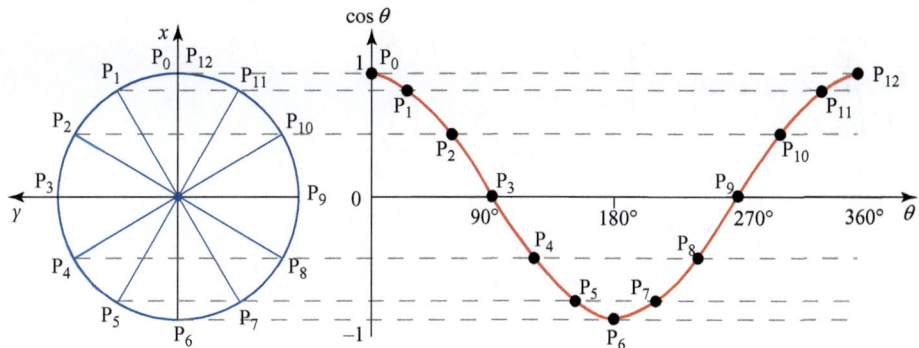

**Ffigur 6.26**

Yn achos onglau sydd y tu hwnt i'r cyfwng hwn, mae graff cosin yn ei ailadrodd ei hun yn gyfnodol, â chyfnod o 360°.

Sylwch fod gan graffiau $\sin \theta$ a $\cos \theta$ yr union un siâp. Gall graff cosin gael ei ddarganfod drwy drawsfudo graff sin 90° i'r chwith, fel sydd i'w weld yn Ffigur 6.27.

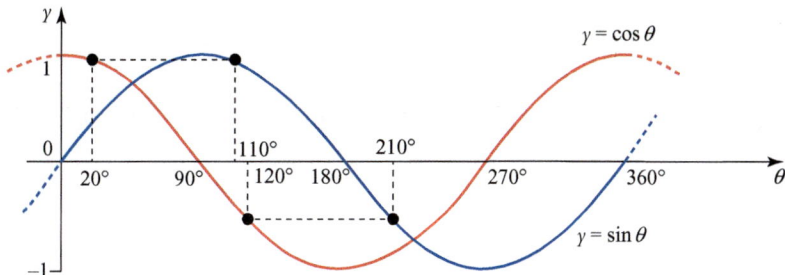

**Ffigur 6.27**

## 5 Graff tangiad

Gall gwerth $\tan\theta$ gael ei gyfrifo o'r diffiniad $\tan\theta = \dfrac{y}{x}$ neu drwy ddefnyddio $\tan\theta = \dfrac{\sin\theta}{\cos\theta}$.

> **Pwyntiau trafod**
>
> → Mae'r ffwythiant $\tan\theta$ heb ei ddiffinio ar gyfer $\theta = 90°$. Beth mae *heb ei ddiffinio* yn ei olygu?
> → Sut gallwch chi ddweud bod $\tan 90°$ heb ei ddiffinio?
> → Ar gyfer pa werthoedd **eraill** o $\theta$ mae $\tan\theta$ heb ei ddiffinio?

Mae graff $\tan\theta$ i'w weld yn Ffigur 6.28. Mae'r llinellau toredig $\theta = \pm 90°$ a $\theta = 270°$ yn asymptotau; nid ydynt yn rhan o'r gromlin mewn gwirionedd.

> **Pwyntiau trafod**
>
> Sut byddech chi'n disgrifio asymptot i ffrind?

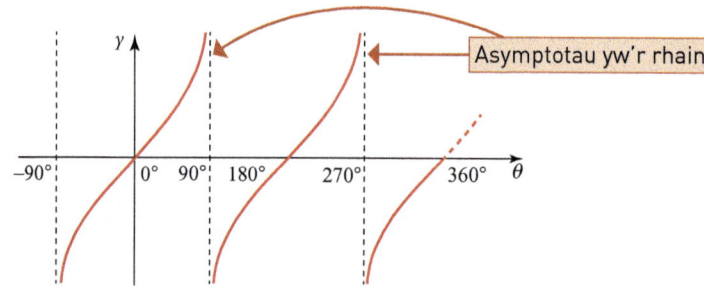

Asymptotau yw'r rhain.

**Ffigur 6.28**

> **Sylwch**
>
> Mae'n bwysig dysgu graffiau $y = \sin\theta$, $y = \cos\theta$ ac $y = \tan\theta$.

> **Pwyntiau trafod**
>
> → Mae graff $\tan\theta$ yn gyfnodol, fel y rhai ar gyfer $\sin\theta$ a $\cos\theta$. Beth yw cyfnod y graff hwn?
> → Dangoswch sut gall y rhan o'r gromlin ar gyfer $0° \leqslant \theta \leqslant 90°$ gael ei defnyddio i greu gweddill y gromlin gan ddefnyddio cylchdroeon a thrawsfudiadau.

## 6 Datrys hafaliadau trigonometrig

Tybiwch eich bod chi eisiau datrys yr hafaliad

$$\sin\theta = 0.5$$

Rydych chi'n dechrau drwy bwyso'r bysellau

> **Sylwch**
>
> Gallai'r fysell $\sin^{-1}$ hefyd fod wedi'i labelu ag *invsin* neu *arcsin*.

a bydd yr ateb yn ymddangos fel 30.

Os nad yw eich cyfrifiannell yn rhoi'r ateb 30, efallai ei bod hi yn y gosodiad onglau anghywir. Gwiriwch fod yna D (neu DEG) ar ben uchaf y sgrin. Os nad oes, dewiswch DEG yn y gosodiad SETUP.

Fodd bynnag, edrychwch ar graff $y = \sin\theta$ (Ffigur 6.29). Gallwch chi weld bod gwreiddiau eraill hefyd.

**Pwynt trafod**

→ Sawl gwreiddyn sydd gan yr hafaliad?

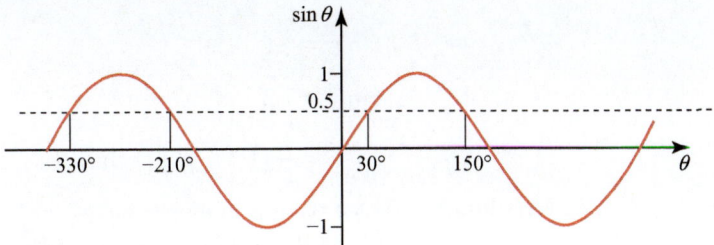

**Ffigur 6.29**

Mae'r gwreiddyn 30° yn cael ei alw'n *benrhif*.

Gall gwreiddiau eraill gael eu darganfod drwy edrych ar y graff. Gallwn weld mai'r gwreiddiau ar gyfer $\sin\theta = 0.5$ yw

$$\theta = \ldots, -330°, -210°, 30°, 150°, \ldots$$

Gan fod y graff yn gyfnodol, yna mae'r gwreiddiau'n ailadrodd bob 360°.

> ## Sylwch
>
> Mae cyfrifiannell bob amser yn rhoi'r datrysiad sy'n benrhif. Mae'r gwerthoedd hyn yn yr amrediad
>
> $0° \leqslant \theta \leqslant 180°$ (cos)     $-90° \leqslant \theta \leqslant 90°$ (sin)     $-90° < \theta < 90°$ (tan).

**Enghraifft 6.6**

Cyfrifwch werthoedd $\theta$ yn y cyfwng $0° \leqslant \theta \leqslant 360°$ lle mae $\cos\theta = 0.4$.

### *Datrysiad*

$\cos\theta = 0.4 \implies \theta = 66.4°$ (y penrhif).

Mae Ffigur 6.30 yn dangos graff $y = \cos\theta$.

**Pwyntiau trafod**

→ Sut rydyn ni'n cael 293.6° o 66.4°?

→ A oes rheol gyffredinol ar gyfer darganfod ail ongl rhwng $0° \leqslant \theta \leqslant 360°$?

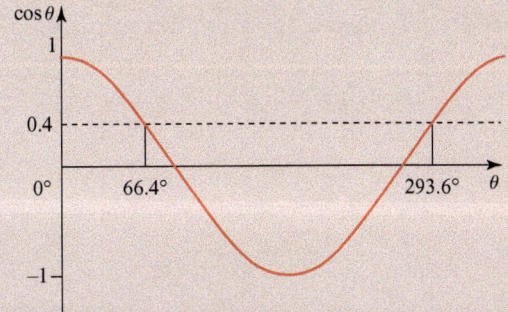

**Ffigur 6.30**

Gwerthoedd $\theta$ lle mae $\cos\theta = 0.4$ yw 66.4°, 293.6°.

**Enghraifft 6.7**

Cyfrifwch werthoedd $x$ yn y cyfwng $-360° \leq x \leq 360°$ lle mae
$6 + 2 \tan x = 0$.

*Datrysiad*

$$6 + 2 \tan x = 0$$

$$\Rightarrow \quad 2 \tan x = -6$$

$$\Rightarrow \quad \tan x = -3$$

$$\Rightarrow \quad x = -71.6° \quad \text{(y penrhif)}$$

Mae Ffigur 6.31 yn dangos graff $y = \tan x$.

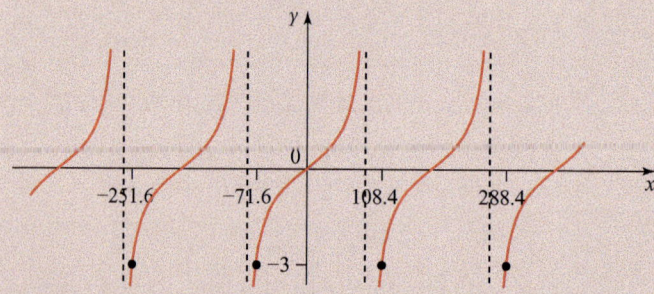

**Ffigur 6.31**

Gwerthoedd $x$ lle mae $\tan x = -3$ yw
$-251.6°, -71.6°, 108.4°, 288.4°$.

**Dull byr** o ddatrys hafaliadau trigonometrig ar gyfer unrhyw ongl:

**Cam 1:** Defnyddiwch $\sin^{-1}, \cos^{-1}$ neu $\tan^{-1}$ i ddarganfod y penrhif, $\theta$.

**Cam 2:** Cyfrifwch ail ongl gan ddefnyddio un o'r canlynol

$$\sin^{-1}: \qquad 180° - \theta$$

$$\cos^{-1}: \qquad 360° - \theta$$

$$\tan^{-1}: \qquad \theta + 180°$$

**Cam 3:** Adiwch 360° i'r ddau werth, nes i chi gyrraedd y derfan uchaf.

**Cam 4:** Tynnwch 360° o'r ddau werth, nes i chi gyrraedd y derfan isaf.

**Enghraifft 6.8**

Datryswch $10 \sin \theta + 3 = 0$ ar gyfer $-360° \leq \theta \leq 720°$.

*Datrysiad*

$$10 \sin \theta + 3 = 0$$

$$\Rightarrow \quad \sin \theta = -0.3$$

**Cam 1:** Y penrhif $= \sin^{-1}(-0.3)$

$$= -17.5°$$

**Cam 2:** Yr ail ongl yw $180° + 17.5° = 197.5°$.

**Cam 3:**    $-17.5° + 360° = 342.5°$   neu    $342.5° + 360° = 702.5°$

          $197.5° + 360° = 557.5°$

**Cam 4:**    $-17.5° - 360° = -377.5°$ (rhy isel)

          $197.5° - 360° = -162.5°$

$\therefore \quad \theta = -162.5°, -17.5°, 197.5°, 342.5°, 557.5°$ neu $702.5°$.

---

Gwnewch yn siŵr bod y plotiwr graffiau wedi'i osod i 'degrees'.

## Sylwch

Ni fydd gwybodaeth am y graffiau hyn a'r unfathiannau cyfatebol yn cael eu harholi yn y fanyleb hon. Fodd bynnag, bydd myfyrwyr sy'n mynd ymlaen i astudio Mathemateg Safon Uwch yn eu gweld nhw eto.

## GWEITHGAREDD 6.3

- Defnyddiwch blotiwr graffiau i blotio graff $y = \sin(x + 10)$.

- Sut mae graff $y = \sin(x + 10)$ yn cymharu â graff $y = \sin x$?

- Yna, gwnewch yr un peth â graff $y = \sin(x + 20)$.

- A yw'n bosibl darganfod graff o'r ffurf $y = \sin(x + c)$ sydd yr un peth â graff $y = \cos x$?

- Ysgrifennwch unfathiant yn y ffurf $\cos x \equiv \sin(x + c)$ lle mae angen darganfod gwerth $c$.

- Dilynwch yr un broses gyda graff cosin i ddarganfod unfathiant tebyg yn y ffurf $\sin x \equiv \cos(x + d)$.

---

### Ymarfer 6C

*Rhowch atebion i 1 lle degol lle mae angen.*

① Datryswch yr hafaliadau canlynol ar gyfer $0° \leqslant \theta \leqslant 360°$.

   (i)    $\cos \theta = 0.5$        (ii)    $\tan \theta = 1$        (iii)    $\sin \theta = \dfrac{\sqrt{3}}{2}$

   (iv)    $\sin \theta = -0.5$        (v)    $\cos \theta = 0$        (vi)    $\tan \theta = -5$

   (vii)    $\tan \theta = 0$        (viii)    $\cos \theta = -0.54$        (ix)    $\sin \theta = 1$

② Datryswch yr hafaliadau canlynol ar gyfer $-180° \leqslant \theta \leqslant 180°$.

   (i)    $3\cos \theta = 2$        (ii)    $7\sin \theta = 5$        (iii)    $3\tan \theta = 8$

   (iv)    $6\sin \theta + 5 = 0$        (v)    $5\cos \theta + 2 = 0$        (vi)    $5 - 9\tan \theta = 10$

**DD** ③ Datryswch yr hafaliadau canlynol ar gyfer $0° \leqslant \theta \leqslant 360°$.

   (i)    $\sin^2 \theta = 0.75$        (ii)    $\cos^2 \theta = 0.5$        (iii)    $\tan^2 \theta = 1$

**DD** ④   (i)    Ffactoriwch $2x^2 + x - 1$.

   (ii)    Trwy hyn, datryswch $2x^2 + x - 1 = 0$.

   (iii)    Defnyddiwch eich canlyniadau i ddatrys yr hafaliadau hyn ar gyfer $-360° \leqslant \theta \leqslant 360°$.

      (a)    $2\sin^2 \theta + \sin \theta - 1 = 0$

      (b)    $2\cos^2 \theta + \cos \theta - 1 = 0$

      (c)    $2\tan^2 \theta + \tan \theta - 1 = 0$

Nodiant arall ar gyfer $[\sin \theta]^2$ yw $\sin^2 \theta$.

**DD** ⑤ Datryswch yr hafaliadau canlynol ar gyfer $-180° \leqslant x \leqslant 180°$.

   (i)    $\tan^2 x - 3\tan x = 0$        (ii)    $1 - 2\sin^2 x = 0$

   (iii)    $3\cos^2 x + 2\cos x - 1 = 0$        (iv)    $2\sin^2 x = \sin x + 1$

**DD** ⑥ *Peidiwch â defnyddio cyfrifiannell yn y cwestiwn hwn.*

Datryswch yr hafaliadau canlynol ar gyfer $-360° < x < 360°$.

(i) $\tan x = \sqrt{3}$  (ii) $2\sin x = 1$

(iii) $\sqrt{2}\cos x - 1 = 0$  (iv) $2\sin x = \sqrt{3}$

(v) $\tan^2 x - \tan x = 0$  (vi) $4\cos x = \sqrt{12}$

**DRh** ⑦ Datryswch $(\cos\theta - 1)(\cos\theta + 2)(2\cos\theta - 1) = 0$ ar gyfer $0° \leqslant \theta \leqslant 360°$.

**DRh** ⑧ (i) O wybod bod $f(x) = 2x^3 - x^2 - 3x - 1$, cyfrifwch $f\left(-\dfrac{1}{2}\right)$.

(ii) Trwy hyn, datryswch $2\sin^3\theta - \sin^2\theta - 3\sin\theta - 1 = 0$ ar gyfer $-180° \leqslant \theta \leqslant 180°$.

# 7 *a* sin *kx*, *a* cos *kx* ac *a* tan *kx*

## Trawsffurfiadau $y = a \sin kx$, $y = a \cos kx$ ac $y = a \tan kx$

$y = \sin x \longmapsto y = a\sin x$
$y = \cos x \longmapsto y = a\cos x$ ⎱ Mae pob un o'r trawsffurfiadau hyn yn estyniad
$y = \tan x \longmapsto y = a\tan x$ ⎰ llorweddol â ffactor graddfa *a*.

> Bydd ffactor graddfa negatif hefyd yn cynnwys adlewyrchiad yn yr echelin-*x*.

$y = \sin x \longmapsto y = \sin(kx)$
$y = \cos x \longmapsto y = \cos(kx)$ ⎱ Mae pob un o'r trawsffurfiadau hyn yn estyniad fertigol â
$y = \tan x \longmapsto y = \tan(kx)$ ⎰ ffactor graddfa $\dfrac{1}{k}$.

**Enghraifft 6.9**

Brasluniwch graffiau $y = \sin x$ ac $y = 2\sin x$ ar gyfer $0° \leqslant x \leqslant 360°$ ar yr un pâr o echelinau.

> Estyniad fertigol â ffactor graddfa 2 i ffwrdd o'r echelin-*x*.

**Datrysiad**

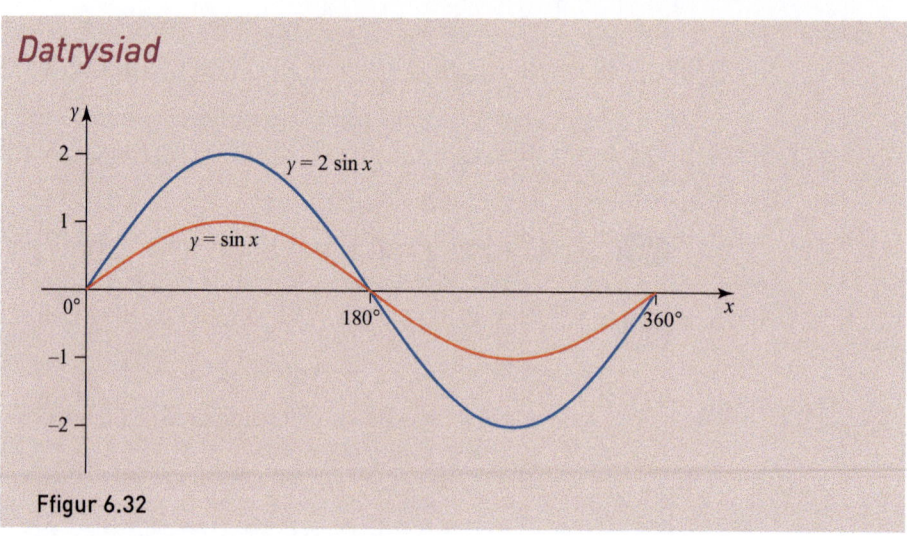

Ffigur 6.32

**Enghraifft 6.10**

Brasluniwch graffiau $y = \cos x$ ac $y = \cos 3x$ ar gyfer $0° \leq x \leq 360°$ ar yr un pâr o echelinau.

> Estyniad llorweddol â ffactor graddfa $\frac{1}{3}$.

*Datrysiad*

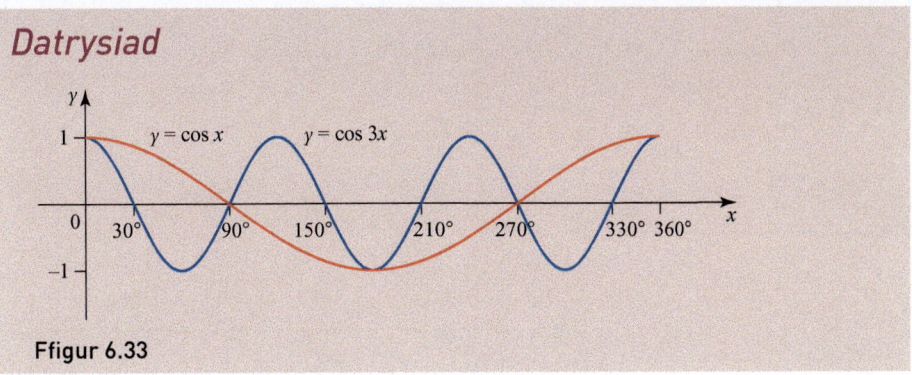

Ffigur 6.33

**Enghraifft 6.11**

> Adlewyrchiad yn yr echelin-$x$ ac estyniad fertigol (ffactor graddfa 2) *ac* estyniad llorweddol (ffactor graddfa 3).

Brasluniwch graffiau $y = \tan x$ ac $y = -2\tan\left(\frac{1}{3}x\right)$ ar gyfer $0° \leq x \leq 360°$ ar yr un pâr o echelinau.

*Datrysiad*

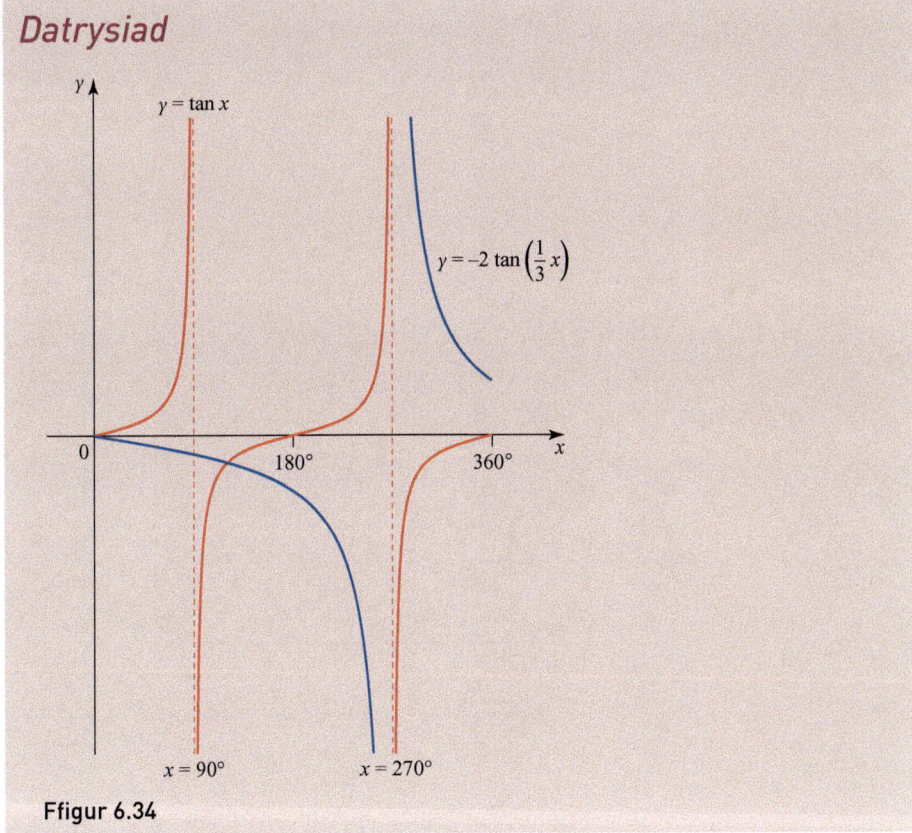

Ffigur 6.34

## Hafaliadau trigonometrig

Os yw graff trigonometrig wedi'i luniadu yn barod, yn aml gall fod yn haws datrys hafaliad drwy ystyried y pwyntiau croestoriad â'r graff. Gall priodweddau cymesur a chyfnodol ffwythiannau trigonometrig gael eu defnyddio i ddarganfod sawl datrysiad.

**Enghraifft 6.12**

(i)   Brasluniwch graff $y = 2 \sin x$ ar gyfer $0° \leqslant x \leqslant 360°$.

(ii)  Darganfyddwch bob datrysiad i'r hafaliad $2 \sin x = 1$ ar gyfer $0° \leqslant x \leqslant 360°$.

(iii) Ysgrifennwch werthoedd macsimwm a minimwm $y = 2 \sin x$.

*Datrysiad*

(i)

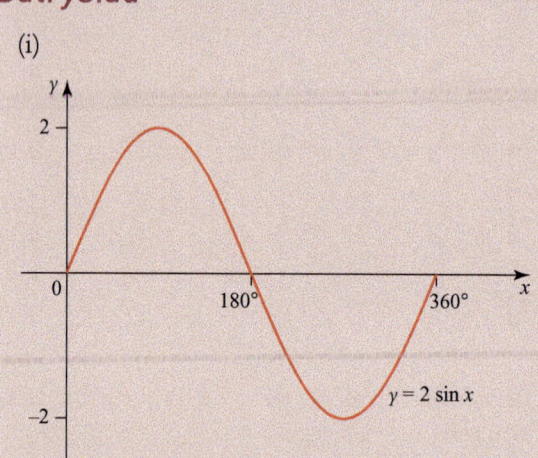

Ffigur 6.35

(ii)  Gall y datrysiad cyntaf gael ei ddarganfod drwy ad-drefnu'r hafaliad ac yna defnyddio cyfrifiannell.

$$2 \sin x = 1 \implies \sin x = \frac{1}{2}$$

$$\implies x = \sin^{-1}\left(\frac{1}{2}\right) = 30°$$

Yna, ystyriwch groestoriad graffiau $y = 2 \sin x$ ac $y = 1$.

Mae'n rhaid bod y croestoriad cyntaf pan fydd $x = 30°$.

Gan ddefnyddio cymesuredd, mae'n rhaid bod y croestoriad nesaf pan fydd $x = 180 - 30 = 150°$.

Felly'r datrysiadau yw $x = 30°, 150°$.

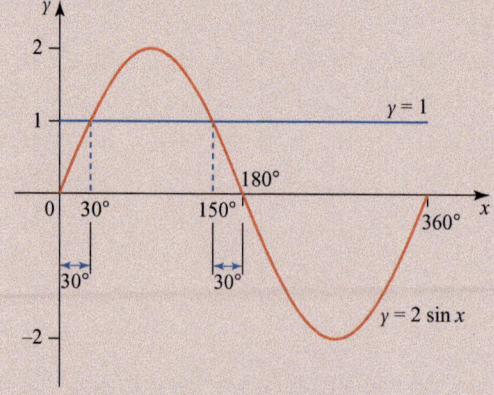

Ffigur 6.36

(iii) Y gwerth macsimwm yw 2.

Y gwerth minimwm yw $-2$.

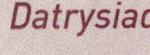

(i)     Brasluniwch graff $y = 3\cos 2x$ ar gyfer $0° \leqslant x \leqslant 360°$.

(ii)    Darganfyddwch bob datrysiad i'r hafaliad $3\cos 2x = -2$
        ar gyfer $0° \leqslant x \leqslant 360°$.

(iii)   Ysgrifennwch werthoedd macsimwm a minimwm $y = 3\cos 2x$.

*Datrysiad*

(i)

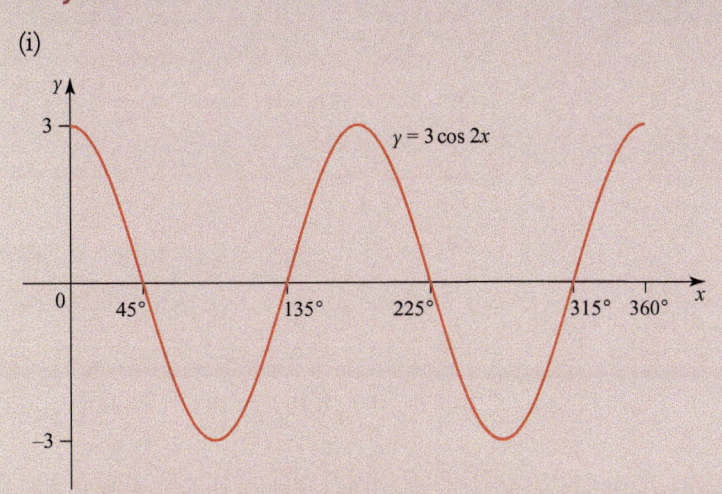

**Ffigur 6.37**

(ii)    Gall y datrysiad cyntaf gael ei ddarganfod drwy ad-drefnu'r hafaliad
        ac yna defnyddio cyfrifiannell.

$$3\cos 2x = -2 \implies \cos 2x = -\frac{2}{3}$$

$$\implies 2x = \cos^{-1}\left(-\frac{2}{3}\right) = 131.8°$$

$$\implies x = 65.9°$$

Yna, ystyriwch groestoriad graffiau $y = 3\cos 2x$ ac $y = -2$.

Mae'n rhaid bod y croestoriad cyntaf pan fydd $x = 65.9°$.

Gan ddefnyddio cymesuredd, mae'n rhaid bod y croestoriad nesaf pan
fydd $x = 135 - 20.9 = 114.1°$.

Mae'n rhaid bod y croestoriadau nesaf pan fydd

$x = 225 + 20.9 = 245.9°$    ac    $x = 315 - 20.9 = 294.1°$.

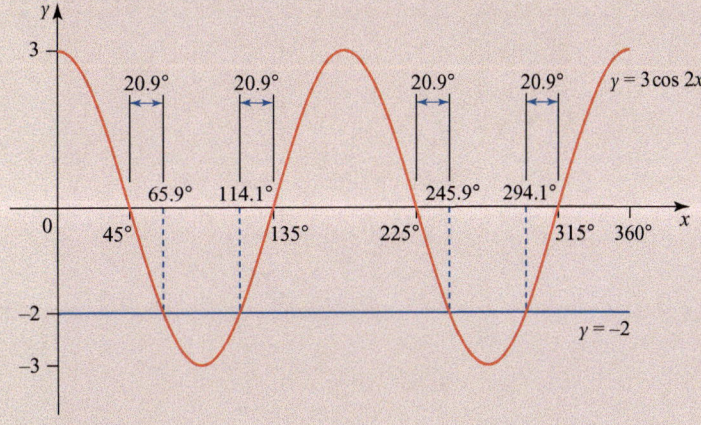

**Ffigur 6.38**

Felly'r datrysiadau yw $x = 65.9°, 114.1°, 245.9°, 294.1°$ (i 1 lle degol).

(iii)    Y gwerth macsimwm yw 3.

        Y gwerth minimwm yw −3.

**Enghraifft 6.14**

(i)    Brasluniwch graff $y = 4 \sin x - 3$ ar gyfer $0° \leqslant x \leqslant 360°$.

       Ar y braslun, nodwch gyfesurynnau unrhyw groestoriadau â'r echelinau.

(iii)    Ysgrifennwch werthoedd macsimwm a minimwm $y = 4 \sin x + 3$.

## Datrysiad

(i)    Mae $4 \sin x$ yn cymryd gwerthoedd rhwng −4 a 4.

       Felly, mae $4 \sin x - 3$ yn cymryd gwerthoedd rhwng 1 a −7.

       Y rhyngdoriad-$y$ yw $0 - 3 = -3$.

       Mae'r graff yn rhyngdorri'r echelin-$x$ pan fydd

$$4 \sin x - 3 = 0 \implies \sin x = \frac{3}{4}$$

$$\implies x = 48.6°$$

       Y rhyngdoriad-$x$ arall yw pan fydd

       $x = 180 - 48.6 = 131.4°$.

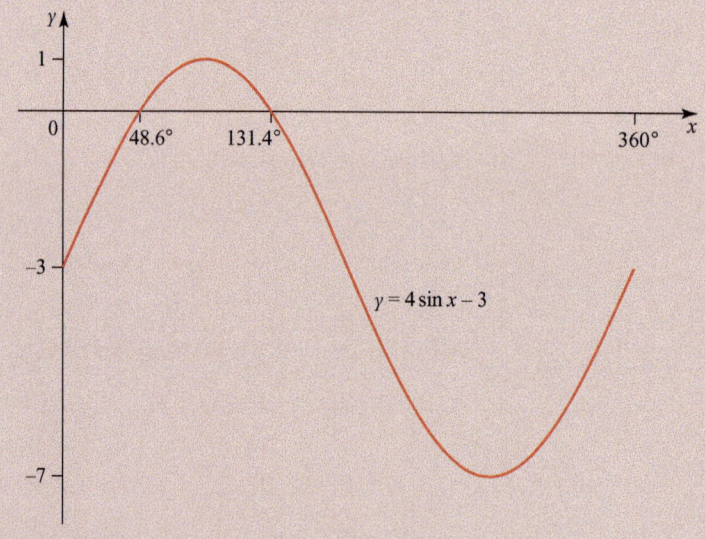

**Ffigur 6.39**

(ii)    Y gwerth macsimwm yw 1.

       Y gwerth minimwm yw −7.

① Brasluniwch y parau canlynol o graffiau ar yr un echelinau.

Nodwch gyfesurynnau unrhyw rhyngdoriadau â'r echelinau.

Dylech chi gynnwys unrhyw asymptotau a'u hafaliadau.

(i) $y = \sin x$ ac $y = 3 \sin x$

(ii) $y = \tan x$ ac $y = \tan 2x$

(iii) $y = \cos x$ ac $y = -2 \cos x$

② Mae pedwar o'r pum hafaliad canlynol wedi'u cynrychioli fel graffiau yn Ffigur 6.40.

$$y = 4 \sin x \qquad y = 4 \cos x \qquad y = \sin 2x \qquad y = \cos \left(\tfrac{1}{2}x\right) \qquad y = 2 \sin x$$

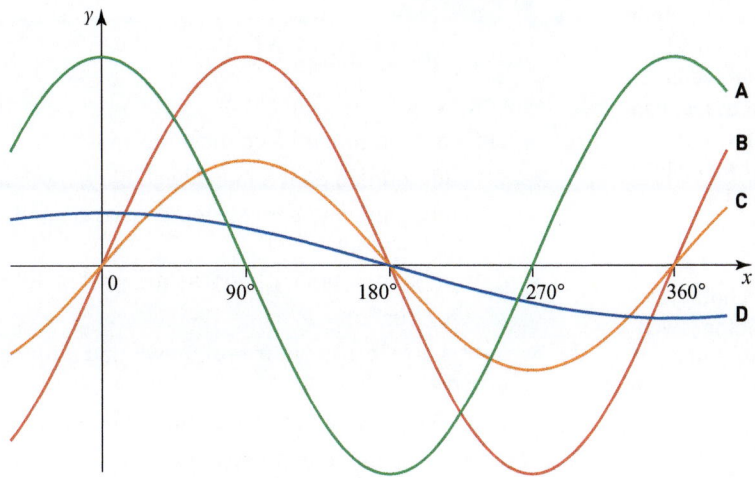

**Ffigur 6.40**

(i) Parwch bob graff gyda'i hafaliad.

(ii) Brasluniwch graff yr hafaliad sydd heb ei baru.

③ Ysgrifennwch werthoedd macsimwm a minimwm pob un o'r mynegiadau hyn.

(i) $\sin 4x$          (ii) $3 \cos x$          (iii) $2 \sin 5x$

(iv) $-6 \cos 7x$      (v) $4 \sin x + 9$      (vi) $-5 \cos 6x + 1$

④ (i) Brasluniwch graff $y = \sin 3x$ ar gyfer $0° \leqslant x \leqslant 360°$.

(ii) Darganfyddwch bob datrysiad i'r hafaliad $\sin 3x = 1$ ar gyfer $0° \leqslant x \leqslant 360°$.

⑤ (i) Brasluniwch graff $y = \cos 2x$ ar gyfer $0° \leqslant x \leqslant 360°$.

(ii) Darganfyddwch bob datrysiad i'r hafaliad $\cos 2x = 0.5$ ar gyfer $0° \leqslant x \leqslant 360°$.

⑥ (i) Brasluniwch graff $y = 2 \cos 3x$ ar gyfer $0° \leqslant x \leqslant 360°$.

(ii) Darganfyddwch bob datrysiad i'r hafaliad $2 \cos 3x = -1$ ar gyfer $0° \leqslant x \leqslant 360°$.

⑦ (i) Brasluniwch graff $y = 5 \sin 2x + 1$ ar gyfer $0° \leqslant x \leqslant 360°$.

Ar y braslun, nodwch gyfesurynnau unrhyw groestoriadau â'r echelinau.

(ii) Ysgrifennwch werthoedd macsimwm a minimwm $y = 5 \sin 2x + 1$.

⑧ (i) Brasluniwch graff $y = -4 \cos 3x - 3$ ar gyfer $0° \leqslant x \leqslant 360°$.

Ar y braslun, nodwch gyfesurynnau unrhyw groestoriadau â'r echelinau.

(ii) Ysgrifennwch werthoedd macsimwm a minimwm $y = -4 \cos 3x - 3$.

## DEFNYDD I'R DYFODOL

Rydyn ni'n archwilio ffwythiannau trigonometrig yn fanylach yn y cwrs Safon Uwch Mathemateg, gan gynnwys defnyddio gwahanol unfathiannau trigonometrig ac astudio ffwythiannau trigonometrig gwrthdro. Mae trigonometreg yn cael ei defnyddio mewn sawl maes, gan gynnwys mecaneg, wrth gydrannu fectorau fel grymoedd a chyflymderau.

Mae hefyd yn cael ei defnyddio'n helaeth yn y cwrs Safon Uwch Mathemateg Bellach i ddisgrifio rhifau cymhlyg (cyfuniad o rifau real a dychmygol), i ddisgrifio trawsffurfiadau, a sawl cymhwysiad arall.

Yn y cwrs Safon Uwch Mathemateg Bellach, byddwch chi hefyd yn astudio'r ffwythiannau hyperbolig sinh $x$, cosh $x$ a tanh $x$.

## CYD-DESTUNAU'R BYD GO IAWN

Mae trigonometreg yn cael ei chymhwyso mewn llawer o sefyllfaoedd yn y byd go iawn, gan gynnwys ym mhob agwedd ar beirianneg. Mae hefyd yn hanfodol i benseiri a syrfewyr. Ni fyddai'n bosibl archwilio'r gofod na mudiant a safle lloerenni heb drigonometreg. Mae ffonau symudol, gemau fideo a chyfrifiaduron yn gyffredinol yn gwneud defnydd helaeth o'r maes hanfodol hwn o fathemateg. Yn wir, roedd gwareiddiadau hynafol yn ymwybodol o ba mor ddefnyddiol yw, ac yn ei defnyddio i gyflawni gorchestion rhyfeddol wrth godi adeiladau, ac mae llawer ohonyn nhw'n dal i sefyll heddiw.

## DEILLIANNAU DYSGU

Gan eich bod chi wedi gorffen y bennod hon, dylech chi allu

➤ defnyddio trigonometreg mewn triongl ongl sgwâr
  o i ddarganfod ongl pan fyddwch chi'n gwybod unrhyw ddwy ochr
  o i ddarganfod yr ochrau neu onglau eraill pan fyddwch chi'n gwybod hyd un ochr ac ongl
➤ defnyddio theorem Pythagoras mewn dau ddimensiwn
  o yn y ffurf $a^2 + b^2 = c^2$
➤ datrys problemau ymarferol mewn dau ddimensiwn (e.e. ysgol yn pwyso yn erbyn wal)
➤ defnyddio cyfrifiannell i ddarganfod
  o sin, cos neu tan unrhyw ongl
  o ongl, o wybod y gymhareb sin, cos neu tan
➤ braslunio ac adnabod graffiau sin, cos neu tan ar gyfer unrhyw ongl
➤ datrys hafaliadau trigonometrig
➤ estyn, adlewyrchu a thrawsfudo graffiau trigonometrig.

## PWYNTIAU ALLWEDDOL

1  Mewn triongl ongl sgwâr, mae theorem Pythagoras yn rhoi
$$c^2 = a^2 + b^2$$

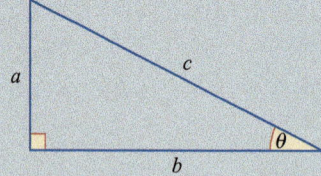

Ffigur 6.41

2  Mae defnyddio'r triongl uchod yn rhoi'r diffiniadau:
$$\sin \theta = \frac{a}{c} \qquad \cos \theta = \frac{b}{c} \qquad \tan \theta = \frac{a}{b}$$

4  $\sin 45° = \dfrac{1}{\sqrt{2}}$    $\cos 45° = \dfrac{1}{\sqrt{2}}$    $\tan 45° = 1$

   $\sin 30° = \dfrac{1}{2}$    $\cos 30° = \dfrac{\sqrt{3}}{2}$    $\tan 30° = \dfrac{1}{\sqrt{3}}$

   $\sin 60° = \dfrac{\sqrt{3}}{2}$    $\cos 60° = \dfrac{1}{2}$    $\tan 60° = \sqrt{3}$

5  Graffiau trigonometrig:

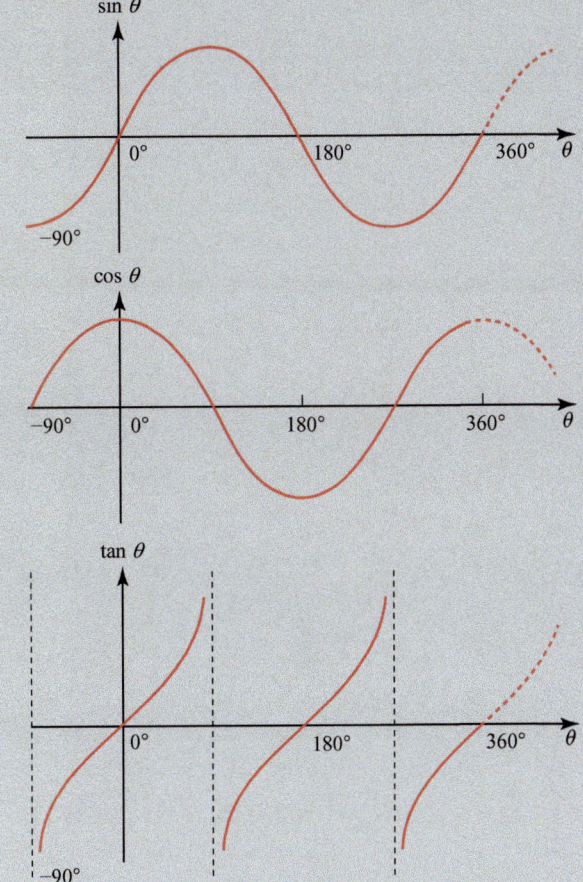

**Ffigur 6.42**

6  Mae graff $y = a\sin(kx)$ yn ddau estyniad o graff $y = \sin(x)$: estyniad fertigol â ffactor graddfa $a$, ac estyniad llorweddol â ffactor graddfa $\dfrac{1}{k}$

ac

mae gan $y = a\sin(kx)$ werth macsimwm o $a$ a gwerth minimwm o $-a$.

# 7

# Geometreg II

## 1 Arwynebedd triongl

Rydych chi'n gyfarwydd â defnyddio priflythrennau i labelu fertigau triongl. Mewn ffordd debyg, gallwch chi ddefnyddio llythrennau bach i labelu'r ochrau.

Mae $a$ yn dynodi hyd yr ochr sydd gyferbyn ag ongl A, $b$ yw hyd yr ochr sydd gyferbyn ag ongl B, ac $c$ yw hyd yr ochr sydd gyferbyn ag ongl C.

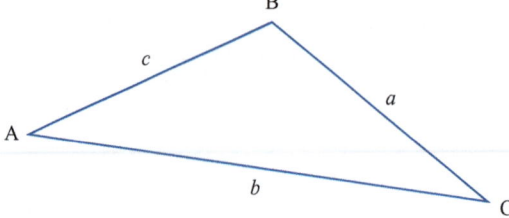

Ffigur 7.1

Gan ddefnyddio'r nodiant hwn, ar gyfer unrhyw driongl ABC, mae'r arwynebedd yn cael ei roi gan y fformiwla

$$\text{arwynebedd} = \tfrac{1}{2} bc \sin A.$$

## Prawf

Mae Ffigur 7.2 yn dangos triongl ABC. Y perpendicwlar CD yw'r uchder $h$ sy'n cyfateb i AB fel sail.

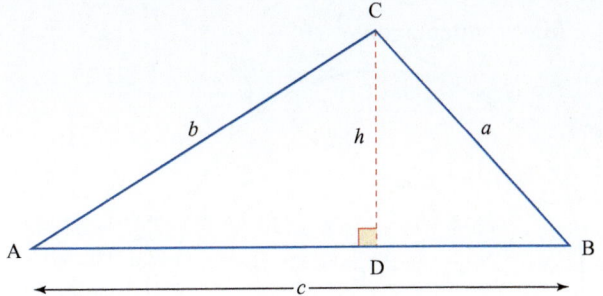

**Ffigur 7.2**

Gan ddefnyddio 'mae arwynebedd triongl yn hafal i hanner ei sail wedi'i luosi â'i uchder',

$$\text{arwynebedd} = \frac{1}{2}ch.$$ ①

Yn nhriongl ACD

$$\sin A = \frac{h}{b}$$

$$\Rightarrow \qquad h = b\sin A.$$

Mae amnewid i mewn i ① yn rhoi

$$\text{arwynebedd} = \frac{1}{2}bc\sin A.$$

> ### Sylwch
>
> Mae cymryd y ddau bwynt arall yn eu tro fel brig y triongl yn rhoi canlyniadau cyfatebol:
>
> $$\text{arwynebedd} = \frac{1}{2}ca\sin B$$
>
> ac
>
> $$\text{arwynebedd} = \frac{1}{2}ab\sin C.$$
>
> Efallai ei bod hi'n haws cofio'r fformiwla fel 'hanner lluoswm dwy ochr wedi'i luosi â sin yr ongl rhyngddyn nhw'.

**Enghraifft 7.1**

Mae Ffigur 7.3 yn dangos pentagon rheolaidd, PQRST, wedi'i osod (*inscribed*) mewn cylch, â chanol C, a radiws 8 cm. Cyfrifwch arwynebedd

(i)     triongl CPQ

(ii)    y pentagon.

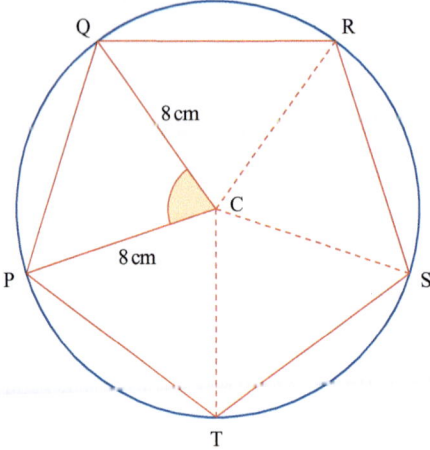

**Ffigur 7.3**

**Datrysiad**

(i)     ongl PCQ = 360° ÷ 5
                    = 72°

arwynebedd PCQ = $\frac{1}{2} \times 8 \times 8 \times \sin 72°$

                    = 30.4338...
                    = 30.4 cm$^2$ (i 1 lle degol)

(ii)   arwynebedd PQRST = 5 × 30.4338...
                    = 152.169...
                    = 152.2 cm$^2$ (i 1 lle degol)

**Enghraifft 7.2**

Mae Ffigur 7.4 yn dangos triongl isosgeles ag arwynebedd 24 cm$^2$ ac un ongl 40°. Cyfrifwch hyd y ddwy ochr hafal.

**Datrysiad**

Gadewch i'r ochrau hafal fod yn $x$ cm o hyd.

Gan ddefnyddio    arwynebedd = $\frac{1}{2} ab \sin C$

∴          $24 = \frac{1}{2} \times x \times x \times \sin 40°$

⇒          $x^2 = \dfrac{48}{\sin 40°}$

⇒          $x = 8.64$ cm  (i 3 ff.y.)

**Ffigur 7.4**

**Ymarfer 7A**

Lle mae angen gwneud hynny, gadewch yr atebion fel brasamcan i 3 ffigur ystyrlon.

① Cyfrifwch arwynebedd pob un o'r trionglau canlynol.

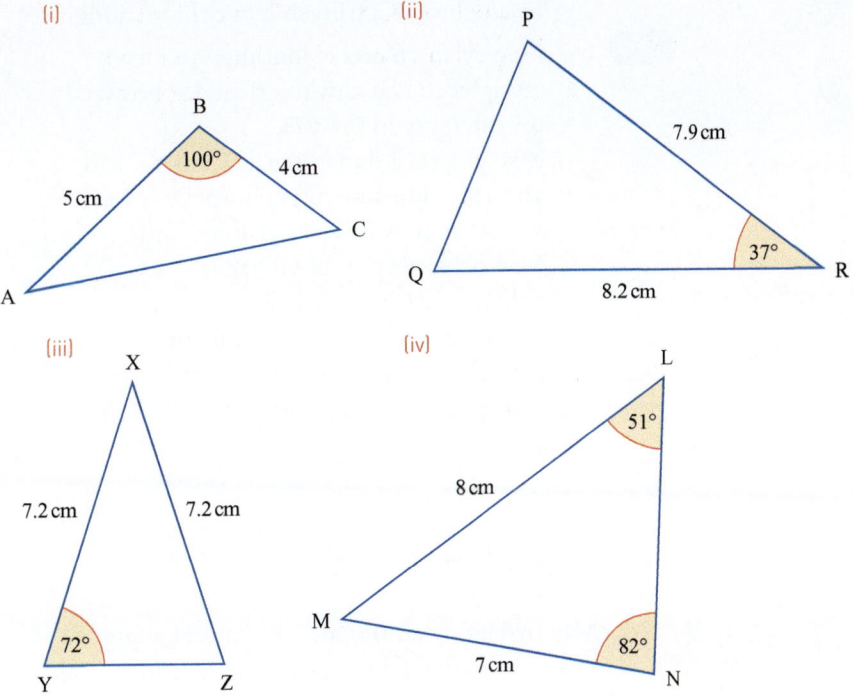

Ffigur 7.5

**DRh** ② Mae hecsagon rheolaidd yn cynnwys chwe thriongl hafalochrog. Cyfrifwch arwynebedd hecsagon rheolaidd sydd ag ochr 7 cm.

**DD** ③ Mae gan byramid ar sylfaen sgwâr bedwar wyneb trionglog unfath, sy'n drionglau isosgeles gydag ochrau hafal 9 cm ac onglau hafal 72°.

   (i)   Cyfrifwch arwynebedd un wyneb trionglog.
   (ii)  Cyfrifwch hyd ochr y sail.
   (iii) Trwy hyn, cyfrifwch gyfanswm arwynebedd arwyneb y pyramid.

**DD** ④ Mae teilsiwr eisiau amcangyfrif nifer y teils trionglog sydd eu hangen i deilsio arwyneb sy'n 10 m². Mae dimensiynau pob teilsen yn cael eu rhoi yn y diagram.

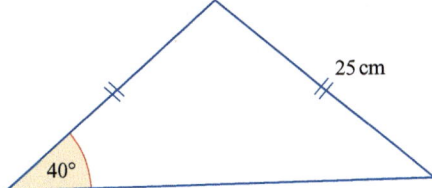

Ffigur 7.6

   (i) Cyfrifwch arwynebedd un deilsen.
   Yna, mae'r teilsiwr yn rhannu 10m² â'r arwynebedd hwn ac yn talgrynnu i'r rhif cyfan nesaf.
   (ii)  Pa ganlyniad fyddai hyn yn ei roi?
   (iii) Esboniwch beth sy'n anghywir am yr amcangyfrif hwn.

**DD** ⑤ Mae gan detrahedron rheolaidd bedwar wyneb, ac mae pob un ohonyn nhw'n driongl hafalochrog gydag ochr 10 cm. Cyfrifwch gyfanswm arwynebedd arwyneb y tetrahedron.

**DRh** ⑥ Arwynebedd rhombws yw $\sqrt{48}$ cm². O wybod hefyd bod un o'i onglau mewnol yn 120°, cyfrifwch hyd ei groeslin byrraf.

**DD** ⑦ Mae gan sgwâr ag ochrau 2 cm o hyd yr un arwynebedd â thriongl hafalochrog. Cyfrifwch hyd ochr y triongl.

**DRh** ⑧ Mae cylch yn cael ei luniadu y tu mewn i sgwâr fel eu bod nhw'n cyffwrdd ar bedwar pwynt, fel sydd i'w weld.

Mae petryal â dimensiynau 1 cm × 2 cm yn cael ei luniadu yng nghornel y sgwâr ac mae'n cyffwrdd â'r cylch unwaith. Mae ochrau'r petryal yn baralel i ochrau'r sgwâr. Mae radiws y cylch yn cael ei luniadu i'r pwynt lle mae'r petryal yn cwrdd â'r cylch.

Cyfrifwch faint yr ongl sydd wedi'i nodi â $\theta$.

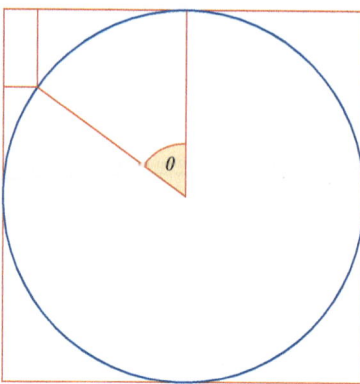

Ffigur 7.7

# 2 Arcau a sectorau

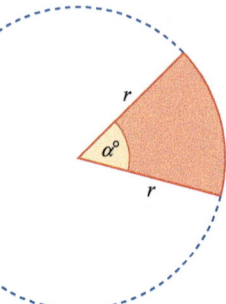

Ffigur 7.9

Mae hyd *arc* cylch (Ffigur 7.8) yn cael ei gyfrifo drwy ei ystyried fel ffracsiwn o gylchedd y cylch llawn.

$$\text{hyd arc} = \frac{\alpha}{360} \times 2\pi r$$

Yn yr un modd, gall arwynebedd *sector* (Ffigur 7.9) gael ei gyfrifo fel ffracsiwn o arwynebedd y cylch llawn.

$$\text{arwynebedd sector} = \frac{\alpha}{360} \times \pi r^2$$

*Segment* cylch yw'r rhanbarth rhwng cord ac ymyl y cylch (Ffigur 7.10).

> Arwynebedd triongl yw $\frac{1}{2} ab \sin C$.

Gall arwynebedd segment gael ei gyfrifo fel arwynebedd triongl wedi'i dynnu o arwynebedd sector.

$$\text{arwynebedd segment} = \frac{\alpha}{360} \times \pi r^2 - \frac{1}{2} r^2 \sin \alpha°$$

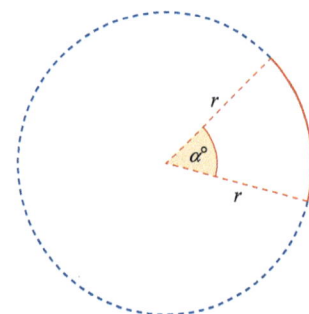

Ffigur 7.8

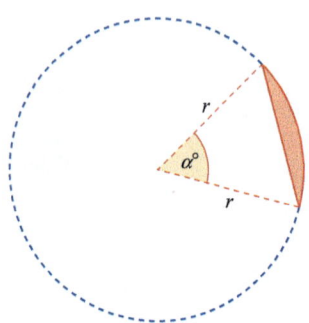

Ffigur 7.10

**Enghraifft 7.3**

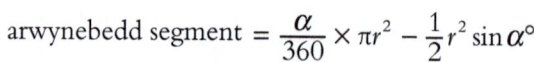

Cyfrifwch

(i)    hyd arc AB

(ii)   arwynebedd sector OAB

(iii)  arwynebedd y segment sydd wedi'i amgáu gan gord AB ac arc AB.

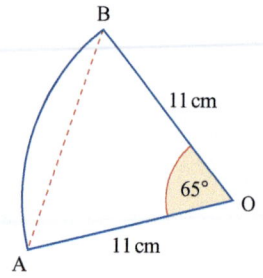

Ffigur 7.11

*Datrysiad*

(i)     hyd arc AB = $\frac{65}{360} \times 2\pi \times 11 = 12.5$ cm (i 3 ff.y.)

(ii)    arwynebedd y sector = $\frac{65}{360} \times \pi \times 11^2 = 68.6$ cm² (i 3 ff.y.)

(iii)   arwynebedd y triongl = $\frac{1}{2} \times 11^2 \times \sin 65° = 54.8$ cm² (i 3 ff.y.)

        arwynebedd y segment = 68.6 − 54.8 = 13.8 cm² (i 3 ff.y.)

## Ymarfer 7B

### Sylwch

Datrysiad **union** yw un sydd wedi'i adael ar ffurf swrd wedi'i symleiddio neu ffracsiwn pendrwm a gall hefyd gael ei adael yn nhermau π.

*Rhowch eich atebion i 3 ffigur ystyrlon oni bai bod y cwestiwn yn gofyn am ateb union.*

① Cyfrifwch hyd pob un o'r arcau cylchol.

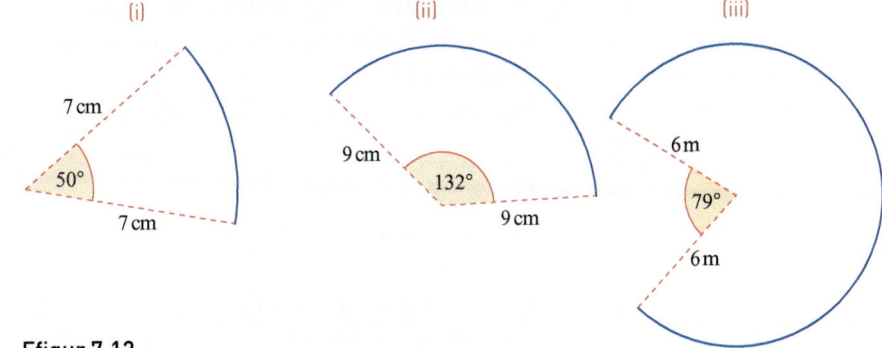

Ffigur 7.12

② Cyfrifwch arwynebedd pob sector.

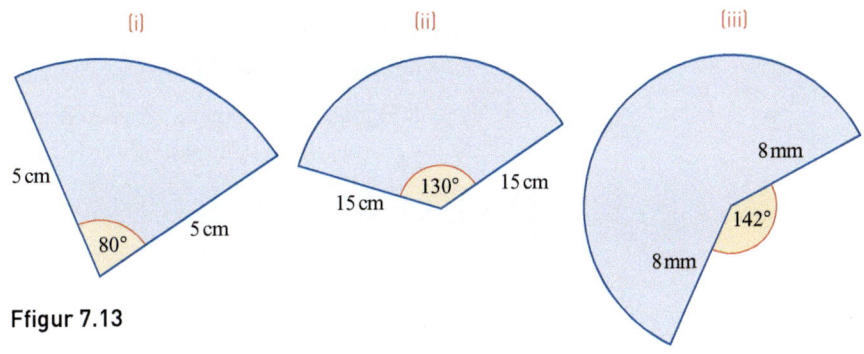

Ffigur 7.13

③ Cyfrifwch arwynebedd pob segment wedi'i dywyllu.

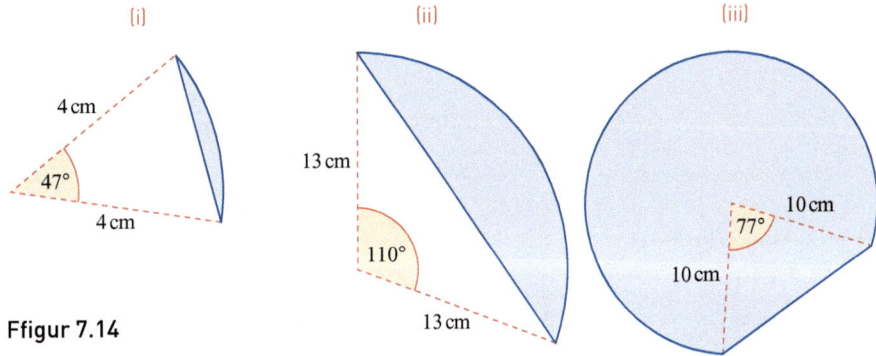

Ffigur 7.14

DD ④ Darganfyddwch arwynebedd a pherimedr sector cylch sydd i'w weld yn Ffigur 7.15.

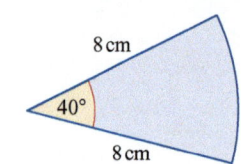

**Ffigur 7.15**

DRh ⑤ Mae gan sector cylch â radiws 11 cm berimedr o 30 cm.

Darganfyddwch yr ongl sy'n cael ei chynnal yng nghanol y cylch.

DRh ⑥ Mae cord cylch yn cynnal ongl 150° yng nghanol y cylch.

Darganfyddwch, yn y ffurf $m : 1$, y gymhareb arwynebedd y segment mwyaf : arwynebedd y segment lleiaf

Ysgrifennwch $m$ yn gywir i 3 ffigur ystyrlon.

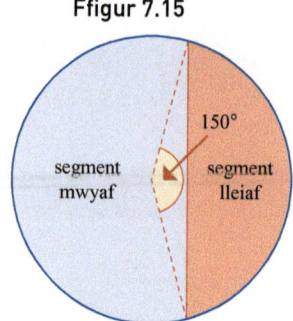

**Ffigur 7.16**

DRh ⑦ Sectorau dau gylch cydganol â chanol O yw OAD ac OBC.

Mae OAB ac ODC yn llinellau syth.

Mae'r siâp ABCD yn cael ei greu drwy dynnu'r sector OAD o'r sector OBC.

OA = 7 cm ac AB = 3 cm.

Perimedr sector OBC yw 40 cm.

Cyfrifwch

(i) berimedr y siâp ABCD

(ii) arwynebedd y siâp ABCD.

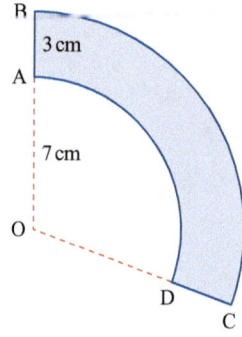

**Ffigur 7.17**

Gall y ddwy reol drigonometrig ganlynol gael eu defnyddio mewn unrhyw driongl, sy'n eu gwneud nhw'n arbennig o ddefnyddiol wrth ymdrin â thrionglau anghyfochrog.

# 3 Rheol sin

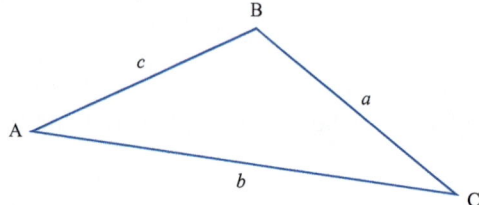

**Ffigur 7.18**

Ar gyfer unrhyw driongl ABC, rydych chi wedi gweld yn barod fod

$$\text{arwynebedd} = \tfrac{1}{2}bc\sin A = \tfrac{1}{2}ca\sin B = \tfrac{1}{2}ab\sin C$$

$$\Rightarrow \quad \frac{bc\sin A}{abc} = \frac{ca\sin B}{abc} = \frac{ab\sin C}{abc}$$

$$\Rightarrow \quad \frac{\sin A}{a} = \frac{\sin B}{b} = \frac{\sin C}{c}$$

Dyma un ffurf o'r rheol sin a dyma'r fersiwn hawsaf ei ddefnyddio os ydych chi eisiau cyfrifo maint ongl.

Mae gwrthdroi hyn yn rhoi

$$\frac{a}{\sin A} = \frac{b}{\sin B} = \frac{c}{\sin C}$$

sy'n well pan fydd angen i chi gyfrifo hyd ochr.

**Pwynt trafod**

→ Pam mae ffurf wrthdro'r rheol sin yn well pan fyddwch chi eisiau cyfrifo hyd ochr?

**Sylwch**

Os yw triongl yn driongl ongl sgwâr, yna mae'n llawer symlach defnyddio'r cymarebau trigonometrig sylfaenol a/neu theorem Pythagoras. Ond mae'r rheolau sin a chosin yn dal i fod yn berthnasol.

Cyfrifwch hyd yr ochr BC yn y triongl sydd i'w weld yn Ffigur 7.19.

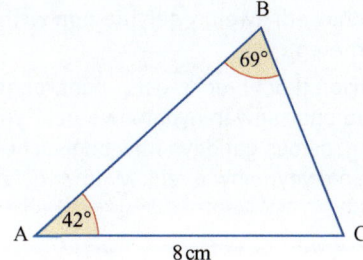

**Ffigur 7.19**

① Pan fyddwch chi'n defnyddio'r rheol sin i gyfrifo maint ongl, bydd angen i chi fod yn ofalus oherwydd weithiau bydd dau ateb posibl, fel yn Enghraifft 7.5.

Y rheswm mae'r broblem hon yn digwydd yw, ar gyfer unrhyw gymhareb sin bositif, mae dwy ongl bosibl yn yr amrediad 0° i 180°, ar wahân i sin 90° = 1. Fodd bynnag, nid yw'r achos amwys hwn yn cael ei asesu yn arholiadau Mathemateg Ychwanegol CBAC.

## Datrysiad

Gan ddefnyddio'r rheol sin

$$\frac{a}{\sin A} = \frac{b}{\sin B} = \frac{c}{\sin C}$$

$$\therefore \quad \frac{a}{\sin 42°} = \frac{8}{\sin 69°}$$

$$\Rightarrow \quad a = \frac{8 \sin 42°}{\sin 69°}$$

$$= 5.733\,887\ldots$$

$$\therefore \quad \text{ochr BC} = 5.7\,\text{cm (1 lle degol)}$$

> Cyngor da yw gwneud y cyfrifiad yn gyfan gwbl ar eich cyfrifiannell, a thalgrynnu'r ateb terfynol yn unig.

Cyfrifwch faint yr ongl P yn y triongl PQR, o wybod bod R = 32°, $r = 4$ cm a $p = 7$ cm lle $r$ a $p$ yw hyd yr ochrau sydd gyferbyn ag onglau R a P yn ôl eu trefn.

① Dylech chi wirio bob amser bod yr ail opsiwn yn ddatrysiad dilys. Weithiau, mae un o'r opsiynau'n rhoi triongl amhosibl. Er enghraifft, os yw datrysiad yn golygu bod swm yr onglau'n fwy na 180°, gallwn ni ei wrthod. Hefyd, mae'n rhaid i'r ochr hiraf fod gyferbyn â'r ongl fwyaf, a rhaid i'r ochr fyrraf fod gyferbyn â'r ongl leiaf.

## Datrysiad

Y rheol sin ar gyfer $\triangle$ PQR yw

$$\frac{\sin P}{p} = \frac{\sin Q}{q} = \frac{\sin R}{r}$$

$$\therefore \quad \frac{\sin P}{7} = \frac{\sin 32°}{4}$$

$$\Rightarrow \quad \sin P = 0.927\,358\,712$$

$$\Rightarrow \quad P = 68.0° \text{ (1 ll.d.) neu } P = 180° - 68.0° = 112.0° \text{ (1 ll.d.)}$$

**Ffigur 7.20**

Mae'r ddau ddatrysiad yn bosibl fel mae Ffigur 7.21 yn ei ddangos.

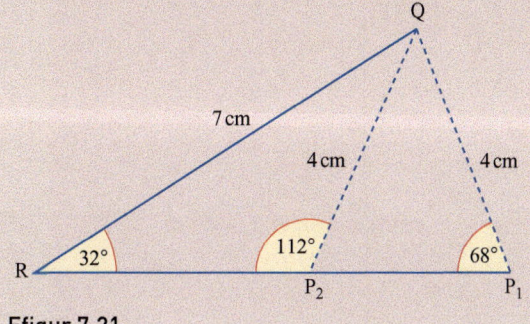

**Ffigur 7.21**

> ### Sylwch
>
> Efallai y byddwch chi wedi gweld y sefyllfa hon wrth astudio trionglau cyfath yn y cwrs TGAU Mathemateg.
>
> Os oes gan ddau driongl ochr-ochr-ochr, ochr-ongl-ochr, ongl-ochr-ongl (neu ongl-ongl-ochr) neu ongl-sgwâr-hypotenws-ochr yn gyffredin, yna maen nhw'n gyfath. Fodd bynnag, os oes ganddyn nhw ongl-ochr-ochr yn gyffredin (fel yn Enghraifft 7.5), yna nid ydyn nhw o reidrwydd yn gyfath, gan fod dau driongl posibl.

### GWEITHGAREDD 7.1

Mae Ffigur 7.22 yn dangos triongl XYZ gydag XY = 6 cm, XZ = 8 cm ac ∠XYZ = 78°.

Beth sy'n digwydd pan fyddwch chi'n defnyddio'r rheol sin i gyfrifo'r onglau eraill?

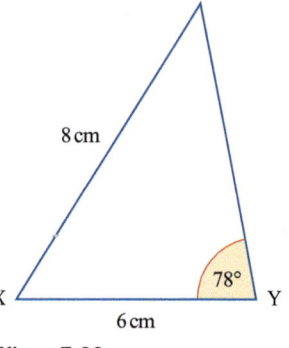

**Ffigur 7.22**

---

**Ymarfer 7C**

*Lle mae angen gwneud hynny, gadewch yr atebion fel brasamcan i 3 ffigur ystyrlon.*

① Cyfrifwch yr hyd *x* ym mhob un o'r trionglau hyn.

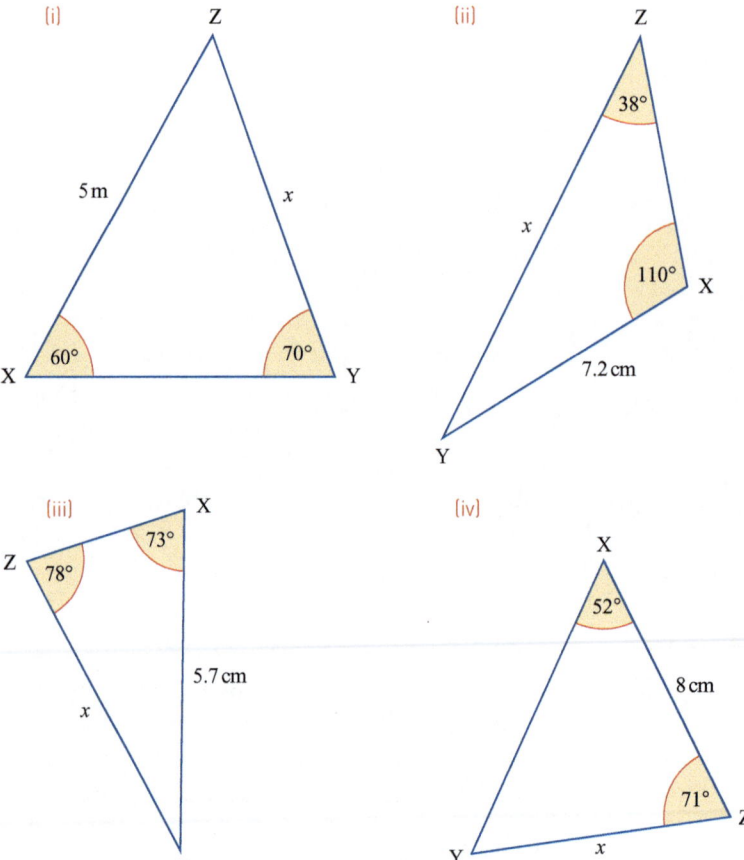

**Ffigur 7.23**

② Cyfrifwch faint yr ongl **θ** ym mhob un o'r trionglau hyn.

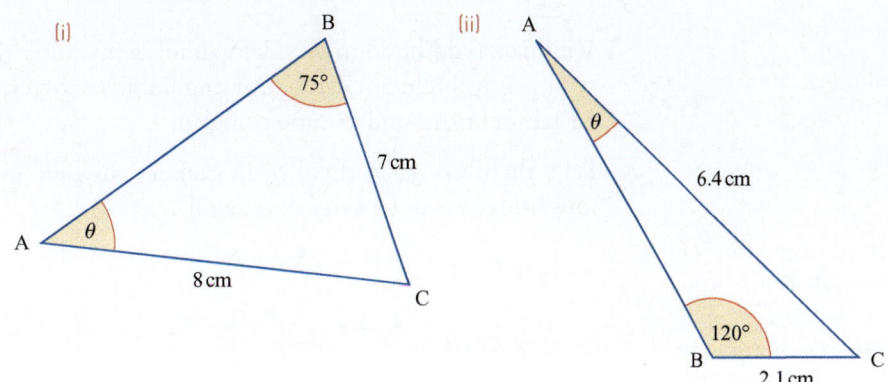

(i)

(iii)

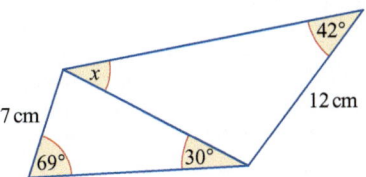

Ffigur 7.24

**DD** ③ Cyfrifwch faint yr ongl sydd wedi'i nodi ag *x* yn y pedrochr isod.

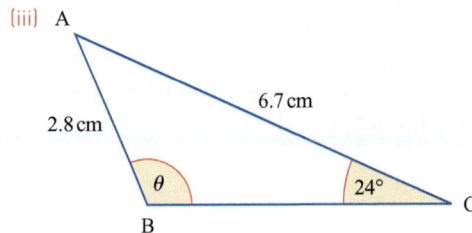

Ffigur 7.25

**DD** ④ Mae Carys yn cerdded ar gyfeiriant o 132° am 4 km.

Yna, mae hi'n newid cyfeiriad ac yn cerdded ar gyfeiriant o 017° nes ei bod hi yn union i'r dwyrain o'i man cychwyn.

Pa mor bell yw hi o'i man cychwyn?

**DD** ⑤ Onglau barcud yw 122°, 102°, 102° a 34°.

Mae'r groeslin sy'n gorwedd ar hyd llinell gymesuredd y barcud yn 12 cm o hyd.

Cyfrifwch hyd pob un o bedair ochr y barcud.

**DRh** ⑥ Mae Ffion a Gwen ym mhwynt P.

Mae pwynt Q yn union i'r gogledd o bwynt P, fel sydd i'w weld yn Ffigur 7.26.

Maen nhw'n anghytuno ar y llwybr byrraf o P i Q.

Mae Ffion yn cerdded ar gyfeiriant o 330°, ac yna'n newid i gyfeiriant o 040°, sy'n mynd â hi'n syth i Q.

Mae Gwen yn cerdded 3 km ar gyfeiriant o 020°, ac ar ôl hynny mae hi'n cerdded ar gyfeiriant o 300°, sy'n mynd â hi'n syth i Q.

Pwy gymerodd y llwybr byrraf?

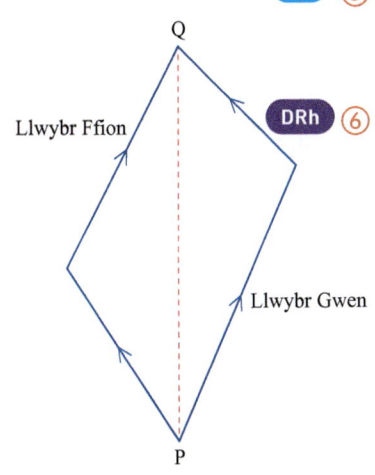

Ffigur 7.26

# 4 Rheol cosin

Weithiau, fydd hi ddim yn ddefnyddiol defnyddio'r rheol sin gyda'r wybodaeth sydd gennych chi am driongl, er enghraifft, os ydych chi'n gwybod hyd pob un o'r tair ochr ond nid yr un o'r onglau.

Fel y rheol sin, gall y rheol cosin gael ei defnyddio gydag unrhyw driongl, ac unwaith eto mae fersiynau cyfatebol.

| |
|---|
| Defnyddiwch y fersiwn hwn i gyfrifo hyd ochr. |

$$a^2 = b^2 + c^2 - 2bc \cos A$$

| |
|---|
| Defnyddiwch y fersiwn hwn i gyfrifo maint ongl. |

$$\cos A = \frac{b^2 + c^2 - a^2}{2bc}$$

## Prawf

Ar gyfer y triongl ABC, mae'r llinell CD yn berpendicwlar i'r ochr AB fel sydd i'w weld yn Ffigur 7.27.

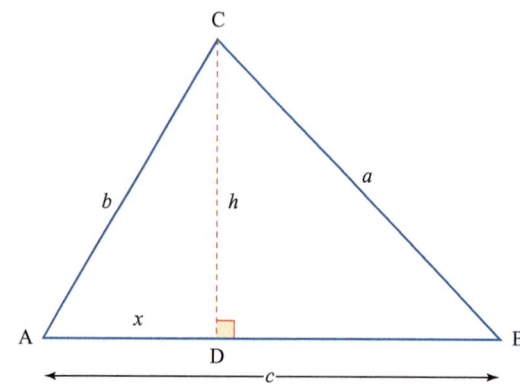

**Ffigur 7.27**

| |
|---|
| Mae hyn yn nodiant llaw-fer ar gyfer 'triongl'. |

Yn $\triangle$ ACD

| |
|---|
| Theorem Pythagoras. |

$$b^2 = x^2 + h^2 \qquad ①$$

$$a \cos A = \frac{x}{b} \text{ felly } x = b \cos A \qquad ②$$

Yn $\triangle$ BCD

| |
|---|
| Theorem Pythagoras. |

$$a^2 = (c - x)^2 + h^2$$

$$\Rightarrow \quad a^2 = c^2 - 2cx + x^2 + h^2$$

$$\Rightarrow \quad a^2 = c^2 - 2cx + b^2 \qquad \text{gan ddefnyddio ①}$$

$$\Rightarrow \quad a^2 = c^2 - 2cb \cos A + b^2 \qquad \text{gan ddefnyddio ②}$$

$$\Rightarrow \quad a^2 = b^2 + c^2 - 2bc \cos A \qquad \text{(fel sy'n ofynnol).}$$

Mae ad-drefnu hyn yn rhoi

$$2bc \cos A = b^2 + c^2 - a^2$$

$$\Rightarrow \qquad \cos A = \frac{b^2 + c^2 - a^2}{2bc}$$

sef ail ffurf y rheol cosin.

## Sylwch

Byddai dechrau â pherpendicwlar o fertig gwahanol yn rhoi'r canlyniadau tebyg canlynol.

$$b^2 = a^2 + c^2 - 2ac \cos B \quad \text{a} \quad \cos B = \frac{a^2 + c^2 - b^2}{2ac}$$

$$c^2 = a^2 + b^2 - 2ab \cos C \quad \text{a} \quad \cos C = \frac{a^2 + b^2 - c^2}{2ab}$$

---

**Enghraifft 7.6**

Cyfrifwch hyd yr ochr AB yn y triongl sydd i'w weld yn Ffigur 7.28.

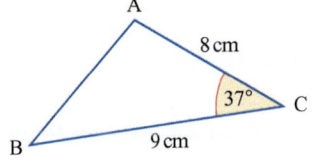

Ffigur 7.28

### Datrysiad

$$c^2 = a^2 + b^2 - 2ab \cos C$$

$$c^2 = 9^2 + 8^2 - 2 \times 9 \times 8 \times \cos 37°$$

$$= 29.996$$

$$AB = 5.48 \, \text{cm} \quad \text{(i 3 ff.y.)}$$

---

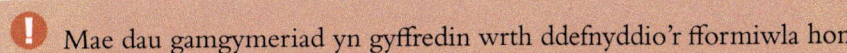

❗ Mae dau gamgymeriad yn gyffredin wrth ddefnyddio'r fformiwla hon.

■ Mewn papur heb gyfrifiannell, enrhifwch y tri therm $a^2$, $b^2$ a $2ab \cos C$ ar wahân. Camgymeriad cyffredin yw cyfrifo $a^2 + b^2 - 2ab$ ac yna lluosi â $\cos C$. Ond mae'r cwestiynau hyn fel arfer yn codi mewn papurau â chyfrifiannell, ac felly gall y cyfrifiad cyfan gael ei deipio i mewn i gyfrifiannell wyddonol – bydd hyn yn ymdrin yn gywir â blaenoriaeth y gweithrediadau.

■ Camgymeriad cyffredin arall yw anghofio cymryd yr ail isradd ar ôl cyfrifo $a^2 + b^2 - 2ab \cos C$.

---

**Enghraifft 7.7**

Cyfrifwch faint yr ongl P yn y triongl sydd i'w weld yn Ffigur 7.29.

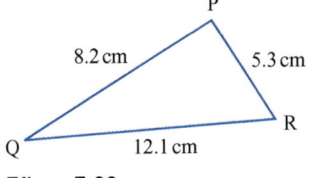

Ffigur 7.29

### Datrysiad

Gall y rheol cosin ar gyfer y triongl hwn gael ei ysgrifennu fel

$$\cos P = \frac{q^2 + r^2 - p^2}{2qr}$$

$$\cos P = \frac{5.3^2 + 8.2^2 - 12.1^2}{2 \times 5.3 \times 8.2}$$

$$\cos P = -0.588$$

$$P = 126.0° \quad \text{(i 1 lle degol)}$$

**Ymarfer 7Ch**

*Lle mae angen gwneud hynny, gadewch yr atebion fel brasamcan i 3 ffigur ystyrlon.*

① Cyfrifwch yr hyd $x$ ym mhob un o'r trionglau hyn.

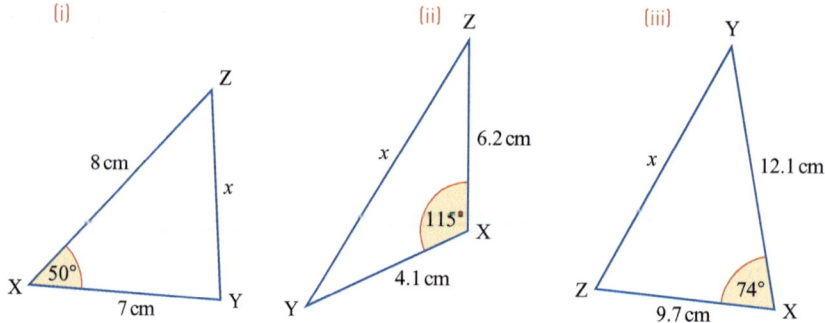

**Ffigur 7.30**

② Cyfrifwch faint yr ongl $\theta$ ym mhob un o'r trionglau canlynol.

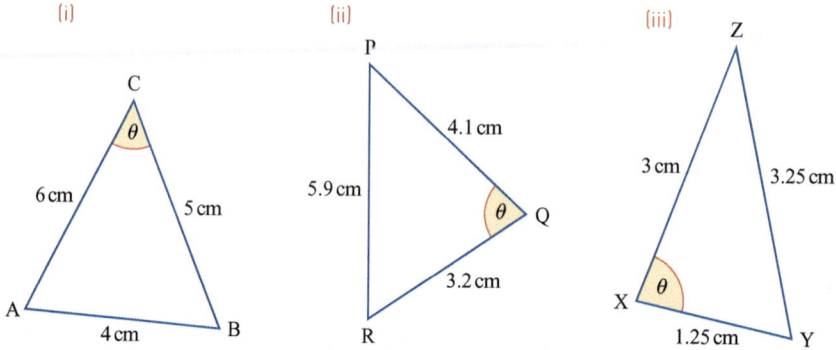

**Ffigur 7.31**

**DD** ③ Hyd croesliniau paralelogram yw 12 cm ac 18 cm a'r ongl rhyngddyn nhw yw 72°. Cyfrifwch hyd ochrau'r paralelogram.

**DD** ④ Mae Ffigur 7.32 yn dangos pedrochr ABCD gydag AB = 8 cm, BC = 6 cm, CD = 7 cm, DA = 5 cm ac ∠ABC = 90°. Cyfrifwch

(i)   AC

(ii)  ∠ADC.

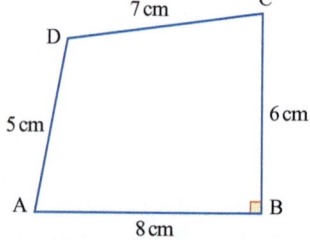

**Ffigur 7.32**

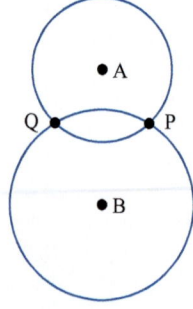

**DRh** ⑤ Mae Ffigur 7.33 yn dangos dau gylch. Mae gan un ganol A a radiws o 8 cm. Mae gan y llall ganol B a radiws o 10 cm. AB = 12 cm ac mae'r cylchoedd yn croestorri yn P a Q.

Cyfrifwch ∠PAB.

**DD** ⑥ Hyd ochrau paralelogram yw 5 cm a 10 cm, ac mae ganddo'r ongl 130°.

Cyfrifwch hyd y groeslin hiraf.

**DRh** ⑦ Hyd ochrau triongl yw 6 cm, 7 cm ac 11 cm.

Cyfrifwch ei arwynebedd.

**Ffigur 7.33**

DD ⑧ Mae Aled yn cerdded 7 km ar gyfeiriant o 054°.

Yna, mae'n cerdded 5 km ar gyfeiriant o 122°.

Pa mor bell yw Aled o'r man cychwyn?

DRh ⑨ Yn y triongl ABC, AB = 8 cm, BC = 5 cm ac ∠BAC = 35°.

Defnyddiwch y rheol cosin i gyfrifo hydoedd posibl AC.

# 5 Defnyddio rheolau sin a chosin gyda'i gilydd

Wrth ddatrys unrhyw driongl, mae angen tri mesuriad annibynnol.

O wybod *hyd tair ochr*, defnyddiwch y rheol cosin i gyfrifo maint ongl.

O wybod *hyd dwy ochr ac ongl gynwysedig*, defnyddiwch y rheol cosin i gyfrifo hyd y drydedd ochr.

O wybod *hyd dwy ochr ac ongl (anghynwysedig)*, defnyddiwch y rheol sin i gyfrifo maint ongl i gyfrifo'r ongl gynwysedig. Yna, gallwch chi ddefnyddio'r rheol cosin i gyfrifo'r hyd sydd ar goll. Gall y sefyllfa hon weithiau arwain at ddau ddatrysiad posibl.

O wybod *dwy ongl a hyd un ochr*, defnyddiwch y rheol sin i gyfrifo hyd ochr arall. Os yw'r ochr mae ei hyd wedi'i roi rhwng y ddwy ongl, cyfrifwch faint y drydedd ongl yn gyntaf, gan ddefnyddio swm onglau triongl.

Ar ôl i bedwerydd mesuriad annibynnol triongl gael ei gyfrifo, gall y ddau arall gael eu cyfrifo naill ai gan ddefnyddio'r rheol cosin neu'r rheol sin.

**Enghraifft 7.8**

Mae Ffigur 7.34 yn dangos safleoedd tair tref, Aldbury, Bentham a Chorton.

Mae Bentham 8 km o Aldbury ar gyfeiriant o 037° ac mae Chorton 9 km o Bentham ar gyfeiriant o 150°.

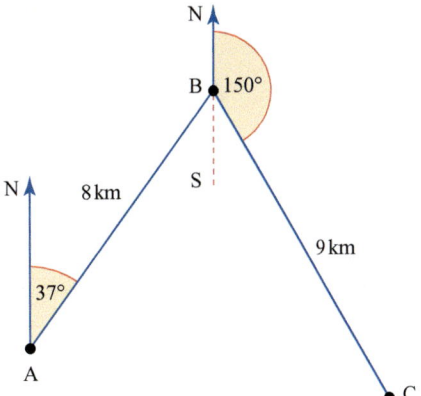

**Ffigur 7.34**

Cyfrifwch

(i)     faint yr ongl ABC

(ii)    pellter Chorton o Aldbury (i'r 0.1 km agosaf)

(iii)   cyfeiriant Chorton o Aldbury (i'r 1° agosaf).

## Datrysiad

(i)   ∠ABS = 37° (onglau eiledol)
ac ∠SBC = 30° (onglau cyfagos ar linell syth)
felly ∠ABC = 67°.

(ii)   Gan ddefnyddio'r rheol cosin

$$b^2 = a^2 + c^2 - 2ac \cos B$$

$$= 9^2 + 8^2 - 2 \times 9 \times 8 \cos 67°$$

$$= 88.7347\ldots$$

$$b = 9.4199\ldots$$

Mae Chorton 9.4 km
(i 1 lle degol) o Aldbury.

(iii)   Gan ddefnyddio'r rheol sin

$$\frac{\sin A}{a} = \frac{\sin B}{b}$$

$$\frac{\sin A}{9} = \frac{\sin 67°}{9.4199\ldots}$$

$$\sin A = 0.879\,47\ldots$$

$$A = 61.57\ldots°$$

Cyfeiriant Chorton o Aldbury
yw 099°.

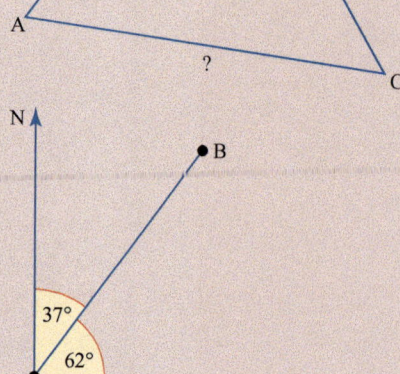

Ffigur 7.35

> **Peidiwch â chlirio hwn o'ch cyfrifiannell oherwydd bydd ei angen arnoch chi yn nes ymlaen.**

**Pwynt trafod**

→ Y gwerth arall ar gyfer A sy'n rhoi sin A = 0.879 47... yw 118.42...°

Pam nad yw hwn yn rhoi datrysiad arall i'r broblem hon?

---

**Enghraifft 7.9**

Hyd ochrau llain drionglog o dir yw 70 m, 80 m a 95 m.

Cyfrifwch ei harwynebedd mewn hectarau. (1 hectar = 10 000 m².)

## Datrysiad

Yn gyntaf, lluniadwch fraslun a labelwch yr ochrau.

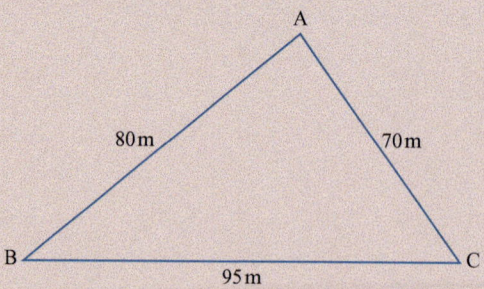

Ffigur 7.36

Gallwch chi nawr weld mai'r cam cyntaf yw cyfrifo maint un o'r onglau, a bydd angen y rheol cosin i wneud hyn.

$$\cos A = \frac{b^2 + c^2 - a^2}{2bc}$$

$$\cos A = \frac{70^2 + 80^2 - 95^2}{2 \times 70 \times 80}$$

$$= \frac{13}{64}$$

$$\Rightarrow A = 78.28°$$

$$\text{Arwynebedd} = \frac{1}{2} bc \sin A$$

$$\text{Arwynebedd} = \frac{1}{2} \times 70 \times 80 \times \sin 78.28°$$

$$= 2742 \, \text{m}^2$$

$$= 0.27 \text{ hectarau (2 le degol)}$$

## Ymarfer 7D

*Lle mae angen gwneud hynny, gadewch yr atebion fel brasamcan i 3 ffigur ystyrlon.*

**DD** ① Hyd bysedd cloc yw 6 cm ac 8 cm.

Cyfrifwch y pellter rhwng blaenau'r bysedd am 8 p.m.

**DD** ② O oleudy L, mae llong A 4 km i ffwrdd ar gyfeiriant o 340° ac mae llong B 5 km i ffwrdd ar gyfeiriant o 065°.

Cyfrifwch y pellter AB.

**DD** ③ Pan ydw i ar bwynt X, ongl godiad pen uchaf (T) coeden fertigol yw 27°, ond os ydw i'n cerdded 20 m tuag at y goeden ar hyd llawr llorweddol, i bwynt Y, yna yr ongl godiad yw 47°.

(i) Cyfrifwch y pellter TY.

(ii) Cyfrifwch uchder y goeden.

**DD** ④ Hyd dwy ochr gyfagos paralelogram yw 9.3 cm a 7.2 cm, a hyd y groeslin fyrraf yw 8.1 cm.

(i) Cyfrifwch feintiau onglau'r paralelogram.

(ii) Cyfrifwch hyd croeslin arall y paralelogram.

**DD** ⑤ Mae cwch hwylio yn cychwyn o A ac yn hwylio am 5 km ar gyfeiriant o 067° i bwynt B fel ei fod yn glir o'r pentir cyn iddo droi ar gyfeiriant o 146°. Yna, mae'n aros ar y cwrs hwnnw am 8 km nes iddo gyrraedd pwynt C.

(i) Cyfrifwch y pellter AC.

(ii) Cyfrifwch gyfeiriant C o A.

**DD** ⑥ Mae dwy long yn gadael y dociau, D, ar yr un pryd. Mae'r *Princess Pearl*, P, yn hwylio ar gyfeiriant o 160° ar fuanedd o 18 km h⁻¹, ac mae'r *Regal Rose*, R, yn hwylio ar gyfeiriant o 105°. Ar ôl 2 awr, yr ongl DRP yw 80°.

(i) Cyfrifwch y pellter rhwng y ddwy long ar ôl dwy awr.

(ii) Cyfrifwch fuanedd y *Regal Rose*.

DD ⑦ Mae'r diagram yn Ffigur 7.37 yn cynrychioli lluniad wedi'i symleiddio o drawstoriad o'r pren mewn to.

(i) Cyfrifwch hydoedd y cynheiliaid (*struts*) BD ac EG.

(ii) Cyfrifwch yr hyd DE.

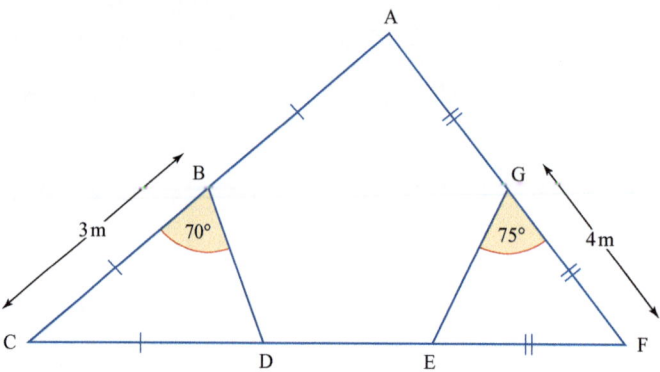

**Ffigur 7.37**

DD ⑧ Mae Dylan ac Aziz yn beicio adref o'r ysgol.

Mae Dylan yn beicio i gyfeiriad y dwyrain am 4 km, ac mae Aziz yn beicio i gyfeiriad y de am 3 km ac yna am 2 km ar gyfeiriant o 125°.

Pa mor bell yw eu cartrefi oddi wrth ei gilydd?

# 6 Mesureg

- Arwynebedd triongl $= \frac{1}{2} \times$ sail $\times$ uchder

- Arwynebedd paralelogram $=$ sail $\times$ uchder

- Arwynebedd trapesiwm $= \frac{1}{2} \times$ swm yr ochrau paralel $\times$ y pellter perpendicwlar rhyngddyn nhw

- Cylchedd cylch $= \pi d = 2\pi r$

- Arwynebedd cylch $= \pi r^2$

- Cyfaint prism $=$ arwynebedd trawstoriad $\times$ hyd

- Cyfaint sffêr $= \frac{4}{3}\pi r^3$

- Arwynebedd arwyneb sffêr $= = 4\pi r^2$

- Cyfaint pyramid $= \frac{1}{3} \times$ arwynebedd y sylfaen $\times$ uchder

- Cyfaint côn $= \frac{1}{3}\pi r^2 h$

- Arwynebedd arwyneb crwm côn $= \pi r l$

**Enghraifft 7.10**

Mae gan sffêr ddiamedr 10 cm.

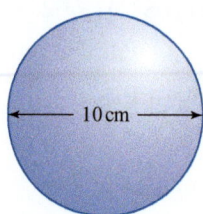

**Ffigur 7.38**

(i) Darganfyddwch ei gyfaint.

(ii) Darganfyddwch ei arwynebedd arwyneb.

*Datrysiad*

Mae'r radiws yn 5 cm.

(i)    cyfaint $= \frac{4}{3}\pi r^3$

$\qquad = \frac{4}{3} \times \pi \times 5^3$

$\qquad = 524 \text{ cm}^3$ (i 3 ff.y.)

(ii)    arwynebedd arwyneb $= 4\pi r^2$

$\qquad\qquad = 4 \times \pi \times 5^2$

$\qquad\qquad = 314 \text{ cm}^2$ (i 3 ff.y.)

---

**Enghraifft 7.11**

Oni bai bod cwestiwn yn dweud yn wahanol, tybiwch fod fertig (neu apig) côn union uwchben canol y sylfaen, a bod y sylfaen yn gylch. Mae côn fel hyn weithiau'n cael ei alw'n gôn crwn ongl sgwâr.

Nid yw brasamcan yn ateb union. Os yw cyfrifiad yn defnyddio $\pi$, dylech chi osgoi defnyddio brasamcan degol yn ei le, er enghraifft 3.14. Yn lle hynny, dylech chi ymdrin â $\pi$ yn yr un modd ag yn achos $x$ mewn mynegiad algebraidd.

Mae enghreifftiau eraill o atebion union yn cynnwys ffracsiynau a syrdiau. Er enghraifft, mae $\frac{17}{6}$ a $\sqrt{2}$ yn atebion union, ond nid yw 2.833 (i 3 lle degol) nac 1.414 (i 4 ff.y.).

Mae arwynebedd arwyneb côn yn cynnwys arwynebedd yr arwyneb crwm ac arwynebedd arwyneb y sylfaen crwn gwastad.

Uchder côn yw 15 cm a diamedr ei sylfaen yw 16 cm.

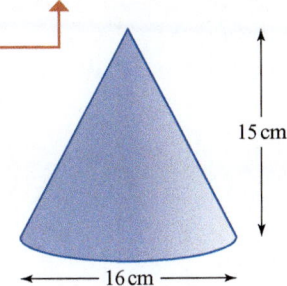

**Ffigur 7.39**

(i)    Darganfyddwch ei union gyfaint.

(ii)    Darganfyddwch ei union arwynebedd arwyneb.

*Datrysiad*

Mae'r radiws yn 8 cm.

(i)    cyfaint $= \frac{1}{3}\pi r^2 h$

$\qquad = \frac{1}{3} \times \pi \times 8^2 \times 15$

$\qquad = 320\pi \text{ cm}^3$

(ii)    ymyl goleddol $= \sqrt{8^2 + 15^2}$

$\qquad\qquad = 17 \text{ cm}$

arwynebedd arwyneb $= \pi r l + \pi r^2$

$\qquad\qquad = \pi \times 8 \times 17 + \pi \times 8^2$

$\qquad\qquad = 200\pi \text{ cm}^2$

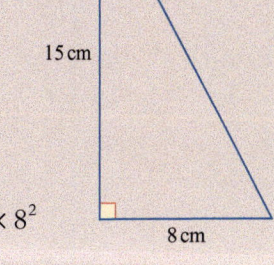

**Ffigur 7.40**

**Enghraifft 7.12**

Mae gan byramid sylfaen sgwâr sydd ag ochrau 10 cm.

Mae fertig y pyramid 12 cm uwchben canol y sylfaen.

(i) Darganfyddwch ei gyfaint.

(ii) Darganfyddwch ei arwynebedd arwyneb.

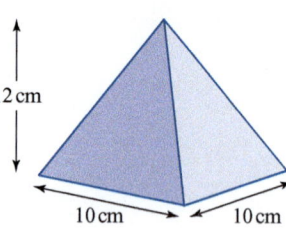

Ffigur 7.41

## Datrysiad

(i)  cyfaint $= \frac{1}{3} \times$ arwynebedd y sylfaen $\times$ uchder

$= \frac{1}{3} \times 10^2 \times 12$

$= 400 \, \text{cm}^3$

(ii)

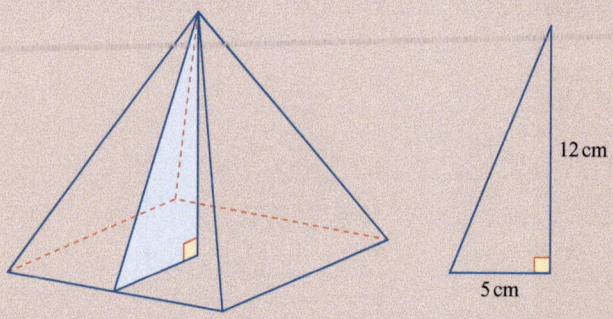

Ffigur 7.42

Hypotenws y triongl wedi'i dywyllu yw hanerydd yr wyneb goleddol.

Ei hyd yw $\sqrt{5^2 + 12^2} = 13 \, \text{cm}$.

Felly, arwynebedd pob wyneb goleddol yw $\frac{1}{2} \times 10 \times 13 = 65 \, \text{cm}^2$.

Felly, cyfanswm yr arwynebedd arwyneb yw $10^2 + 4 \times 65 = 360 \, \text{cm}^2$.

**Enghraifft 7.13**

Mae gan gôn sydd â radiws ei sylfaen yn 6 cm a'i uchder yn $3\pi$ cm yr un cyfaint â phyramid â sylfaen sgwâr ag ochr o $2\pi$ cm. Beth yw uchder y pyramid?

## Datrysiad

Gadewch i $h$ = uchder y pyramid.

Cyfaint y pyramid = cyfaint y côn

$\therefore \quad \frac{1}{3}(2\pi)^2 h = \frac{1}{3}\pi 6^2 \times 3\pi$

$\Rightarrow \quad \frac{4\pi^2 h}{3} = \frac{108\pi^2}{3}$

$\Rightarrow \quad 4h = 108$

$\Rightarrow \quad h = 27 \, \text{cm}$

**Ymarfer 7Dd**

① Cyfrifwch gyfaint pob un o'r sfferau hyn, gan ysgrifennu eich atebion yn gywir i 3 ffigur ystyrlon.

   (i)    Radiws = 12 cm

   (ii)   Radiws = 10 m

   (iii)  Diamedr = 19 mm

   (iv)  Diamedr = 23 cm

② Cyfrifwch arwynebedd arwyneb pob un o'r sfferau hyn, gan ysgrifennu eich atebion yn gywir i 3 ffigur ystyrlon.

   (i)    Radiws = 7 cm

   (ii)   Radiws = 12 m

   (iii)  Diamedr = 16 mm

   (iv)  Diamedr = 37 cm

③ Mae gan sffêr ddiamedr o 12 cm. Cyfrifwch ei union gyfaint a'i union arwynebedd arwyneb.

④ Cyfrifwch gyfaint pob un o'r conau hyn, gan ysgrifennu eich atebion yn gywir i 3 ffigur ystyrlon.

   (i)    Uchder yn 7 cm a radiws y sylfaen yn 15 cm

   (ii)   Uchder yn 9 m a radiws y sylfaen yn 11 m

   (iii)  Uchder yn 10 mm a diamedr y sylfaen yn 10 mm

   (iv)  Uchder yn 12 cm a diamedr y sylfaen yn 37 cm

⑤ Cyfrifwch arwynebedd arwyneb pob un o'r conau hyn, gan ysgrifennu eich atebion yn gywir i 3 ffigur ystyrlon.

   (i)    Uchder yn 8 cm a radiws y sylfaen yn 18 cm

   (ii)   Uchder yn 10 m a radiws y sylfaen yn 12 m

   (iii)  Uchder yn 9 mm a diamedr y sylfaen yn 9 mm

   (iv)  Uchder yn 16 cm a diamedr y sylfaen yn 25 cm

⑥ Mae gan gôn uchder o 24 cm a radiws ei sylfaen yw 10 cm. Cyfrifwch ei union gyfaint a'i union arwynebedd arwyneb.

⑦ Mae gan byramid sylfaen sgwâr sydd ag ochrau o 12 cm.

   Mae fertig y pyramid 15 cm uwchben canol y sylfaen.

   (i)    Cyfrifwch ei gyfaint.

   (ii)   Cyfrifwch ei arwynebedd arwyneb.

⑧ Mae'r tegan sydd i'w weld yn Ffigur 7.43 yn cynnwys côn a hemisffer sydd â'u sylfeini wedi'u cysylltu.

   Radiws sylfaen y ddau siâp yw 8 cm.

   Uchder y siâp cyfan yw 24 cm.

> Hanner sffêr yw hemisffer.

   (i)    Cyfrifwch ei gyfaint.

   (ii)   Cyfrifwch ei arwynebedd arwyneb.

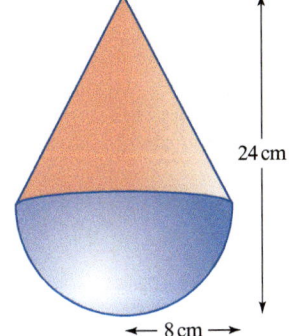

24 cm

8 cm

**Ffigur 7.43**

⑨ Mae gan sffêr gyfaint 100 cm³. Cyfrifwch ei arwynebedd arwyneb.

# 7 Problemau mewn tri dimensiwn

Ffigur 7.44

**Pwynt trafod**

→ Nid yw awyren sy'n hedfan rhwng dau le ar yr un lledred fel arfer yn dilyn llwybr ar hyd y llinell ledred. Pam?

Map: YR YNYS LAS, GWLAD YR IÂ, LLYCHLYN, CANADA, YNYSOEDD PRYDAIN, Llundain, Vancouver, YR UNOL DALEITHIAU, Ewrop, AFFRICA

····· Prif lwybr hedfan

Pan fyddwch chi'n datrys problemau mewn tri dimensiwn, mae'n bwysig lluniadu diagramau da (er na fyddwch chi'n cael eich asesu ar hyn yn yr arholiad, mae diagram clir yn eich helpu chi i ddeall y sefyllfa). Mae dau fath:

- cynrychioliadau o wrthrychau tri dimensiwn
- diagramau gwir ffurf o doriadau dau ddimensiwn mewn gwrthrych tri dimensiwn.

## Cynrychioliadau o wrthrychau tri dimensiwn

Mae Ffigurau 7.45 a 7.46 yn dangos ffyrdd y gallwch chi luniadu diagram clir.

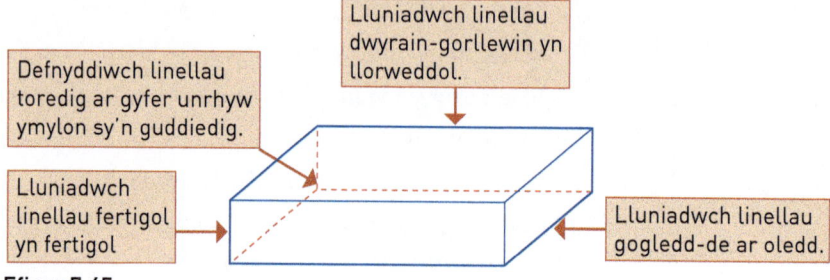

Defnyddiwch linellau toredig ar gyfer unrhyw ymylon sy'n guddiedig.

Lluniadwch linellau dwyrain-gorllewin yn llorweddol.

Lluniadwch linellau fertigol yn fertigol

Lluniadwch linellau gogledd-de ar oledd.

Ffigur 7.45

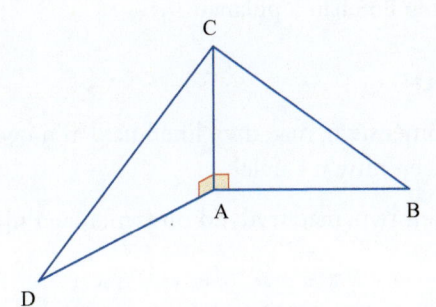

(a)

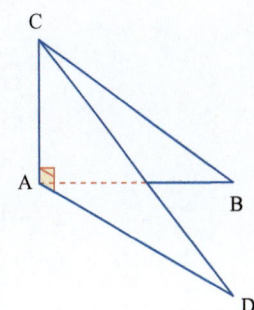

(b)

Gwnewch y diagram mor agored â phosibl drwy ddewis cyfeiriad addas i'ch echelin *gogledd-de*; mae (a) yn fwy eglur na (b).

**Ffigur 7.46**

## Diagramau gwir ffurf

Mewn cynrychioliad dau ddimensiwn o wrthrych tri dimensiwn, nid yw onglau sgwâr bob amser yn ymddangos yn 90°, felly lluniadwch gynifer o ddiagramau gwir ffurf ag sydd eu hangen.

Er enghraifft, os oes angen i chi wneud cyfrifiadau ar y trawstoriad trionglog BCD yn Ffigur 7.47(a), dylech chi luniadu'r triongl fel bod yr ongl sgwâr wir yn edrych fel 90° fel yn Ffigur 7.47(b).

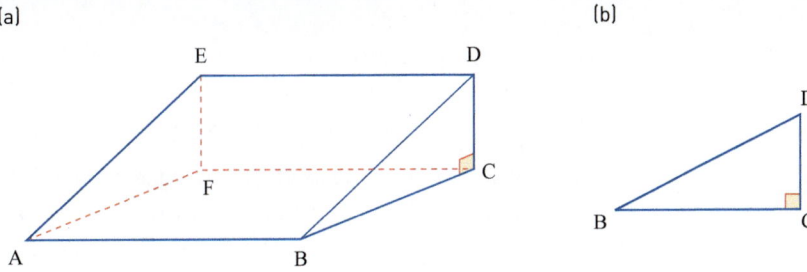

**Ffigur 7.47**

# 8 Llinellau a phlanau mewn tri dimensiwn

Arwyneb gwastad yw *plân* (nid llorweddol o reidrwydd).

*Llinell goledd mwyaf* plân goleddol yw'r llinell â'r graddiant mwyaf, h.y. y llinell y byddai pêl yn ei dilyn pe bai'n cael rholio i lawr y plân. Mae hyn i'w weld yn Ffigur 7.48.

**Pwynt trafod**

➡ Rhowch enghraifft o blân goleddol mewn bywyd pob dydd.

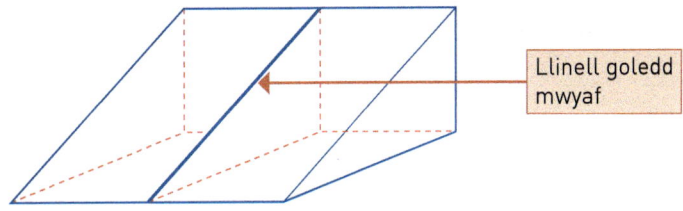

Llinell goledd mwyaf

**Ffigur 7.48**

Mewn problemau tri dimensiwn, mae angen i chi fod yn ymwybodol o'r berthynas rhwng llinellau a phlanau.

## Dwy linell

Mewn dau ddimensiwn, mae dwy linell naill ai'n cwrdd (o'u hymestyn, os oes angen), neu maen nhw'n baralel.

Mewn tri dimensiwn, mae trydydd opsiwn: maen nhw'n *sgiw*, fel yn Ffigur 7.49.

Mae'r ffordd o dan y bont a'r ffordd dros y bont yn llinellau sgiw.

Ffigur 7.49

## Llinell a phlân

Mewn tri dimensiwn, mae tri opsiwn, fel sydd i'w weld yn Ffigur 7.50.

(a)  Mae'r llinell a'r plân yn *baralel*. Mae rheilen y llenni yn *baralel* i'r llawr.
(b)  Mae'r llinell yn cwrdd â'r plân mewn *un pwynt*. Pan fyddwch chi'n ysgrifennu, mae eich beiro'n cwrdd â'r papur mewn *un pwynt*.
(c)  Mae'r llinell *yn gorwedd yn y plân*. Pan fyddwch chi'n rhoi eich beiro i lawr, mae'r beiro'n *gorwedd ym mhlân* y papur.

(a)　　　　　　　　　　(b)　　　　　　　　　　(c)

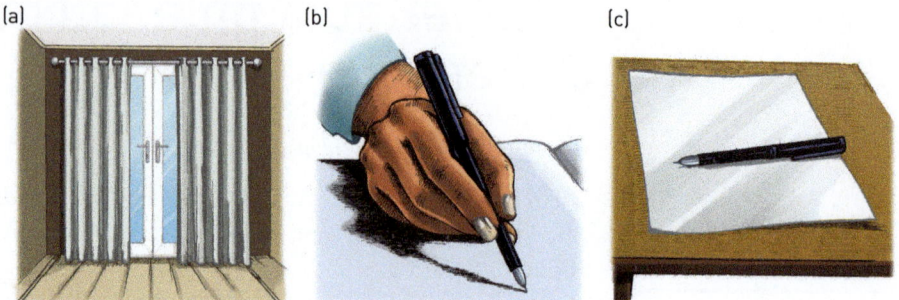

Ffigur 7.50

## Yr ongl rhwng llinell a phlân

Lluniadwch berpendicwlar o'r llinell i'r plân.

Mae'r llinell PQ yn cwrdd â'r plân ABCD yn Q.

Mae PR yn berpendicwlar i'r plân.

Mae QR yn y plân.

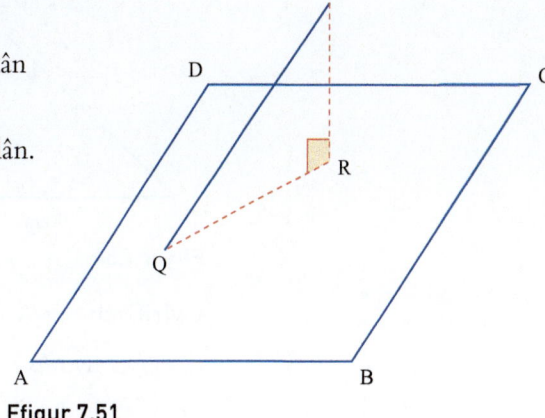

**Ffigur 7.51**

Yr ongl rhwng y llinell a'r plân yw ongl PQR.

## Dau blân

Mewn tri dimensiwn, mae dau opsiwn.

(a) Mae'r ddau blân yn *baralel*. Mae dwy wal sydd gyferbyn â'i gilydd mewn ystafell fel arfer yn baralel.

(b) Mae'r ddau blân yn cwrdd *mewn llinell*. Mae'r nenfwd yn cwrdd â phob wal mewn ystafell *mewn llinell*. Mae gât agored a wal yn cwrdd *mewn llinell*.

(a)

(b)

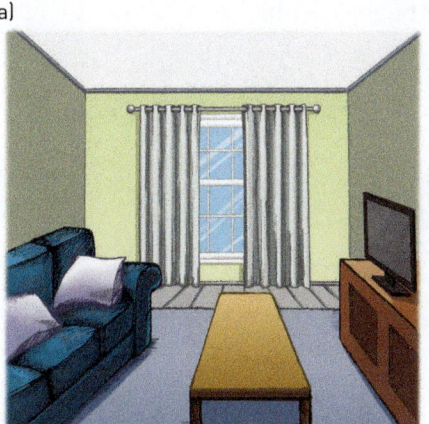

**Pwynt trafod**

➜ Rhowch enghreifftiau eraill o'r achosion hyn.

**Ffigur 7.52**

## Yr ongl rhwng dau blân

Nodwch y llinell lle mae'r planau'n cwrdd.

Lluniadwch linell yn y naill blân a'r llall sy'n berpendicwlar i'r llinell lle mae'r planau'n cwrdd.

Yr ongl rhwng y ddwy linell hyn yw'r ongl rhwng y planau.

Mae planau ABCD ac APQD yn cwrdd ar hyd AD.

Mae'r ddwy linell doredig yn berpendicwlar i AD.

$x$ yw'r ongl rhwng y planau.

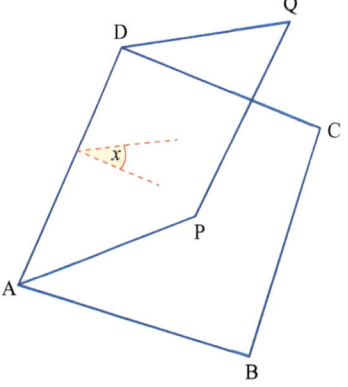

**Ffigur 7.53**

**Enghraifft 7.14**

Mae Ffigur 7.54 yn dangos lletem ABCDEF gydag AB = 8 cm, BC = 6 cm a CD = 2 cm. Yr ongl BCD = 90°.

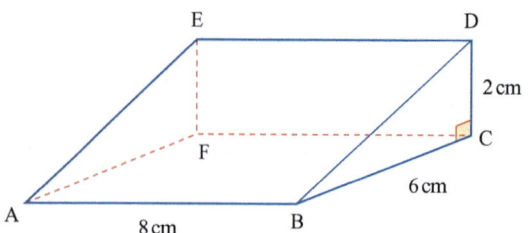

**Ffigur 7.54**

Cyfrifwch

(i)      yr hyd AC

(ii)     yr hyd AD

(iii)    maint yr ongl rhwng DA ac ABCF

(iv)    maint yr ongl rhwng ABDE ac ABCF.

---

*Datrysiad*

(i)      O Ffigur 7.55(a)

$$AC^2 = 8^2 + 6^2 \qquad \text{(Pythagoras)}$$

$$\Rightarrow \quad AC = 10 \text{ cm}$$

(a)
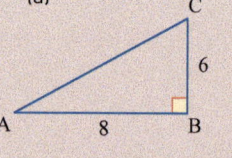

> Mae DA ac ABCF yn cwrdd yn A. Mae DC yn berpendicwlar i ABCF.

(ii)     O Ffigur 7.55(b)

$$AD^2 = AC^2 + 2^2 \qquad \text{(Pythagoras)}$$

$$\Rightarrow \quad AD = 10.2 \text{ cm} \quad \text{(i 1 lle degol)}$$

(b)
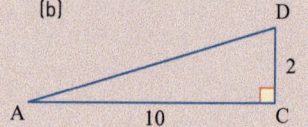

(iii)    O Ffigur 7.55(b), yr ongl rhwng DA ac ABCF yw ∠DAC.

$$\tan \angle DAC = \frac{2}{10}$$

$$\Rightarrow \angle DAC = 11.3° \quad \text{(i 1 lle degol)}$$

> Mae ABDE ac ABCF yn cwrdd ar hyd AB. Mae BD yn berpendicwlar i AB. Mae BC yn berpendicwlar i AB.

(iv)     O Ffigur 7.55(c), yr ongl rhwng ABDE ac ABCF yw ∠DBC..

$$\tan \angle DBC = \frac{2}{6}$$

$$\Rightarrow \quad \angle DBC = 18.4° \quad \text{(i 1 lle degol)}$$

(c)
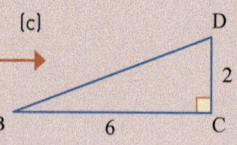

**Ffigur 7.55**

**Enghraifft 7.15**

BGI

Mae Ffigur 7.56 yn dangos ffordd wastad syth AB, 400 m o hyd. Mae mast radio fertigol XY yn sefyll ryw bellter o'r ffordd, ac mae gwaelod y mast, X, ar yr un lefel â'r ffordd. Ongl godiad Y o A yw 30°, ∠XAB = 25° ac ∠AXB = 90°.

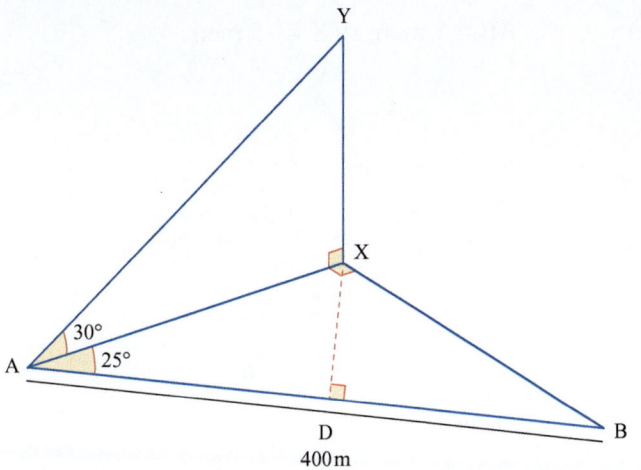

**Ffigur 7.56**

Cyfrifwch

(i)   y pellter AX

(ii)  uchder y mast

(iii) pellter X o'r ffordd.

Rhowch eich atebion i 3 ffigur ystyrlon.

---

*Datrysiad*

(i)     O Ffigur 7.57(a)

$$\frac{AX}{400} = \cos 25°$$

⇒   AX = 362.523…

⇒   Y pellter AX = 363 m.

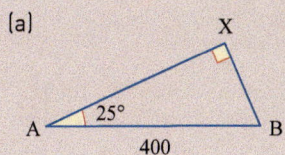

(ii)    O Ffigur 7.57(b)

$$\frac{XY}{362.523…} = \tan 30°$$

⇒     XY = 209.302…

⇒   Uchder y mast XY = 209 m.

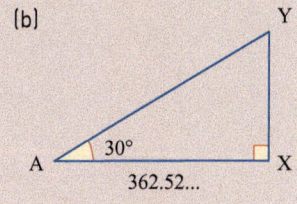

(iii)   O Ffigur 7.57(c)

$$\frac{DX}{362.523…} = \sin 25°$$

⇒     DX = 153.208…

⇒ Pellter X o'r ffordd
      = 153 m.

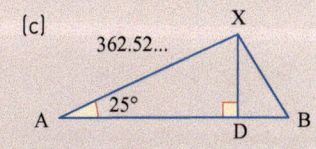

**Ffigur 7.57**

**Enghraifft 7.16**

Mae gan y pyramid VABCD sylfaen llorweddol sgwâr ABCD.

Mae'r fertig, V, union uwchben canol, X, y sylfaen.

M yw canolbwynt BC.

AB = 8 metr a VX = 15 metr.

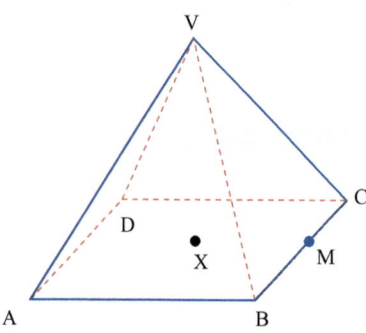

**Ffigur 7.58**

Cyfrifwch yr ongl rhwng y planau ABCD a VBC.

**Datrysiad**

Mae'r planau'n cwrdd ar hyd BC.

Mae MX a hefyd VM yn berpendicwlar i BC.

Mae ongl VXM yn 90°.

XM = 8 ÷ 2

    = 4 m

tan VMX = $\dfrac{15}{4}$

ongl VMX = 75.1°    (i 1 lle degol)

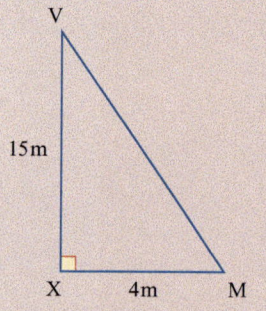

**Ffigur 7.59**

**Enghraifft 7.17**

Mae gan y ciwboid sylfaen sgwâr ABCD sydd ag ochr o 8 cm ac mae ganddo uchder o 4 cm.

M yw canolbwynt AC.

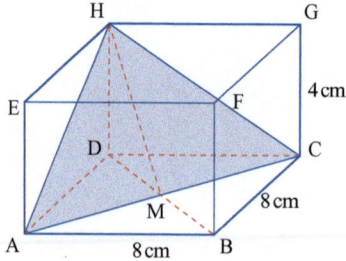

**Ffigur 7.60**

(i)      Cyfrifwch union hyd DM.

(ii)    Cyfrifwch yr ongl rhwng planau ABCD ac ACH.

## Datrysiad

(i)    DM = hanner hyd croeslin y sylfaen sgwâr

$$= \frac{1}{2}\sqrt{8^2 + 8^2}$$

$$= 4\sqrt{2} \text{ cm}$$

(ii)   Yr ongl sydd ei hangen yw $\angle$HMD.

$$\tan HMD = \frac{HD}{DM}$$

$$= \frac{4}{4\sqrt{2}}$$

Yr ongl sydd ei hangen yw 35.3°.

## Theorem Pythagoras mewn tri dimensiwn

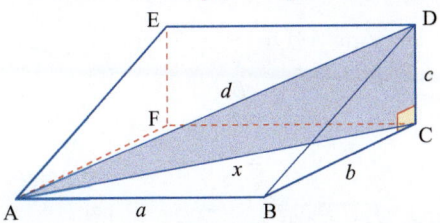

**Ffigur 7.61**

### GWEITHGAREDD 7.2

Edrychwch am werthoedd cyfanrifol $a$, $b$, $c$ a $d$ fel bod $a^2 + b^2 + c^2 = d^2$ .

Gallech chi ddechrau â $3^2 + 4^2 = 5^2$ ac yna defnyddio $5^2 + 12^2 = 13^2$.

Allwch chi ddarganfod o leiaf dwy enghraifft o werthoedd $a$, $b$, $c$ a $d$?

Yn Ffigur 7.61, mae'r sylfaen yn betryal, felly gan ddefnyddio theorem Pythagoras mewn dau ddimensiwn

$$a^2 + b^2 = x^2$$

Mae gan y triongl ACD ongl sgwâr yn C, sy'n rhoi

$$x^2 + c^2 = d^2$$

Mae amnewid am $x^2$ o'r hafaliad cyntaf yn rhoi

$$a^2 + b^2 + c^2 = d^2$$

Dyma'r fersiwn 3-D o theorem Pythagoras.

**Enghraifft 7.18**

Ciwboid yw ABCDEFGH gyda hydoedd ei ochrau fel sydd i'w gweld yn y diagram.

Cyfrifwch hyd y groeslin AF.

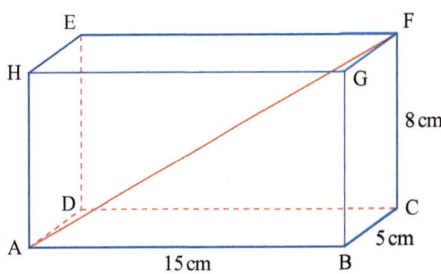

**Ffigur 7.62**

## Datrysiad

$$AF = \sqrt{15^2 + 5^2 + 8^2}$$

$$= \sqrt{314}$$

$$= 17.7 \text{ cm} \quad (\text{i 3 ff.y.})$$

# Defnyddio'r rheolau sin a chosin mewn problemau 3-D

**Enghraifft 7.19**

Ciwboid yw ABCDEFGH ac mae hydoedd ei ochrau fel sydd i'w gweld yn y diagram.

(i) Cyfrifwch faint ongl HDF.

(ii) Trwy hyn, cyfrifwch faint ongl DHF.

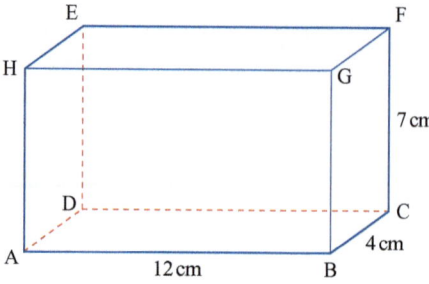

Ffigur 7.63

## Datrysiad

Ystyriwch y triongl HDF.

(i) $HD = \sqrt{4^2 + 7^2} = \sqrt{65}$

$FD = \sqrt{12^2 + 7^2} = \sqrt{193}$

$HF = \sqrt{4^2 + 12^2} = \sqrt{160}$

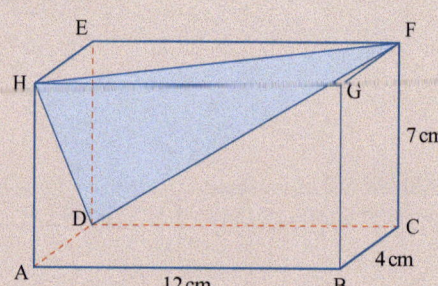

Ffigur 7.63

Gan ddefnyddio'r rheol cosin: $\cos HDF = \dfrac{HD^2 + FD^2 - HF^2}{2 \times HD \times FD}$

$\cos HDF = \dfrac{65 + 193 - 160}{2 \times \sqrt{65} \times \sqrt{193}}$

$\cos HDF = 0.437$

$HDF = 64.1°$ (i 1 lle degol)

(ii) Gan ddefnyddio'r rheol sin: $\dfrac{\sin H}{FD} = \dfrac{\sin D}{HF}$

$\dfrac{\sin H}{\sqrt{193}} = \dfrac{\sin 64.1}{\sqrt{160}}$

$\sin H = 0.988$

$DHF = 81.0°$ (i 1 lle degol)

**Ymarfer 7E**

DD

① Mae gan y ciwb ABCDEFGH sydd i'w weld yn y diagram ochrau 10 cm o hyd.

Cyfrifwch

(i) yr hyd AC

(ii) yr hyd AG

(iii) yr ongl GAC.

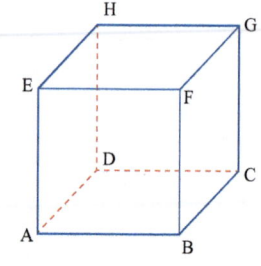

Ffigur 7.65

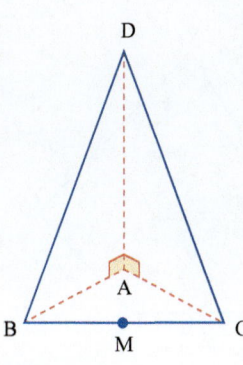

Ffigur 7.66

**DD** ② Mae Ffigur 7.66 yn cynrychioli pyramid ABCD â sylfaen llorweddol ABC.

AB = AC = 5 cm a BD = CD = 13 cm.

BC = 8 cm.

Mae D yn fertigol uwchben A ac ∠BAD = ∠CAD = 90°.

M yw canolbwynt BC.

Cyfrifwch

(i)   yr hyd AM

(ii)  yr ongl BCD

(iii) yr ongl rhwng y planau BCA a BCD.

**DD** **BGI** ③ Mae Ffigur 7.67 yn dangos lletem ABCDEF sydd wedi'i gosod i ddal drws ar agor.

AB = 5 cm, BC = 12 cm ac FC = 4 cm.

Cyfrifwch

(i)   yr ongl FBC

(ii)  yr hyd AC

(iii) yr ongl rhwng y llinell FA a'r plân ABCD.

Mae bwlch o 2 cm rhwng y drws a'r llawr.

(iv)  Pa mor bell ar hyd BF y bydd gwaelod y drws yn cwrdd â'r lletem?

Ffigur 7.67

**DD** ④ Mae A, B ac C yn bwyntiau ar blân llorweddol.

Mae A 75 m o C ar gyfeiriant o 210° a chyfeiriant B o C yw 120°.

Cyfeiriant B o A yw 075°.

O A, ongl godiad T, pen uchaf twr fertigol, yn C yw 42°.

Cyfrifwch

(i)   y pellter BC

(ii)  uchder y twr

(iii) ongl godiad T o B.

**DD** **BGI** ⑤ C yw troed twr fertigol CT sy'n 28 m o uchder.

Mae A a B yn bwyntiau yn yr un plân llorweddol ag C, ac CA = CB.

P yw'r pwynt ar AB sydd agosaf at C.

Ongl godiad pen uchaf y twr o P yw 40° ac ∠ACB = 120°.

Cyfrifwch

(i)   yr hyd CP

(ii)  yr hyd CB

(iii) yr hyd AB

(iv)  ongl godiad pen uchaf y twr o B.

**DD** **BGI** ⑥ Mae gan y fasged sbwriel sydd i'w gweld yn Ffigur 7.68 glawr ABCD sy'n sgwâr ag ochr o 30 cm ac mae gan y fasged sylfaen PQRS sy'n sgwâr ag ochr o 20 cm.

Mae'r llinell sy'n cysylltu canol yr wyneb uchaf a chanol y sylfaen yn berpendicwlar i'r ddau ac mae'n 40 cm o hyd.

Cyfrifwch

(i)   yr hyd PR

(ii)  yr hyd AC

(iii) yr hyd AP.

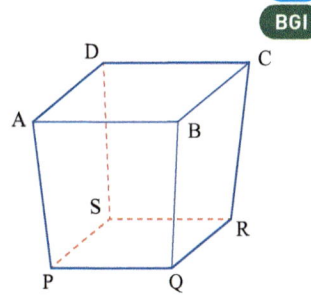

Ffigur 7.68

**BGI** ⑦ Yn yr Aifft, roedd pyramidiau'n cael eu defnyddio fel siambrau claddu ar gyfer y Pharoaid.

Mae'r un mwyaf o'r rhain, sydd i'w weld yn y diagram ac a adeiladwyd tua 2500 CCC ar gyfer Cheops, yn 146 m o uchder ac mae ganddo sylfaen sgwâr ag ochr 231 m.

X yw canol y sylfaen a VX = 146 m.

Cyfrifwch

[i]    yr ongl rhwng VA ac ABCD

[ii]   yr hyd VA

[iii]  yr hyd VM, lle M yw canolbwynt AB

[iv]   yr ongl rhwng VAB ac ABCD.

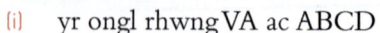

Ffigur 7.69

**DD** **BGI** ⑧ Mae gan y babell sydd i'w gweld yn Ffigur 7.70 sylfaen sydd yn 2.2 m o led a 3.6 m o hyd.

Mae'r ddau ben yn drionglau isosgeles, wedi'u goleddu ar ongl 80° i'r sail.

$\angle AEB = \angle DFC = 70°$ ac M yw canolbwynt AB.

Cyfrifwch

[i]    hyd EM

[ii]   uchder EF uwchben y sail

[iii]  hyd EF.

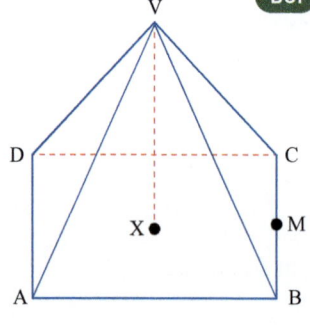

Ffigur 7.70

**DD** **BGI** ⑨ Mae gan y pyramid union VABCD sylfaen petryal ABCD.

Mae'r fertig, V, union uwchben canol, X, y sylfaen.

M yw canolbwynt BC.

AB = 12 metr, BC = 9 metr a VA = 18 metr.

Cyfrifwch

[i]    yr hyd AC

[ii]   yr hyd VX

[iii]  yr ongl rhwng VA ac ABCD

[iv]   yr ongl rhwng VBC ac ABCD.

Ffigur 7.71

**SA** **RWC** ⑩ Mae angen pecynnu persawr newydd mewn bocs sydd ar ffurf tetrahedron rheolaidd VABC ag ochr 6 cm sy'n sefyll ar brism trionglog ABCDEF, fel sydd i'w weld yn y diagram.

Uchder y prism yw 12 cm.

M yw canolbwynt BC.

Cyfrifwch

[i]    yr hyd AM

[ii]   yr hyd VM

[iii]  yr ongl VAM

[iv]   cyfanswm uchder y bocs.

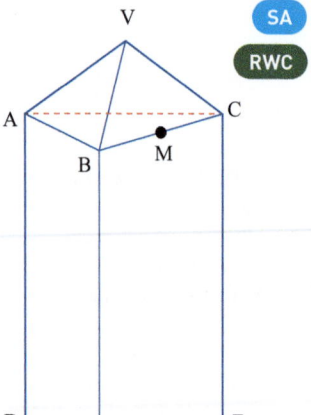

Ffigur 7.72

DRh ⑪ Mae gan y ciwboid sylfaen sgwâr ABCD ag ochr o 6 cm ac mae ganddo uchder o 3 cm.

M yw canolbwynt EG.

(i) Cyfrifwch hyd BM.

(ii) Cyfrifwch arwynebedd y triongl BEG.

(iii) Cyfrifwch yr ongl rhwng y triongl BEG a'r plân ABCD.

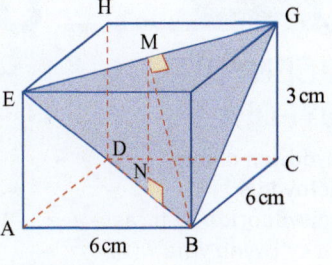

Ffigur 7.73

DRh ⑫ Mae gan y ciwb ochrau o 12 cm ac M yw canolbwynt AC.

(i) Cyfrifwch hyd DM.

(ii) Cyfrifwch yr ongl rhwng y planau ABCD ac ACH.

(iii) Cyfrifwch arwynebedd y triongl mwyaf a fyddai'n ffitio y tu mewn i'r ciwb hwn.

(iv) Beth yw arwynebedd y triongl mwyaf a fyddai'n ffitio y tu mewn i giwb ag ochrau o 20 cm? Rhowch eich ateb mewn ffurf union.

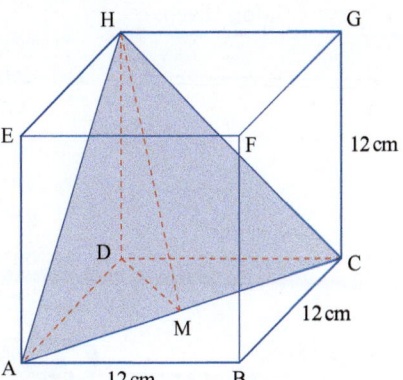

Ffigur 7.74

DRh ⑬ Mae gan giwboid ABCDEFGH ymylon sy'n 8 cm, 3 cm a 5 cm o hyd, fel sydd i'w weld.

Cyfrifwch faint yr ongl leiaf yn y triongl AEG.

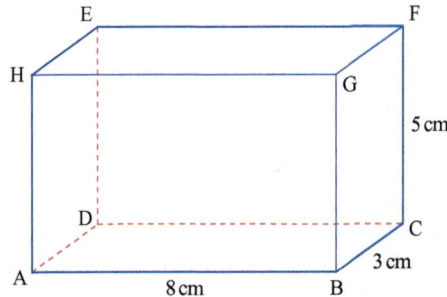

Ffigur 7.75

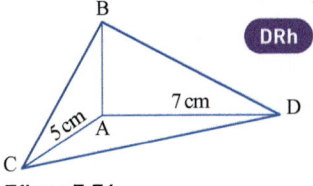

Ffigur 7.76

DRh ⑭ Mae gan detrahedron ABCD yr hydoedd AC = 5 cm ac AD = 7 cm.

O wybod bod ongl CAD = 130°, ongl BCD = 65° ac ongl BDC = 55°, cyfrifwch hyd ymyl BC.

DRh ⑮ Mae gan y tetrahedron PQRS yr hydoedd PQ = 8 cm, PS = 10 cm a QR = 5 cm, a'r onglau

QPS = 64°   a QRS = 73°.

Cyfrifwch faint ongl QSR.

## DEFNYDD I'R DYFODOL

Byddwch chi'n defnyddio'r egwyddorion sy'n cael eu cyflwyno yma wrth astudio llinellau a phlanau ar ffurf fector yn y cwrs Safon Uwch.

## DEILLIANNAU DYSGU

Gan eich bod chi wedi gorffen y bennod hon, dylech chi allu

➤ cyfrifo arwynebedd triongl o wybod dwy ochr ac ongl gynwysedig

➤ darganfod hyd arc neu arwynebedd sector drwy ei ystyried fel ffracsiwn o gylch

➤ darganfod arwynebedd segment drwy ei ystyried fel triongl wedi'i dynnu o sector

➤ defnyddio'r rheol sin i gyfrifo maint ongl neu hyd ochr

➤ defnyddio'r rheol cosin i gyfrifo maint ongl neu hyd ochr

➤ defnyddio'r fformiwlâu cyfaint ac arwynebedd arwyneb ar gyfer pyramidiau, conau a sfferau

➤ lluniadu cynrychioliad 2-D o wrthrych 3-D

➤ cyfrifo'r ongl rhwng llinell a phlân neu'r ongl rhwng dau blân

➤ defnyddio theorem Pythagoras i gyfrifo hydoedd mewn tri dimensiwn

➤ datrys problemau ymarferol mewn tri dimensiwn gan ddefnyddio'r wybodaeth uchod.

## CYD-DESTUNAU'R BYD GO IAWN

Mae onglau rhwng dwy linell, llinell a phlân neu ddau blân yn bwysig iawn i benseiri a pheirianwyr wrth iddyn nhw ddylunio adeiladau a pheiriannau.

Mae'r wybodaeth hon yn cael ei chymhwyso ym maes llywio llongau ac awyrennau.

Mae hefyd yn cael ei chymhwyso mewn peirianneg meddalwedd.

## PWYNTIAU ALLWEDDOL

1  Arwynebedd triongl $= \frac{1}{2} ab \sin C = \frac{1}{2} ac \sin B = \frac{1}{2} bc \sin A$

2  Mae hyd **arc** cylch yn cael ei gyfrifo drwy ei ystyried fel ffracsiwn o gylchedd y cylch cyfan.

$$\text{hyd arc} = \frac{\alpha}{360} \times 2\pi r$$

Yn yr un modd, gall arwynebedd **sector** gael ei gyfrifo fel ffracsiwn o arwynebedd y cylch cyfan.

$$\text{arwynebedd sector} = \frac{\alpha}{360} \times \pi r^2$$

3  Rheol sin: $\dfrac{a}{\sin A} = \dfrac{b}{\sin B} = \dfrac{c}{\sin C}$ a $\dfrac{\sin A}{a} = \dfrac{\sin B}{b} = \dfrac{\sin C}{c}$

4  Rheol cosin: $a^2 = b^2 + c^2 - 2bc \cos A$ a $\cos A = \dfrac{b^2 + c^2 - a^2}{2bc}$

5  Wrth ddatrys problemau tri dimensiwn, dylech chi bob amser luniadu diagram clir lle mae'r:

■ llinellau fertigol wedi'u lluniadu'n fertigol

■ llinellau dwyrain-gorllewin wedi'u lluniadu'n llorweddol

■ llinellau gogledd-de wedi'u lluniadu ar oledd

■ ymylon cuddiedig wedi'u lluniadu fel llinellau toredig.

6  Mewn tri dimensiwn, mae theorem Pythagoras yn ymestyn i
$a^2 + b^2 + c^2 = d^2$

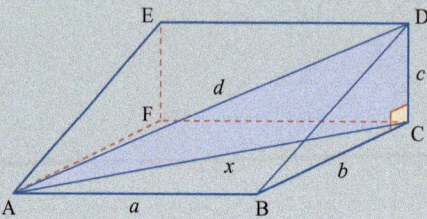

Ffigur 7.77

# 8 Calcwlws

*Wn i ddim sut rwy'n ymddangos i'r byd; ond i mi fy hun, rwy'n ymddangos fel bachgen yn chwarae ar lan y môr, ac yn fy niddori fy hun o bryd i'w gilydd wrth ddarganfod carreg lyfnach neu gragen harddach na'r arfer, tra bo môr mawr gwirionedd heb ei ddarganfod o fy mlaen.*

Isaac Newton

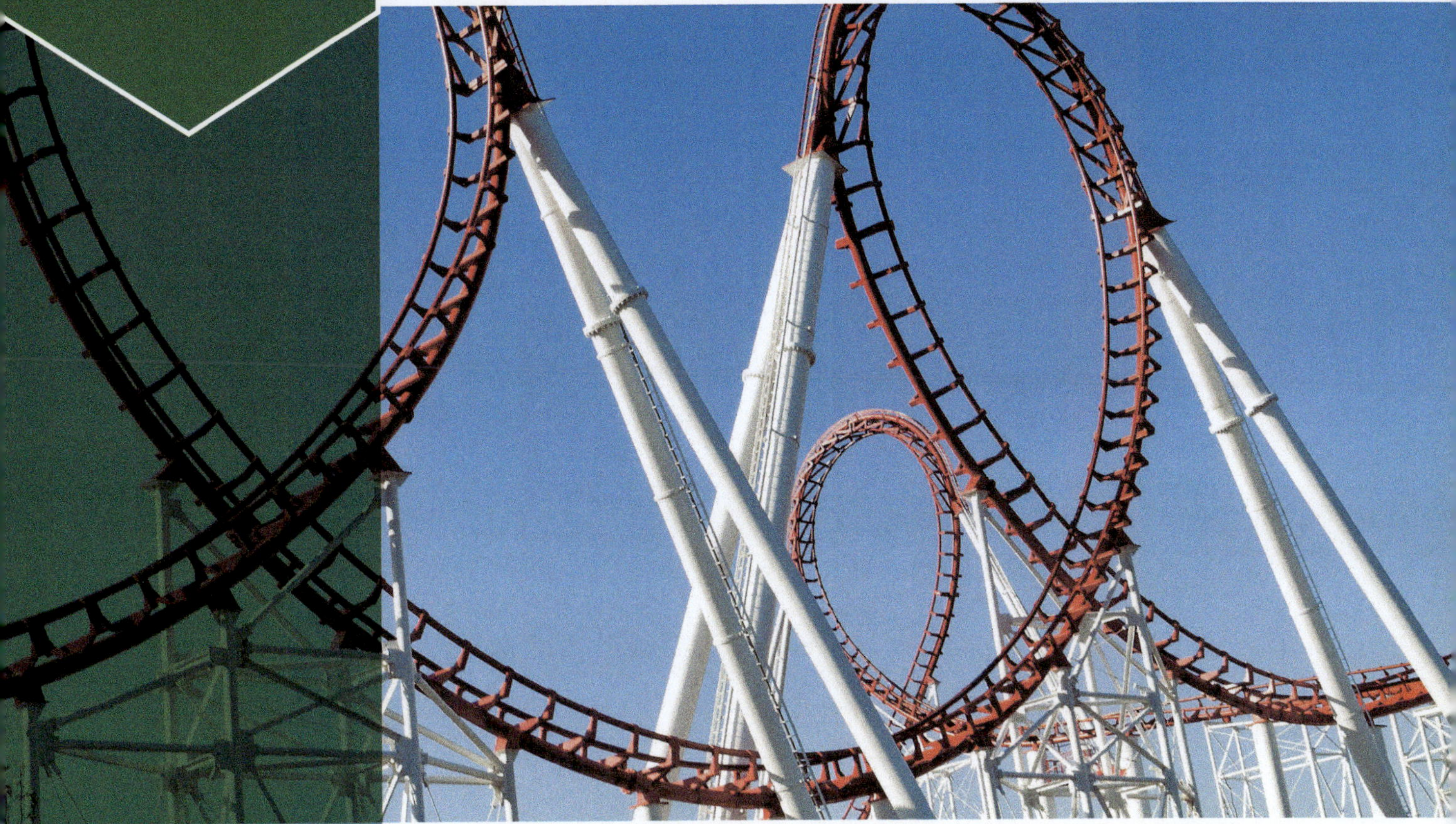

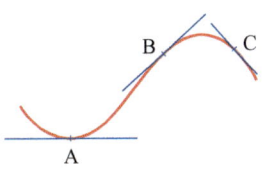

**Gwybodaeth flaenorol**

Cyflwynwyd y fformiwla 'graddiant = $\frac{y_2 - y_1}{x_2 - x_1}$' ym Mhennod 3 ar gyfer graddiant llinell syth sy'n cysylltu'r ddau bwynt $(x_1, y_1)$ ac $(x_2, y_2)$

Mae $m = \frac{y_2 - y_1}{x_2 - x_1}$ yn arwain at hafaliad cyffredinol llinell syth $(y - y_1) = m(x - x_1)$.

## 1 Graddiant cromlin

Yn Ffigur 8.1, mae gan y gromlin raddiant o sero yn A, graddiant positif yn B a graddiant negatif yn C.

Ffigur 8.1

Un ffordd o ddarganfod y graddiannau hyn yw lluniadu'r tangiadau a defnyddio dau bwynt ar bob un i gyfrifo ei raddiant. Mae hyn yn cymryd amser ac mae'r canlyniadau'n dibynnu ar gywirdeb eich lluniad a'ch gwaith mesur. Os ydych chi'n gwybod hafaliad y gromlin, yna mae *differu* yn rhoi dull arall o gyfrifo'r graddiant.

# 2 Differu

Yn lle ceisio lluniadu tangiad cywir, mae'r dull hwn yn dechrau drwy gyfrifo graddiannau cordiau $PQ_1$, $PQ_2$, … . Wrth i wahanol safleoedd Q fynd yn agosach i P, mae gwerthoedd graddiant PQ yn mynd yn agosach i raddiant y tangiad yn P. Yn achos P yn (3, 9), mae ychydig safleoedd cyntaf Q i'w gweld yn Ffigur 8.2.

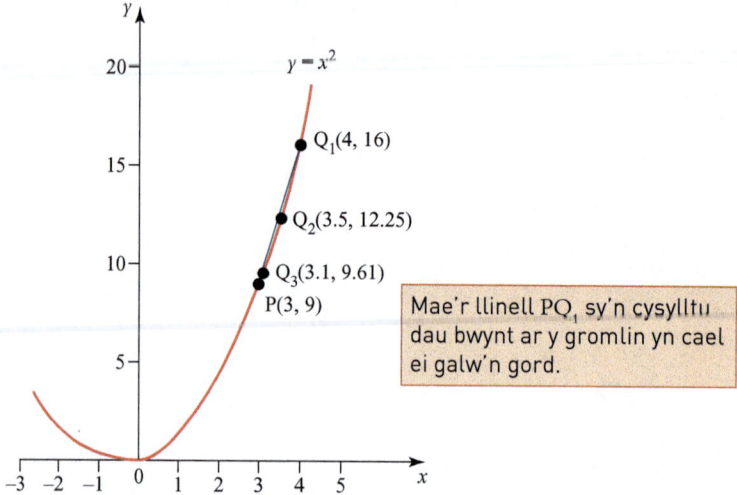

> Mae'r llinell $PQ_1$ sy'n cysylltu dau bwynt ar y gromlin yn cael ei galw'n gord.

Ffigur 8.2

| cord | cyfesurynnau Q | graddiant PQ |
|---|---|---|
| $PQ_1$ | (4, 16) | $\dfrac{16 - 9}{4 - 3} = 7$ |
| $PQ_2$ | (3.5, 12.25) | $\dfrac{12.25 - 9}{3.5 - 3} = 6.5$ |
| $PQ_3$ | (3.1, 9.61) | $\dfrac{9.61 - 9}{3.1 - 3} = 6.1$ |
| $PQ_4$ | (3.01, 9.0601) | $\dfrac{9.0601 - 9}{3.01 - 3} = 6.01$ |
| $PQ_5$ | (3.001, 9.006 001) | $\dfrac{9.006\ 001 - 9}{3.001 - 3} = 6.001$ |

Yn y broses hon, mae graddiant y cord PQ yn mynd yn agosach ac yn agosach i raddiant y tangiad,

Edrychwch ar dilyniant sy'n cael ei ffurfio gan raddiannau'r cordiau.

7, 6.5, 6.1, 6.01, 6.001, …

Mae'n edrych fel bod y dilyniant hwn yn cydgyfeirio i 6.

Mae'r tabl a'r gweithgaredd yn dangos ei bod hi'n ymddangos mai graddiant y gromlin $y = x^2$ at yn (3, 9) yw 6 neu tua 6 ond nid ydynt yn rhoi prawf pendant o'i werth. I wneud hynny, mae angen i chi ddefnyddio'r dull mewn termau mwy cyffredinol.

**GWEITHGAREDD 8.1**

Cymerwch bwyntiau $R_1$ i $R_5$ ar y gromlin $y = x^2$ gyda'r cyfesurynnau-$x$ 2, 2.5, 2.9, 2.99, a 2.999 yn ôl eu trefn. Cyfrifwch raddiannau'r cordiau sy'n cysylltu pob un o'r pwyntiau hyn a P(3, 9).

Cymerwch y pwynt P(3, 9) a phwynt arall Q sy'n agos i (3, 9) ar y gromlin $y = x^2$. Gadewch i gyfesuryn-$x$ Q fod yn $(3 + h)$ lle mae $h$ yn fach. Gan fod $y = x^2$ ar bob pwynt ar y gromlin, cyfesuryn-$y$ Q fydd $(3 + h)^2$.

Mae Ffigur 8.3 yn dangos Q mewn safle lle mae $h$ yn bositif. Byddai gwerthoedd negatif $h$ yn rhoi Q i'r chwith o P.

O Ffigur 8.3, graddiant PQ yw $\dfrac{(3 + h)^2 - 9}{h}$

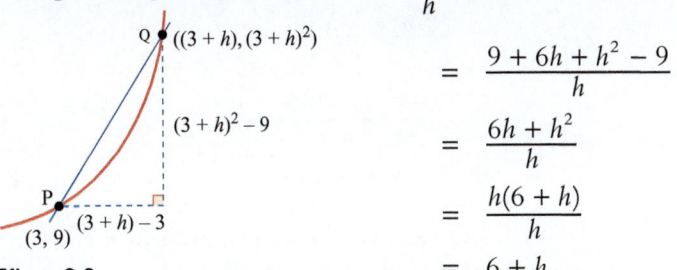

$$= \frac{9 + 6h + h^2 - 9}{h}$$

$$= \frac{6h + h^2}{h}$$

$$= \frac{h(6 + h)}{h}$$

$$= 6 + h.$$

**Ffigur 8.3**

Er enghraifft, pan fydd $h = 0.001$, graddiant PQ yw 6.001 a phan fydd $h = -0.001$, graddiant PQ yw 5.999. Mae graddiant y tangiad yn P rhwng y ddau werth hyn. Yn yr un modd, byddai graddiant y tangiad yn P rhwng $6 - h$ a $6 + h$ ar gyfer pob gwerth ansero $h$.

I hyn fod yn wir, rhaid i raddiant $y$ tangiad yn (3, 9) fod yn 6 *yn union*.

Yn yr achos hwn, 6 oedd *terfan* gwerthoedd y graddiannau, o ba gyfeiriad bynnag – o'r dde neu o'r chwith – roeddech chi'n agosáu at P.

## Y ffwythiant graddiant

Hyd yma, mae'r gwaith wedi ymwneud â chyfrifo graddiant y gromlin $y = x^2$ ar un pwynt penodol yn unig. Byddai'n ddiflas iawn pe bai'n rhaid i chi wneud hyn bob tro ac felly, yn lle hynny, gallwch chi ystyried pwynt cyffredinol $(x, y)$ ac yna amnewid gwerth(oedd) $x$ a/neu $y$ sy'n cyfateb i'r pwynt(iau) dan sylw. Mae'r ffwythiant graddiant yn mesur sut mae'r ffwythiant yn newid. Rydyn ni'n aml yn cyfeirio at hyn fel 'cyfradd newid y ffwythiant'.

> **GWEITHGAREDD 8.2**
>
> Gan ddefnyddio dull tebyg, cyfrifwch raddiant y tangiad i'r gromlin yn
>
> (i) (2, 4)
>
> (ii) (−1, 1)
>
> (iii) (−3, 9).
>
> Beth sy'n eich taro chi?

**Enghraifft 8.1**

Cyfrifwch raddiant y gromlin $y = x^3$ yn y pwynt cyffredinol $(x, y)$.

### Datrysiad

Gadewch i P fod â'r gwerth cyffredinol $x$ fel ei gyfesuryn-$x$, felly P yw'r pwynt $(x, x^3)$ (gan ei fod ar y gromlin $y = x^3$).

Gadewch i gyfesuryn-$x$ Q fod yn $(x + h)$ felly Q yw'r pwynt $((x + h), (x + h)^3)$.

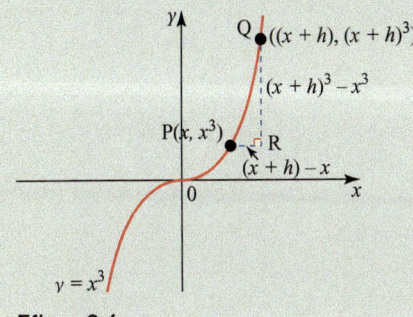

**Ffigur 8.4**

Mae graddiant y cord PQ yn cael ei roi gan

$$\frac{QR}{PR} = \frac{(x + h)^3 - x^3}{(x + h) - x}$$

$$= \frac{x^3 + 3x^2h + 3xh^2 + h^3 - x^3}{h}$$

$$= \frac{3x^2h + 3xh^2 + h^3}{h}$$

$$= \frac{h(3x^2 + 3xh + h^2)}{h}$$

$$= 3x^2 + 3xh + h^2$$

Wrth i Q fynd yn agosach i P, mae gwerth $h$ yn mynd yn llai ac yn llai ac mae'r graddiant yn agosáu at werth $3x^2$, sef graddiant y tangiad yn P.

Mae graddiant y gromlin $y = x^3$ yn y pwynt $(x, y)$ yn hafal i $3x^2$.

## GWEITHGAREDD 8.3

Defnyddiwch y dull yn Enghraifft 8.1 i brofi bod graddiant y gromlin $y = x^4$ yn y pwynt $(x, y)$ yn hafal i $4x^3$.

## Nodiant gwahanol

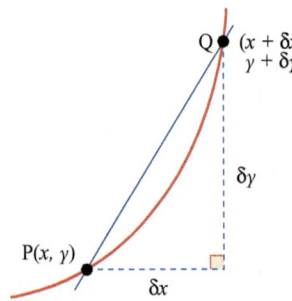

**Ffigur 8.5**

Darllenwch hyn fel 'y derfan wrth i $\delta x$ dueddu at 0'.

Hyd yma, rydyn ni wedi defnyddio $h$ i ddynodi'r gwahaniaeth rhwng cyfesurynnau-$x$ ein pwyntiau P a Q, lle mae Q yn agos i P.

Weithiau, bydd $\delta x$ yn cael ei ddefnyddio yn lle $h$. Mae'r llythyren Roegaidd $\delta$ (delta) yn llaw-fer am 'newid bach yn', felly mae $\delta x$ yn cynrychioli newid bach yn $x$, mae $\delta y$ yn cynrychioli newid bach yn $y$, ac yn y blaen.

Yn Ffigur 8.5, graddiant y cord PQ yw $\dfrac{\delta y}{\delta x}$.

Yn y derfan wrth i $\delta x$ dueddu at 0, mae $\delta x$ a hefyd $\delta y$ yn anfeidrol o fach ac mae'r gwerth a gawn ni ar gyfer $\dfrac{\delta y}{\delta x}$ yn agosáu at raddiant y tangiad yn P.

Mae $\lim\limits_{\delta x \to 0} \dfrac{\delta y}{\delta x}$ yn cael ei ysgrifennu fel $\dfrac{dy}{dx}$.

Gan ddefnyddio'r nodiant hwn, mae gennych chi reol ar gyfer differu.

$$y = x^n \Rightarrow \frac{dy}{dx} = nx^{n-1}$$

Mae'r ffwythiant graddiant, $\dfrac{dy}{dx}$, weithiau'n cael ei alw'n *ddeilliad y* mewn perthynas ag $x$ a phan fyddwch chi'n ei ddarganfod, byddwch chi wedi *differu y* mewn perthynas ag $x$.

Oherwydd y cysylltiad â graddiant, rydyn ni hefyd weithiau'n cyfeirio at $\dfrac{dy}{dx}$ fel cyfradd newid $y$ mewn perthynas ag $x$.

O wybod bod $y = x^2 - 5x + 3$, darganfyddwch $\dfrac{dy}{dx}$ o egwyddorion sylfaenol.

### Datrysiad

$$y = x^2 - 5x + 3$$

$$\therefore \quad y + \delta y = (x + \delta x)^2 - 5(x + \delta x) + 3$$

$$\Rightarrow \quad \delta y = (x + \delta x)^2 - 5(x + \delta x) + 3 - y$$

$$= x^2 + 2x\delta x + (\delta x)^2 - 5x - 5\delta x + 3 - (x^2 - 5x + 3)$$

$$= 2x\delta x + (\delta x)^2 - 5\delta x$$

$$= (2x - 5)\delta x + (\delta x)^2$$

$$\Rightarrow \quad \frac{\delta y}{\delta x} = 2x - 5 + \delta x$$

$$\therefore \quad \frac{dy}{dx} = \lim_{\delta x \to 0} (2x - 5 + \delta x)$$

$$= \frac{dy}{dx} = 2x - 5$$

**Ymarfer 8A**

① Darganfyddwch $\dfrac{dy}{dx}$ o egwyddorion sylfaenol ar gyfer pob un o'r hafaliadau canlynol.

(i) $y = 2x$

(ii) $y = 5x$

(iii) $y = 3x - 1$

(iv) $y = -4x + 7$

② Darganfyddwch $\dfrac{dy}{dx}$ o egwyddorion sylfaenol ar gyfer pob un o'r hafaliadau canlynol.

(i) $y = x^2$

(ii) $y = 3x^2$

(iii) $y = x^2 + 6$

(iv) $y = 4x^2 - 9$

③ O wybod bod $y = x^2 + 4x + 9$, darganfyddwch $\dfrac{dy}{dx}$ o egwyddorion sylfaenol.

④ O wybod bod $y = 2x^2 - 7x - 6$, darganfyddwch $\dfrac{dy}{dx}$ o egwyddorion sylfaenol.

⑤ O wybod bod $y = 3 - 4x - 5x^2$, darganfyddwch $\dfrac{dy}{dx}$ o egwyddorion sylfaenol.

## Nodiant

Ffordd arall o fynegi ffwythiant fel $y = 2x^2 + x - 3$ yw rhoi f($x$) yn lle $y$ ac ysgrifennu f($x$) = $2x^2 + x - 3$. Wrth drafod ffwythiant wedi'i ysgrifennu yn y ffurf hon, rydych chi'n dweud, 'mae f $x$ yn hafal i ddau $x$ sgwâr plws $x$ minws tri'. f'($x$) yw'r nodiant sy'n cael ei ddefnyddio ar gyfer differyn f($x$), felly pan fydd $y$ = f($x$), byddech chi'n ysgrifennu $\frac{dy}{dx}$ = f'($x$). Mae deilliad f($x$) yn cael ei ysgrifennu fel f'($x$), ac yn cael ei ynganu fel 'f dash $x$'.

### GWEITHGAREDD 8.4

Yn dilyn gwaith cynharach, rydych chi'n gwybod bod pob llinell yn y ffurf $y = x + c$ (lle gall $c$ fod yn bositif, yn negatif neu'n sero) yn baralel.

Gan ddefnyddio unrhyw feddalwedd sydd ar gael i chi, brasluniwch graffiau $y = x^2$, $y = x^2 + 5$ ac $y = x^2 - 3$ ar yr un echelinau, gan osod eich echelinau i $-4 < x < 4$ a $-5 < y < 25$.

Beth sy'n eich taro chi?

Gwnewch hyn eto ar gyfer graffiau $y = x^2 + 2x$, $y = x^2 + 2x + 5$ ac $y = x^2 + 2x - 3$.

# 3 Differu gan ddefnyddio canlyniadau safonol

Mae darganfod y graddiant o egwyddorion sylfaenol yn gosod sail ffurfiol i ddifferu, ond yn ymarferol byddech chi'n defnyddio rheol differu. Mae hyn hefyd yn cynnwys y canlyniadau a gewch chi o ddifferu (h.y. darganfod graddiant) hafaliadau sy'n cynrychioli llinellau syth.

Graddiant y llinell $y = x$ yw 1.

Graddiant y llinell $y = c$ yw 0,        lle mae $c$ yn gysonyn, gan fod y llinell yn baralel i'r echelin-$x$

Gall y rheol gael ei hymestyn ymhellach i gynnwys ffwythiannau o'r math $y = kx^n$ ar gyfer unrhyw gysonyn $k$, i roi

$$y = kx^n \Rightarrow \frac{dy}{dx} = nkx^{n-1}.$$

Efallai y bydd hi'n ddefnyddiol i chi gofio'r rheol fel

**'lluosi â phŵer $x$ a lleihau'r pŵer gan 1'.**

Gan ystyried Gweithgaredd 8.4 a defnyddio'r rheol hon:

$$y = x^2 + 2x \qquad \Rightarrow \frac{dy}{dx} = 2x + 2$$

$$y = x^2 + 2x + 5 \quad \Rightarrow \frac{dy}{dx} = 2x + 2$$

$$y = x^2 + 2x - 3 \Rightarrow \frac{dy}{dx} = 2x + 2$$

Mae gan y tri graff yr un ffwythiant graddiant, felly maen nhw'n baralel.

**Enghraifft 8.3**

Ysgrifennwch y ffwythiant graddiant ar gyfer pob un o'r ffwythiannau canlynol.

(i) $y = x^7$  (ii) $y = 4x^3$  (iii) $y = 5x^2$  (iv) $y = x^{\frac{1}{3}}$

*Datrysiad*

(i) $\dfrac{dy}{dx} = 7x^6$

(ii) $\dfrac{dy}{dx} = 12x^2$

(iii) $\dfrac{dy}{dx} = 10x$

(iv) $\dfrac{dy}{dx} = \dfrac{1}{3}x^{-\frac{2}{3}}$

Mae'r union un rheol, 'lluosi â phŵer $x$ a lleihau'r pŵer gan 1', yn berthnasol pan fydd y pŵer yn sero (h.y. $y = $ cysonyn) neu'n negatif. Cofiwch, er enghraifft, pan fyddwch chi'n tynnu 1 o sero, mai'r ateb yw $-1$, a phan fyddwch chi'n tynnu 1 o $-3$, cofiwch mai'r ateb yw $-4$.

Ar gyfer $y = x^0$, mae'r rheol yn rhoi $\dfrac{dy}{dx} = 0 \times x^{-1}$ sy'n hafal i 0.

**Enghraifft 8.4**

Cyfrifwch y ffwythiant graddiant ar gyfer pob un o'r ffwythiannau canlynol.

(i) $y = x^{-3}$

(ii) $y = 2x^{-4}$

(iii) $y = \dfrac{3}{x^2}$

(iv) $y = \dfrac{3}{4x^2}$

(v) $y = \dfrac{6}{\sqrt{x}}$

*Datrysiad*

(i) $\dfrac{dy}{dx} = -3x^{-4}$

(ii) $\dfrac{dy}{dx} = -8x^{-5}$

(iii) Yn gyntaf, ysgrifennwch $y = \dfrac{3}{x^2}$ yn y ffurf $y = 3x^{-2} \Rightarrow \dfrac{dy}{dx} = -6x^{-3}$

$= -\dfrac{6}{x^3}$

> Mae'n rhaid i chi adael y 4 yn yr enwadur nes y gallwch chi symleiddio ar y diwedd.

(iv) Yn gyntaf, ysgrifennwch $y = \dfrac{3}{4x^2}$ yn y ffurf $y = \dfrac{3}{4}x^{-2}$

$\Rightarrow \dfrac{dy}{dx} = \dfrac{3}{4}\left(-2x^{-3}\right) = -\dfrac{3}{2x^3}$

(v) Yn gyntaf, ysgrifennwch $y = \dfrac{6}{\sqrt{x}}$ yn y ffurf $y = 6x^{-\frac{1}{2}}$

$\Rightarrow \dfrac{dy}{dx} = -\dfrac{1}{2} \times 6x^{-\frac{3}{2}} = -\dfrac{3}{x^{\frac{3}{2}}}$

## Symiau ffwythiannau a gwahaniaethau rhyngddyn nhw

Mae llawer o'r ffwythiannau byddwch chi'n eu gweld yn symiau neu'n wahaniaethau rhwng ffwythiannau symlach. Er enghraifft, mae'r ffwythiant $(4x^3 + 3x)$ yn swm y ffwythiannau $4x^3$ a $3x$. I ddifferu ffwythiant fel hwn, rydych chi'n differu pob rhan ar wahân ac yna'n adio'r canlyniadau at ei gilydd.

**Enghraifft 8.5**

Differwch $y = 4x^3 + 3x$.

*Datrysiad*

$$\frac{dy}{dx} = 12x^2 + 3$$

**Enghraifft 8.6**

Differwch $y = \frac{x^2}{2} - \frac{2}{3x^2}$.

*Datrysiad*

Dechreuwch drwy ysgrifennu'r mynegiad yn y ffurf $y = \frac{1}{2}x^2 - \frac{2}{3}x^{-2}$

Gan ddifferu, $\frac{dy}{dx} = \frac{1}{2}(2x) - \frac{2}{3}(-2x^{-3})$

$$= x + \frac{4}{3}x^{-3}$$

$$= x + \frac{4}{3x^3}$$

**Enghraifft 8.7**

O wybod bod $y = 2x^3 - 3x + 4$, cyfrifwch

(i)     $\frac{dy}{dx}$

(ii)    graddiant y gromlin yn y pwynt $(2, 14)$

(iii)   cyfradd newid $y$ mewn perthynas ag $x$ pan fydd $x = -3$.

*Datrysiad*

(i)     $\frac{dy}{dx} = 6x^2 - 3$

(ii)    Yn $(2, 14), x = 2$

Mae amnewid $x = 2$ i mewn i'r mynegiad ar gyfer $\frac{dy}{dx}$ yn rhoi

$$\frac{dy}{dx} = 6 \times (2)^2 - 3 = 21.$$

(iii)   $\frac{dy}{dx}$ yw cyfradd newid $y$ mewn perthynas ag $x$.

Mae amnewid $x = -3$ i mewn i'r mynegiad ar gyfer $\frac{dy}{dx}$ yn rhoi

$$\frac{dy}{dx} = 6 \times (-3)^2 - 3$$

$$= 51.$$

**Enghraifft 8.8**

O wybod bod $y = 5x^2 - \frac{5}{x^2} + 2$, cyfrifwch

(i)     $\frac{dy}{dx}$

(ii)    graddiant y gromlin yn y pwynt $(1, 2)$

(iii)   cyfradd newid $y$ mewn perthynas ag $x$ pan fydd $x = -1$.

## Datrysiad

(i)     $y = 5x^2 - \dfrac{5}{x^2} + 2 \Rightarrow y = 5x^2 - 5x^{-2} + 2$

$$\Rightarrow \dfrac{dy}{dx} = 10x - 5(-2)x^{-3}$$

$$= 10x + \dfrac{10}{x^3}$$

(ii)    Yn y pwynt $(1, 2)$, $\dfrac{dy}{dx} = 10(1) + \dfrac{10}{1} = 20$.

(iii)   $\dfrac{dy}{dx}$ yw cyfradd newid $y$ mewn perthynas ag $x$.

Mae amnewid $x = -1$ i mewn i'r mynegiad ar gyfer $\dfrac{dy}{dx}$ yn rhoi

$\dfrac{dy}{dx} = 10(-1) + \dfrac{10}{(-1)^3} = -10 + (-10) = -20$.

### Ymarfer 8B

① Differwch y ffwythiannau canlynol.

  [i]   $y = x^4$          [ii]  $y = 2x^3$         [iii]  $y = 5x^2$

  [iv]  $y = 7x^9$       [v]  $y = -3x^6$      [vi]  $y = 5$

  [vii] $y = 10x$       [viii] $y = \dfrac{1}{4}x^3$     [ix]  $y = 2\pi x$

  [x]   $y = \pi x^2$      [xi]  $y = 4x^{\frac{3}{2}}$      [xii]  $y = \sqrt[3]{8x}$

② Differwch y ffwythiannau canlynol.

  [i]   $y = 2x^5 + 4x^2$    [ii]  $y = 3x^4 + 8x$    [iii]  $y = x^3 + 4$

  [iv]  $y = x - 5x^3$     [v]  $y = 4x^3 + 2x$    [vi]  $y = 2x + 6$

  [vii] $y = 3x^5 + 2$     [viii] $y = 3x - x^{\frac{3}{5}}$    [ix]  $y = 7x^{-3} - \sqrt[4]{x}$

③ Differwch y ffwythiannau canlynol.

  [i]   $y = 3x^5 + 4x^4 - 3x^2 + 2$       [ii]  $y = x^5 + 12x^3 + 3x$

  [iii]  $y = x^3 + 42x^2 - 5x + 24$     [iv]  $y = 9x^{\frac{4}{3}} - 6x^{\frac{1}{3}}$

④ Ysgrifennwch gyfradd newid y ffwythiannau canlynol mewn perthynas ag $y$.

  [i]   $y = x^{-4}$         [ii]  $y = 3x^{-2}$        [iii]  $y = 3x^2 + 4x^{-1}$

  [iv]  $y = 2x^{-3} - 4$   [v]  $y = x^2 + x^{-2}$     [vi]  $y = 3x^{-2} + 2x^{-3}$

  [vii] $y = 2x^{\frac{3}{2}} + 8x^{\frac{1}{2}} - 6x^{-\frac{1}{2}} + 4x^{-\frac{3}{2}}$

⑤ Differwch y ffwythiannau canlynol.

  [i]   $y = 3x^2 + \dfrac{2}{x^3}$   [ii]  $y = x^2 + \dfrac{1}{x^2}$     [iii]  $y = 3x^3 + \dfrac{3}{x^3}$

  [iv]  $y = \dfrac{2}{x} - \dfrac{3}{x^2}$   [v]  $y = \dfrac{1}{2x} - \dfrac{1}{3x^2}$   [vi]  $y = \dfrac{2}{3x} - \dfrac{3}{4x^2}$

  [vii] $y = 8x + \dfrac{7}{\sqrt{x}} - \dfrac{8}{\sqrt[3]{x}}$

⑥ Mae gan betryal hyd $6x$ a lled $3x$.

Arwynebedd y petryal yw $y$.

  [i]  Ysgrifennwch $y$ yn nhermau $x$.

  [ii]  Cyfrifwch $\dfrac{dy}{dx}$.

$3x$

$6x$

**Ffigur 8.6**

⑦ Pan fydd carreg yn cael ei thaflu i mewn i lyn, mae crychdonnau (*ripples*) cylchog yn ymddangos gyda'u canol yn y pwynt lle aeth y garreg i mewn i'r dŵr ac yn lledaenu tuag allan. Ar ôl amser $t$ eiliad, radiws y cylch yw $r$cm lle mae $r = 10t^2$.

(i) Cyfrifwch gyfradd gynyddu'r radiws (gan gynnwys yr unedau).

Gydag amser, mae diffiniad y crychdonnau'n mynd yn ddibwys fel na all y llygad dynol eu gweld ar ôl 8 eiliad.

(ii) Beth yw arwynebedd y grychdon fwyaf y gallwch chi ei gweld? Rhowch eich ateb i'r 10 metr sgwâr agosaf.

⑧ Mae gan sffêr sy'n ehangu radiws $2x$.

(i) Dangoswch fod cyfaint, $y$, y sffêr yn cael ei roi gan y fformiwla $y = \dfrac{32}{3}\pi x^3$.

(ii) Cyfrifwch gyfradd newid $y$ mewn perthynas ag $x$ pan fydd $x = 2$.

## Mynegiadau mae angen eu hehangu neu eu rhannu nhw yn gyntaf

Yn yr achos hwn, bydd angen i chi drin y mynegiad fel ei fod yn swm neu yn wahaniaeth cyn differu.

**Enghraifft 8.9**

Cyfrifwch $\dfrac{dy}{dx}$ ar gyfer pob un o'r hafaliadau canlynol.

(i) $y = x^3(x^2 - 4)$ 

(ii) $y = \dfrac{x^5 + x^2}{x}$

*Datrysiad*

(i) Ehangwch i roi $\qquad y = x^5 - 4x^3$

$\Rightarrow \dfrac{dy}{dx} = 5x^4 - 12x^2$

(ii) Rhowch hyn ar ffurf dau ffracsiwn $y = \dfrac{x^5}{x} + \dfrac{x^2}{x}$

Canslwch i roi $\qquad y = x^4 + x$

$\Rightarrow \dfrac{dy}{dx} = 4x^3 + 1$

**Ymarfer 8C**

① Cyfrifwch y ffwythiant graddiant ar gyfer pob un o'r ffwythiannau canlynol.

(i) $y = x(x^2 + 2)$

(ii) $y = 2x^2(3x - 4)$

(iii) $y = (x + 3)(x + 2)$

(iv) $y = (x + 5)(x + 2)$

(v) $y = x^3(4 + x - x^2)$

(vi) $y = (x + 2)(x - 5)$

(vii) $y = \sqrt{x}(x^2 + 8x)$

(viii) $y = (1 + \sqrt{x})(3 - \sqrt{x})$

② Cyfrifwch fynegiad ar gyfer cyfradd newid $y$ mewn perthynas ag $x$ ar gyfer pob un o'r canlynol.

(i) $y = \dfrac{x^5 + x^3}{4}$

(ii) $y = \dfrac{x^7 + x^3}{x^2}$

(iii) $y = \dfrac{4x^6 - 2x^2}{x^2}$

(iv) $y = (3x + 1)(x - 2)$

(v) $y = x^{\frac{1}{2}}(x^{\frac{3}{2}} + x^{\frac{1}{2}})$

(vi) $y = x^{\frac{1}{2}}(x^{\frac{7}{2}} + x^{-\frac{1}{2}})$

(vii) $y = \dfrac{x^{\frac{1}{2}} + x^{\frac{1}{3}}}{x^{\frac{1}{2}}}$

(viii) $y = \dfrac{7x^{\frac{4}{3}} + 8x^{\frac{5}{3}}}{9x^{\frac{3}{2}}}$

③ (i) Symleiddiwch $\dfrac{3x^3 - 2x^2}{x}$.

   (ii) Defnyddiwch eich ateb i (i) i ddifferu $y = \dfrac{3x^3 - 2x^2}{x}$.

④ Cyfrifwch raddiant y gromlin $y = x^3(x - 2)$ yn y pwynt $(3, 27)$.

⑤ Cyfrifwch gyfradd newid $y$ mewn perthynas ag $x$ ar gyfer $\dfrac{6x^4 + 2x^5}{2x^3}$ pan fydd $x = -1$.

⑥ Cyfrifwch gyfradd newid $y$ mewn perthynas ag $x$ ar gyfer $y = x^{\frac{1}{3}}(x^{\frac{5}{3}} - x^{\frac{2}{3}})$ pan fydd $x = -3$.

⑦ Cyfrifwch raddiant y gromlin $y = \dfrac{3x^4 + x^2 - 5x}{x}$ yn y pwynt $(1, -1)$.

⑧ Cyfrifwch raddiant y gromlin $y = 3\sqrt{x} - \dfrac{3}{\sqrt{x}}$ yn y pwynt $(4, 4.5)$.

# 4 Tangiadau

Gan eich bod chi'n gwybod sut i gyfrifo graddiant cromlin ar unrhyw bwynt, gallwch chi ddefnyddio hyn i gyfrifo hafaliad tangiad ar unrhyw bwynt penodol ar y gromlin.

**Enghraifft 8.10**

(i) Cyfrifwch hafaliad y tangiad i'r gromlin $y = 3x^2 - 5x - 2$ yn y pwynt $(1, -4)$.

(ii) Brasluniwch y gromlin a dangoswch y tangiad ar eich braslun.

### *Datrysiad*

(i) Yn gyntaf, cyfrifwch y ffwythiant graddiant, $\dfrac{dy}{dx}$.

$$\frac{dy}{dx} = 6x - 5$$

Amnewidiwch $x = 1$ i mewn i'r ffwythiant graddiant i gyfrifo graddiant, $m$, y tangiad yn $(1, -4)$.

$$m = 6 \times 1 - 5$$
$$= 1$$

Mae hafaliad y tangiad yn cael ei roi gan

$$y - y_1 = m(x - x_1)$$
$$y - (-4) = 1(x - 1) \quad \longleftarrow \boxed{x_1 = 1,\ y_1 = -4\ \text{ac}\ m = 1.}$$
$$\Rightarrow \qquad y = x - 5$$

(ii) Mae $y = 3x^2 - 5x - 2$ yn gromlin gwadratig siâp $\cup$.

Mae'n croesi'r echelin-$x$ pan fydd $3x^2 - 5x - 2 = 0$.

$$\Rightarrow \quad (3x + 1)(x - 2) = 0$$
$$\Rightarrow \quad x = -\frac{1}{3} \quad \text{neu} \quad x = 2$$

Mae'n croesi'r echelin-$y$ pan fydd $y = -2$.

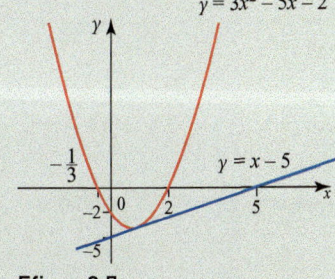

**Ffigur 8.7**

## Enghraifft 8.11

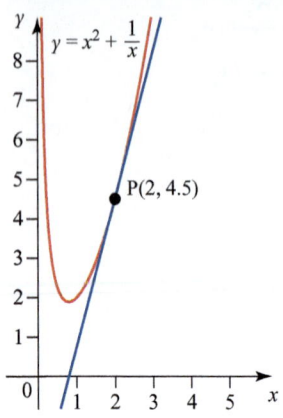

Ffigur 8.8

Mae Ffigur 8.8 yn fraslun o'r gromlin $y = x^2 + \dfrac{1}{x}$ ar gyfer $0 \leqslant x \leqslant 4$ lle P yw'r pwynt $(2, 4.5)$.

Cyfrifwch hafaliad y tangiad i'r gromlin yn P.

### Datrysiad

$$y = x^2 + \frac{1}{x} = x^2 + x^{-1} \Rightarrow \frac{dy}{dx} = 2x - x^{-2}$$

Yn $(2, 4.5)$, $\dfrac{dy}{dx} = 4 - \dfrac{1}{4} = 3.75$, sef graddiant y tangiad.

Gan ddefnyddio $(y - y_1) = m(x - x_1)$ hafaliad y tangiad yw

$$y - 4.5 = 3.75(x - 2)$$
$$\Rightarrow \quad y - 4.5 = 3.75x - 7.5$$
$$\Rightarrow \quad\quad\quad y = 3.75x - 3$$

## Ymarfer 8Ch

1. Mae'r braslun yn dangos graff $y = 5x - x^2$.

   Mae gan y pwynt sydd wedi'i nodi, P, y cyfesurynnau $(3, 6)$. Cyfrifwch

   (i) y ffwythiant graddiant, $\dfrac{dy}{dx}$

   (ii) graddiant y gromlin yn P

   (iii) hafaliad y tangiad yn P.

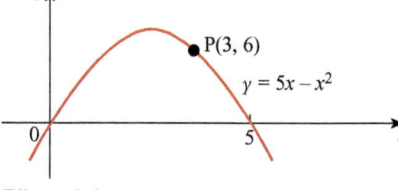

Ffigur 8.9

2. Mae'r braslun yn dangos graff $y = 3x^2 - x^3$.

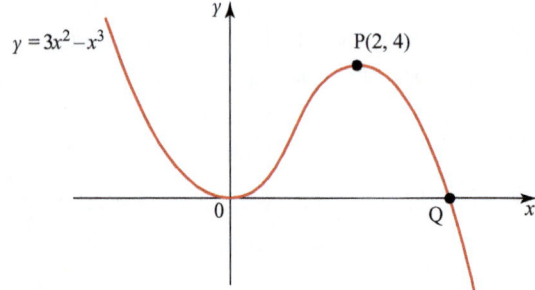

Ffigur 8.10

   (i) Mae gan y pwynt sydd wedi'i nodi, P, y cyfesurynnau $(2, 4)$.

   Cyfrifwch hafaliad y tangiad yn P.

   (ii) Mae'r graff yn cyffwrdd â'r echelin-$x$ yn y tarddbwynt, O, ac yn ei chroesi yn y pwynt Q.

   Cyfrifwch hafaliad y tangiad yn Q.

   (iii) Heb ragor o gyfrifo, nodwch hafaliad y tangiad i'r gromlin yn O.

③ Mae'r braslun yn dangos graff $y = x^5 - x^3$.

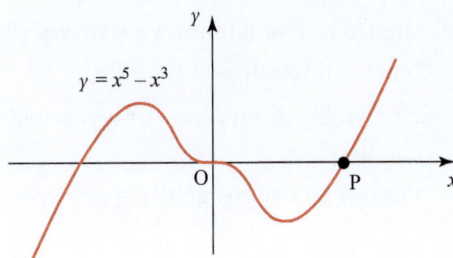

$y = x^5 - x^3$

P

**Ffigur 8.11**

(i) Cyfrifwch gyfesurynnau'r pwynt P lle mae'r gromlin yn croesi'r echelin-$x$ bositif.

(ii) Cyfrifwch hafaliad y tangiad yn P.

④ (i) O wybod bod $y = x^3 - 3x^2 + 4x + 1$, cyfrifwch y ffwythiant graddiant, $\dfrac{dy}{dx}$.

(ii) Mae'r pwynt P ar y gromlin $y = x^3 - 3x^2 + 4x + 1$ a'i gyfesuryn-$x$ yw 2.

Cyfrifwch hafaliad y tangiad yn P.

(iii) Cyfrifwch werthoedd $x$ lle mae gan y gromlin raddiant o 13.

⑤ Mae'r braslun yn dangos graff $y = x^3 - 9x^2 + 23x - 15$.

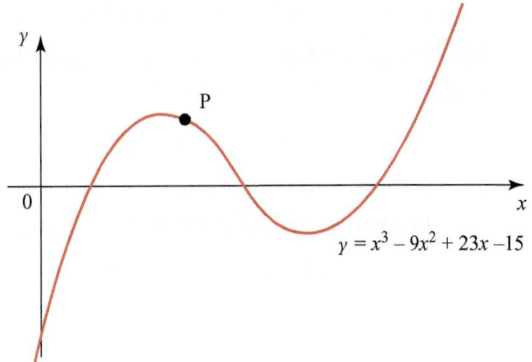

P

$y = x^3 - 9x^2 + 23x - 15$

**Ffigur 8.12**

Mae gan y pwynt P, sydd wedi'i nodi, ei gyfesuryn-$x$ yn hafal i 2.

(i) Cyfrifwch hafaliad y tangiad yn P.

Mae Q yn bwynt ar y gromlin lle mae'r tangiad yn baralel i'r tangiad yn P.

(ii) Cyfrifwch hafaliad y tangiad yn Q.

⑥ Mae'r pwynt $(2, -8)$ ar y gromlin $y = x^3 - px + q$.

   (i)   Nodwch berthynas rhwng $p$ a $q$.

   Mae'r tangiad i'r gromlin hon yn y pwynt $(2, -8)$ yn baralel i'r echelin-$x$.

   (ii)   Cyfrifwch werth $p$.

   (iii)   Cyfrifwch gyfesurynnau'r pwynt arall lle mae'r tangiad yn baralel i'r echelin-$x$.

⑦ Mae'r braslun yn dangos graff $y = x^2 - x - 1$.

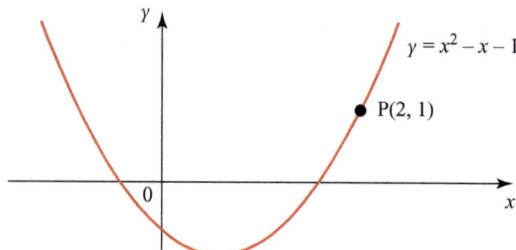

**Ffigur 8.13**

Cyfrifwch hafaliad y tangiad yn y pwynt P.

⑧ Mae gan gromlin yr hafaliad $y = (x - 3)(7 - x)$.

   Darganfyddwch hafaliad y tangiad yn y pwynt $(6, 3)$.

⑨ Mae gan gromlin yr hafaliad $y = 1.5x^3 - 3.5x^2 + 2x$.

   (i)   Dangoswch fod y gromlin yn mynd drwy'r pwyntiau $(0, 0)$ ac $(1, 0)$.

   (ii)   Darganfyddwch hafaliadau'r tangiadau yn y ddau bwynt hyn.

⑩ Mae Ffigur 8.14 yn dangos y gromlin â'r hafaliad $y = x^2 + \dfrac{2}{x}$ ar gyfer $x > 0$.

   (i)   Cyfrifwch y ffwythiant graddiant, $\dfrac{dy}{dx}$, a chyfrifwch gyfesurynnau'r pwynt minimwm.

   (ii)   Nodwch hafaliad y tangiad yn y pwynt minimwm hwnnw.

   (iii)   Darganfyddwch hafaliad y tangiad yn y pwynt lle mae $x = 2$.

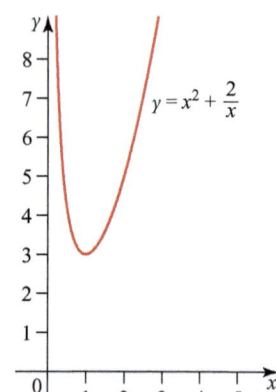

**Ffigur 8.14**

## Pwynt trafod

→ Mae gan y gromlin yn Ffigur 8.15 yr hafaliad $y = \dfrac{1}{x}$ ar gyfer $x \neq 0$.

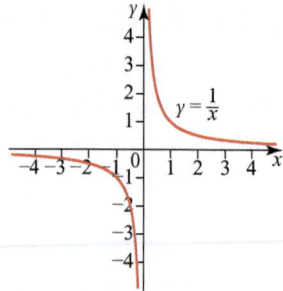

**Ffigur 8.15**

(i)   Cyfrifwch hafaliadau'r tangiadau yn y pwyntiau $(-1, -1)$ ac $(1, 1)$.

(ii)   Beth sy'n eich taro chi am y llinellau hyn?

# 5 Ffwythiannau cynyddol a lleihaol

Mae ffwythiant $y = f(x)$ yn

- ffwythiant cynyddol os yw $\dfrac{dy}{dx} > 0$

- ffwythiant lleihaol os yw $\dfrac{dy}{dx} < 0$.

Mae rhai ffwythiannau'n gynyddol neu'n lleihaol dros eu holl barth.

Er enghraifft, mae $y = 3 - 2x$ yn ffwythiant lleihaol ar gyfer pob gwerth real $x$ oherwydd bod $\dfrac{dy}{dx} = -2$ sy'n $< 0$.

Mae ffwythiannau eraill yn gynyddol dros rannau o'u parth ac yn lleihaol dros rannau eraill.

**Enghraifft 8.12**

Cyfrifwch y gwerthoedd $x$ lle mae'r ffwythiant $y = x^2 - 4x + 1$ yn ffwythiant cynyddol.

*Datrysiad*

Yn gyntaf, cyfrifwch $\dfrac{dy}{dx}$ $\qquad \dfrac{dy}{dx} = 2x - 4$

I fod yn ffwythiant cynyddol, $\dfrac{dy}{dx} > 0 \Rightarrow 2x - 4 > 0$

$$2x > 4$$
$$x > 2$$

**Ymarfer 8D**

① Cyfrifwch y gwerthoedd $x$ lle mae'r ffwythiannau canlynol yn gynyddol.

(i) $y = x^2 + 4$ (ii) $y = 2x - 3$

(iii) $y = x^2 + 2x - 5$ (iv) $y = x^2 - 3x$

(v) $y = 3x^2 + 4x + 7$ (vi) $y = (x + 6)(x - 2)$

(vii) $y = x^3 - 2x^2$ (viii) $y = x^3 + 6x^2 - 15x$

(ix) $y = x^3 - 3x^2 - 9x + 1$

② Cyfrifwch y gwerthoedd $x$ lle mae'r ffwythiannau canlynol yn lleihaol.

(i) $y = 4x^2$ (ii) $y = x^2 - 6x + 2$

(iii) $y = x(x + 2)$ (iv) $y = 3 + 4x - x^2$

(v) $y = 12 - x$ (vi) $y = (2x + 1)^2$

(vii) $y = \dfrac{1}{3}x^3 + x^2$ (viii) $y = 2x^3 - 3x^2 - 72x$

(ix) $y = 27x - x^3$

③ Profwch fod $y = \dfrac{1}{3}x^3 + 2x^2 + 7x + 1$ yn ffwythiant cynyddol ar gyfer pob gwerth $x$.

④ Profwch fod $y = x^3 - 6x^2 + 27x - 4$ yn ffwythiant cynyddol ar gyfer pob gwerth $x$.

⑤ Cyfrifwch y gwerthoedd $x$ lle mae $y = x^2 + \dfrac{2}{x}$ yn ffwythiant cynyddol.

⑥ Profwch fod $y = 12 - 2x - x^3$ yn ffwythiant lleihaol ar gyfer pob gwerth $x$.

⑦ Profwch fod $y = \dfrac{1}{x}$ yn ffwythiant lleihaol ar gyfer pob $x \neq 0$.

⑧ Cyfrifwch y gwerthoedd $x$ lle mae'r ffwythiannau canlynol yn
(a) yn gynyddol          (b) yn lleihaol.

(i)   $y = x + \dfrac{1}{x}$          (ii)   $y = x - \dfrac{1}{x}$

(iii)   $y = x^2 + \dfrac{1}{x^2}$          (iv)   $y = x^2 - \dfrac{1}{x^2}$

⑨ Mae aer yn cael ei bwmpio i mewn i falŵn sfferaidd ar gyfradd o $1000\,\text{cm}^3\,\text{s}^{-1}$. I ddechrau, nid yw'r balŵn yn cynnwys unrhyw aer. (Y fformiwla ar gyfer cyfaint sffêr yw $V = \dfrac{4}{3}\pi r^3$).

(i)    Cyfrifwch gyfaint $V$ y balŵn ar ôl 10 eiliad.
(ii)   Cyfrifwch gyfaint y balŵn ar ôl $t$ eiliad.
(iii)  Nodwch werth $\dfrac{\mathrm{d}V}{\mathrm{d}t}$.
(iv)   Cyfrifwch radiws y balŵn ar ôl $t$ eiliad.

# 6 Yr ail ddeilliad

Mae Ffigur 8.16 yn dangos braslun ffwythiant $y = f(x)$ gyda braslun o ffwythiant y graddiant cyfatebol, $\dfrac{\mathrm{d}y}{\mathrm{d}x} = f'(x)$, odano.

Mae'r trydydd graff yn dangos graddiant y ffwythiant $y = f'(x)$, wedi'i ddynodi gan $y = f''(x)$.

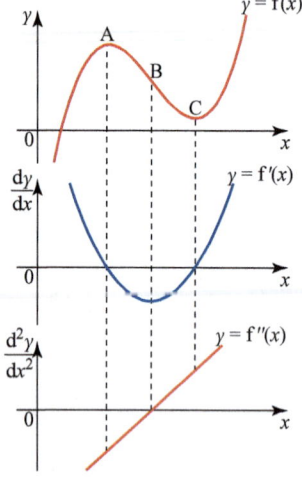

**Ffigur 8.16**

> ❗ Nid yw $\dfrac{\mathrm{d}^2y}{\mathrm{d}x^2}$ yr un peth â $\left(\dfrac{\mathrm{d}y}{\mathrm{d}x}\right)^2$.

Mae graddiant unrhyw bwynt ar gromlin $\dfrac{\mathrm{d}y}{\mathrm{d}x}$ yn cael ei ddarganfod drwy ddifferu $\dfrac{\mathrm{d}y}{\mathrm{d}x}$ ac mae'n cael ei roi gan $\dfrac{\mathrm{d}}{\mathrm{d}x}\left(\dfrac{\mathrm{d}y}{\mathrm{d}x}\right)$. Mae hyn yn cael ei ysgrifennu fel $\dfrac{\mathrm{d}^2y}{\mathrm{d}x^2}$ neu $y = f''(x)$ ac mae'n cael ei alw'n ail ddeilliad.

**Enghraifft 8.13**

O wybod bod $y = 2x^3 - 4x^2 + 3x - 1$, darganfyddwch $\dfrac{\mathrm{d}^2y}{\mathrm{d}x^2}$.

*Datrysiad*

$$\dfrac{\mathrm{d}y}{\mathrm{d}x} = 6x^2 - 8x + 3$$

$$\dfrac{\mathrm{d}^2y}{\mathrm{d}x^2} = 12x - 8$$

**Enghraifft 8.14**

Mae pêl yn cael ei thaflu tuag i fyny gyda buanedd o $20\,\text{m s}^{-1}$. Mae uchder y bêl $h$ m uwchben y llawr gwastad ar ôl amser $t$ eiliad yn cael ei roi gan $h = 1 + 20t - 5t^2$.

(i)    Cyfrifwch $\dfrac{\mathrm{d}h}{\mathrm{d}t}$ a dywedwch beth mae hyn yn ei gynrychioli.

(ii)   Cyfrifwch yr uchder mwyaf mae'r bêl yn ei gyrraedd a'r amser mae'n cyrraedd yr uchder hwn.

(iii)  Cyfrifwch gyfradd newid $\dfrac{\mathrm{d}h}{\mathrm{d}t}$, sy'n cael ei ysgrifennu fel $\dfrac{\mathrm{d}^2h}{\mathrm{d}t^2}$, a dywedwch beth mae hyn yn ei gynrychioli.

(iv)   Brasluniwch graff $h$ yn erbyn $t$.

### Datrysiad

(i) $\dfrac{dh}{dt} = 20 - 10t$

Mae hyn yn cynrychioli cyflymder y bêl.

(ii) Mae'r bêl yn cyrraedd yr uchder mwyaf pan fydd hi'n ddisymud yn enydaidd (*instantaneously at rest*). Mae hyn yn golygu bod $\dfrac{dh}{dt} = 0$, sy'n rhoi $20 - 10t = 0$, felly $t = 2$.

Pan fydd $t = 2$, $h = 1 + 20(2) - 5(4) = 21$.

Yr uchder mwyaf yw 21 m uwchben y llawr ar ôl amser o 2 eiliad.

(iii) $\dfrac{dh}{dt} = 20 - 10t \quad \Rightarrow \quad \dfrac{d^2h}{dt^2} = -10$

Cyfradd newid cyflymder yw cyflymiad, ac mae'r cyfeiriad positif yn cael ei fesur tuag i fyny, felly mae hyn yn golygu mai cyflymiad y bêl yw $-10\,ms^{-2}$ tuag i fyny, sydd yr un peth â dweud bod y bêl yn arafu ar gyfradd o $10\,ms^{-2}$ wrth iddi deithio tuag i fyny. Wrth iddi ddisgyn, bydd hi'n cyflymu ar gyfradd o $10\,ms^{-2}$ tuag i lawr.

(iv) Mae $h = 1 + 20t - 5t^2$ yn cael ei gynrychioli gan graff cwadratig sy'n mynd drwy $(0, 1)$ ac sydd â'r pwynt macsimwm yn $(2, 21)$.

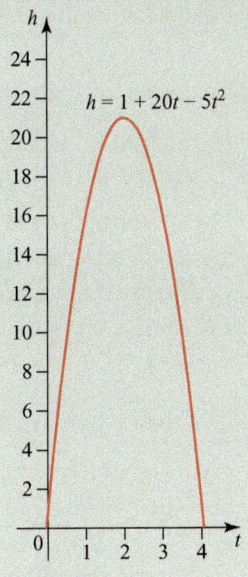

**Ffigur 8.17**

> Pan fydd y cyflymder yn bositif, mae'r bêl yn symud tuag i fyny a phan fydd yn negatif mae'n symud tuag i lawr. Pan fydd yn sero mae'n ddisymud ar y pwynt uchaf.

### Ymarfer 8Dd

① Cyfrifwch $\dfrac{dy}{dx}$ a $\dfrac{d^2y}{dx^2}$ ar gyfer pob un o'r hafaliadau canlynol.

(i) $y = 3x^3 + 3x$ 　　　　(ii) $y = x^5 - 25$

(iii) $y = 3x - 5x^4$

② Cyfrifwch $\dfrac{dy}{dx}$ a $\dfrac{d^2y}{dx^2}$ ar gyfer pob un o'r hafaliadau canlynol.

(i) $y = x^4 - 2x^2 + 5x - 4$ 　　　　(ii) $y = 2x^3 + 3x - 4$

(iii) $y = x^3 - 2x^2 + 1$

③ Cyfrifwch $\dfrac{dy}{dx}$ a $\dfrac{d^2y}{dx^2}$ ar gyfer pob un o'r hafaliadau canlynol. Pan fydd mynegiad yn cynnwys cromfachau, cofiwch fod angen i chi luosi cyn differu.

  (i)    $y = (2x - 1)(x + 2)$      (ii)    $y = (2x - 1)^2$

  (iii)   $y = (1 - 3x)(2x - 3)$

④ Cyfrifwch $\dfrac{dy}{dx}$ a $\dfrac{d^2y}{dx^2}$ ar gyfer pob un o'r hafaliadau canlynol.

  (i)    $y = 3(x - 2)(x^2 - 2x + 3)$      (ii)    $y = 2x^2(x - 1)^2$

  (iii)   $y = x^3(3x + 1)^2$

⑤ Swm dau rif $x$ ac $y$ yw 13 a'u lluoswm $P$ yw 40.

  (i)    Ysgrifennwch fynegiad ar gyfer $y$ yn nhermau $x$.

  (ii)   Ysgrifennwch fynegiad ar gyfer $P$ yn nhermau $x$.

  (iii)  Ysgrifennwch fynegiadau ar gyfer $\dfrac{dy}{dx}$ a $\dfrac{dP}{dx}$.

  (iv)  Ysgrifennwch gyfradd newid $\dfrac{dP}{dx}$.

⑥ Ar gyfer y gromlin $y = 3x^3 - 2x^2 - 6x - 4$

  (i)    ysgrifennwch fynegiadau ar gyfer $\dfrac{dy}{dx}$ a $\dfrac{d^2y}{dx^2}$

  (ii)   cyfrifwch raddiant y gromlin ar y pwyntiau $(-1, -7), (1, -9)$ a $(2, 0)$

  (iii)  cyfrifwch gyfradd newid y graddiant ym mhob un o'r pwyntiau hyn.

⑦ Fformiwla y byddwch chi'n ei defnyddio ym mhynciau Mecaneg neu Ffiseg yw $s = ut + \frac{1}{2}at^2$. Y llythrennau yn yr achos hwn yw $t$ = amser, $u$ yw'r cyflymder cychwynnol (a fydd yn gysonyn, neu'n sero os yw'n cychwyn o ddisymudedd), $a$ yw'r cyflymiad (sydd hefyd yn gorfod bod yn gysonyn, yn achos y fformiwla hon) ac $s$ yw'r pellter a deithiwyd. Yr unig newidynnau yn y fformiwla yw $s$ a $t$. Gan ddefnyddio'r fformiwla hon, bydd $\dfrac{ds}{dt}$ yn rhoi'r cyflymder ar ôl i amser $t$ fynd heibio.

  (i)    Cyfrifwch $\dfrac{ds}{dt}$ a thrwy hyn cyfrifwch y cyflymder ar ôl 12 eiliad pan fydd y pellter yn cael ei fesur mewn metrau a'r amser mewn eiliadau.

  (ii)   Cyfrifwch $\dfrac{d^2s}{dt^2}$.

# 7 Pwyntiau arhosol

**GWEITHGAREDD 8.5**

(i) Plotiwch graff $y = x^4 - 3x^3 - x^2 + 3x$, gan gymryd gwerthoedd $x$ o $-1.5$ i $+3.5$ mewn camau o $0.5$.

Bydd angen i'ch echelin-$y$ fynd o $-10$ i $+20$.

Fel arall, os oes gennych chi ffordd o ddefnyddio cyfrifiannell graffigol neu feddalwedd graffiau, gallech chi wneud hynny.

(ii) Disgrifiwch y gromlin wrth i $x$ fynd o $-1.5$ i $3.5$.

*Pwynt arhosol* ar gromlin yw pan fydd y graddiant yn sero. Mae hyn yn golygu bod y tangiadau i'r gromlin ar y pwyntiau hyn yn llorweddol. Mae Ffigur 8.18 yn dangos cromlin â dau bwynt arhosol, A a B.

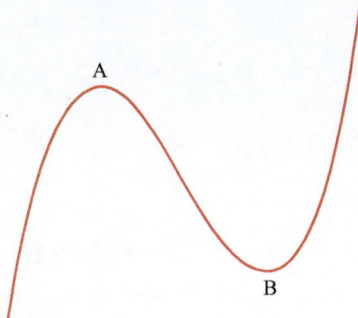

**Ffigur 8.18**

Wrth i'r gromlin fynd drwy bwyntiau A a B mae'n newid cyfeiriad yn llwyr. Yn A, mae'r graddiant yn newid o bositif i negatif ac yn B mae'n newid o negatif i bositif. Mae *A* yn cael ei alw'n bwynt *macsimwm* ac mae B yn cael ei alw'n bwynt *minimwm*.

## GWEITHGAREDD 8.6

Mae Ffigur 8.19 yn dangos graff $y = \cos x$.
Disgrifiwch raddiant y gromlin, gan ddefnyddio'r geiriau 'positif', 'negatif', 'sero', 'cynyddu/cynyddol' a 'lleihau/lleihaol', wrth i $x$ gynyddu o 0° i 360°.

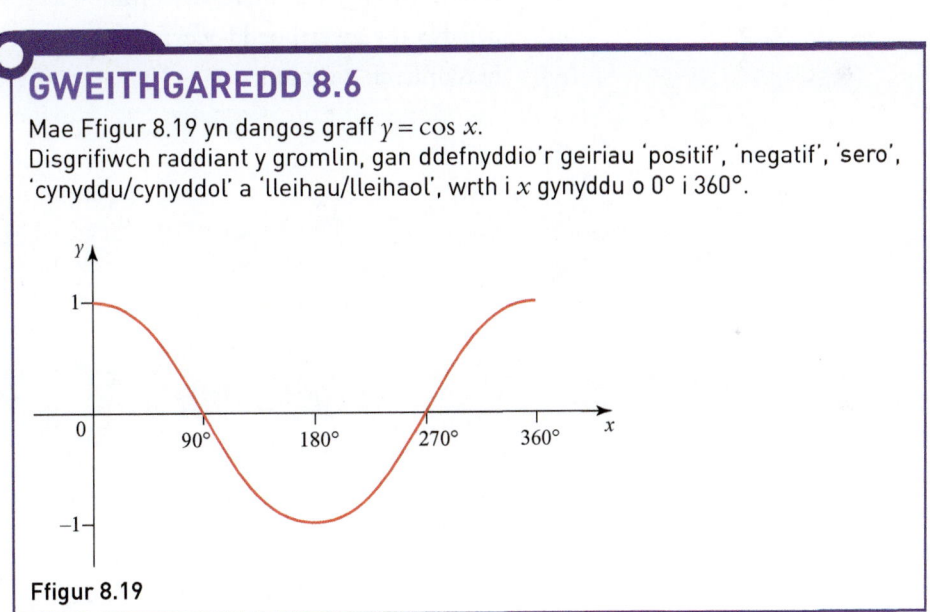

**Ffigur 8.19**

## Pwyntiau macsimwm a minimwm

Mae Ffigur 8.20 yn dangos graff $y = 4x - x^2$. Mae ganddo bwynt macsimwm yn (2, 4).

Gallwch chi weld

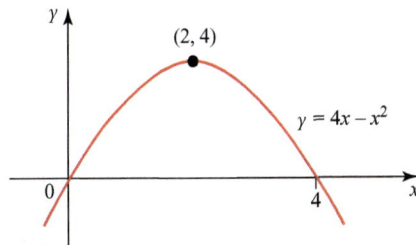

**Ffigur 8.20**

- bod y graddiant $\dfrac{\mathrm{d}y}{\mathrm{d}x}$ yn sero yn y pwynt macsimwm

- bod y graddiant yn bositif i'r chwith o'r pwynt macsimwm ac yn negatif i'r dde ohono.

Mae hyn yn wir am unrhyw bwynt macsimwm (gweler Ffigur 8.21).

Yn yr un ffordd, ar gyfer unrhyw bwynt minimwm (gweler Ffigur 8.22)

■ mae'r graddiant yn sero yn y minimwm

■ mae'r graddiant yn mynd o negatif i sero i bositif.

Gallwch chi weld bod y ffwythiant graddiant yn lleihau (+, 0, −) drwy bwynt macsimwm ac yn cynyddu (−, 0, +) drwy bwynt minimwm.

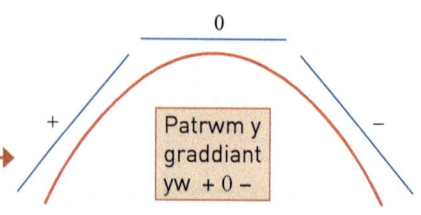

Ffigur 8.21

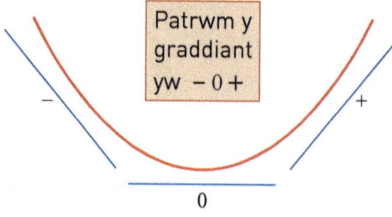

Ffigur 8.22

Pan fyddwch chi wedi darganfod safle unrhyw bwyntiau arhosol a pha fath ydyn nhw, gallwch chi ddefnyddio'r wybodaeth hon i fraslunio'r gromlin.

**Enghraifft 8.15**

Ar gyfer y gromlin $y = x^3 - 12x + 3$

(i) cyfrifwch $\dfrac{dy}{dx}$ a'r gwerthoedd $x$ lle mae $\dfrac{dy}{dx} = 0$

(ii) dosbarthwch y pwyntiau ar y gromlin â'r gwerthoedd-$x$ hyn

(iii) cyfrifwch y gwerthoedd-$y$ cyfatebol

(iv) brasluniwch y gromlin.

*Datrysiad*

(i) $\dfrac{dy}{dx} = 3x^2 - 12$

Pan fydd $\dfrac{dy}{dx} = 0$

$$3x^2 - 12 = 0$$

$\Rightarrow \quad 3(x^2 - 4) = 0$

$\Rightarrow \quad 3(x + 2)(x - 2) = 0$

$\Rightarrow \quad x = -2 \quad$ neu $\quad x = 2$

(ii) Ar gyfer $x = -2$:

$x = -3 \quad \Rightarrow \quad \dfrac{dy}{dx} = 3(-3)^2 - 12 = +15$

$x = -1 \quad \Rightarrow \quad \dfrac{dy}{dx} = 3(-1)^2 - 12 = -9$

Patrwm y graddiant yw $+ \; 0 \; -$

$\Rightarrow$ pwynt macsimwm pan fydd $x = -2$.

Ar gyfer $x = +2$:

$x = 1 \quad \Rightarrow \quad \dfrac{dy}{dx} = 3(1)^2 - 12 = -9$

$x = 3 \quad \Rightarrow \quad \dfrac{dy}{dx} = 3(3)^2 - 12 = +15$

Patrwm y graddiant yw $- \; 0 \; +$

$\Rightarrow$ pwynt minimwm pan fydd $x = +2$.

(iii)    Pan fydd $x = -2$, $y = (-2)^3 - 12(-2) + 3 = 19$.

Pan fydd $x = +2$, $y = (2)^3 - 12(2) + 3 = -13$.

(iv)    Mae pwynt macsimwm yn $(-2, 19)$ a phwynt minimwm yn $(2, -13)$.

Yr unig wybodaeth arall sydd ei hangen arnoch chi i fraslunio'r gromlin yw gwerth $y$ pan fydd $x = 0$. Mae hyn yn dweud wrthon ni lle mae'r gromlin yn croesi'r echelin-$y$.

Pan fydd $x = 0$, $y = (0)^3 - 12(0) + 3 = 3$.

Mae graff $y = x^3 - 12x + 3$ i'w weld yn Ffigur 8.23.

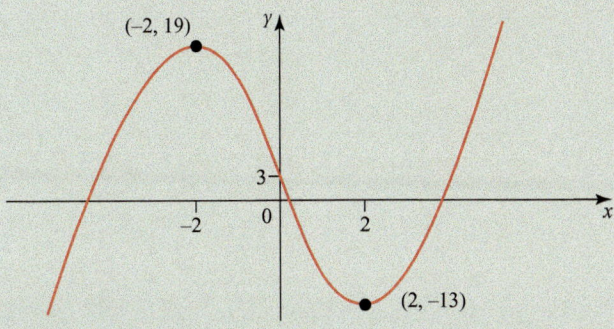

Ffigur 8.23

**Pwynt trafod**

→ Pam gallwch chi fod yn hyderus ynglŷn â pharhau â braslun y gromlin y tu hwnt i werthoedd-$x$ y pwyntiau arhosol?

**Pwynt trafod**

→ Yn Enghraifft 8.15, wnaethoch chi ddim cyfrifo cyfesurynnau'r pwyntiau lle mae'r gromlin yn croesi'r echelin-$x$.
(i)    Pam felly?
(ii)    O dan ba amgylchiadau byddech chi'n cyfrifo'r pwyntiau hyn?

**Enghraifft 8.16**

Nodwch bob pwynt arhosol ar gromlin $y = x^4 - 2x^3 + x^2 - 2$ a brasluniwch y gromlin.

*Datrysiad*

$\dfrac{dy}{dx} = 4x^3 - 6x^2 + 2x$

Mae pwyntiau arhosol yn digwydd pan fydd $\dfrac{dy}{dx} = 0$

$\Rightarrow$    $2x(2x^2 - 3x + 1) = 0$

$\Rightarrow$    $2x(2x - 1)(x - 1) = 0$

$\Rightarrow$    $x = 0$ neu $x = 0.5$ neu $x = 1$

Efallai y bydd hi'n ddefnyddiol i chi grynhoi eich gwaith cyfrifo mewn tabl. Gallwch chi ddarganfod y gwahanol arwyddion, + neu −, drwy gymryd pwynt profi ym mhob cyfwng, er enghraifft, $x = 0.25$ yn y cyfwng $0 < x < 0.5$.

| | $x < 0$ | 0 | $0 < x < 0.5$ | 0.5 | $0.5 < x < 1$ | 1 | $x > 1$ |
|---|---|---|---|---|---|---|---|
| arwydd $\dfrac{dy}{dx}$ | − | 0 | + | 0 | − | 0 | + |
| pwynt arhosol | | min | | macs | | min | |

Pan fydd $x = 0$: $\quad y = (0)^4 - 2(0)^3 + (0)^2 - 2 = -2$

Pan fydd $x = 0.5$: $y = (0.5)^4 - 2(0.5)^3 + (0.5)^2 - 2 = -1.9375$

Pan fydd $x = 1$: $\quad y = (1)^4 - 2(1)^3 + (1)^2 - 2 = -2$

Felly, mae $(0.5, -1.9375)$ yn bwynt arhosol macsimwm ac mae $(0, -2)$ ac $(1, -2)$ yn bwyntiau arhosol minimwm.

Mae graff $y = x^4 - 2x^3 + x^2 - 2$ i'w weld yn Ffigur 8.24

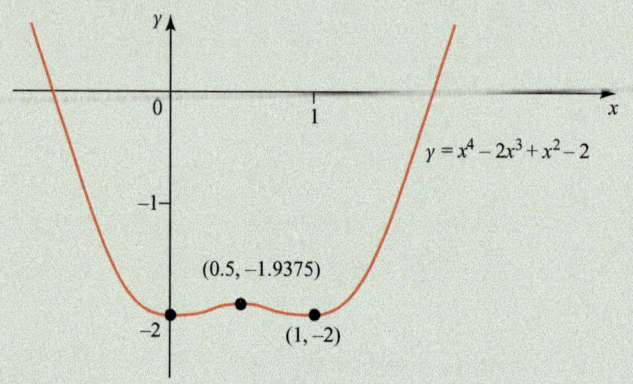

**Ffigur 8.24**

Mae'r dull uchod o lunio tabl o werthoedd ychydig yn llafurus, ond mae ffordd arall o nodi a yw pwynt arhosol yn facsimwm neu'n finimwm, gan ddefnyddio'r ail ddeilliad. Cofiwch fod $\dfrac{d^2y}{dx^2}$ yn cynrychioli cyfradd newid $\dfrac{dy}{dx}$, h.y. cyfradd newid y graddiant.

Os yw $\dfrac{d^2y}{dx^2}$ yn bositif mewn pwynt arhosol (h.y. lle mae $\dfrac{dy}{dx} = 0$), yna mae'n rhaid bod y graddiant yn mynd o negatif i bositif, ac os felly bydd y trobwynt yn finimwm.

Ar y llaw arall, os yw $\dfrac{d^2y}{dx^2}$ yn negatif mewn pwynt arhosol, yna mae'n rhaid bod y graddiant yn mynd o bositif i negatif, a fyddai'n dangos ei fod yn drobwynt macsimwm.

## Sylwch

Os yw $\dfrac{d^2y}{dx^2} = 0$ yn y pwynt arhosol, nid yw'n bosibl defnyddio'r dull hwn a bydd yn rhaid i chi fynd yn ôl i'r dull o wirio'r graddiant bob ochr i'r pwynt arhosol.

O wybod bod $y = 2x^3 - 3x^2 - 12x + 4$

(i)     cyfrifwch $\dfrac{dy}{dx}$, a'r gwerthoedd $x$ lle mae $\dfrac{dy}{dx} = 0$

(ii)    cyfrifwch gyfesurynnau pob un o'r pwyntiau arhosol

(iii)   cyfrifwch werth $\dfrac{d^2y}{dx^2}$ ym mhob un o'r pwyntiau arhosol a thrwy hyn darganfyddwch natur pob un ohonyn nhw

(iv)    brasluniwch y gromlin.

## *Datrysiad*

(i)     $\dfrac{dy}{dx} = 6x^2 - 6x - 12$

Pan fydd $\dfrac{dy}{dx} = 0$,     $6(x^2 - x - 2) = 0$

$\Rightarrow \quad 6(x - 2)(x + 1) = 0$

$\Rightarrow \qquad x = 2 \text{ neu } x = -1$

(ii)    Pan fydd $x = 2$,   $y = 2(2)^3 - 3(2)^2 - 12(2) + 4$

$= -16$

Pan fydd $x = -1$,   $y = 2(-1)^3 - 3(-1)^2 - 12(-1) + 4$

$= 11$

Y pwyntiau arhosol yw $(-1, 11)$ a $(2, -16)$.

(iii)   $\dfrac{d^2y}{dx^2} = 12x - 6$

Pan fydd $x = -1$, $\dfrac{d^2y}{dx^2} = -18 < 0$ felly mae $(-1, 11)$ yn bwynt macsimwm.

Pan fydd $x = 2$, $\dfrac{d^2y}{dx^2} = +18 > 0$ felly mae $(2, -16)$ yn bwynt minimwm.

(iv)    Mae'r gromlin yn croesi'r echelin-$y$ pan fydd $x = 0$, h.y. yn y pwynt $(0, 4)$. Mae'r wybodaeth hon, a hefyd safleoedd y pwyntiau arhosol, yn ddigonol i'ch galluogi chi i fraslunio'r gromlin.

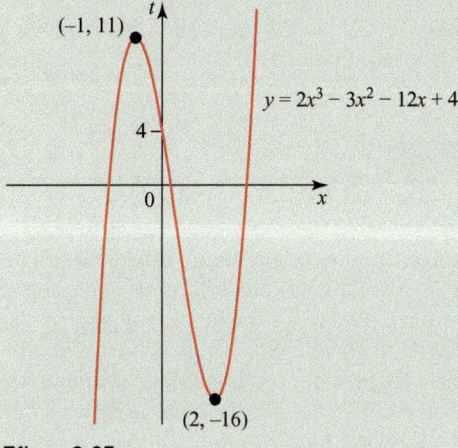

**Ffigur 8.25**

*Os oes gennych chi gyfrifiannell graffig, bydd hi'n ddefnyddiol wrth i chi wirio eich atebion.*

① Ar gyfer pob un o'r cromliniau isod

(a) cyfrifwch $\dfrac{dy}{dx}$ a'r gwerth(oedd) $x$ lle mae $\dfrac{dy}{dx} = 0$

(b) cyfrifwch werth(oedd) $\dfrac{d^2y}{dx^2}$ yn y pwyntiau hynny

(c) dosbarthwch y pwynt(iau) ar y gromlin â'r gwerthoedd-$x$ hyn

(d) cyfrifwch y gwerth(oedd)-$y$ cyfatebol

(e) brasluniwch y gromlin

(i)   $y = 1 + x - 2x^2$

(ii)   $y = 12x + 3x^2 - 2x^3$

(iii)   $y = x^3 - 4x^2 + 9$

(iv)   $y = x(x - 1)^2$

(v)   $y = x^2(x - 1)^2$

(vi)   $y = x^3 - 48x$

(vii)   $y = x^3 + 6x^2 - 36x + 25$

(viii)   $y = 2x^3 - 15x^2 + 24x + 8.$

② Mae graff $y = px + qx^2$ yn mynd drwy'r pwynt $(3, -15)$ a'i raddiant yn y pwynt hwnnw yw $-14$.

(i) Cyfrifwch werthoedd $p$ a $q$.

(ii) Cyfrifwch werth macsimwm $y$ a nodwch y gwerth $x$ lle mae hyn yn digwydd.

③ (i) Nodwch bwyntiau arhosol y ffwythiant $f(x) = x^2(3x^2 - 2x - 3)$ a gwahaniaethwch rhyngddyn nhw.

(ii) Brasluniwch y gromlin $y = f(x)$.

④ Mae'r gromlin $y = ax^2 + bx + c$ yn croesi'r echelin-$y$ yn y pwynt $(0, 2)$ ac mae ganddi bwynt minimwm yn $(3, 1)$.

(i) Cyfrifwch hafaliad y gromlin.

(ii) Gwiriwch fod y pwynt arhosol yn finimwm.

## DEFNYDD I'R DYFODOL

- Bydd y gwaith hwn yn cael ei ymestyn os byddwch chi'n astudio Mathemateg ar lefel uwch.
- Yn y cwrs Safon Uwch, byddwch chi'n dysgu fformiwlâu ychwanegol i ymdrin â lluosymiau a chyniferyddion algebraidd mwy cymhleth.
- Mae differu'n cael ei ddefnyddio mewn pynciau eraill hefyd, er enghraifft Cinemateg, Ffiseg ac Economeg.

## CYD-DESTUNAU'R BYD GO IAWN

Mae differu'n cael ei ddefnyddio i astudio mudiant.

Mae hefyd yn sail i hafaliadau differol a all gael eu defnyddio i ddatrys problemau'n ymwneud â thwf a dadfeiliad.

Mae hafaliadau Navier–Stokes, sy'n ffurf benodol o hafaliadau differol, yn hanfodol wrth greu gemau fideo ac maen nhw hefyd yn helpu wrth ddylunio awyrennau a cheir, astudio llif gwaed, dylunio gorsafoedd ynni, dadansoddi llygredd a llawer o bethau eraill.

## DEILLIANNAU DYSGU

Gan eich bod chi wedi gorffen y bennod hon, dylech chi allu

➤ differu pwerau positif a negatif o newidyn fel $x$
➤ differu symiau ffwythiannau $x$ a gwahaniaethau rhyngddyn nhw
➤ differu ffwythiannau $x$ mae angen eu hehangu neu eu rhannu yn gyntaf
➤ defnyddio differu i gyfrifo graddiant cromlin
➤ defnyddio'r wybodaeth hon i nodi pwyntiau arhosol ar gromlin
➤ deillio hafaliad tangiad i gromlin
➤ nodi pryd mae ffwythiant yn cynyddu a phryd mae'n lleihau
➤ cyfrifo safle unrhyw bwyntiau arhosol ar y gromlin
➤ defnyddio'r ail ddeilliad i ddarganfod natur unrhyw bwyntiau arhosol.

## PWYNTIAU ALLWEDDOL

1  $y = kx^n \Rightarrow \dfrac{dy}{dx} = nkx^{n-1}$

   $y = c \Rightarrow \dfrac{dy}{dx} = 0$

   lle mae $n$ yn rhif cymarebol a $k$ ac $c$ yn gysonion.

2  $y = f(x) + g(x) \Rightarrow \dfrac{dy}{dx} = f'(x) + g'(x)$.

3  Ar gyfer y tangiad a'r normal yn $(x_1, y_1)$

   ■ graddiant y tangiad, $m_1 = $ gwerth $\dfrac{dy}{dx}$
   ■ hafaliad y tangiad yw $y - y_1 = m_1(x - x_1)$.

4  Mae ffwythiant $y = f(x)$ yn cynyddu os yw $\dfrac{dy}{dx} > 0$.

   Mae ffwythiant $y = f(x)$ yn lleihau os yw $\dfrac{dy}{dx} < 0$.

5  Mae'r ail ddeilliad yn cael ei ddarganfod drwy ddifferu $\dfrac{dy}{dx}$ ac mae'n cael ei ddynodi â $\dfrac{d^2y}{dx^2}$.

6  Mewn pwynt arhosol, $\dfrac{dy}{dx} = 0$.

   Gall natur y pwynt arhosol gael ei ddarganfod drwy edrych ar arwydd y graddiant yn union bob ochr iddo.

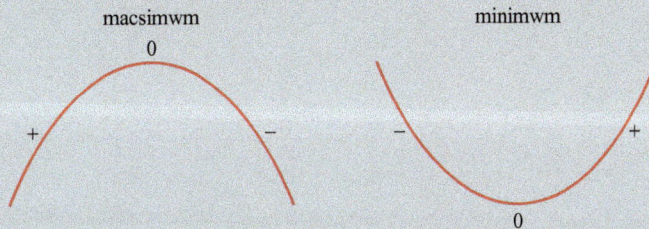

Ffigur 8.26

7   Mae arwydd $\dfrac{d^2y}{dx^2}$ yn ffordd arall o nodi natur y pwynt arhosol:

- Os yw $\dfrac{d^2y}{dx^2} < 0$ yn y pwynt arhosol, mae'r pwynt yn un macsimwm.

- Os yw $\dfrac{d^2y}{dx^2} > 0$ yn y pwynt arhosol, mae'r pwynt yn un minimwm.

- Os yw $\dfrac{d^2y}{dx^2} = 0$ yn y pwynt arhosol, mae'r canlyniad yn amhendant a bydd angen i chi wirio gwerthoedd $\dfrac{dy}{dx}$ fel ym mhwynt 6.

# 9 Integru

## Pwynt trafod

→ Tybiwch eich bod chi'n gwybod ffwythiant graddiant, $\dfrac{dy}{dx}$, cromlin. Pa wybodaeth arall byddai ei hangen arnoch chi i ddarganfod hafaliad y gromlin?

## GWEITHGAREDD 9.1

(i) Differwch bob un o'r canlynol.

    (a) $y = x^3$          (b) $y = x^3 + 4$          (c) $y = x^3 - 7$

(ii) Beth sy'n eich taro chi?

Mae'r hafaliad $\dfrac{dy}{dx} = 3x^2$ yn enghraifft o *hafaliad differol*. Mae pob hafaliad yng Ngweithgaredd 9.1 yn ddatrysiad i'r hafaliad hwn am eu bod nhw'n rhoi mynegiad ar gyfer $y$ yn nhermau $x$. Y cyfan y gallwch chi ei ddweud ar y pwynt hwn yw os yw $\dfrac{dy}{dx} = 3x^2$, yna $y = x^3 + c$ lle mae $c$ yn cael ei disgrifio fel *cysonyn mympwyol*. Gall cysonyn mympwyol gymryd unrhyw werth – positif, negatif neu sero.

> Mae'r term 'cysonyn integru' hefyd yn cael ei ddefnyddio.

Fodd bynnag, ar gyfer unrhyw gromlin benodol, mae gan y cysonyn werth penodol y bydd yn aml angen i chi ei gyfrifo.

# 1 Y rheol ar gyfer integru $x^n$ lle mae $n$ yn gyfanrif positif

Mae'r rheol ar gyfer differu fel arfer yn cael ei roi fel

$$y = x^n \Rightarrow \frac{dy}{dx} = nx^{n-1}.$$

Gall hefyd gael ei roi fel $y = x^{n+1} \Rightarrow \dfrac{dy}{dx} = (n+1)x^n$.

Mae rhannu'r ddwy ochr dde ag $(n+1)$ yn dangos bod hyn yr un peth ag

$$y = \frac{1}{n+1} x^{n+1} \Rightarrow \frac{dy}{dx} = x^n.$$

Mae troi hyn i'r gwrthwyneb yn rhoi i chi'r rheol ar gyfer integru.

> Er mwyn i'r gosodiad fod yn wir, sylwch fod yn rhaid i'r cysonyn mympwyol $c$ gael ei gynnwys.

$$\frac{dy}{dx} = x^n \Rightarrow y = \frac{1}{n+1} x^{n+1} + c$$

Felly, mae integru $x^n$ mewn perthynas ag $x$ yn rhoi $\dfrac{x^{n+1}}{n+1} + c$ $(n \neq -1)$.

Efallai y bydd hi'n ddefnyddiol i chi gofio'r rheol fel hon:

- adio 1 i'r pŵer
- rhannu â'r pŵer newydd
- adio cysonyn.

## Sylwch

Fel yn achos differu, os oes gofyn i chi integru mynegiad f($x$) yn y llyfr hwn, cymerwch fod hyn yn golygu integru mewn perthynas ag $x$ oni bai bod y cwestiwn yn nodi'n wahanol.

## Pwynt trafod

→ Mae differu $x$ yn rhoi 1, felly mae integru 1 yn rhoi $x + c$. Sut mae hyn yn cyd-fynd â'r patrwm uchod?

---

**Enghraifft 9.1**

Integrwch y canlynol.

(i) $x^6$      (ii) $5x^4$      (iii) $7$

(iv) $2x^{-3}$      (v) $6x^{\frac{1}{2}}$

> **! Cofiwch**
> ychwanegu'r cysonyn mympwyol, $c$, nes bod gennych chi ddigon o wybodaeth i ddarganfod gwerth ar ei gyfer.

*Datrysiad*

(i) $\dfrac{x^7}{7} + c$      (ii) $5 \times \dfrac{x^5}{5} + c = x^5 + c$      (iii) $7x + c$

(iv) $\dfrac{2x^{-2}}{-2} + c = -x^{-2} + c$      (v) $\dfrac{6x^{\frac{3}{2}}}{\frac{3}{2}} + c = 4x^{\frac{3}{2}} + c$

Mae $y = x^3 + c$ yn cael ei alw'n *ddatrysiad cyffredinol* i'r hafaliad differol $\frac{dy}{dx} = 3x^2$ ac *integru* yw'r enw ar y broses o ddatrys yr hafaliad yn y ffordd hon.

Byddai datrysiad fel hwn, sy'n cynnwys cysonyn mympwyol, yn rhoi teulu o gromliniau, fel sydd i'w weld yn y diagram isod. Mae pob cromlin yn cyfateb i werth penodol $c$.

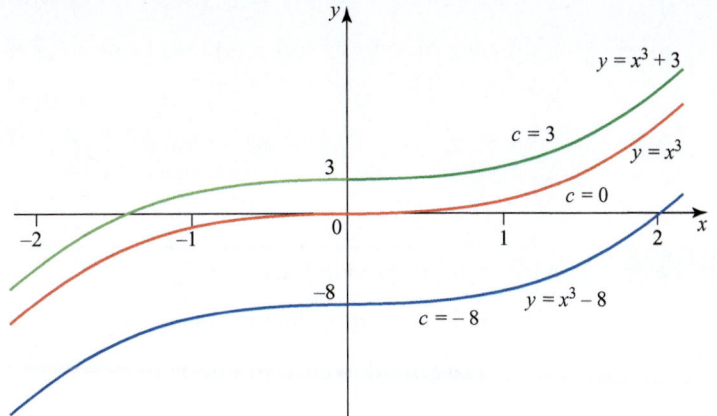

**Ffigur 9.1**

Yn y gweithgaredd blaenorol, tybiwch eich bod chi hefyd wedi cael gwybod bod cromlin y datrysiad yn mynd drwy'r pwynt $(1, 4)$. Mae amnewid y cyfesurynnau hyn i mewn i $y = x^3 + c$ yn rhoi

$$4 = 1^3 + c \qquad \Rightarrow \qquad c = 3$$

Os ydych chi'n gwybod pwynt ar gromlin yn y teulu, mae'r enghraifft hon yn dangos y gallwch chi ddarganfod gwerth $c$, ac felly hafaliad y gromlin. Y *datrysiad penodol* yw'r enw ar hwn.

Y datrysiad penodol yn yr achos hwn yw $y = x^3 + 3$, sy'n un o'r cromliniau sydd i'w gweld uchod.

**Pwynt trafod**

→ Ar gyfer sawl hafaliad mae $\frac{dy}{dx} = 3x^2$?

---

**Enghraifft 9.2**

O wybod bod $\frac{dy}{dx} = 6x^2 + 2x - 5$

(i) darganfyddwch ddatrysiad cyffredinol yr hafaliad differol hwn

(ii) darganfyddwch hafaliad y gromlin â'r ffwythiant graddiant hwn sy'n mynd drwy'r pwynt â chyfesurynnau $(1, 7)$.

**Datrysiad**

(i) Drwy integru

$$y = 6 \times \frac{x^3}{3} + 2 \times \frac{x^2}{2} - 5x + c$$

$$= 2x^3 + x^2 - 5x + c, \text{ lle mae } c \text{ yn gysonyn.}$$

(ii) Gan fod y graff yn mynd drwy $(1, 7)$,

$$7 = 2(1)^3 + 1^2 - 5 + c$$

$$\Rightarrow \quad c = 9$$

$$\Rightarrow \quad y = 2x^3 + x^2 - 5x + 9.$$

**Enghraifft 9.3**

Darganfyddwch f($x$) o wybod bod f′($x$) = $2x + 4$ ac f(2) = −4.

*Datrysiad*

Drwy integru

$$f(x) = \frac{2x^2}{2} + 4x + c$$

$$= x^2 + 4x + c, \quad \text{lle mae } c \text{ yn gysonyn.}$$

$$f(2) = -4 \quad \Rightarrow \quad -4 = (2)^2 + 4(2) + c$$

$$\Rightarrow \quad c = -16$$

$$\Rightarrow f(x) = x^2 + 4x - 16.$$

**Enghraifft 9.4**

Mae cromlin yn mynd drwy $(3, 5)$.

Mae graddiant y gromlin yn cael ei roi gan $\frac{dy}{dx} = x^2 - 4$.

(i) Darganfyddwch $y$ yn nhermau $x$.

(ii) Darganfyddwch gyfesurynnau unrhyw bwyntiau arhosol graff $y$.

(iii) Brasluniwch y gromlin.

*Datrysiad*

(i) $\frac{dy}{dx} = x^2 - 4 \quad \Rightarrow \quad y = \frac{x^3}{3} - 4x + c$

Pan fydd $x = 3$,

$$5 = 9 - 12 + c$$

$$\Rightarrow \quad c = 8$$

Felly, hafaliad y gromlin yw $y = \frac{x^3}{3} - 4x + 8$.

(ii) Ym mhob pwynt arhosol, $\frac{dy}{dx} = 0$.

$$\Rightarrow \quad x^2 - 4 = 0$$

$$\Rightarrow \quad (x + 2)(x - 2) = 0$$

$$\Rightarrow \quad x = -2 \text{ neu } x = 2$$

Y pwyntiau arhosol yw $(-2, 13\frac{1}{3})$ a $(2, 2\frac{2}{3})$.

(iii)  Mae'r gromlin yn giwbig gyda therm $x^3$ positif a dau drobwynt, felly mae ganddi'r siâp hwn.

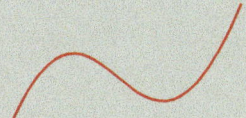

**Ffigur 9.2**

Mae'n croesi'r echelin-$y$ pan fydd $x = 0$, $y = 8$.

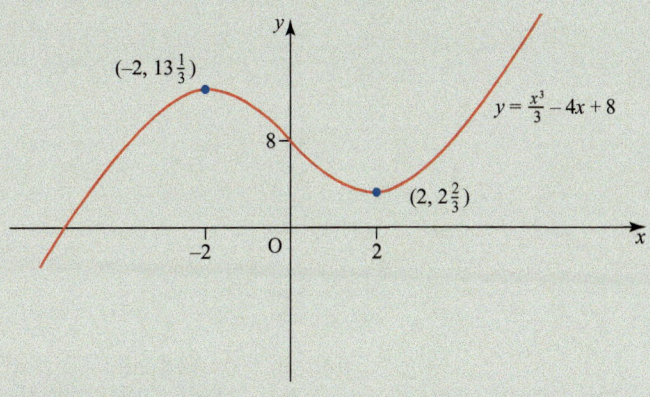

**Ffigur 9.3**

# 2 Nodiant integrynnau

> Wrth integru ffwythiant $x$, mae'n hanfodol bod 'd$x$' yn dod ar ôl y ffwythiant, sy'n golygu 'mewn perthynas ag $x$'.

Ffordd arall o ysgrifennu $\dfrac{\mathrm{d}y}{\mathrm{d}x} = 2x \implies y = x^2 + c$ yw

$$\int 2x\,\mathrm{d}x = x^2 + c.$$

**Enghraifft 9.5**

Darganfyddwch $\displaystyle\int \left(x^3 + \dfrac{1}{3x^2} - \sqrt{x}\right)\mathrm{d}x$.

### Datrysiad

$$\int \left(x^3 + \frac{1}{3x^2} - \sqrt{x}\right)\mathrm{d}x = \int \left(x^3 + \frac{x^{-2}}{3} - x^{\frac{1}{2}}\right)\mathrm{d}x$$

$$= \frac{x^4}{4} + \frac{x^{-1}}{3 \times (-1)} - \frac{x^{\frac{3}{2}}}{\frac{3}{2}} + c$$

$$= \frac{x^4}{4} - \frac{1}{3x} - \frac{2x^{\frac{3}{2}}}{3} + c$$

**Pwynt trafod**

➜ Beth byddai angen i chi ei wneud yn gyntaf cyn i chi allu integru $(2x + 1)(x - 4)$?

① Ar gyfer pob un o'r ffwythiannau graddiant hyn, darganfyddwch $y = f(x)$.

(i) $\dfrac{dy}{dx} = 4x + 2$

(ii) $\dfrac{dy}{dx} = 6x^2 - 5x - 1$

(iii) $\dfrac{dy}{dx} = 3 - 5x^3$

(iv) $\dfrac{dy}{dx} = (x - 2)(3x + 2)$

(v) $f'(x) = 5x + 3$

(vi) $f'(x) = x^4 + 2x^3 - x + 8$

(vii) $f'(x) = (x - 4)(x^2 + 2)$

(viii) $f'(x) = (x - 7)^2$

(ix) $\dfrac{dy}{dx} = 7 + \sqrt[3]{x}$

(x) $f'(x) = \left(x^2 - \dfrac{1}{x}\right)^2$

② Darganfyddwch yr integrynnau canlynol.

(i) $\int 5x^3 \, dx$

(ii) $\int (2x - 3) dx$

(iii) $\int (3x^3 - 4x + 3) \, dx$

(iv) $\int (3 - x)^2 \, dx$

(v) $\int 4 \, dx$

(vi) $\int (2x + 1)(x - 3) \, dx$

(vii) $\int (x + 1)^2 \, dx$

(viii) $\int (2x - 1)^2 \, dx$

(ix) $\int \left(x + \dfrac{1}{\sqrt{x}}\right) dx$

(x) $\int \left(x + \dfrac{1}{x}\right)^2 dx$

③ Ar gyfer pob un o'r ffwythiannau graddiant canlynol, darganfyddwch hafaliad y gromlin $y = f(x)$ sy'n mynd drwy'r pwynt sydd wedi'i roi.

(i) $\dfrac{dy}{dx} = 2x - 3$; $(2, 4)$

(ii) $\dfrac{dy}{dx} = 4 + 3x^3$; $(4, -2)$

(iii) $\dfrac{dy}{dx} = 5x - 6$; $(-2, 4)$

(iv) $f'(x) = x^2 + 1$; $(-3, -3)$

(v) $f'(x) = (x + 1)(x - 2)$; $(6, -2)$

(vi) $f'(x) = (2x + 1)^2$; $(1, -1)$

(vii) $\dfrac{dy}{dx} = 5 - \sqrt{x}$; $(9, 2)$

(viii) $f'(x) = \left(2x^2 - \dfrac{3}{x}\right)^2$; $(1, 3)$

④ Rydych chi'n cael gwybod bod $\dfrac{dy}{dx} = 2x + 3$.

(i) Darganfyddwch ddatrysiad cyffredinol yr hafaliad differol.

(ii) Darganfyddwch hafaliad y gromlin â'r ffwythiant graddiant $2x + 3$ ac sy'n mynd drwy $(2, -1)$.

(iii) Trwy hyn, dangoswch fod $(-1, -13)$ hefyd yn gorwedd ar y gromlin.

⑤ Mae'r gromlin $C$ yn mynd drwy'r pwynt $(3, 21)$ ac mae ei graddiant ar unrhyw bwynt yn cael ei roi gan $\dfrac{dy}{dx} = 3x^2 - 4x + 1$.

(i) Darganfyddwch hafaliad y gromlin $C$.

(ii) Dangoswch fod y pwynt $(-2, -9)$ yn gorwedd ar y gromlin.

⑥ (i) Darganfyddwch ddatrysiad cyffredinol yr hafaliad differol $\dfrac{dy}{dx} = 4x - 1$.

(ii) Darganfyddwch y datrysiad penodol sy'n mynd drwy'r pwynt $(-1, 4)$.

(iii) A yw'r gromlin hon yn mynd uwchben, o dan neu drwy'r pwynt $(2, 4)$?

⑦ Mae'r gromlin $y = f(x)$ yn mynd drwy'r pwynt $(2, -4)$ ac $f'(x) = 2 - 3x^2$.

Darganfyddwch werth $f(-1)$.

⑧ Mae gan gromlin bwyntiau arhosol yn y pwyntiau lle mae $x = 0$ ac $x = 2$.

(i) Esboniwch pam mae $\dfrac{dy}{dx} = x^2 - 2x$ yn fynegiad posibl ar gyfer graddiant y gromlin a rhowch fynegiad gwahanol ar gyfer $\dfrac{dy}{dx}$.

(ii) Mae'r gromlin yn mynd drwy'r pwynt $(3, 2)$.

Gan gymryd $\dfrac{dy}{dx}$ fel $x^2 - 2x$, darganfyddwch hafaliad y gromlin.

# 3 Integrynnau pendant

Hyd yn hyn, mae'r integrynnau rydych chi wedi'u gweld i gyd wedi bod yn *integrynnau amhendant*: maen nhw wedi gorffen â '$+ c$'. Efallai eich bod chi wedi cael rhywfaint o wybodaeth ychwanegol i ganiatáu i chi ddarganfod gwerth ar gyfer $c$.

Mae ffurf arall ar integryn, sy'n cael ei alw'n *integryn pendant*, i'w gweld yn Enghraifft 9.6.

---

**Enghraifft 9.6**

Darganfyddwch $\displaystyle\int_1^3 3x^2 \, dx$.

**Gwybodaeth flaenorol**

Mae hyn yn defnyddio yr union dechnegau algebraidd ag yn yr integrynnau 'amhendant' blaenorol, ond mae gan yr ateb yn yr achos hwn werth rhifiadol.

**Datrysiad**

$$\int 3x^2 \, dx = x^3 + c$$

I ddarganfod yr integryn pendant, rydych chi'n darganfod gwerth yr integryn pan fydd $x = 3$ ac yn tynnu'r gwerth pan fydd $x = 1$.

Mae hyn yn rhoi $\displaystyle\int_1^3 3x^2 \, dx = \left[3^3 + c\right] - \left[1^3 + c\right] = 26$

**Sylwch**

Sylwch sut mae'r $c$ yn diflannu pan fyddwch chi'n cyfrifo'r mynegiad uchod. Wrth enrhifo integrynnau pendant, arfer gyffredin yw hepgor yr $c$ ac ysgrifennu

$$\int_1^3 3x^2 \, dx = \left[x^3\right]_1^3 = \left[3^3\right] - \left[1^3\right] = 26.$$

Mae'r rhifau hyn yn cael eu galw'n *derfannau* ar yr integryn; 3 yw'r *derfan uchaf* ac 1 yw'r *derfan isaf*.

Mae'r integryn pendant yn cael ei ddiffinio fel

$$\int_a^b f'(x) \, dx = \left[f(x)\right]_a^b = f(b) - f(a).$$

---

**Enghraifft 9.7**

Enrhifwch $\displaystyle\int_1^4 (x^2 + 3) \, dx$.

**Pwyntiau trafod**

Mae'r gair 'enrhifo' yn cael ei ddefnyddio ar ddechrau Enghraifft 9.7.

→ Beth yw ystyr y gair?

→ Pam mae'n briodol ei ddefnyddio yma?

**Datrysiad**

$$\int_1^4 (x^2 + 3) \, dx = \left[\frac{x^3}{3} + 3x\right]_1^4$$

$$= \left(\frac{4^3}{3} + 3 \times 4\right) - \left(\frac{1^3}{3} + 3 \times 1\right)$$

$$= 30$$

**Enghraifft 9.8**

Enrhifwch $\int_{-1}^{3} (x + 1)(x - 3)\, \mathrm{d}x$.

**Datrysiad**

$$\int_{-1}^{3} (x + 1)(x - 3)\, \mathrm{d}x = \int_{-1}^{3} (x^2 - 2x - 3)\, \mathrm{d}x$$

$$= \left[\frac{x^3}{3} - x^2 - 3x\right]_{-1}^{3}$$

$$= \left(\frac{3^3}{3} - 3^2 - 3 \times 3\right) - \left(\frac{(-1)^3}{3} - (-1)^2 - 3 \times (-1)\right)$$

$$= -10\frac{2}{3}$$

## GWEITHGAREDD 9.2

Enrhifwch

(i) $\quad \int_{1}^{3} x^2\, \mathrm{d}x \quad$ ac $\quad \int_{3}^{1} x^2\, \mathrm{d}x$

(ii) $\quad \int_{-1}^{4} (x + 3)\, \mathrm{d}x \quad$ ac $\quad \int_{4}^{-1} (x + 3)\, \mathrm{d}x$.

Beth sy'n eich taro chi?

(iii) Beth yw'r berthynas rhwng $\int_{a}^{b} \mathrm{f}(x)\, \mathrm{d}x \quad$ ac $\quad \int_{b}^{a} \mathrm{f}(x)\, \mathrm{d}x$?

**Ymarfer 9B**

Enrhifwch yr integrynnau pendant canlynol.

① $\quad \int_{1}^{2} 3x^2\, \mathrm{d}x$

② $\quad \int_{1}^{4} 4x^3\, \mathrm{d}x$

③ $\quad \int_{-1}^{1} 6x^2\, \mathrm{d}x$

④ $\quad \int_{1}^{5} 4\, \mathrm{d}x$

⑤ $\quad \int_{2}^{4} (x^2 + 1)\, \mathrm{d}x$

⑥ $\quad \int_{-2}^{3} (2x + 5)\, \mathrm{d}x$

⑦ $\quad \int_{2}^{5} (4x^3 - 2x + 1)\, \mathrm{d}x$

⑧ $\quad \int_{5}^{6} (x^2 - 5)\, \mathrm{d}x$

⑨ $\quad \int_{1}^{3} (x^2 - 3x + 1)\, \mathrm{d}x$

⑩ $\quad \int_{-1}^{2} (x^2 + 3)\, \mathrm{d}x$

⑪ $\quad \int_{-4}^{-1} (16 - x^2)\, \mathrm{d}x$

⑫ $\quad \int_{1}^{3} (x + 1)(3 - x)\, \mathrm{d}x$

⑬ $\quad \int_{2}^{4} (3x(x + 2))\, \mathrm{d}x$

⑭ $\quad \int_{-1}^{1} (x + 1)(x - 1)\, \mathrm{d}x$

⑮ $\quad \int_{-1}^{2} (x + 4x^2)\, \mathrm{d}x$

⑯ $\quad \int_{-1}^{1} x(x - 1)(x + 1)\, \mathrm{d}x$

⑰ $\quad \int_{-1}^{3} (x^3 + 2)\, \mathrm{d}x$

⑱ $\quad \int_{-3}^{1} (9 - x^2)\, \mathrm{d}x$

⑲ $\quad \int_{1}^{4} \left(\sqrt{x} + 2\right)\, \mathrm{d}x$

⑳ $\quad \int_{1}^{2} \left(\frac{1}{x^2} - 3\right)\left(1 + 5x^2\right)\, \mathrm{d}x$

# 4 Arwynebeddau rhwng cromlin a'r echelin-$x$

## GWEITHGAREDD 9.3

Mae'r diagram yn dangos y llinell $y = 2x + 1$.
Mae'r rhanbarth wedi'i dywyllu wedi'i ffinio gan
$y = 2x + 1$, yr echelin-$x$ a'r llinellau $x = 2$ ac $x = 4$.

(i) Darganfyddwch gyfesurynnau'r pwyntiau A a B
yn y diagram.

(ii) Defnyddiwch y fformiwla ar gyfer arwynebedd
trapesiwm i ddarganfod arwynebedd y
rhanbarth wedi'i dywyllu.

(iii) Enrhifwch $\int_2^4 (2x + 1)\, \mathrm{d}x$ a chadarnhewch fod
eich ateb yr un peth â'r ateb yn rhan (ii).

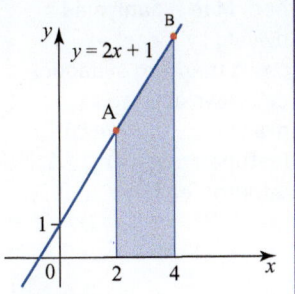

Ffigur 9.4

## GWEITHGAREDD 9.4

*Os yw'n bosibl, dylai rhan (ii) y gweithgaredd
hwn gael ei gwneud gan ddefnyddio taenlen.*
Mae Ffigur 9.5 yn dangos graff $y = x^2$ gyda'r
rhanbarth rhwng y gromlin, yr echelin-$x$ a'r
llinellau $x = 0$ ac $x = 3$ wedi'i dywyllu.

(i) Cyfrifwch arwynebedd y petryalau sydd
wedi'u tywyllu yn y ddau ddiagram yn
Ffigur 9.6 ac, ar gyfer y naill a'r llall,
dywedwch a fyddech chi'n disgwyl i'r
arwynebedd hwn fod yn fwy neu'n llai
nag arwynebedd y rhanbarth wedi'i dywyllu
rhwng y gromlin a'r echelin-$x$.

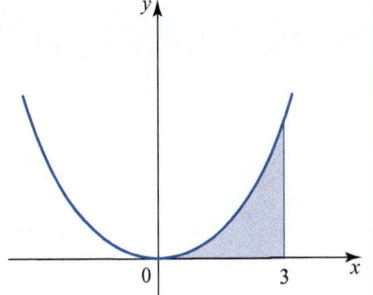

Ffigur 9.5

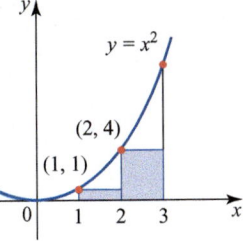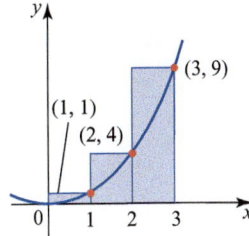

Ffigur 9.6

(ii) Nawr cyfrifwch arwynebedd y petryalau pan fydd lled y petryalau yn cael ei
leihau i

(a) 0.5

(b) 0.1.

(iii) Enrhifwch $\int_0^3 x^2\, \mathrm{d}x$.

(iv) Beth sy'n eich taro chi?

Mae'r gweithgareddau hyn yn dangos canlyniad pwysig iawn: mae'r arwynebedd rhwng graff a'r echelin-$x$ yn cael ei roi gan integryn pendant.

## Sylwch

Yn gyffredinol, nid oes angen prawf y fformiwla hon ar y lefel hon. Mae'n ganlyniad pwysig sy'n cael ei alw'n theorem sylfaenol calcwlws ac mae'r prawf i'w weld mewn testunau uwch ar fathemateg bur.

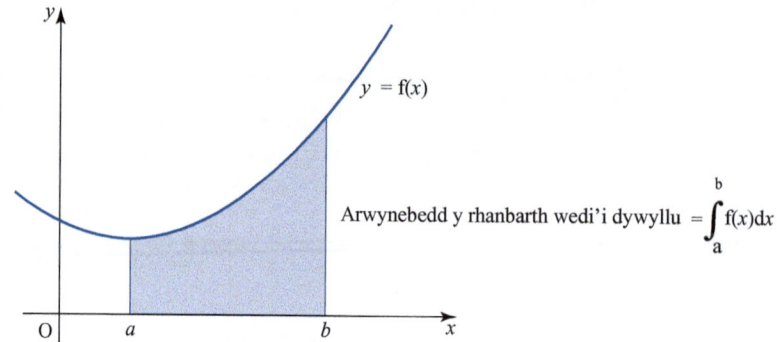

Arwynebedd y rhanbarth wedi'i dywyllu $= \int_{a}^{b} f(x)dx$

**Ffigur 9.7**

---

**Enghraifft 9.9**

Mae'r diagram isod yn dangos braslun o'r gromlin $y = 4 - x^2$.

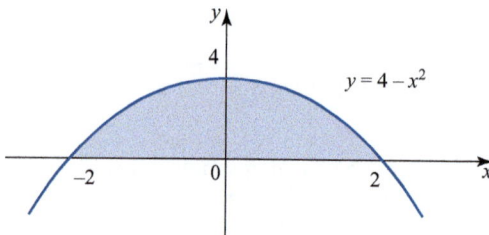

**Ffigur 9.8**

Darganfyddwch arwynebedd y rhanbarth wedi'i dywyllu.

### Datrysiad

$$\text{Arwynebedd} = \int_{-2}^{2} (4 - x^2)\, dx = \left[ 4x - \frac{x^3}{3} \right]_{-2}^{2}$$

$$= \left( 4 \times 2 - \frac{2^3}{3} \right) - \left( 4 \times (-2) - \frac{(-2)^3}{3} \right)$$

$$= 10\frac{2}{3} \text{ uned}^2.$$

---

**Ymarfer 9C**

Darganfyddwch arwynebedd pob un o'r rhanbarthau sydd wedi'u tywyllu.

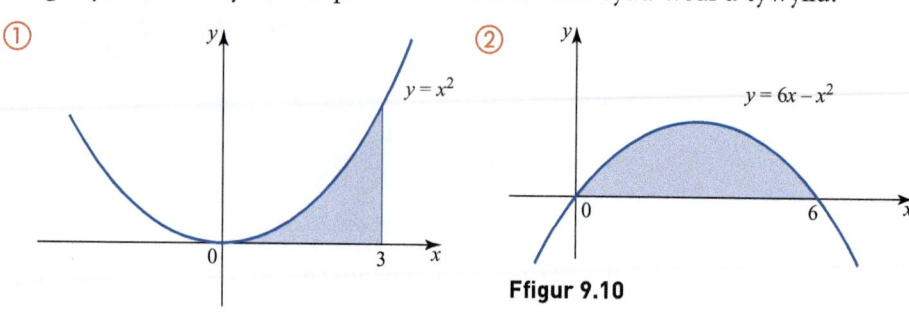

① $y = x^2$

**Ffigur 9.9**

② $y = 6x - x^2$

**Ffigur 9.10**

③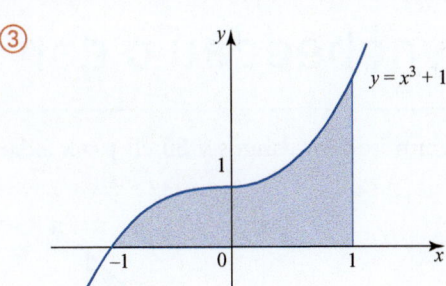

**Ffigur 9.11**

④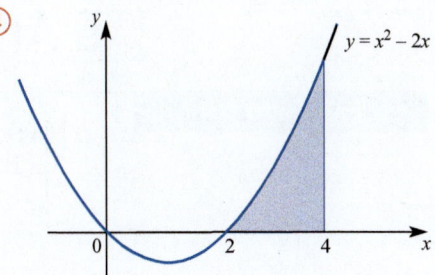

**Ffigur 9.12**

⑤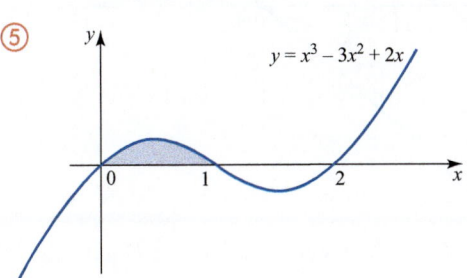

**Ffigur 9.13**

⑥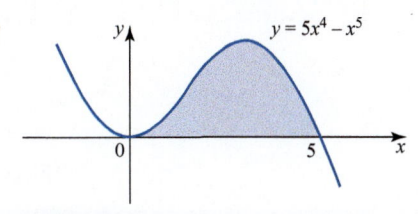

**Ffigur 9.14**

⑦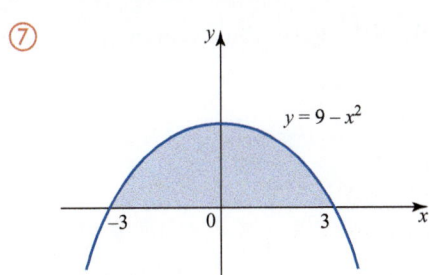

**Ffigur 9.15**

⑧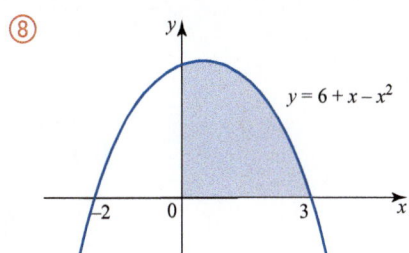

**Ffigur 9.16**

⑨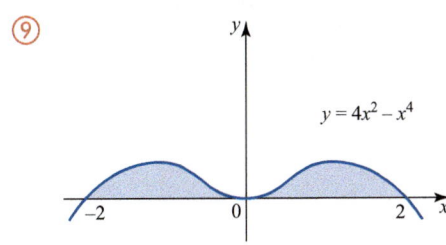

**Ffigur 9.17**

⑩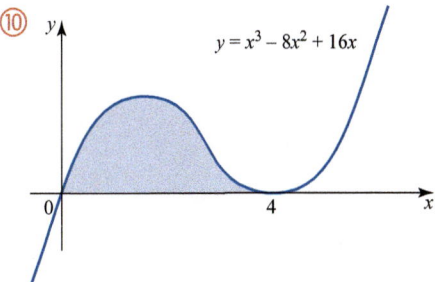

**Ffigur 9.18**

# 5 Arwynebeddau o dan yr echelin-$x$

**Enghraifft 9.10**

Mae'r diagram isod yn dangos y llinell $y = x$ a dau ranbarth wedi'u nodi ag A a B.

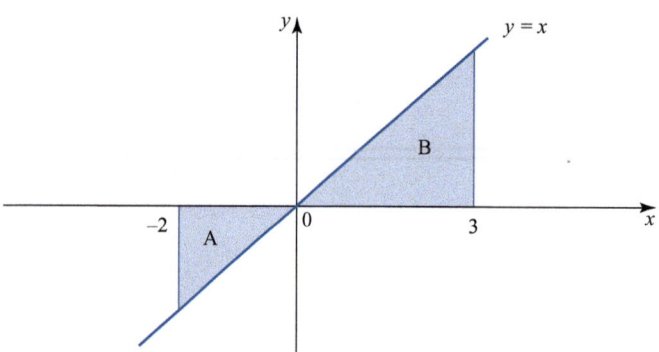

**Ffigur 9.19**

(i) Cyfrifwch arwynebeddau A a B gan ddefnyddio'r fformiwla ar gyfer arwynebedd triongl.

(ii) Enrhifwch $\int_{-2}^{0} x \, dx$ ac $\int_{0}^{3} x \, dx$. Beth sy'n eich taro chi?

(iii) Enrhifwch $\int_{-2}^{3} x \, dx$. Beth sy'n eich taro chi?

## Datrysiad

(i) Arwynebedd A $= \frac{1}{2} \times 2 \times 2 = 2$ uned²

Arwynebedd B $= \frac{1}{2} \times 3 \times 3 = 4.5$ uned²

(ii)
$$\int_{-2}^{0} x \, dx = \left[ \frac{x^2}{2} \right]_{-2}^{0} = 0 - (2)$$
$$= -2$$

$$\int_{0}^{3} x \, dx = \left[ \frac{x^2}{2} \right]_{0}^{3} = 4.5 - 0$$
$$= 4.5$$

Mae gan y ddau arwynebedd yr un gwerth rhifiadol â'r integryn ond pan fydd yr arwynebedd o dan yr echelin-$x$, mae'r integryn yn negatif.

(iii)
$$\int_{-2}^{3} x \, dx = \left[ \frac{x^2}{2} \right]_{-2}^{3} = 4.5 - (2)$$
$$= 2.5$$

Mae'r arwynebeddau uwchben ac o dan yr echelin-$x$ wedi canslo yn erbyn ei gilydd.

! Mae'r enghraifft hon yn dangos sut mae defnyddio integru yn rhoi ateb negatif ar gyfer arwynebedd rhanbarth o dan yr echelin-$x$. Mewn rhai cyd-destunau, bydd hyn yn gwneud synnwyr, ac ni fydd yn gwneud synnwyr mewn cyd-destunau eraill. Felly, mae'n rhaid i chi fod yn ofalus.

Mae'r diagram isod yn dangos braslun o'r gromlin $y = x(x - 2)(x + 2)$.

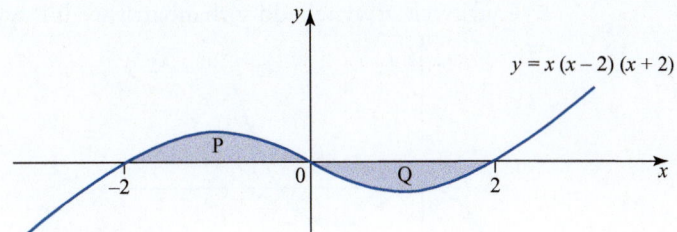

**Ffigur 9.20**

(i)   Defnyddiwch integru i ddarganfod arwynebedd y ddau ranbarth sydd wedi'u tywyllu, P a Q.

(ii)   Enrhifwch $\int_{-2}^{2} x(x - 2)(x + 2)\,dx$.

(iii)   Beth sy'n eich taro chi?

## *Datrysiad*

(i)
$$\int_{-2}^{0} x(x - 2)(x + 2)\,dx = \int_{-2}^{0} (x^3 - 4x)\,dx$$

$$= \left[\frac{x^4}{4} - 2x^2\right]_{-2}^{0}$$

$$= 0 - \left(\frac{(-2)^4}{4} - 2 \times (-2)^2\right)$$

$$= 4$$

Felly, mae gan P arwynebedd 4 uned$^2$.

$$\int_{0}^{2} x(x - 2)(x + 2)\,dx = \int_{0}^{2} (x^3 - 4x)\,dx$$

$$= \left[\frac{x^4}{4} - 2x^2\right]_{0}^{2}$$

Mae arwynebeddau P a Q yr un peth oherwydd bod gan y gromlin gymesuredd cylchdro o gwmpas y tarddbwynt.

$$= \left(\frac{2^4}{4} - 2 \times 2^2\right)$$

$$= -4$$

Felly, mae gan Q hefyd arwynebedd 4 uned$^2$.

(ii)
$$\int_{-2}^{2} x(x - 2)(x + 2)\,dx = \int_{-2}^{2} (x^3 - 4x)\,dx$$

$$= \left[\frac{x^4}{4} - 2x^2\right]_{-2}^{2}$$

Dylech chi bob amser luniadu graff pan fyddwch chi am gyfrifo arwynebeddau. Bydd hyn yn osgoi canslo arwynebeddau uwchben ac o dan yr echelin-$x$ yn erbyn ei gilydd.

$$= \left(\frac{2^4}{4} - 2 \times 2^2\right) - \left(\frac{(-2)^4}{4} - 2 \times (-2)^2\right)$$

$$= 0$$

(iii)   Mae arwynebeddau P a Q wedi 'canslo yn erbyn ei gilydd'.

## Pwynt trafod

➔ Yn Enghraifft 9.11, a fyddech chi'n dweud bod yr arwynebedd rhwng y gromlin a'r echelin-$x$ yn 0 uned$^2$ neu'n 8 uned$^2$?

① Mae'r braslun yn dangos y gromlin $y = x^3 - x$.

Cyfrifwch arwynebedd y rhanbarth wedi'i dywyllu.

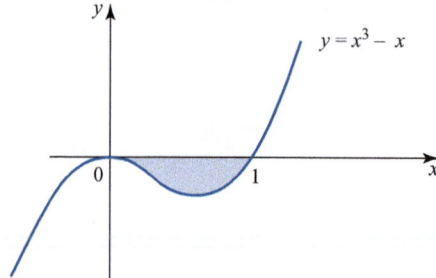

**Ffigur 9.21**

② Mae'r braslun yn dangos y gromlin $y = x^3 - 4x^2 + 3x$.

(i) Cyfrifwch arwynebedd y rhanbarthau sydd wedi'u tywyllu, P a Q.

(ii) Nodwch yr arwynebedd sydd wedi'i amgáu rhwng y gromlin a'r echelin-$x$.

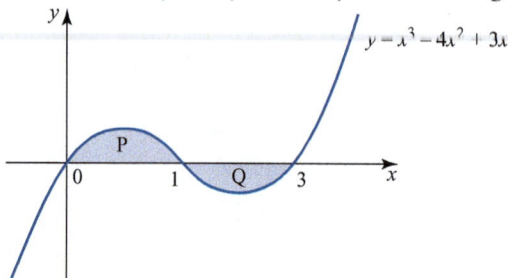

**Ffigur 9.22**

③ Mae'r braslun yn dangos y gromlin $y = x^4 - 2x$.

(i) Darganfyddwch gyfesurynnau'r pwynt A.

(ii) Cyfrifwch arwynebedd y rhanbarth wedi'i dywyllu.

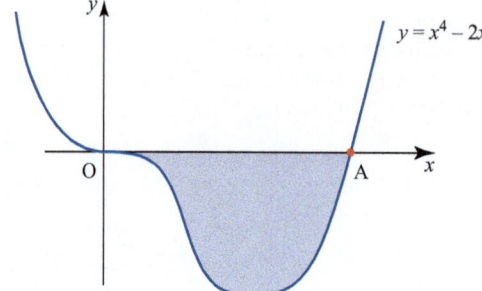

**Ffigur 9.23**

④ Mae'r braslun yn dangos y gromlin $y = x^3 + x^2 - 6x$.

Darganfyddwch yr arwynebedd rhwng y gromlin a'r echelin-$x$ ar gyfer gwerthoedd $x$ rhwng $-3$ a $2$.

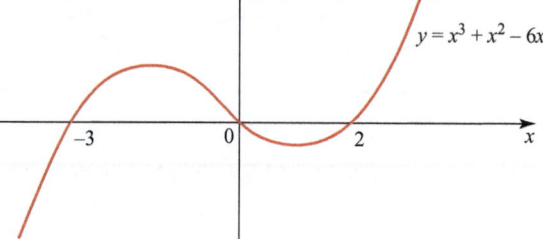

**Ffigur 9.24**

**Sylwch**

Mae manyleb Mathemateg Ychwanegol CBAC yn gofyn i ymgeiswyr ddarganfod arwynebedd rhanbarthau sydd naill ai'n gyfan gwbl uwchben yr echelin-$x$ neu'n gyfan gwbl odani yn unig.

⑤ (i) Brasluniwch y gromlin $y = x^2$ ar gyfer $-3 < x < 3$.

(ii) Tywyllwch y rhanbarth sydd wedi'i ffinio gan y gromlin, y llinellau $x = -1$ ac $x = 2$ a'r echelin-$x$.

(iii) Drwy integru, darganfyddwch arwynebedd y rhanbarth rydych chi wedi'i dywyllu.

⑥ (i) Brasluniwch y gromlin $y = x^2 - 2x$ ar gyfer $-1 < x < 3$.

(ii) Ar gyfer pa werthoedd $x$ mae'r gromlin yn gorwedd o dan yr echelin-$x$?

(iii) Darganfyddwch yr arwynebedd rhwng y gromlin a'r echelin-$x$.

⑦ (i) Brasluniwch y gromlin $y = x^3$ ar gyfer $-3 < x < 3$.

(ii) Tywyllwch y rhanbarth rhwng y gromlin, yr echelin-$x$ a'r llinell $x = 2$.

(iii) Drwy integru, darganfyddwch arwynebedd y rhanbarth rydych chi wedi'i dywyllu.

(iv) Heb unrhyw gyfrifo pellach, nodwch, gan roi rhesymau, werth

$$\int_{-2}^{2} x^3 \, dx.$$

⑧ (i) Ar fraslun addas, tywyllwch y rhanbarth sydd ag arwynebedd yn cael ei roi gan $\int_{-1}^{2} (x^2 + 1) \, dx$.

(ii) Enrhifwch yr integryn hwn.

⑨ (i) Enrhifwch $\int_{1}^{4} (2x + 1) \, dx$.

(ii) Dehonglwch yr integryn hwn ar fraslun o graff.

⑩ (i) Brasluniwch y gromlin $y = (x - 1)(x - 3)$ a darganfyddwch gyfesurynnau'r pwyntiau lle mae'r gromlin yn croesi'r echelin-$x$.

(ii) Cyfrifwch yr arwynebedd rhwng y gromlin a'r echelin-$x$.

(iii) Heb unrhyw gyfrifo pellach, esboniwch pam mae

$$\int_{0}^{1} (x - 1)(x - 3) \, dx = \int_{3}^{4} (x - 1)(x - 3) \, dx.$$

⑪ Mae gan drawstoriad gwely afon yr hafaliad $y = \dfrac{x^4}{40\,000}$, lle mae $x$ ac $y$ wedi'u mesur mewn metrau, fel sydd i'w weld yn y diagram. Mae'r afon yn 40 m o led ar lefel yr wyneb.

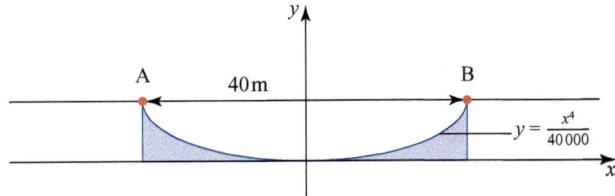

**Ffigur 9.25**

(i) Darganfyddwch werthoedd $x$ yn A a B.

(ii) Darganfyddwch arwynebedd y rhanbarth wedi'i dywyllu.

(iii) Trwy hyn, darganfyddwch arwynebedd trawstoriad gwely'r afon.

(iv) Mae'r dŵr yn llifo ar fuanedd o $1.6 \, \text{m s}^{-1}$.

Sawl metr ciwbig o ddŵr sy'n mynd heibio i bwynt penodol bob awr?

⑫ Mae'r diagram yn dangos gwely blodau wedi'i osod mewn gardd betryal. Mae gweddill yr ardd yn lawnt. Mae $x$ ac $y$ wedi'u mesur mewn metrau.

Hafaliad ymyl crwm y gwely blodau yw $y = \frac{1}{4}x^2 - 2x + 22$.

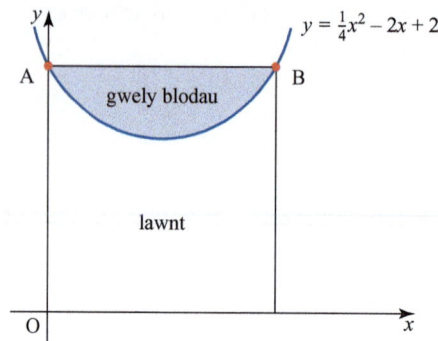

Ffigur 9.26

(i) Darganfyddwch gyfesuryn-$y$ y pwynt A.

(ii) Trwy hyn, darganfyddwch gyfesuryn-$x$ y pwynt B.

(iii) Darganfyddwch arwynebedd y lawnt.

(iv) Trwy hyn, darganfyddwch arwynebedd y gwely blodau.

(v) Bydd y gwely blodau yn cael ei orchuddio ag uwchbridd i ddyfnder o 30 cm.

Sawl metr ciwbig o uwchbridd sydd ei angen?

⑬ Mae'r llithren plant sydd i'w gweld yn y diagram wedi'i ffinio â rhannau o'r cromliniau $x = 0$, $y = 0.25$, $y = 0.125x^2 - 0.5x + 0.75$, $y = 2.25$ a $2x + y = 15.25$, fel sydd i'w weld isod. Mae $x$ ac $y$ wedi'u mesur mewn metrau.

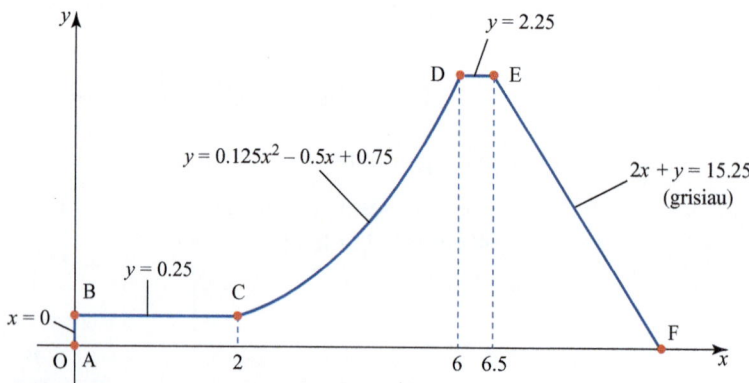

Ffigur 9.27

Mae plant wedi bod yn rhedeg o dan y llithren ac mae hyn yn cael ei ystyried yn beryglus, felly mae'r cyngor wedi penderfynu gorchuddio'r gofod ABCDEF â phren a chreu murlun arno.

(i) Darganfyddwch gyfesurynnau pwynt F.

(ii) Darganfyddwch arwynebedd y pren sydd ei angen i orchuddio un ochr i'r llithren.

# 6 Yr arwynebedd rhwng dwy gromlin

**Enghraifft 9.12**

Darganfyddwch yr arwynebedd sydd wedi'i amgáu rhwng y llinell $y = 5 - x$ a'r gromlin $y = x^2 - 3x + 5$.

## Datrysiad

Mae angen i chi luniadu braslun o graff, ond yn gyntaf mae'n rhaid i chi ddarganfod lle mae'r cromliniau'n croestorri.

Yn y pwyntiau croestoriad

$x^2 - 3x + 5 = 5 - x$

$\Rightarrow \quad x^2 - 2x = 0$

$\Rightarrow \quad x(x - 2) = 0$

$\Rightarrow \quad x = 0$ neu $x = 2$.

Mae'r cromliniau'n croestorri yn $(0, 5)$ a $(2, 3)$.

Mae $y = 5 - x$ yn llinell â graddiant $-1$ ac sy'n mynd drwy $(0, 5)$.

Mae $y = x^2 - 3x + 5$ yn gwadratig ar siâp U a hefyd yn mynd drwy $(0, 5)$.

Mae'r braslun i'w weld yn Ffigur 9.28.

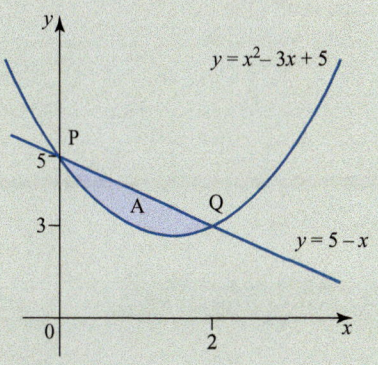

**Ffigur 9.28**

Gall arwynebedd y rhanbarth wedi'i dywyllu nawr gael ei ddarganfod mewn dwy ffordd.

### Dull 1

Gall arwynebedd A gael ei drin fel y gwahaniaeth rhwng arwynebeddau B ac C.

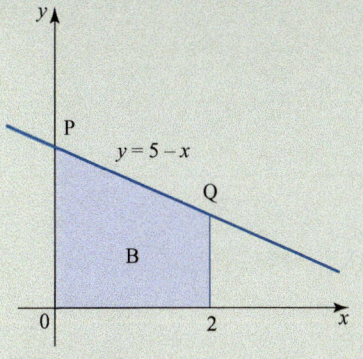
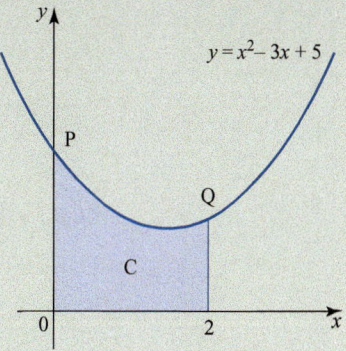

**Ffigur 9.29**

$A = B - C$

$= \displaystyle\int_0^2 (5 - x)\,\mathrm{d}x - \int_0^2 (x^2 - 3x + 5)\,\mathrm{d}x$

$= \left[ 5x - \dfrac{x^2}{2} \right]_0^2 - \left[ \dfrac{x^3}{3} - \dfrac{3x^2}{2} + 5x \right]_0^2$

$= ((10 - 2) - 0) - \left( \left( \dfrac{8}{3} - 6 + 10 \right) - 0 \right)$

$= 1\frac{1}{3}$ uned².

## Sylwch

Mae manyleb Mathemateg Ychwanegol CBAC yn gofyn i ymgeiswyr ddarganfod arwynebedd rhanbarthau sydd wedi'u ffinio gan gromlin unigol, llinell lorweddol a/neu llinellau fertigol yn unig.

**Dull 2**

Sylwch sut roedd dull 1 yn dechrau drwy gyfrifo

$$\text{Arwynebedd} = \int_0^2 (\text{cromlin uchaf}) \, dx - \int_0^2 (\text{cromlin isaf}) \, dx$$

Mae gan y ddau integryn hyn yr un terfannau, 0 a 2, felly gallan nhw gael eu cyfuno fel

$$\int_0^2 (\text{cromlin uchaf} - \text{cromlin isaf}) \, dx$$

$$= \int_0^2 ((5-x) - (x^2 - 3x + 5)) \, dx$$

$$= \int_0^2 (2x - x^2) \, dx$$

$$= \left[ x^2 - \frac{x^3}{3} \right]_0^2$$

$$= (4 - \frac{8}{3}) - 0 = 1\frac{1}{3} \text{ uned}^2.$$

**Pwynt trafod**

→ Sut mae cyfuno'r integrynnau yn gwneud eich gwaith cyfrifo yn haws?

Mae mantais fawr yr ail ddull yn amlwg pan fydd yr arwynebedd sydd ei angen arnoch chi yn gorwedd yn rhannol uwchben ac yn rhannol o dan yr echelin-$x$, fel yn yr enghraifft nesaf.

**Enghraifft 9.13**

Mae'r diagram isod yn dangos y gromlin $y = x^3 - 4x$ a'r llinell $y = 8x + 16$, sy'n dangiad i'r gromlin yn y pwynt A($-2$, 0).

Mae'r tangiad yn cwrdd â'r gromlin unwaith eto yn B(4, 48).

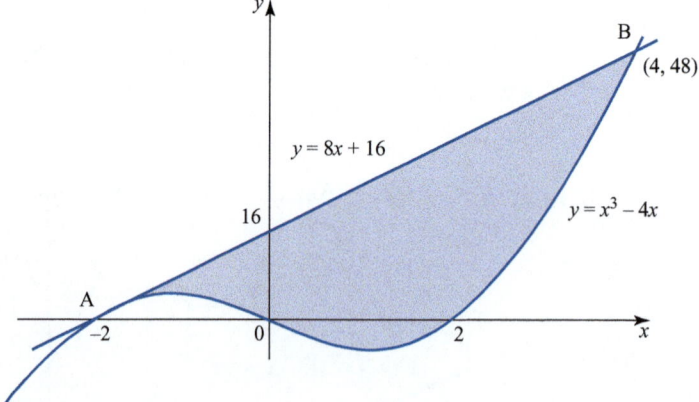

**Ffigur 9.30**

Darganfyddwch yr arwynebedd sydd wedi'i amgáu rhwng y llinell a'r gromlin.

**Datrysiad**

$$\text{Arwynebedd} = \int_{-2}^4 (\text{cromlin uchaf} - \text{cromlin isaf}) \, dx$$

$$= \int_{-2}^4 ((8x + 16) - (x^3 - 4x)) \, dx$$

$$= \int_{-2}^4 (12x + 16 - x^3) \, dx$$

$$= \left[ 6x^2 + 16x - \frac{x^4}{4} \right]_{-2}^4$$

$$= [(96 + 64 - 64) - (24 - 32 - 4)]$$

$$= 108 \text{ uned}^2.$$

**Pwynt trafod**

→ Pam mae'r ail ddull mor ddefnyddiol yn yr enghraifft hon?

**Ymarfer 9D**

Ar gyfer pob un o gwestiynau 1–10

(i) braslumiwch graff o'r cromliniau sydd wedi'u rhoi

(ii) darganfyddwch gyfesurynnau-$x$ y pwyntiau croestoriad

(iii) darganfyddwch yr arwynebedd sydd wedi'i amgáu gan y ddwy gromlin.

① $y = 4 - x$;  $\quad\quad$ $y = (x - 1)(x - 4)$

② $y = x + 1$;  $\quad\quad$ $y = x^2 - 3x - 4$

③ $y = 1 - x$;  $\quad\quad$ $y = (x - 1)^2$

④ $y = 1 - x^2$;  $\quad\quad$ $y = x^2 - 1$

⑤ $y = x + 2$;  $\quad\quad$ $y = x^2 + x - 2$

⑥ $x + y = 9$;  $\quad\quad$ $y = x^2 - 2x + 3$

⑦ $y = x(x - 5)$;  $\quad\quad$ $y = x(10 - x)$

⑧ $y = 16 - x^2$;  $\quad\quad$ $y = x^2 - 5x + 13$

⑨ $y = x^2 - 16$;  $\quad\quad$ $y = 4x - x^2$

⑩ $y = x + 1$;  $\quad\quad$ $y = 5x - x^2 + 6$

⑪ Mae drych addurnol wedi'i ffinio gan y cromliniau

$$y = \frac{x^2}{8} \quad \text{ac} \quad y = 80 - \frac{x^2}{8}$$

a'r llinellau

$x = 16$ ac $x = -16$.

(i) Brasluniwch y drych.

(ii) Darganfyddwch arwynebedd gwydr y drych.

⑫ Bydd cerflun yn cael ei greu o nifer o ddalennau copr, ac mae un ddalen o'r fath i'w gweld yn y diagram.

Hafaliadau'r ochrau yw

$$y = x(x + 3), \quad y = x - \frac{1}{4}x^2 \quad \text{ac} \quad y = x^2 - 6x + 9.$$

Mae pob dimensiwn mewn metrau.

(i) Darganfyddwch i ba ochr mae pob hafaliad yn perthyn.

(ii) Darganfyddwch gyfesurynnau A a B.

(iii) Cyfrifwch arwynebedd y siâp.

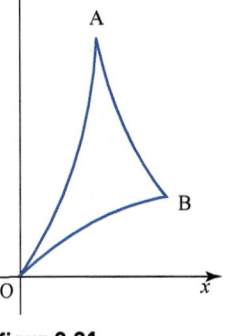

**Ffigur 9.31**

⑬ Mae matiau bwrdd yn cael eu dylunio ar siâp blodyn, fel sydd i'w weld yn y diagram.

Mae pob mat wedi'i greu o chwe sector hafal ac mae pob dimensiwn mewn centimetrau.

Mae gan linell OC yr hafaliad $y = \sqrt{3}x$ ac mae gan gromlin ABC yr hafaliad

$y = 16.2 - \dfrac{x^2}{12}$.

Mae llinell OB yn llinell gymesuredd.

(i) Darganfyddwch gyfesurynnau'r pwynt C.

(ii) Darganfyddwch arwynebedd OBC.

(iii) Trwy hyn, darganfyddwch gyfanswm arwynebedd y mat bwrdd.

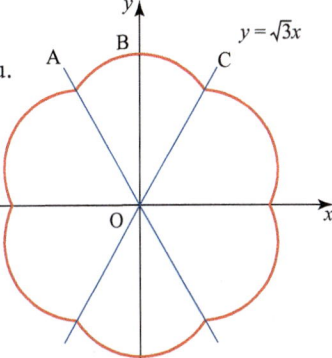

**Ffigur 9.32**

## DEILLIANNAU DYSGU

Gan eich bod chi wedi gorffen y bennod hon, dylech chi allu:

➤ integru $kx^n$, lle mae $n$ yn gyfanrif positif neu 0, a swm ffwythiannau o'r fath

➤ deall integru fel y broses wrthdro i ddifferu

➤ gwybod ystyr integryn pendant ac integryn amhendant

➤ enrhifo integrynnau pendant

➤ darganfod yr arwynebedd rhwng cromlin, dau fesuryn a'r echelin-$x$

➤ darganfod yr arwynebedd rhwng dwy gromlin.

## PWYNTIAU ALLWEDDOL

1. $\dfrac{dy}{dx} = x^n \Rightarrow y = \dfrac{x^{n+1}}{n+1} + c$

2. $\displaystyle\int_a^b x^n \, dx = \left[ \dfrac{x^{n+1}}{n+1} \right]_a^b = \dfrac{b^{n+1} - a^{n+1}}{n+1}$

3. Arwynebedd $A = \displaystyle\int_a^b y \, dx = \int_a^b f(x) \, dx$

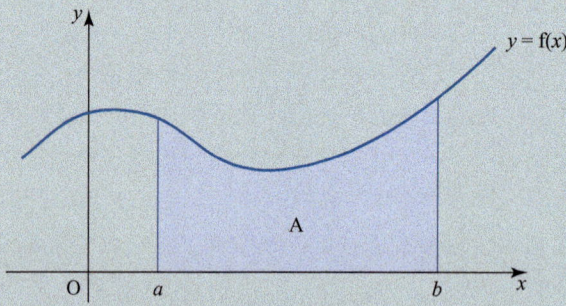

**Ffigur 9.33**

4. Mae arwynebeddau o dan yr echelin-$x$ yn rhoi gwerthoedd negatif i'r integryn.

5. Arwynebedd $B = \displaystyle\int_a^b \left( \text{cromlin uchaf} - \text{cromlin isaf} \right) dx = \int_a^b \left( f(x) - g(x) \right) dx$

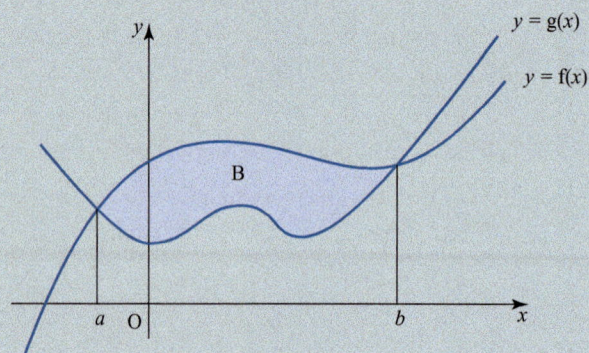

**Ffigur 9.34**

## DEFNYDD I'R DYFODOL

Os byddwch chi'n astudio cwrs Mathemateg Safon Uwch, byddwch chi'n dysgu sut i integru ffwythiannau trigonometrig ac esbonyddol a llawer mwy.

① Darganfyddwch $\dfrac{dy}{dx}$ ar gyfer pob un o'r canlynol.

   (a)   $y = 3x^2 - 4x + 8$                                   **[3 marc]**

   (b)   $y = \dfrac{5}{x^3}$                                           **[1 marc]**

   (c)   $y = x^{\frac{3}{7}}$                                           **[1 marc]**

② Gan ddangos eich holl waith cyfrifo, symleiddiwch bob un o'r canlynol.

   (a)   $\dfrac{3x^{\frac{3}{5}} \times 2x^{\frac{4}{5}}}{x^{\frac{3}{10}}}$                                **[2 farc]**

   (b)   $\dfrac{4y^{\frac{1}{6}} + y^{\frac{5}{6}}}{6y^{\frac{1}{6}}}$                                  **[1 marc]**

③ Heb ddefnyddio cyfrifiannell, darganfyddwch werth $\left(9^{\frac{1}{3}}\right)^6$.
Dangoswch eich holl waith cyfrifo.               **[1 marc]**

④ Profwch fod $\dfrac{x + 1}{6} + \dfrac{3x}{4} - \dfrac{2x - 3}{18} \equiv \dfrac{29x + 12}{36}$.     **[4 marc]**

⑤  (i)   Ffactoriwch $16x^2 + 2x - 5$.               **[2 farc]**

   (ii)  **Trwy hyn,** datryswch yr hafaliad $16x^2 + 2x - 5 = 0$.     **[2 farc]**

⑥  (i)   Ysgrifennwch $x^2 + 8x + 13$ yn y ffurf $(x + a)^2 + b$.     **[2 farc]**

   (ii)  **Trwy hyn,** ysgrifennwch werth lleiaf $x^2 + 8x + 13$.     **[1 marc]**

   (iii)  Beth yw gwerth $x$ pan fydd gan $x^2 + 8x + 13$ ei werth lleiaf?  **[1 marc]**

⑦ O wybod bod $y = x^2 + 5x$, darganfyddwch $\dfrac{dy}{dx}$ o egwyddorion
sylfaenol.                                             **[5 marc]**

⑧  (a)  Darganfyddwch y gweddill pan fydd $x^3 + 9x^2 + 23x + 15$ yn
cael ei rannu ag $x - 2$.               **[2 farc]**

   (b)  (i)   Dangoswch fod $x + 1$ yn ffactor o $x^3 + 9x^2 + 23x + 15$.     **[2 farc]**

        (ii)  **Trwy hyn,** ffactoriwch $x^3 + 9x^2 + 23x + 15$.     **[4 marc]**

⑨ Darganfyddwch gyfesurynnau a natur pob un o'r pwyntiau arhosol
ar y gromlin $y = x^3 - 27x + 8$.

Mae'n rhaid i chi ddangos eich holl waith cyfrifo.     **[7 marc]**

⑩ **Heb ddefnyddio cyfrifiannell**, ysgrifennwch $\dfrac{2}{5 - \sqrt{3}}$ yn y ffurf

$\dfrac{a + \sqrt{b}}{c}$ lle mae $a$, $b$ ac $c$ yn gyfanrifau.

Mae'n **rhaid** i chi ddangos eich holl waith cyfrifo.     **[3 marc]**

⑪ Gan ddangos eich holl waith cyfrifo, darganfyddwch
gyfesurynnau pwyntiau croestoriad y gromlin $y = x^2 - 6x + 3$
a'r llinell $y = x + 11$.                                 **[4 marc]**

⑫ Mae'r gromlin $y = -x^2 + 6x - 5$ i'w gweld yma.

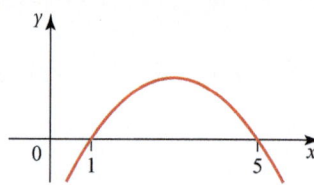

(a) Dangoswch fod y pwyntiau $(1, 0)$ a $(5, 0)$ yn gorwedd ar y gromlin $y = -x^2 + 6x - 5$. **[2 farc]**

(b) Cyfrifwch arwynebedd y rhanbarth sydd wedi'i ffinio gan y gromlin $y = -x^2 + 6x - 5$ a'r echelin-$x$.

Mae'n **rhaid** i chi ddangos eich holl waith cyfrifo. **[5 marc]**

⑬ (a) Darganfyddwch $\dfrac{d^2 y}{dx^2}$ pan fydd $y = 3x^5 + 8x$. **[2 farc]**

(b) Darganfyddwch $\displaystyle\int \left(4x^3 + \dfrac{2}{x^2} - 9x\right) dx$. **[4 marc]**

(c) Gan ddangos eich holl waith cyfrifo, enrhifwch

$$\int_1^4 (6x - 5)\, dx.$$ **[5 marc]**

⑭ Mae gan y pwyntiau A a B y cyfesurynnau $(1, 7)$ a $(-5, 11)$ yn ôl eu trefn.

(a) Cyfrifwch hyd y llinell AB.

Ysgrifennwch eich ateb fel swrd wedi'i symleiddio. **[3 marc]**

(b) Mae'r llinell L yn berpendicwlar i AB ac mae'n mynd drwy ganolbwynt AB.

Darganfyddwch hafaliad L yn y ffurf $ax + by + c = 0$, lle mae $a$, $b$ ac $c$ yn gyfanrifau. **[8 marc]**

⑮ Darganfyddwch hafaliad y tangiad i'r gromlin $y = x^3 + x$ yn y pwynt lle mae $x = 2$.

Mynegwch eich ateb yn y ffurf $y = mx + c$. **[6 marc]**

⑯ (a) Brasluniwch graff $y = -4\cos x + 3$ ar gyfer gwerthoedd $x$ o $0°$ i $360°$.

Dylech chi gynnwys cyfesurynnau unrhyw ryngdoriadau â'r echelinau. **[3 marc]**

(b) Nodwch werth macsimwm a gwerth minimwm $-4\cos x + 3$ ar gyfer gwerthoedd $x$ o $0°$ i $360°$. **[1 marc]**

⑰  *Cewch chi eich asesu ar ansawdd eich cyfathrebu ysgrifenedig yn y cwestiwn hwn.*
Mae ymylon pyramid â sylfaen sgwâr i gyd yn 10 cm.

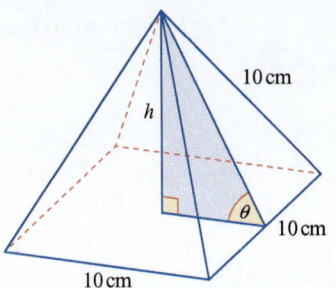

**Diagram heb ei luniadu wrth raddfa.**

(a)  Cyfrifwch uchder perpendicwlar, *h*, y pyramid.  **[4 marc]**

(b)  Cyfrifwch yr ongl, $\theta$, rhwng pob wyneb trionglog a'r sylfaen.  **[3 marc]**

⑱  Mae ochrau sector cylch yn cynnwys dau radiws 10 cm o hyd
ac arc 12 cm o hyd, fel sydd i'w weld yn y diagram.

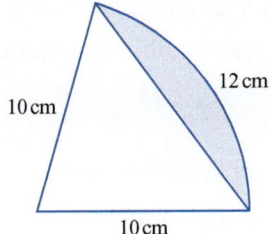

Darganfyddwch arwynebedd y segment wedi'i dywyllu.  **[5 marc]**

① Darganfyddwch $\dfrac{dy}{dx}$ ar gyfer pob un o'r canlynol.

    (a)   $y = 5x^7 + x^3 - 6$                      **[3 marc]**

    (b)   $y = x^{-2}$                                **[1 marc]**

    (c)   $y = \sqrt{x}$                                 **[1 marc]**

② Gan ddangos eich holl waith cyfrifo, symleiddiwch bob un o'r canlynol.

    (a)   $\dfrac{7y^{-\frac{1}{4}} \times 3y^{\frac{5}{4}}}{y^{\frac{1}{5}}}$                            **[2 farc]**

    (b)   $\dfrac{9x^{\frac{2}{5}} - 12x^{\frac{3}{5}}}{3x^{\frac{4}{5}}}$                          **[2 farc]**

③ Heb ddefnyddio cyfrifiannell, darganfyddwch union werth $64^{\frac{2}{3}} \times 36^{-\frac{1}{2}}$.

    Dangoswch eich holl waith cyfrifo.                   **[2 farc]**

④ Mae Bethan yn talu £23 am $(2x + 7)$ beiro ac £16 am $(3x - 1)$ pensil.

    Ysgrifennwch fynegiad, yn nhermau $x$, am gyfanswm cost (mewn punnoedd)

    1 beiro ac 1 pensil.

    Gadewch eich ateb fel ffracsiwn unigol.              **[5 marc]**

⑤ (i)   Ffactoriwch $24x^2 + 5x - 1$.                **[2 farc]**

    (ii)  **Trwy hyn,** datryswch yr hafaliad $24x^2 + 5x - 1 = 0$.     **[2 farc]**

⑥ Drwy gwblhau'r sgwâr, darganfyddwch werth lleiaf $x^2 + 12x + 4$.   **[3 marc]**

⑦ O wybod bod $y = x^2 - 2x$, darganfyddwch $\dfrac{dy}{dx}$ o egwyddorion sylfaenol.                          **[5 marc]**

⑧ (a)  Darganfyddwch y gweddill pan fydd $x^3 - 2x^2 - 13x - 10$ yn cael ei rannu ag $x + 3$.                  **[2 farc]**

    (i)   Dangoswch fod $x + 2$ yn ffactor o $x^3 - 2x^2 - 13x - 10$.     **[2 farc]**

    (ii)  **Trwy hyn,** ffactoriwch $x^3 - 2x^2 - 13x - 10$.         **[4 marc]**

⑧ Darganfyddwch gyfesurynnau a natur pob un o'r pwyntiau arhosol ar y gromlin $y = x^3 + 3x^2 - 7$.

    Mae'n rhaid i chi ddangos eich holl waith cyfrifo.         **[7 marc]**

⑩ **Heb ddefnyddio cyfrifiannell**, ysgrifennwch $\dfrac{1}{6 + \sqrt{2}}$ yn y ffurf $\dfrac{a + \sqrt{b}}{c}$ lle mae $a$, $b$ ac $c$ yn gyfanrifau.

    Mae'n **rhaid** i chi ddangos eich holl waith cyfrifo.         **[2 farc]**

⑪ Datryswch yr hafaliadau cydamserol $y = 3x^2 + 5x - 8$ ac $y = 2 - x$.

    Ysgrifennwch eich atebion yn y ffurf $a + \dfrac{\sqrt{b}}{c}$ lle mae $a$, $b$ ac $c$ yn gyfanrifau.

    Mae'n **rhaid** i chi ddangos eich holl waith cyfrifo.         **[6 marc]**

⑫ Mae'r gromlin $y = 8x - x^2$ i'w gweld yma.

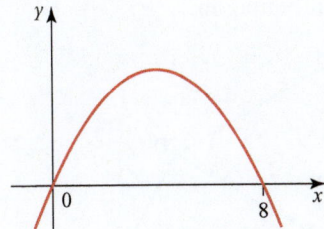

Cyfrifwch arwynebedd y rhanbarth sydd wedi'i ffinio gan y gromlin $y = 8x - x^2$ a'r echelin-$x$.

Mae'n **rhaid** i chi ddangos eich holl waith cyfrifo. **[5 marc]**

⑬ (a) Darganfyddwch $\dfrac{d^2 y}{dx^2}$ pan fydd $y = 3x^{11}$. **[2 farc]**

(b) O wybod bod $\dfrac{dy}{dx} = 6x^2 - 3$ a bod $y = -6$ pan fydd $x = 1$, ysgrifennwch $y$ yn nhermau $x$. **[3 marc]**

⑭ (a) Darganfyddwch $\displaystyle\int \left(12x^5 - \dfrac{2}{x^3} + 2x\right) dx$. **[4 marc]**

(b) Gan ddangos eich holl waith cyfrifo, enrhifwch $\displaystyle\int_{2}^{3}(8x + 1)\,dx$. **[5 marc]**

⑮ Mae gan bwyntiau A a B gyfesurynnau $(-2, 9)$ a $(4, 1)$ yn ôl eu trefn.

(a) Cyfrifwch hyd y llinell AB. **[2 farc]**

(b) Mae llinell L yn pasio drwy bwyntiau A a B.
Darganfyddwch hafaliad L yn y ffurf $ax + by = c$,
lle mae $a$, $b$ ac $c$ yn gyfanrifau. **[6 marc]**

⑯ Darganfyddwch hafaliad y tangiad i'r gromlin $y = x^2 - 3x + 7$
yn y pwynt lle mae $x = 5$.
Mynegwch eich ateb yn y ffurf $y = mx + c$. **[6 marc]**

⑰ (a) Brasluniwch graff $y = 4 \sin 2x$ ar gyfer gwerthoedd $x$ o
$0°$ i $180°$, gan gynnwys cyfesurynnau unrhyw ryngdoriadau â'r echelinau.
Dylech chi gynnwys y cyfesurynnau-$y$ mwyaf a lleiaf ar yr echelin-$y$. **[2 farc]**

(b) Darganfyddwch holl ddatrysiadau'r hafaliad $4 \sin 2x = 2$
ar gyfer holl werthoedd $x$ o $0°$ i $180°$. **[3 marc]**

⑱ Mae ABCDEFGH yn giwboid â'r dimensiynau 3 cm, 4 cm a 12 cm.

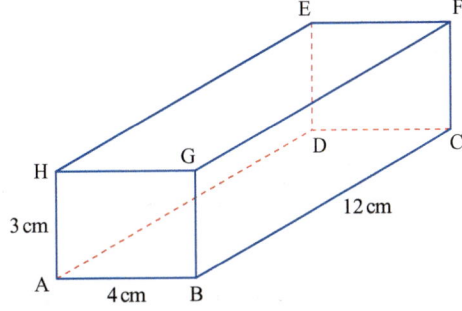

**Diagram heb ei luniadu wrth raddfa.**

Cyfrifwch hyd y groeslin AF. **[4 marc]**

⑲ *Cewch chi eich asesu ar ansawdd eich cyfathrebu ysgrifenedig yn y cwestiwn hwn.*

Mae ABCDE yn bentagon.

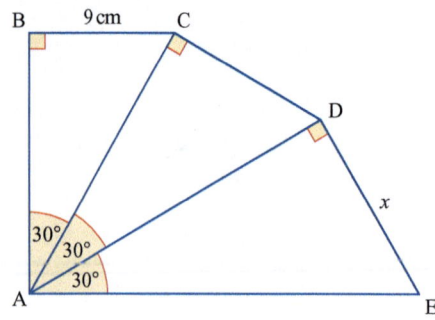

$A\hat{B}D = A\hat{C}D = A\hat{D}E = 90°$

$B\hat{A}C = C\hat{A}D = D\hat{A}E = 30°$

BC = 9 cm

**Heb ddefnyddio eich cyfrifiannell**, a gan ddangos eich holl waith cyfrifo, cyfrifwch hyd ochr DE, sydd wedi'i labelu ag *x* ar y diagram.

[**7 marc**]

| **Brasluniwch (graff)** | Peidiwch â defnyddio papur graff. Lluniadwch echelinau a dangoswch y siâp cywir ym mhob pedrant. Labelwch bwyntiau priodol (e.e. croestoriadau â'r echelinau, pwyntiau arhosol) |
|---|---|
| **Cyfrifwch** | Gweithiwch allan y gwerth rhifiadol (mae'n cael ei ddefnyddio'n aml ar ôl amnewid) |
| **Cyfrifwch union werth** | Rhowch yr ateb fel cyfanrif, ffracsiwn, degolyn cylchol, yn nhermau $\pi$ etc. neu swrd |
| **Dangoswch fod** | Dangoswch bob cam perthnasol i gyrraedd canlyniad sydd wedi'i roi |
| **Trwy hyn** | Defnyddiwch waith blaenorol i ddeillio'r canlyniad |
| **Trwy hyn neu fel arall** | Mae defnyddio eich gwaith blaenorol i ddeillio'r canlyniad yn opsiwn |
| **Ehangwch** | Diddymwch y cromfachau |
| **Ehangwch a symleiddiwch** | Diddymwch y cromfachau a chasglwch y termau tebyg |
| **Enrhifwch** | Rhowch werth rhifiadol fel eich ateb |
| **Esboniwch** | Rhowch resymau, naill ai mewn geiriau neu gan ddefnyddio symbolau mathemategol, neu'r ddau |
| **Ffactoriwch** | Ysgrifennwch fel lluoswm |
| **Gwiriwch** | Gwnewch yn siŵr bod gosodiad neu ganlyniad sydd wedi'i roi i chi yn gywir |
| **Lluniadwch (graff)** | Lluniadwch echelinau ar bapur graff, plotiwch bwyntiau'n gywir ac unwch y pwyntiau â llinell syth neu gromlin lefn |
| **Mynegiad** | Un neu fwy o dermau, er enghraifft ar un ochr i fformiwla |
| **Plotiwch** | Nodwch bwyntiau (ar bapur graff fel arfer) a'u cysylltu â llinell syth neu gromlin |
| **Profwch** | Dangoswch bob cam perthnasol (dylech chi gynnwys esboniadau o ffeithiau sy'n cael eu defnyddio mewn profion geometregol) |
| **Rhowch eich ateb yn ei ffurf symlaf** | Canslwch atebion sydd wedi'u rhoi fel cymarebau neu ffracsiynau neu casglwch dermau tebyg |
| **Ysgrifennwch** | Dylai'r ateb fod yn amlwg (does dim angen gwaith cyfrifo) |

# Pennod 1

## Ymarfer 1A (tudalen 3)

1. (i) 5:2
   (ii) 2:3
   (iii) 11:2
   (iv) 1:2
   (v) 3:1
2. (i) £69
   (ii) 260
   (iii) 11.2 cm
3. (i) 7163
   (ii) 6.72
   (iii) £6.30
4. (i) 84
   (ii) £420
   (iii) £12
   (iv) 12
5. (i) 741
   (ii) 3136.25
   (iii) £1314
   (iv) £48.85
6. (i) $\frac{52}{45}$ neu $1\frac{7}{45}$

   (ii) $\frac{1}{32}$

   (iii) $\frac{53}{20}$ neu $2\frac{13}{20}$

7. (i) 10.7
   (ii) 4.9
   (iii) 0.04
   (iv) 0.60
8. 35
9. 80

## Pwynt trafod (tudalen 5)

Mae ffactorio yn golygu bod yn rhaid i'r mynegiad gael ei ysgrifennu fel lluoswm ffactorau.

Mae ffactorio *yn llawn* yn golygu na all unrhyw un o'r ffactorau gael ei ffactorio ymhellach.

## Ymarfer 1B (tudalen 5)

1. (i) $10a - b - 2c$
   (ii) $6x - 3y - 4z$
   (iii) $19x + 5y$
   (iv) $p + 14q$
   (v) $5x$
   (vi) $2a^2 + 12a - 12$
   (vii) $3q^2 - 3p^2$
   (viii) $10fg + 10fh - 5gh$
2. (i) $2(4 + 5x^2)$
   (ii) $2b(3a + 4c)$
   (iii) $2a(a + 2b)$
   (iv) $pq(q^2 + p^2)$
   (v) $3xy(x + 2y^3)$
   (vi) $2pq(3p^2 - 2pq + q^2)$
   (vii) $3lm^2(5 - 3l^2m + 4lm^2)$
   (viii) $12a^4b^4(7a - 8b)$
3. (i) $4(5x - 4y)$
   (ii) $6(x + 1)$
   (iii) $z(x - y)$
   (iv) $2q(p - r)$
   (v) $k(l + n)$
   (vi) $-4(a + 2)$
   (vii) $3(x^2 + 2y^2)$
   (viii) $2(a + 4)$
4. (i) $10a^3b^4$
   (ii) $12p^3q^4r$
   (iii) $lm^2n^2p$
   (iv) $36r^4s^3$
   (v) $64ab^2c^2d^2e$
   (vi) $60x^3y^3z^3$
   (vii) $84a^5b^9$
   (viii) $42p^3q^8r^5$
5. (i) $2a$
   (ii) $pq$
   (iii) $\frac{4b}{a}$
   (iv) $\frac{bd}{ac}$
   (v) $\frac{2xy^2z}{3}$
   (vi) $\frac{5}{2a^2b^2}$
   (vii) $\frac{7p^2r^3}{6q^4s^2}$
6. (i) $\frac{11a}{12}$
   (ii) $\frac{13x}{20}$
   (iii) $\frac{7p}{12}$
   (iv) $\frac{s}{3}$
   (v) $\frac{5b}{12}$
   (vi) $\frac{7a}{3b}$
   (vii) $\frac{(5q - 3p)}{2pq}$
   (viii) $-\frac{5x}{6y}$
7. (i) $16x - 10$
   (ii) $7x^2 + x - 3$
8. (i) $16x + 2$
   (ii) $11x^2 + x - 2$
   (iii) $x(3x + 2)(x - 1)$ neu $3x^3 - x^2 - 2x$

## Pwyntiau trafod (tudalen 7)

Mae hafaliad yn cael ei ddefnyddio i ddangos bod dau fynegiad neu rif yn hafal, e.e. $5x + 2 = 3x + 8$. Mae'n rhaid i hafaliad gynnwys arwydd hafal.

Mae datrys hafaliad yn darganfod gwerthoedd unrhyw anhysbysyn/anhysbysion sy'n bodloni'r hafaliad.

## Pwynt trafod (tudalen 7)

Nid oes yn rhaid i'r llythyren a'r rhif newid ochrau, ond mae confensiwn yn gosod y llythyren ar y chwith. Mae hyn hefyd yn ei gwneud hi'n haws darllen, oherwydd ein bod ni'n darllen o'r chwith i'r dde.

## Ymarfer 1C (tudalen 8)

1.
  (i) $x = 7$
  (ii) $a = -2$
  (iii) $x = 2$
  (iv) $y = 2$
  (v) $c = 5$
  (vi) $p = 10$
  (vii) $x = -5$
  (viii) $x = -6$
  (ix) $y = 7$
  (x) $k = 42$
  (xi) $t = 60$
  (xii) $p = -55$
  (xiii) $p = 0$

2.
  (i) $2l + 2(l - 80) = 600$
  (ii) $l = 190$; arwynebedd = $20\,900\,\text{m}^2$

3.
  (i) $2(s + 4) + s = 17$
  (ii) Rhys = 7, Iwan = 7, Steffan = 3

4.
  (i) $5c - a$
  (ii) $5c - 15 = 40$; $c = 11$

5.
  (i) $3j + 12$ neu $2(j + 12)$
  (ii) $3j + 12 = 2(j + 12)$; $j = 12$

6.
  (i) $8a$
  (ii) $6a + 6$
  (iii) $a = 3$

7.
  (i) $m - 2, m - 1, m, m + 1, m + 2$
  (ii) $m - 2 + m - 1 + m + m + 1 + m + 2 = 105$; $m = 21$
  (iii) 19, 20, 21, 22, 23

8. $16\frac{2}{3}\,\text{cm}^2$

## Pwynt trafod (tudalen 9)

Gadewch i bris hufen iâ bach fod yn $x$

Yna, pris hufen iâ mawr yw $x + 40$

Ffurfiwch hafaliad gan ddefnyddio'r amod bod dau hufen iâ mawr yn costio'r un faint â thri o rai bach:

$2(x + 40) = 3x$

Datryswch yr hafaliad hwn.
Mae hufen iâ bach yn costio 80c
Mae hufen iâ mawr yn costio £1.20

## Pwynt trafod (tudalen 9)

Mae'r ail frawddeg yn dyblygu'r wybodaeth sy'n cael ei rhoi yn y frawddeg gyntaf.

Felly, mae nifer anfeidraidd o ddatrysiadau.

## Ymarfer 1Ch (tudalen 11)

1.
  (i) $0.3b$ neu $\frac{3b}{10}$
  (ii) $\frac{9y}{2}$
  (iii) $\frac{cd}{100}$

2. $66\frac{2}{3}\%$

3.
  (i) $1.2a$
  (ii) $1.05b$
  (iii) $0.65k$
  (iv) $0.98m$

4. $1.8a = 1.5b$
   $\frac{1.8}{1.5} = \frac{b}{a}$
   $1.2 = \frac{b}{a}$

5. 60%

6. $8:12:27$

7.
  (i) $a = \frac{5b}{2}$
  (ii) $6:1$
  (iii) $5:4$

8. $15:8$

9. $24:25$

10. $100 + m:100 - m$

11. 40 o fechgyn a 50 o ferched

## Pwynt trafod (tudalen 12)

Pan fyddwch chi'n lluosi'r cromfachau dwbl, mae termau yn $x^2$ ac $x$ a rhif, ond nid oes unrhyw dermau eraill (e.e. does dim $x^3$, $\sqrt{x}$, nac $\frac{1}{x}$).

## Ymarfer 1D (tudalen 13)

1.
  (i) $x^2 + 9x + 20$
  (ii) $x^2 + 4x + 3$
  (iii) $2a^2 + 9a - 5$
  (iv) $6p^2 + 5p - 6$
  (v) $x^2 + 6x + 9$
  (vi) $4x^2 - 9$
  (vii) $14m - 3m^2 - 8$
  (viii) $12 + 4t - 5t^2$
  (ix) $16 - 24x + 9x^2$
  (x) $m^2 - 6mn + 9n^2$

2.
  (i) $x^5 - x^4 + 2x^3 - 3x^2 + x - 2$
  (ii) $x^6 + 2x^5 - 3x^4 - 4x^3 + 5x^2 + 6x - 3$
  (iii) $2x^5 - 4x^4 - x^3 + 11x^2 - 13x + 5$
  (iv) $x^6 - 1$
  (v) $x^3 + 4x^2 + x - 6$
  (vi) $2x^3 + 5x^2 - 14x - 8$
  (vii) $x^3 + 3x^2 + 3x + 1$
  (viii) $p^3 - 15p^2 + 75p - 125$
  (ix) $8a^3 + 36a^2 + 54a + 27$
  (x) $2x^3 - 17x - 18$
  (xi) $2x^2 - 2x$

3.
  (i) $2x^3 - 5x^2 - 3x$
  (ii) $10x^2 - 14x - 6$

4.
  (i) $3x^3 - \frac{1}{2}x^2 - \frac{21}{2}x + 5$
  (ii) $11x^2 - 15x - 4 + 4xy - 2y$

5.
  (i) $a^2 + 2ab + b^2$
  (ii) $a^3 + 3a^2b + 3ab^2 + b^3$

6.
  (i) $x^3 + 18x^2 + 108x + 216$
  (ii) $p^3 - 6p^2 + 12p - 8$

## Pwynt trafod (tudalen 15)

Mae rhif cymarebol yn rhif a all gael ei fynegi yn y ffurf $\frac{a}{b}$ lle mae $a$ a $b$ yn gyfanrifau. Felly, gall rhif cymarebol fod yn ffracsiwn neu'n gyfanrif (pan fydd $b = 1$); a gall fod yn bositif neu'n negatif.

## Ymarfer 1Dd (tudalen 16)

1.
  (i) $4\sqrt{2}$
  (ii) $5\sqrt{5}$
  (iii) $5\sqrt{3}$
  (iv) $\sqrt{2}$
  (v) $3\sqrt{3}$
  (vi) $7\sqrt{2} - 3$
  (vii) $10\sqrt{2}$
  (viii) $36 + 3\sqrt{3}$
  (ix) $16\sqrt{5}$
  (x) $\sqrt{3}$

**2**  (i)  $3 - 2\sqrt{2}$

(ii)  $3 + 2\sqrt{5}$

(iii)  $3\sqrt{7} - 9$

(iv)  $2$

(v)  $11 - \sqrt{2}$

(vi)  $5 - 3\sqrt{7}$

(vii)  $24 - 13\sqrt{3}$

(viii)  $8 - 2\sqrt{15}$

(ix)  $13\sqrt{2} - 17$

(x)  $17 + 12\sqrt{2}$

(xi)  $16$

(xii)  $4\sqrt{14}$

**3**  (i)  $\dfrac{\sqrt{3}}{3}$

(ii)  $\sqrt{5}$

(iii)  $\dfrac{4\sqrt{6}}{3}$

(iv)  $\dfrac{\sqrt{6}}{3}$

(v)  $1$

(vi)  $\dfrac{\sqrt{21}}{7}$

(vii)  $3\sqrt{7}$

(viii)  $\dfrac{\sqrt{5}}{3}$

(ix)  $\dfrac{\sqrt{15}}{5}$

(x)  $\dfrac{\sqrt{2}}{2}$

**4**  (i)  $\dfrac{12}{7}$

(ii)  $4 + 8\sqrt{3}$

(iii)  $20 - 4\sqrt{6}$

(iv)  $\dfrac{12 - 5\sqrt{3}}{13}$ neu

    $\dfrac{12}{13} - \dfrac{5}{13}\sqrt{3}$

**5**  (i)  $v = 2$

(ii)  $w = \dfrac{5}{3}$

(iii)  $y = \dfrac{3}{2}$

(iv)  $x = \dfrac{3}{5}$

**6**  $26 + 15\sqrt{3}$

**7**  (i)  $m = \dfrac{5}{2}$

(ii)  $n = \dfrac{16}{5}$

(iii)  $x = 6$

(iv)  $x = -\dfrac{144}{7}$

**8**  $x = \dfrac{4\sqrt{2}}{3}$

**9**  $\left(8 + \sqrt{48}\right)$ cm

## Ymarfer 1E (tudalen 18)

**1**  (i)  $\dfrac{10\sqrt{3} - 2\sqrt{6}}{23}$

(ii)  $\dfrac{4\sqrt{7} + \sqrt{14}}{14}$

(iii)  $\dfrac{9 - 3\sqrt{3}}{2}$

(iv)  $\dfrac{8 + 5\sqrt{2}}{7}$

(v)  $\dfrac{\sqrt{7} - 2}{3}$

(vi)  $10\sqrt{3} + 3 - 10\sqrt{2}$
    $- \sqrt{6}$

**2**  $12 + 9\sqrt{2}$

**3**  $18\sqrt{5} - 40$

**4**  $1 - \dfrac{1}{3}\sqrt{3}$

**5**  $\left(3 - \sqrt{5}\right)$ cm

**6**  $3\sqrt{3} + 2\sqrt{2}$

**7**  $\left(10 - 4\sqrt{2}\right)$ cm

**8**  $\left(1 + \sqrt{3}\right)$ cm

## Ymarfer 1F (tudalen 20)

**1**  (i)  $a^9$

(ii)  $c^5$

(iii)  $e^{24}$

(iv)  $8g^{12}$

(v)  $15h^{-2}$ $\left(\text{neu } \dfrac{15}{h^2}\right)$

(vi)  $4k^{14}$

(vii)  $72m^5$

(viii)  $3n^{15}$

(ix)  $36n^{18}$

(x)  $256p^{-56}$ $\left(\text{neu } \dfrac{256}{p^{56}}\right)$

**2**  (i)  $1$

(ii)  $\dfrac{1}{9}$

(iii)  $\dfrac{1}{7}$

(iv)  $3$

(v)  $\dfrac{1}{128}$

(vi)  $3$

(vii)  $2$

(viii)  $\dfrac{1}{2}$

(ix)  $8$

(x)  $4$

(xi)  $2$

(xii)  $7$

**3**  (i)  $8$

(ii)  $1$

(iii)  $\dfrac{9}{5}$

(iv)  $8$

(v)  $125$

(vi)  $81$

(vii)  $\dfrac{1}{4}$

(viii)  $\dfrac{1}{2}$

(ix)  $\dfrac{2}{3}$

(x)  $-2$

(xi)  $\dfrac{4}{3}$

(xii)  $-\dfrac{3}{2}$

**4**  (i)  $m^{30}n^7$

(ii)  $\dfrac{9}{16a^{10}}$ $\left(\text{neu } \dfrac{9}{16}a^{-10}\right)$

(iii)  $x^2$

(iv)  $\dfrac{2y^5}{3}$

(v)  $m^7$

(vi)  $n^{\frac{13}{12}}$

(vii)  $\dfrac{1}{x}$ $\left(\text{neu } x^{-1}\right)$

(viii)  $\dfrac{1 + x^3}{x^6}$ $\left(\text{neu } x^{-6} + x^{-3}\right)$

**5**

(i) $\dfrac{1}{4}$

(ii) $\dfrac{1}{8}$

(iii) $\dfrac{1}{81}$

(iv) 25

(v) 32

(vi) 24

(vii) $\dfrac{4}{9}$

(viii) 49

(ix) $\dfrac{4}{3}$

(x) $\dfrac{27}{125}$

**6**

(i) $\dfrac{5}{2m^5}$ $\left(\text{neu}\ \dfrac{5}{2}m^{-5}\right)$

(ii) $\dfrac{12}{5a^{\frac{3}{2}}}$ $\left(\text{neu}\ \dfrac{12}{5}a^{-\frac{3}{2}}\right)$

(iii) $\dfrac{10c}{3}$

(iv) $\dfrac{5}{2d^{\frac{8}{5}}}$ $\left(\text{neu}\ \dfrac{5}{2}d^{-\frac{8}{5}}\right)$

(v) $\dfrac{8}{3}e^2$

(vi) $\dfrac{45}{g^{\frac{69}{28}}}$ $\left(\text{neu}\ 45g^{-\frac{69}{28}}\right)$

**7**

(i) $\dfrac{3m^2 + 5}{6m^{10}}$

$\left(\text{neu}\ \dfrac{1}{2}m^{-8} + \dfrac{5}{6}m^{-10}\right)$

(ii) $\dfrac{3 - 2a}{5a^3}$

$\left(\text{neu}\ \dfrac{3}{5}a^{-3} - \dfrac{2}{5}a^{-2}\right)$

(iii) $\dfrac{5 + c}{c^{\frac{2}{3}}}$ $\left(\text{neu}\ 5c^{-\frac{2}{3}} + c^{\frac{1}{3}}\right)$

(iv) $\dfrac{2d^{\frac{1}{5}} - d^{\frac{2}{5}} + 4}{3d}$

$\left(\text{neu}\ \dfrac{2}{3}d^{-\frac{4}{5}} - \dfrac{1}{3}d^{-\frac{3}{5}} + \dfrac{4}{3}d^{-1}\right)$

(v) $\dfrac{2 + e^{\frac{1}{2}}}{3e^{\frac{1}{4}}}$

$\left(\text{neu}\ \dfrac{2}{3}e^{-\frac{1}{4}} + \dfrac{1}{3}e^{\frac{1}{4}}\right)$

(vi) $\dfrac{9h^{\frac{1}{3}} - 5}{h^{\frac{23}{12}}}$

$\left(\text{neu}\ 9h^{-\frac{19}{12}} - 5h^{-\frac{23}{12}}\right)$

**8**

(i) $\dfrac{5x^{\frac{2}{3}}}{3}$

(ii) $\dfrac{4y^{\frac{1}{3}} + 5y^{\frac{1}{9}}}{12}$

(iii) $w^{\frac{23}{36}}$

(iv) $2a^{\frac{2}{3}}$

(v) $\dfrac{e^{\frac{1}{2}} - 2}{3e^{\frac{1}{12}}}$

$\left(\text{neu}\ \dfrac{1}{3}e^{\frac{5}{12}} - \dfrac{2}{3}e^{-\frac{1}{12}}\right)$

(vi) $\dfrac{1}{7g^{\frac{5}{48}}}$ $\left(\text{neu}\ \dfrac{1}{7}g^{-\frac{5}{48}}\right)$

(vii) $4x^{\frac{5}{3}}$

**9** $2^{\frac{4}{3}}$

**10** $\dfrac{2}{3}$

**11** $x^{\frac{4}{15}}$

**12** $\dfrac{40\sqrt{3}}{9}$

**13** $5^{-19}$

# Pennod 2

### Pwynt trafod (tudalen 24)

Ie, heblaw y gallai'r rhesi a'r colofnau gyfnewid lle.

### Pwynt trafod (tudalen 24)

Ydych, ond bydd y cromfachau yn y drefn arall. (Gwnewch y gwaith cyfrifo i wirio drosoch chi eich hun.)

### Pwynt trafod (tudalen 26)

Mae ffactorio yn rhoi $(2x - 5)(x - 3)$. Mae'r ffactorau yn y drefn arall.

### Ymarfer 2A (tudalen 27)

**1**

(i) $(a + d)(b - c)$

(ii) $(2x + w)(y + 1)$

(iii) $(2p - 3r)(q - 4)$

(iv) $(5 - 2n)(1 - m)$

**2**

(i) $(x + 2)(x + 3)$

(ii) $(y - 1)(y - 4)$

(iii) $(m - 4)^2$

(iv) $(m - 3)(m - 5)$

(v) $(x + 5)(x - 2)$

(vi) $(a + 12)(a + 8)$

(vii) $(x - 3)(x + 2)$

(viii) $(y - 12)(y - 4)$

(ix) $(k + 6)(k + 4)$

(x) $(k - 12)(k + 2)$

**3**

(i) $(x + 2)(x - 2)$

(ii) $(a + 5)(a - 5)$

(iii) $(3 + p)(3 - p)$

(iv) $(x + y)(x - y)$

(v) $(t + 8)(t - 8)$

(vi) $(2x + 1)(2x - 1)$

(vii) $(2x + 3)(2x - 3)$

(viii) $(2x + y)(2x - y)$

(ix) $(4x + 5)(4x - 5)$

(x) $(3a + 2b)(3a - 2b)$

**4**

(i) $(2x + 1)(x + 2)$

(ii) $(2a - 3)(a + 7)$

(iii) $(5p - 1)(3p + 1)$

(iv) $(3x - 1)(x + 3)$

(v) $(5a + 1)(a - 2)$

(vi) $(2p - 1)(p + 3)$

(vii) $(4x - 1)(2x + 3)$

(viii) $(2a - 9)(a + 3)$

(ix) $(3x - 5)^2$

(x) $(2x + 5)(2x - 3)$

**5**

(i) $(x + y)(x + 2y)$

(ii) $(x + 5y)(x - y)$

(iii) $(a - 4b)(a + 3b)$

(iv) $(c - 3d)(c - 8d)$

(v) $(x + 4y)(x + 5y)$

(vi) $(p + 5r)(p - 3r)$

(vii) $(a + 3r)(a - 5r)$

(viii) $(s - 2t)^2$

(ix) $(m - 6n)(m + n)$

(x) $(r + 4s)(r - 2s)$

**6**

(i) $(3a + 1)(a + 1)$

(ii) $(4x + 5)(2x - 3)$

(iii) $(3p - 2)(p - 4)$

(iv) $(2 + 5y)(6 - 5y)$

(v) $(a + 1)(3a + 1)$

(vi) $(4x + 5)(2x - 3)$

(vii) $(3p - 2)(p - 4)$

(viii) $4y(3 - y)$

**7**

(i) $(2x + y)(x + 2y)$

(ii) $(3x - y)(x + 2y)$

(iii) $(5a - 3b)(a - b)$

(iv) $(3c + 4d)(2c - d)$
(v) $(6p - q)(p - 6q)$
(vi) $(7g - 2h)(g + h)$
(vii) $(3h - 4k)(2h + k)$
(viii) $(4w - x)(2w - x)$

8 (i) $x(x + 2)(x - 2)$
(ii) $a^2(a + 4)(a - 4)$
(iii) $y^3(3 + y)(3 - y)$
(iv) $2x(x + 1)(x - 1)$
(v) $p^2(2p + 3)(2p - 3)$
(vi) $x(10 + x)(10 - x)$
(vii) $2c(3c + 1)(3c - 1)$
(viii) $2x(2x + 5y)(2x - 5y)$

## Gweithgaredd 2.1 (tudalen 27)

(i) $81$ ac $a^4$
(ii) $(a^2)^2 - 9^2$
(iii) $(a^2 + 9)(a^2 - 9)$
$= (a^2 + 9)(a + 3)(a - 3)$

## Gweithgaredd 2.2 (tudalen 28)

(i) $(5x + 3)(2x + 1)$
(ii) $(5p + 5q + 3)(2p + 2q + 1)$

## Pwynt trafod (tudalen 28)

Ei hepgor, oherwydd bod yn rhaid i hyd fod yn bositif.

## Ymarfer 2B (tudalen 29)

1 (i) $u = v - at$
(ii) $t = \dfrac{v - u}{a}$;
un o'r hafaliadau mudiant

2 $b = \dfrac{2A}{h}$; arwynebedd triongl

3 $l = \dfrac{p - 2b}{2}$ neu $\dfrac{p}{2} - b$;
perimedr petryal

4 $r = \sqrt{\dfrac{A}{\pi}}$; arwynebedd cylch

5 $c = \dfrac{2A - bh}{h}$ neu $\dfrac{2A}{h} - b$;
arwynebedd trapesiwm

6 $h = \dfrac{A - \pi r^2}{2\pi r}$; arwynebedd arwyneb silindr â sylfaen ond heb wyneb uchaf

7 $l = \dfrac{\lambda e}{T}$; tensiwn sbring neu linyn

8 (i) $u = \dfrac{2s - at^2}{2t}$
(ii) $a = \dfrac{2(s - ut)}{t^2}$;
un o'r hafaliadau mudiant

9 $x = \dfrac{\sqrt{\omega^2 a^2 - v^2}}{\omega}$; buanedd gronyn ar sbring sy'n osgiliadu

## Ymarfer 2C (tudalen 30)

1 $m = \dfrac{2x}{3 - x}$

2 $y = \dfrac{2x}{5 - x}$

3 $b = -\dfrac{a}{7}$

4 $h = \dfrac{S - 2\pi r^2}{2\pi r}$

5 $x = \dfrac{1 - 2y}{y - 1}$

6 $c = \dfrac{1 - 2d}{d + 3}$

7 (i) $t = \dfrac{3x}{x - 1}$
(ii) $4.5$

8 (i) $p = \dfrac{2 - 3r}{2r - 3}$
(ii) $-1$

## Gweithgaredd 2.3 (tudalen 30)

(i) (a) $(x + 3)(x + 3)$
$= x^2 + 3x + 3x + 9$
$= x^2 + 6x + 9$
(b) $y = x^2 + 6x + 9$
$y = (x + 3)^2$
$(x + 3) = \pm\sqrt{y}$
$x = \pm\sqrt{y} - 3$

(ii) (a) $(x - 5)(x - 5) + 4$
$= x^2 - 5x - 5x + 25 + 4$
$= x^2 - 10x + 29$
(b) $p = x^2 - 10x + 29$
$p = (x - 5)^2 + 4$
$p - 4 = (x - 5)^2$
$x - 5 = \pm\sqrt{p - 4}$
$x = 5 \pm \sqrt{p - 4}$

## Pwyntiau trafod (tudalen 30)

Mewn rhifyddeg, ffracsiwn yw un rhif wedi'i rannu â rhif arall.

Yr un yw diffiniad ffracsiwn mewn algebra, ond gyda 'mynegiad' wedi'i roi yn lle 'rhif'.

## Pwyntiau trafod (tudalen 30)

Gallwch chi ganslo ffracsiwn mewn rhifyddeg pan fydd gan y rhifiadur a'r enwadur ffactor yn gyffredin.

Mae'r un peth yn wir am ffracsiynau mewn algebra.

Mewn rhifyddeg, mae ffactor yn rhif sy'n rhannu'n union i'r rhif sydd wedi'i roi, h.y. nid oes gweddill.

Yr un yw diffiniad ffactor mewn algebra, ond gyda 'mynegiad' wedi'i roi yn lle 'rhif'.

## Pwyntiau trafod (tudalen 31)

Nid yw $x$ yn ffactor o'r rhifiadur $(2x + 2)$ na'r enwadur $(3x + 3)$.

Mae'r ateb cywir yn galw am ffactorio'r rhifiadur a'r enwadur:

$$\dfrac{2(x + 1)}{3(x + 1)}$$

Mae canslo $(x + 1)$ yn rhoi $\dfrac{2}{3}$.

Nid yw $a$ nac $a^2$ yn ffactor o'r rhifiadur na'r enwadur.

Mae'r ateb cywir yn galw am ffactorio i gael

$$\dfrac{(a - 3)(a + 2)}{(a - 3)(a - 5)} = \dfrac{a + 2}{a - 5}$$

## Pwynt trafod (tudalen 31)

Mae termau unigol wedi'u canslo yn hytrach na ffactorau.

Yr ateb cywir yw

$$\dfrac{(2n + 3)(2n - 3)}{(n + 1)} \times \dfrac{(n + 1)(n - 1)}{(2n + 3)}$$

$$= (2n - 3)(n - 1)$$

## Ymarfer 2Ch (tudalen 32)

1 (i) $\dfrac{1}{2}$
(ii) $\dfrac{4}{x + 8}$
(iii) $\dfrac{3}{x - y}$
(iv) $\dfrac{2x}{3y}$

(v) $\dfrac{1}{3-p}$

(vi) $\dfrac{2b^2}{5a^2}$

2 (i) $\dfrac{x-1}{2}$

(ii) $\dfrac{x}{x-y}$

(iii) $\dfrac{1}{a-3}$

(iv) $\dfrac{3}{2}$

(v) $\dfrac{3x-1}{3}$

(vi) $\dfrac{x}{2y}$

3 (i) $\dfrac{b}{2}$

(ii) $x$

(iii) $\dfrac{x(x+y)}{y}$

(iv) $\dfrac{x}{8(x-1)}$

(v) $2(a+1)$

(vi) $\dfrac{2(2p+q)}{3(2p-q)}$

4 (i) $\dfrac{(x-2)}{x(x+2)}$

(ii) $\dfrac{(2x-1)(x+2)}{(2x+1)(x-1)}$

(iii) $4(p+3)$

(iv) $\dfrac{3(x-1)(x^2-3)}{(x-3)^2}$

(v) $\dfrac{3(a+2)}{(a-1)(a-2)}$

(vi) $\dfrac{t^2-1}{2t}$

5 (i) $\dfrac{7a}{20}$

(ii) $-\dfrac{7}{3a}$

(iii) $\dfrac{(m-3n)}{(m+n)(m-n)}$

(iv) $\dfrac{5(p+2)}{(p-2)(2p+1)}$

(v) $\dfrac{5x}{2(x-1)(x+4)}$

(vi) $\dfrac{7a+8}{6(a-1)(a+4)}$

6 (i) $\dfrac{(5a+1)}{a(a+1)(a-1)}$

(ii) $2$

(iii) $\dfrac{1}{(p+1)(p-1)}$

(iv) $\dfrac{2(a^2+b^2)}{(a+b)(a-b)}$

(v) $\dfrac{10-3x}{(x-2)(x+2)}$

(vi) $\dfrac{48-3x}{5(x-2)(x+4)}$

7 (i) $\dfrac{2(x^2+3x+3)}{(x+1)(x+2)(x+3)}$

(ii) $\dfrac{5x^2-9x-32}{(x+1)(x-2)(x+3)}$

(iii) $-\dfrac{1}{x(x+1)^2}$

8 (i) $\dfrac{7t+3}{(t+1)^2}$

(ii) $\dfrac{1+3y-3x}{(y+x)(y-x)}$

(iii) $\dfrac{-2x^2+10x-6}{(x-2)(2x-1)}$

(iv) $\dfrac{n^3+6n^2+8n+2}{n(n+1)(n+2)}$

(v) $\dfrac{-2x^2+15x-1}{3(x-1)(x+1)}$

(vi) $\dfrac{42x^2+97x-102}{8(2x+1)(3x-2)}$

## Pwynt trafod (tudalen 34)

Pe baech chi'n lluosi â'r rhifiadur a'r enwadur, byddai'r lluosydd yn canslo ac ni fyddai'r ffracsiwn yn newid.

## Pwynt trafod (tudalen 34)

Nid yw'r ochr chwith i gyd wedi'i lluosi â 30.

## Ymarfer 2D (tudalen 34)

1 $x = \dfrac{5}{6}$

2 $a = \dfrac{5}{8}$

3 $x = -8$

4 $x = -\dfrac{2}{3}$

5 $p = \dfrac{18}{13}$

6 $x = 3$

7 $x = -6$

8 $t = 12$

9 $x = \dfrac{19}{16}$

10 $x = 36.2$

## Ymarfer 2Dd (tudalen 36)

1 $a=4$  $b=-6$

2 $c=2$  $d=6$

3 $p=6$  $q=-40$

4 $a=\dfrac{5}{2}$  $b=-\dfrac{33}{4}$

5 $p=9$  $q=2$

6 $c=\dfrac{9}{4}$  $d=\dfrac{1}{2}$

7 $a=2$  $b=8$  $c=-3$

8 $a=5$  $b=3$  $c=-35$

9 $p=3$  $q=-2$  $r=2$

10 $a=3$  $b=24$  $c=-47$

11 $a=2$  $b=4$  $c=8$

12 $p=23$  $q=2$  $r=3$

13 (i) $a=4$  $b=4$

(ii) $x=\sqrt{y-4}+4$

14 (i) $p=3$  $q=1$  $r=-2$

(ii) $x=\sqrt{\dfrac{y+2}{3}}-1$

## Ymarfer 2E (tudalen 38)

1 (i) $7$

(ii) $-16$

(iii) $-57$

(iv) $-\dfrac{13}{4}$

(v) $-\dfrac{45}{4}$

(vi) $-\dfrac{121}{4}$

2 (i) $2$

(ii) $-5$

(iii) $-\dfrac{9}{2}$

(iv) $\dfrac{1}{2}$

(v) $-3$

(vi) $-\dfrac{1}{2}$

**3**
(i) −9
(ii) −2
(iii) −12
(iv) $\dfrac{7}{8}$
(v) $\dfrac{2}{3}$
(vi) $-\dfrac{16}{5}$

**4**
(i) 19
(ii) −9

**5**
(i) 13
(ii) −2

**6**
(i) 29
(ii) 6

# Pennod 3

## Pwynt trafod (tudalen 41)

(i) Ydy
(ii) Nac ydy

## Ymarfer 3A (tudalen 41)

**1**
(i) −9
(ii) 0.2
(iii) 15
(iv) −1
(v) −1
(vi) 0

**2**
(i) 12
(ii) 75
(iii) 3
(iv) −4
(v) 12
(vi) −9

**3**
(i) 1
(ii) −3
(iii) 0
(iv) 2.25
(v) 0
(vi) 4.2

**4**
(i) $\dfrac{8}{3}$
(ii) 2
(iii) $-\dfrac{4}{7}$

**5**
(i) $6x − 2$
(ii) $3x + 1$
(iii) $3x^2 − 2$

**6**
(i) $(x^2 − 1)^2$
(ii) $(x − 1)^4$
(iii) $x^4$

**7**
(i) $9x^2 + 15x − 1$
(ii) $x^2 + x − 7$

**8**
(i) 1.5
(ii) 1.2
(iii) 3

## Pwynt trafod (tudalen 43)

Dau bwynt ar y llinell neu un pwynt a graddiant y llinell.

## Gweithgaredd 3.1 (tudalen 44)

Llinell A: 3

Llinell B: 0

Llinell C: $-\dfrac{2}{5}$

Llinell D: ∞

## Pwynt trafod (tudalen 44)

Nac oes, oherwydd bod

$$\frac{y_1 − y_2}{x_1 − x_2} = \frac{−(y_2 − y_1)}{−(x_2 − x_1)} = \frac{y_2 − y_1}{x_2 − x_1}$$

## Pwynt trafod (tudalen 47)

(i) $\dfrac{x}{4} + \dfrac{y}{3} = 1$
(ii) $a = 4, b = 3$
(iii) $a$ yw'r rhyngdoriad ar yr echelin-$x$ a $b$ yw'r rhyngdoriad ar yr echelin-$y$.

## Ymarfer 3B (tudalen 47)

**1**
(i) 2
(ii) −3
(iii) $-\dfrac{11}{5}$
(iv) 3
(v) $7\dfrac{1}{2}$
(vi) $2\dfrac{3}{5}$
(vii) $-\dfrac{1}{5}$
(viii) $-3\dfrac{2}{3}$

**2**
(i)
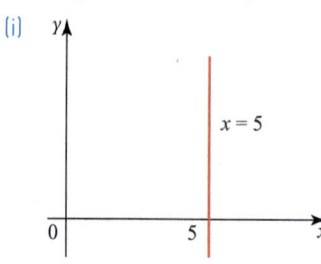

(ii)
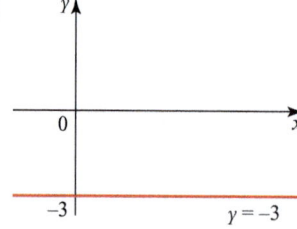

(iii)
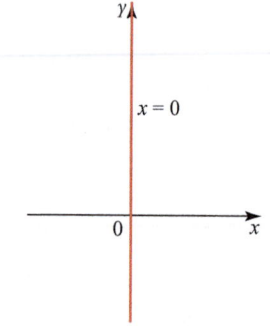

**3**
(i)
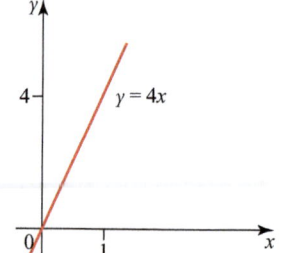

(ii)
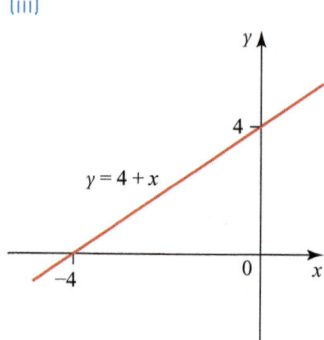

(iii)
(iv)
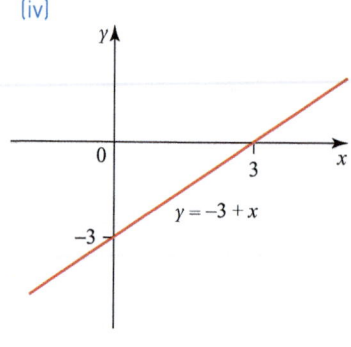

**4** (i)

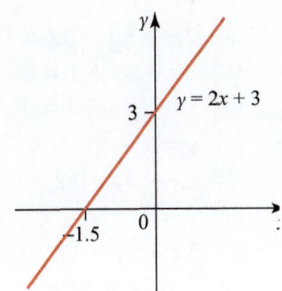

(ii)

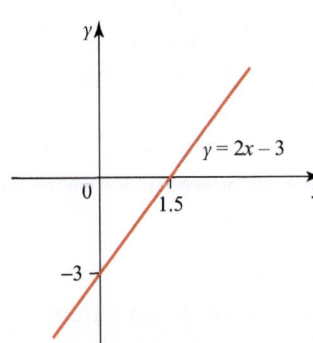

(iii)

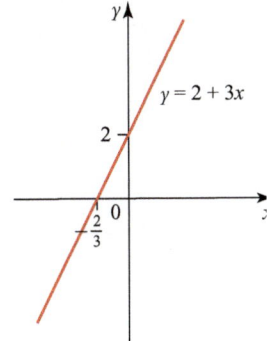

(iv)

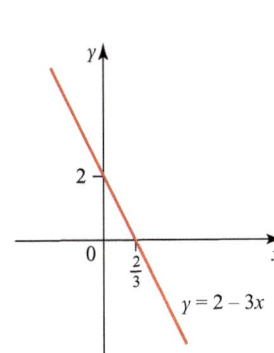

**5** (i)

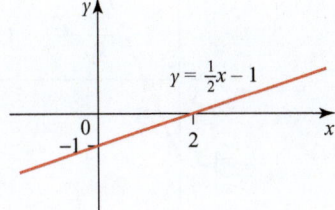

(ii)

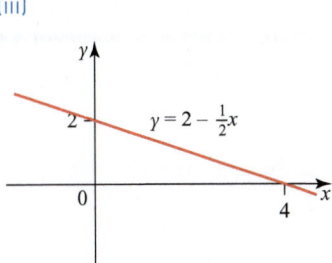

(iii)

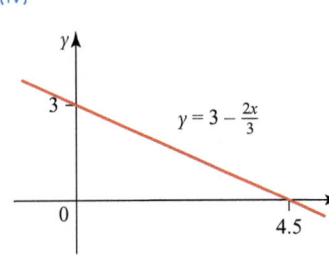

(iv)

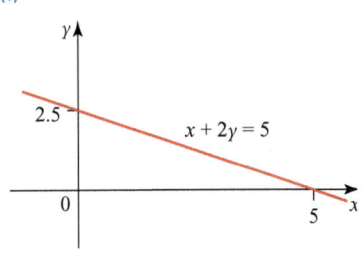

(ii)

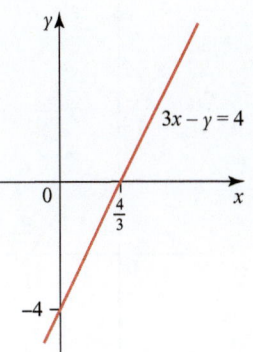

(iii)

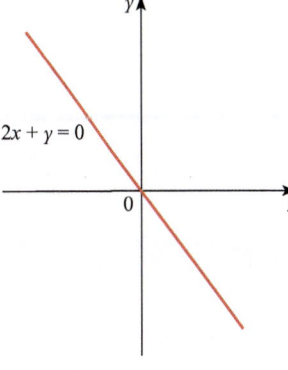

(iv)

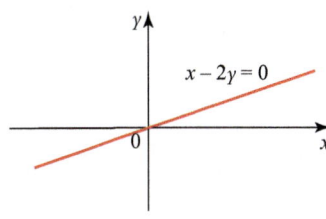

**6** (i)

(see below)

**7** (i)

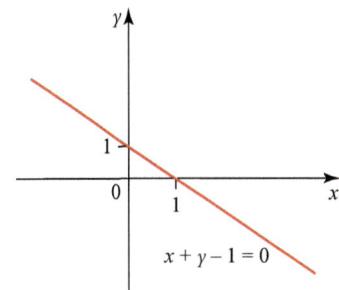

(ii)

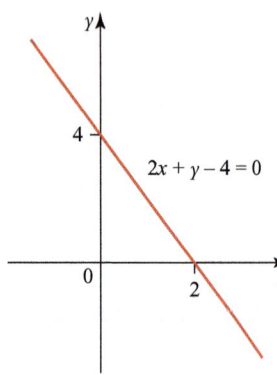

$2x + y - 4 = 0$

(iii)

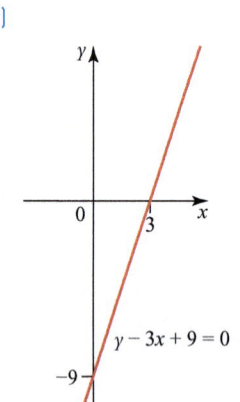

$x - 3y + 6 = 0$

(iv)

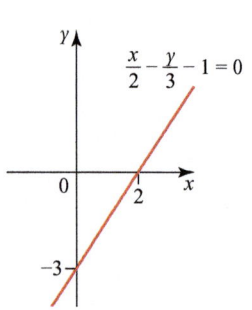

$y - 3x + 9 = 0$

8 (i)

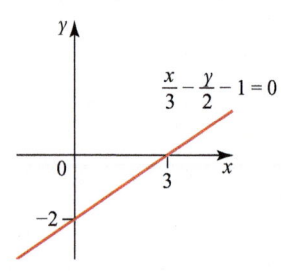

$\frac{x}{2} - \frac{y}{3} - 1 = 0$

(ii)

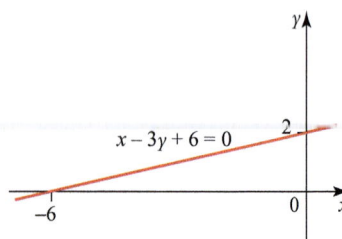

$\frac{x}{3} - \frac{y}{2} - 1 = 0$

(iii)

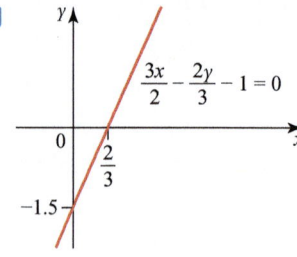

$\frac{3x}{2} - \frac{2y}{3} - 1 = 0$

(iv)

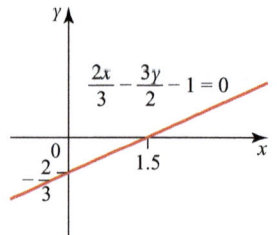

$\frac{2x}{3} - \frac{3y}{2} - 1 = 0$

9 (i) (a) £90 (18c y cerdyn)
   (b) £360 (7.2c y cerdyn)
  (ii) £60 o gost gosod a 6c am bob cerdyn sy'n cael ei argraffu.

(iii)

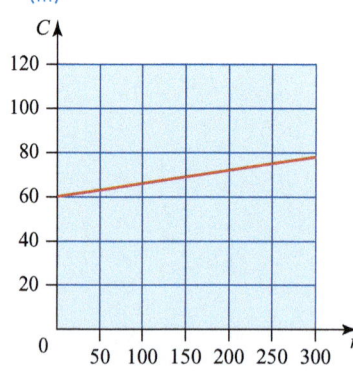

## Ymarfer 3C (tudalen 52)

1 (i) $x = -3$
  (ii) $y = 5$
  (iii) $y = 2x$
  (iv) $2x + y = 4$
  (v) $2x + 3y = 12$
2 (i) $x = 5$
  (ii) $y = -3$
  (iii) $x + 2y = 0$
  (iv) $y = x + 4$
  (v) $y = 2x - 6$
3 (i) $y = 3x - 7$
  (ii) $y = 2x$
  (iii) $y = 3x - 13$
  (iv) $4x - y - 16 = 0$

4 (i) $y = \frac{1}{3}x$
  (ii) $2x - 5y - 42 = 0$
  (iii) $3x + 2y + 1 = 0$
  (iv) $x + 2y - 12 = 0$
5 (i) $y = x - 2$
  (ii) $5x + 3y - 12 = 0$
  (iii) $y = x - 5$
6 (i) $3x + 5y - 12 = 0$
  (ii) $x + 7y + 32 = 0$
  (iii) $y = 2x$
7 (i) $C = 2 + 0.8m$
  (ii) £5.20
  (iii) 10 milltir
8 (i) $N = 8s + 100$
  (ii) £3030
  (ii) Archebu 80 o lyfrau yn ychwanegol yn hytrach na 100.

### Pwynt trafod (tudalen 53)

Mae ffwythiant yn y ffurf $y = f(x)$, sy'n eich galluogi chi i luniadu graff, a ffurf safonol hafaliad yw $f(x) = 0$, sy'n eich galluogi i ddarganfod gwerthoedd $x$ sy'n rhoi datrysiad yr hafaliad.

### Gweithgaredd 3.2 (tudalen 53)

| $x$ | −3 | −2 | −1 | 0 | 1 | 2 | 3 | 4 |
|---|---|---|---|---|---|---|---|---|
| $y$ | 4 | −1 | −4 | −5 | −4 | −1 | 4 | 11 |

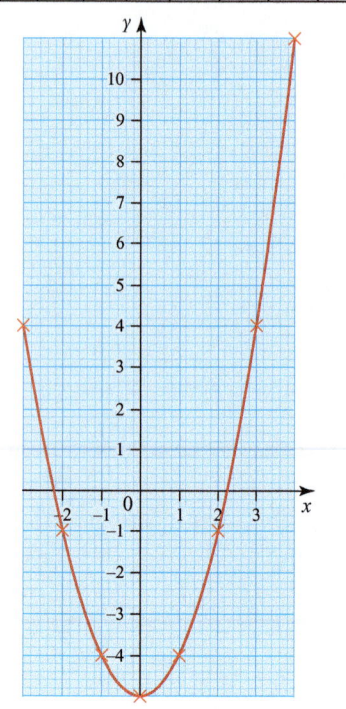

## Gweithgaredd 3.3 (tudalen 54)

| $x$ | -2 | -1 | 0 | 1 | 2 | 3 | 4 | 5 | 6 |
|---|---|---|---|---|---|---|---|---|---|
| $y$ | -12 | -5 | 0 | 3 | 4 | 3 | 0 | -5 | -12 |

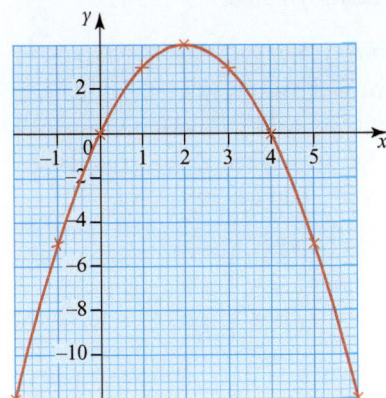

## Ymarfer 3Ch (tudalen 56)

1. (i) $y = x^2 - 2x - 3$
   (ii) $y = 5 - x^2$

2. (i) $y = 4 - 7x - 2x^2$
   (ii) $y = 4x - x^2$

3. (i) (a) $(-1, 2)$
      (b) $x = -1$
      (c) $(0, 3)$
   (ii)

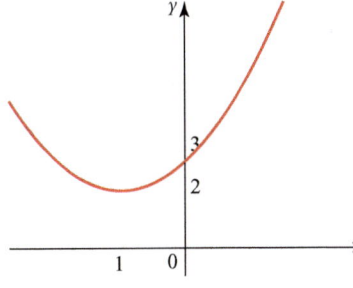

4. (i) (a) $(2, 1)$
      (b) $x = 2$
      (c) $(0, 5)$
   (ii)

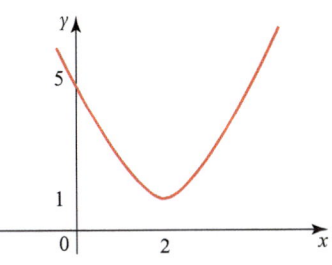

5. (i) (a) $(3, -2)$
      (b) $x = 3$
      (c) $(0, 7)$

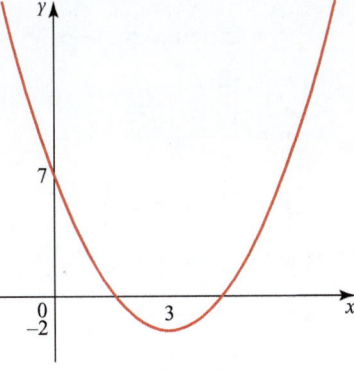

6. (i) (a) $\left(\dfrac{3}{2}, -\dfrac{25}{4}\right)$
      (b) $x = \dfrac{3}{2}$
      (c) $(0, -4)$
   (ii) $(4, 0)$ a $(-1, 0)$
   (iii)

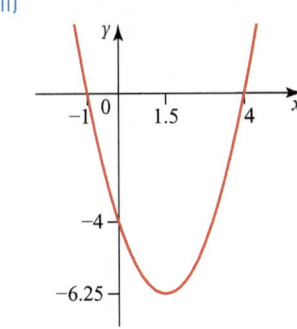

7. (i) $x^2 - 6x + 10$
      $= (x^2 - 6x + 9) + 1$
      $= (x - 3)^2 + 1$
   (ii) $(3, 1)$
   (iii) $x = 3$
   (iv) $(0, 10)$; nid yw'n croestorri'r echelin-$x$.
   (v)

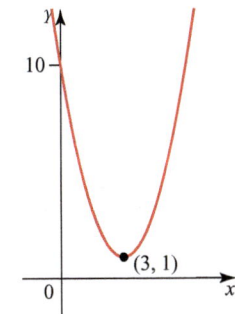

8. (i) $-(x^2 + 4x - 6)$
      $= -((x + 2)^2 - 10)$
      $= 10 - (x + 2)^2$
   (ii) $(-2, 10)$
   (iii) $x = -2$
   (iv) $(0, 6), (-2 - \sqrt{10}, 0)$ a $(-2 + \sqrt{10}, 0)$
   (v)

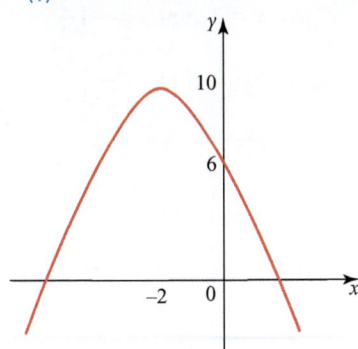

9. $y = x^2 - 6x + 2$

10. (i) £19 800
    (ii) (a) £95 000
        (b) £320 000
        (c) £500 000
    (iii) (a) £19 000
         (b) £16 000
         (c) £10 000
    (iv) Mae'n debygol o wneud colled.

# Pennod 4

## Pwyntiau trafod (tudalen 61)

Os yw $b^2 - 4ac = 0$, yna mae'r ddau ateb yr un peth.

Os yw $b^2 - 4ac < 0$ yna nid oes unrhyw ateb real yn bosibl.

Fod bynnag, bydd myfyrwyr sy'n astudio cwrs Safon Uwch Mathemateg Bellach yn cael eu cyflwyno i nodiant sy'n caniatáu i ni gymryd ail isradd rhifau negatif. Rhifau dychmygol yw'r enw ar y rhain. O'u cyfuno â rhifau real, rydyn ni'n cyfeirio atyn nhw fel rhifau cymhlyg, ac maen nhw'n ddefnyddiol mewn sawl ffordd yn y byd go iawn, er enghraifft wrth fodelu ymddygiad cylchedau trydan, neu lif aer o amgylch adenydd awyren.

## Ymarfer 4A (tudalen 64)

1. (i) $x = 2$ neu $x = 6$
   (ii) $m = 2$ (gwreiddiau sy'n ailadrodd)
   (iii) $p = 5$ neu $p = -3$
   (iv) $a = -2$ neu $a = -9$
   (v) $x = -2$ neu $x = -\frac{1}{2}$
   (vi) $x = 1$ neu $x = -1\frac{3}{4}$
   (vii) $t = \frac{1}{5}$ neu $t = -\frac{1}{3}$
   (viii) $r = -\frac{1}{8}$ neu $r = -\frac{2}{3}$
   (ix) $x = \frac{1}{3}$ neu $x = -3$
   (x) $p = \frac{2}{3}$ neu $p = 4$

2. (i) $x = 4.32$ neu $x = -2.32$
   (ii) $x = 1.37$ neu $x = -4.37$
   (iii) $x = 2.37$ neu $x = -3.37$
   (iv) $x = 1.77$ neu $x = -2.27$
   (v) $x = 1.68$ neu $x = -2.68$
   (vi) $x = 2.70$ neu $x = -3.70$
   (vii) $x = 4.24$ neu $x = -0.24$
   (viii) $x = 3.22$ neu $x = 0.78$

3. (i) $x = -0.23$ neu $x = -1.43$
   (ii) $x = -0.41$ neu $x = -1.84$
   (iii) $x = 0.34$ neu $x = -5.84$
   (iv) $x = 1.64$ neu $x = 0.61$
   (v) $x = 1.89$ neu $x = 0.11$
   (vi) $x = -1.23$ neu $x = -2.43$

4. (i) $x^2 + x - 110 = 0$
   (ii) $x = -11$ neu $x = 10$
   (iii) 42 cm

5. 3 cm, 4 cm, 5 cm
6. $x = 1.5$
7. 9 ac 11
8. (i) $t = 1$ s a $t = 2$ s
   (ii) 3 eiliad
9. (i) $\frac{1}{2}x(2x + 1) = 68$
   $x^2 + 0.5x = 68$
   $2x^2 + x = 136$
   $2x^2 + x - 136 = 0$
   (ii) 17 cm
10. (i) (a) $(x + 6)$ cm
    (b) $(x - 10)$ cm
    (c) $(x - 16)$ cm
    (ii) Cyfaint $= 8(x - 16)(x - 10)$
    $= 8(x^2 - 10x - 16x + 160)$
    $= 8(x^2 - 26x + 160)$
    $= 8x^2 - 208x + 1280$

    (iii) Hyd $= 34$ cm, lled $= 28$ cm

11. (i) $x = \pm\frac{1}{\sqrt{3}}$
    (ii) $x = 2$ neu $x = -\frac{19}{3}$
    (iii) $a = -2$
    (iv) $p = \frac{13 \pm 3\sqrt{17}}{2}$

12. (i) $p = 3$ neu $p = \frac{1}{3}$
    (ii) $x = 0$ neu $x = 3$
    (iii) $r = 2$ neu $r = -\frac{7}{3}$
    (iv) $x = 1.4$ neu $x = 5$
    (v) $x = -7$ neu $x = 3$
    (vi) $x = -1$ neu $x = 3$
    (vii) $x = \frac{1}{8}$ neu $x = 1$
    (viii) $x = \frac{4}{3}$ neu $x = 3$
    (ix) $x = -1.5$ neu $x = 1$

13. (i) $a = 5$ neu $a = -\frac{19}{2}$
    (ii) $x = 7$ neu $x = 1$
    (iii) $x = -2$ neu $x = -5$

14. 30 cm
15. $3x^2 - 4x - 9 = 0$ (neu unrhyw luosrif o hwn)
16. 72 cm³, 53.5 cm³

## Pwynt trafod (tudalen 67)

Nifer anfeidraidd o bosibiliadau. Gall $x$ gymryd unrhyw werth ac, yn yr enghraifft hon, gwerth cyfatebol $y$ yw $4 - x$.

## Pwynt trafod (tudalen 69)

Yn yr enghraifft hon, byddai'r datrysiad cywir yn cael ei ddarganfod, ond mewn rhai achosion, e.e. pe bai gan y gromlin yr hafaliad $y^2 = 4x$, gallai gwerthoedd ychwanegol gael eu darganfod sydd ddim yn rhan o'r datrysiad. Dylech chi bob amser amnewid i hafaliad y llinell. Er enghraifft, mae gan

$y = x - 2$
$y^2 = 4x - 8$

$x = 2$, $y = 0$ ac $x = 6$, $y = 4$ yn ddatrysiad.

Byddai amnewid i hafaliad y gromlin hefyd yn rhoi'r pâr anghywir o werthoedd $x = 6$, $y = -4$, sydd ddim yn ddatrysiad i'r ddau hafaliad.

## Pwynt trafod (tudalen 70)

Tynnwch os oes gan gyfernodau'r newidyn sydd i'w ddileu yr un arwydd. Adiwch os oes ganddyn nhw arwyddion gwahanol.

## Ymarfer 4B (tudalen 71)

1. (i) $x = 5$, $y = 2$
   (ii) $x = 4$, $y = -1$
   (iii) $x = 2\frac{1}{4}$, $y = 6\frac{1}{2}$
   (iv) $x = -2$, $y = -3$
   (v) $x = 1\frac{1}{2}$, $y = 4$
   (vi) $x = -\frac{1}{2}$, $y = -6\frac{1}{2}$

2. (i) $x = 2$, $y = 3$
   (ii) $x = 4$, $y = 3$
   (iii) $x = 6$, $y = 2$
   (iv) $x = -\frac{3}{7}$, $y = 3\frac{2}{7}$
   (v) $x = 2$, $y = 5$
   (vi) $x = -1$, $y = -2$

3. (i) $x = 1$, $y = 4$
   neu $x = 4$, $y = 1$
   (ii) $x = 2$, $y = 3$
   neu $x = -\frac{2}{3}$, $y = \frac{1}{3}$
   (iii) $x = 4$, $y = -2$
   neu $x = -1$, $y = -7$
   (iv) $x = 1$, $y = 5$
   neu $x = 11$, $y = 25$
   (v) $x = 4$, $y = 2$
   neu $x = -4$, $y = -2$
   (vi) $x = 1$, $y = -2$
   neu $x = -2\frac{3}{7}$, $y = -\frac{2}{7}$

4. (i) $3c + 4l = 72$, $5c + 2l = 64$; mae taffi yn costio 8c ac mae lolipop yn costio 12c.
   (ii) $x + 5m = 500$, $x + 7m = 660$; $m = 80$, $x = 100$; £2.60
   (iii) $3c + 2n = 145$, $2c + 5n = 225$; $n = 35$, $c = 25$; £1.65

**(iv)** $2a + c = 3750,$
$a + 3c = 3750; c = 750,$
$a = 1500; £67.50$

**5** A(3, 4), B(4, 3)

**6** 16 a −6

**7** (i) (−2, 2)
  (ii) Graff (b) oherwydd mai dim ond un pwynt croestoriad sydd ganddo. Nid oes gan graff (a) unrhyw bwyntiau croestoriad ac mae gan graff (c) ddau.

## Ymarfer 4C (tudalen 74)

**1** 3

**2** (i) 17
  (ii) 4
  (iii) 46
  (iv) $-\dfrac{13}{4}$
  (v) $\dfrac{173}{16}$
  (vi) $\dfrac{91}{243}$

**3** −9

**4** −20

**5** $c = -5, d = 1$

## Pwyntiau trafod (tudalen 75)

Yr ateb yw sero yn y ddau achos.

## Pwyntiau trafod (tudalen 77)

f(1) = −4
Nac oes, oherwydd mai ffactorau'r cysonyn −1 yn unig y byddech chi'n rhoi cynnig arnyn nhw.

## Ymarfer 4Ch (tudalen 79)

**1** (i) Ffactor
  (ii) Nac ydy
  (iii) Ffactor
  (iv) Ffactor
  (v) Nac ydy
  (vi) Ffactor

**2** (i) $(x - 1)(x + 1)(x - 3)$
  (ii) $(x + 1)(x + 2)(x - 3)$
  (iii) $x(x + 1)(x - 2)$
  (iv) $(x + 1)(x + 2)(x - 5)$
  (v) $(x - 2)(x + 4)(x - 3)$
  (vi) $(x + 1)(x - 1)(x - 5)$
    $(x + 2)$

**(vii)** $(x - 1)^4$
**(viii)** $(x - 2)(x + 2)(x + 3)$
    $(x - 3)$
**(ix)** $x(x + 1)(x - 2)(x + 3)$
    $(x - 6)$
**(x)** $(x - 1)(x + 2)(x - 3)$
    $(x + 4)(x - 5)$

**3** (i) 1, 3, −2
  (ii) 2, −1, −4
  (iii) −1, −3, 6
  (iv) 1, −1, −4
  (v) −2.35, 1, 0.85
  (vi) 1, −2, 3, −4, 5

**4** −5

**5** (i) $1 + p + q + 6 = 0$
  (ii) $-27 + 9p - 3q + 6 = 0$
  (iii) $p = 0, q = -7$

**6** (i) $k = -7$
  (ii) $x = 1, x = -3$

**7** (i) $\dfrac{8}{x^2}$
  (ii) Arwynebedd $= (x \times x)$
    $+ 4\left(x \times \dfrac{8}{x^2}\right)$
    $= x^2 + 4\left(\dfrac{8}{x}\right)$
    $= x^2 + \dfrac{32}{x}$
  (iii) $x^2 + \dfrac{32}{x} = 24$
    $x^3 + 32 = 24x$
    $x^3 - 24x + 32 = 0$
  (iv) $x = 4, x = 1.46$

**8** $x = 1, x = -\dfrac{2}{5}, x = \dfrac{-1 \pm \sqrt{5}}{2}$

## Ymarfer 4D (tudalen 82)

**1** $2(m + 7) - 2(5 + m)$
  $= 2m + 14 - 10 - 2m$
  $= 4$
  $=$ cyfanrif positif

**2** $5(c - 3) + 3(c + 7)$
  $= 5c - 15 + 3c + 21$
  $= 8c + 6$
  $= 2(4c + 3)$
  $= 2 \times$ cyfanrif
  $=$ eilrif

**3** $(y + 6)(y + 3) - y^2$
  $= y^2 + 9y + 18 - y^2$
  $= 9y + 18$
  $= 9(y + 2)$
  $= 9 \times$ cyfanrif
  $=$ lluosrif 9

**4** (i) $\dfrac{x}{2} + \dfrac{x - 1}{3}$
    $\equiv \dfrac{3x}{6} + \dfrac{2(x - 1)}{6}$
    $\equiv \dfrac{3x + 2x - 2}{6}$
    $\equiv \dfrac{5x - 2}{6}$
  (ii) $\dfrac{2x}{3} + \dfrac{x + 1}{4}$
    $\equiv \dfrac{8x}{12} + \dfrac{3(x + 1)}{12}$
    $\equiv \dfrac{8x + 3x + 3}{12}$
    $\equiv \dfrac{11x + 3}{12}$
  (iii) $\dfrac{y + 1}{4} - \dfrac{y}{6}$
    $\equiv \dfrac{3(y + 1)}{12} - \dfrac{2y}{12}$
    $\equiv \dfrac{3y + 3 - 2y}{12}$
    $\equiv \dfrac{y + 3}{12}$
  (iv) $\dfrac{y}{2} + \dfrac{y - 1}{3} + \dfrac{y + 1}{4}$
    $\equiv \dfrac{6y}{12} + \dfrac{4(y - 1)}{12}$
    $+ \dfrac{3(y + 1)}{12}$
    $\equiv \dfrac{6y + 4y - 4 + 3y + 3}{12}$
    $\equiv \dfrac{13y - 1}{12}$
  (v) $\dfrac{5}{x} - \dfrac{x - 1}{3}$
    $\equiv \dfrac{15}{3x} - \dfrac{x(x - 1)}{3x}$
    $\equiv \dfrac{15 - (x^2 - x)}{3x}$
    $\equiv \dfrac{15 - x^2 + x}{3x}$

(vi)

$$\frac{x+1}{6} + \frac{2x-3}{9} - \frac{3x-2}{12}$$

$$\equiv \frac{6(x+1)}{36} + \frac{4(2x-3)}{36}$$

$$- \frac{3(3x-2)}{36}$$

$$\equiv \frac{6x+6+8x-12-9x+6}{36}$$

$$\equiv \frac{5x}{36}$$

5  (i) $f(n+1) = (n+1)^2$

$$= n^2 + 2n + 1$$

(ii) $f(n+1) + f(n-1)$

$$= (n+1)^2 + (n-1)^2$$

$$= n^2 + 2n + 1 + n^2 - 2n + 1$$

$$= 2n^2 + 2$$

$$= 2(n^2 + 1)$$

$$= 2 \times \text{cyfanrif}$$

$$= \text{eilrif}$$

(iii) $f(n+1) - f(n-1)$

$$= (n+1)^2 - (n-1)^2$$

$$= n^2 + 2n + 1 - (n^2 - 2n + 1)$$

$$= 4n$$

$$= 4 \times \text{cyfanrif}$$

$$= \text{lluosrif } 4$$

6  (i) $x^2 + 2x + 5$

$$= (x+1)^2 - 1^2 + 5$$

$$= (x+1)^2 + 4$$

(ii) $\qquad (x+1)^2 \geqslant 0$

$$\Rightarrow (x+1)^2 + 4 \geqslant 4$$

$$\Rightarrow x^2 + 2x + 5 \geqslant 4$$

$$\therefore \ x^2 + 2x + 5 > 0$$

7  $\qquad (y-5)^2 \geqslant 0$

$$\Rightarrow \ (y-5)^2 + 1 \geqslant 1$$

$$\Rightarrow y^2 - 10y + 26 \geqslant 1$$

$$\therefore \ y^2 - 10y + 26 > 0$$

8  $9m^2(3m-1) + (3m)^2$

$$= 27m^3 - 9m^2 + 9m^2$$

$$= 27m^3$$

$$= (3m)^3$$

$$= (\text{cyfanrif})^3$$

$$= \text{rhif ciwb}$$

9  $\dfrac{6p-18}{2p-6} = \dfrac{6(p-3)}{2(p-3)}$

$$= \frac{6}{2}$$

$$= 3$$

$$= \text{cyfanrif positif}$$

10  $\dfrac{a^2+ab}{ab+b^2} = \dfrac{a(a+b)}{b(a+b)}$

$$= \frac{a}{b}$$

$$= \frac{\text{positif}}{\text{negatif}}$$

$$= \text{negatif}$$

11  $f(4x) = (4x)^2 + 2 \times 4x$

$$= 16x^2 + 8x$$

$$= 8x(2x+1)$$

12  (i) $2(2x + 8 + 2y - 4 +$
$x - 2 + y + 1) = 42$

$$\Rightarrow 3x + 3y + 3 = 21$$

$$\Rightarrow x + y + 1 = 7$$

$$\Rightarrow x + y = 6$$

(ii) $x + y = 6 \quad \Rightarrow y = 6 - x$

Arwynebedd =
$(2x + 8 + x - 2) \times$
$(2y - 4 + y + 1)$
$- (x - 2)(2y - 4)$

$$= (3x+6)(3y-3)$$
$$- (2xy - 4x - 4y + 8)$$

$$= 9xy - 9x + 18y - 18$$
$$- 2xy + 4x + 4y - 8$$

$$= 7xy - 5x + 22y - 26$$

$$= 7x(6-x) - 5x$$
$$+ 22(6-x) - 26$$

$$= 42x - 7x^2 - 5x$$
$$+ 132 - 22x - 26$$

$$= -7x^2 + 15x + 106$$

# Pennod 5

## Pwynt trafod (tudalen 85)

Pan fydd y cynnydd yn $x$ yr un peth ar gyfer y ddwy linell, yna mae'r cynnydd yn $y$ hefyd yr un peth ar gyfer y ddwy linell.

## Gweithgaredd 5.1 (tudalen 85)

(i)  Fel Ffigur 5.2

(ii)  $\angle ABE = \angle BCD$ ac
$\angle BCD + \angle CBD = 90°$
$\Rightarrow \angle ABE + \angle CBD = 90°$
h.y. $\angle ABC = 90°$

(iii)  $m_1 = \dfrac{q}{p}$ ac $m_2 = -\dfrac{p}{q}$

(iv)  Yn dilyn o (iii).

## Pwynt trafod (pwynt 87)

$$\sqrt{4a^2 + 16b^2}$$

$$= \sqrt{4(a^2 + 4b^2)}$$

$$= 2\sqrt{a^2 + 4b^2}$$

## Ymarfer 5A (tudalen 88)

1  (i)  (a)  $-\dfrac{1}{2}$

(b)  $\sqrt{80} = 4\sqrt{5}$

(c)  $(6, 7)$

(ii)  (a)  $\dfrac{1}{3}$

(b)  $\sqrt{90} = 3\sqrt{10}$

(c)  $\left(1\frac{1}{2}, 8\frac{1}{2}\right)$

(iii)  (a)  $\dfrac{5}{11}$

(b)  $\sqrt{146}$

(c)  $\left(7\frac{1}{2}, -2\frac{1}{2}\right)$

(iv)  (a)  $-\dfrac{1}{3}$

(b)  $\sqrt{490} = 7\sqrt{10}$

(c)  $\left(-2\frac{1}{2}, -3\frac{1}{2}\right)$

(v)  (a)  $-\dfrac{2}{15}$

(b)  $\sqrt{229}$

(c) $\left(7, 7\frac{1}{2}\right)$

(vi) (a) $-\frac{5}{13}$

   (b) $\sqrt{194}$

   (c) $\left(\frac{1}{2}, 2\frac{1}{2}\right)$

(vii) (a) 5

   (b) $\sqrt{26}$

   (c) $\left(-\frac{1}{2}, -6\frac{1}{2}\right)$

(viii) (a) $\frac{3}{11}$

   (b) $\sqrt{130}$

   (c) $\left(5\frac{1}{2}, 1\frac{1}{2}\right)$

2 (i) Graddiant AB = −1;
graddiant AC = 1;
lluoswm = −1

  (ii) $AB = \sqrt{32}; AC = \sqrt{8}$;
$BC = \sqrt{40}$;
$BC^2 = AB^2 + AC^2$

3 Graddiant AB = $-\frac{1}{2}$ ;
graddiant AC = 2; lluoswm =
$-1; AB = AC = \sqrt{20}$

4 (i) 19.73 uned

  (ii) 9 uned$^2$

5 (i) $PQ = \sqrt{173}; QR = \sqrt{173}$;
$RS = \sqrt{173}; PS = \sqrt{173}$

  (ii) $\left(3\frac{1}{2}, \frac{1}{2}\right)$

  (iii) Graddiant PQ = $-\frac{2}{13}$;

    Graddiant QR = $-\frac{13}{2}$, felly
nid yw PQ yn
berpendicwlar i QR;
rhombws

6 (i)

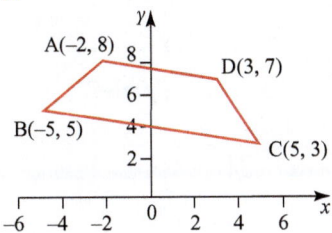

  (ii) $AB = AC = \sqrt{97}$ ;
$BC = \sqrt{50}$

---

(iii) $\left(8\frac{1}{2}, 9\frac{1}{2}\right)$

(iv) 32.5 uned$^2$

7 (i) $\left(-\frac{1}{2}, 2\right)$

  (ii) $(0, -1)$

8 (i) Graddiant AB = −2;

    graddiant BC = $\frac{1}{2}$

  (ii) $(7, 4)$

9 (i) $q = 2$

  (ii) $1 : 2$

10 (i)

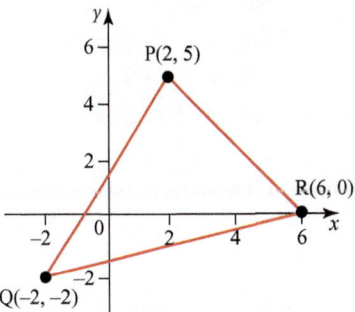

  (ii) Graddiant AD

    = Graddiant BC = $-\frac{1}{5}$;

    Graddiant AB ≠
graddiant DC.

  (iii) $(8, 6)$

## Ymarfer 5B (tudalen 92)

1 (i) 0, ∞; perpendicwlar

  (ii) 2, −2; y naill na'r llall

  (iii) $-\frac{1}{2}$, 2; perpendicwlar

  (iv) 1, 1; paralel

  (v) −4, −3; y naill na'r llall

  (vi) −1, 1; perpendicwlar

  (vii) $\frac{1}{2}, \frac{1}{2}$ ; paralel

  (viii) $-\frac{1}{3}$, 3; perpendicwlar

  (ix) $\frac{1}{2}$ , −2 perpendicwlar

  (x) $-\frac{2}{3}, -\frac{2}{3}$; paralel

  (xi) $-\frac{1}{3}$, −3; y naill na'r llall

  (xii) $\frac{2}{5}, -\frac{5}{2}$; perpendicwlar

2 (i) $y = 3x - 10$

  (ii) $y = 2x + 7$

  (iii) $y = 3x - 16$

  (iv) $y = 4x - 20$

---

(v) $3x + 2y - 5 = 0$

(vi) $x + 2y - 10 = 0$

3 (i) $x + 2y = 0$

  (ii) $x + 3y - 12 = 0$

  (iii) $y = x - 4$

  (iv) $x + 2y + 1 = 0$

  (v) $2x - 3y - 6 = 0$

  (vi) $x - 2y - 2 = 0$

4 (i) 4

  (ii) $(4, 3)$

  (iii) $x + 4y - 16 = 0$

5 (i)

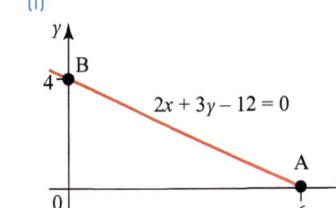

  (ii) $L\left(0, 1\frac{1}{2}\right), M(2, -1),$

    $N\left(4, 2\frac{1}{2}\right)$

  (iii) LR: $x + 4y - 6 = 0$
MP: $x = 2$
NQ: $3x - 4y - 2 = 0$

  (iv) Amnewidiwch $x = 2$
ac $y = 1$ i mewn i'r tri
hafaliad.
LR: $x + 4y - 6$
$= 2 + 4 - 6 = 0$
MP: $x = 2$
NQ: $3x - 4y - 2$
$= 6 - 4 - 2$
$= 0$

6 (i)

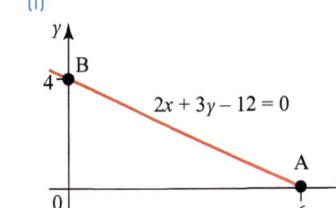

  (ii) $A(6, 0), B(0, 4)$

  (iii) 12 uned$^2$

  (iv) $3x - 2y = 0$

  (v) $AB = \sqrt{52}$ uned; pellter
byrraf = 3.33 uned (i 2 le
degol)

**7** (i)

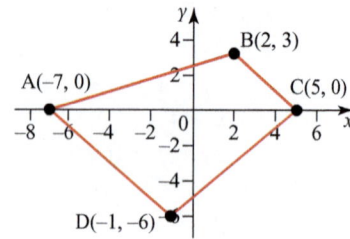

(ii) AB: $\frac{1}{3}$; BC: $-1$;
CD: 1; DA: $-1$

(iii) AB: $x - 3y + 7 = 0$
BC: $x + y - 5 = 0$
CD: $x - y - 5 = 0$
DA: $x + y + 7 = 0$

(iv) AB: $3\sqrt{10}$ uned
BC: $3\sqrt{2}$ uned
CD: $6\sqrt{2}$ uned
DA: $6\sqrt{2}$ uned

(v) 54 uned²

**8** (i) £200 ar ôl pob blwyddyn

(ii) $I = 200t$

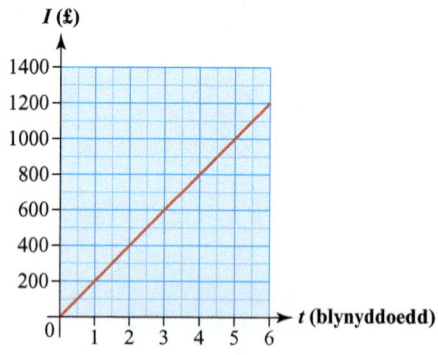

(iii) 5 mlynedd

**9** (i) 125 g

(ii) 7.5 cm

(iii) 80 cm – mae'n debygol
y bydd y sbring wedi
cyrraedd ei derfan elastig
erbyn hynny (h.y. bydd
wedi'i ymestyn ormod,
felly ni fydd yn gweithredu
fel sbring bellach.)

### Pwynt trafod (tudalen 94)

Mae angen i chi ddewis graddfa
sy'n ei gwneud hi'n hawdd
plotio'r pwyntiau a darllen
cyfesurynnau'r pwynt croestoriad.
Mae'n arbennig o anodd cael
datrysiad cywir pan nad yw wedi'i
gynrychioli gan bwynt ar y grid.

### Pwyntiau trafod (tudalen 95)

Gallwch chi bob amser gysylltu
dau bwynt â llinell syth. Mae
defnyddio tri phwynt yn dweud
wrthoch chi os yw un o'r
pwyntiau rydych chi wedi'u
cyfrifo yn anghywir.

Nid oes modd i linellau paralel
groestorri.

### Ymarfer 5C (tudalen 95)

**1** (i) $x = 1, y = 0$

(ii) $x = -1, y = 4$

**2** (i) $x = 3, y = 2$

(ii) $x = \frac{1}{2}, y = -2$

**3** (i)

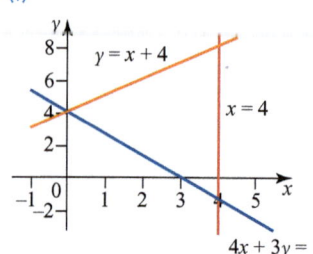

(ii) (4, 8) yng nghroestoriad
$x = 4$ ac $y = x + 4$

$\left(4, -1\frac{1}{3}\right)$ yng
nghroestoriad $x = 4$ a
$4x + 3y = 12$

(0, 4) yng nghroestoriad
$y = x + 4$ a
$4x + 3y = 12$

(iii) $18\frac{2}{3}$ uned²

**4** (i)

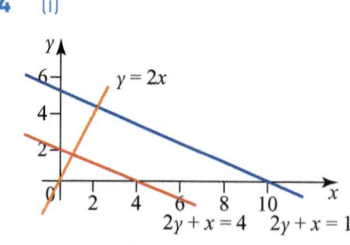

Mae'r llinellau'n edrych
yn baralel.
Mae ganddyn nhw'r un
graddiant.

(ii) Mae'r llinell hon yn
edrych yn berpendicwlar
i'r ddwy linell gyntaf.
Mae gan y ddwy linell
gyntaf raddiant o $-\frac{1}{2}$

ac mae gan y drydedd
linell raddiant o $+2$.
Lluoswm y graddiant
yw $-1$, felly maen nhw'n
berpendicwlar.

(iii) $\left(\frac{4}{5}, 1\frac{3}{5}\right)$ yng
nghroestoriad $y = 2x$ a
$2y + x = 4$
(2, 4) yng nghroestoriad
$y = 2x$ a $2y + x = 10$

**5** (i) AB = AC = $3\sqrt{2}$; BC = 6

(ii) AB: $y = x + 3$;
AC: $y = 3 - x$; BC: $x = 3$

(iii) Isosgeles

**6** (i) AB: 3; BC: $-\frac{1}{3}$; CD: 3;
DA: $-\frac{1}{3}$. Mae'r ochrau
cyferbyn yn baralel ac
mae'r ochrau cyfagos yn
berpendicwlar.

(ii) AB = BC = $\sqrt{10}$

(iii) Sgwâr.

**7** (i)

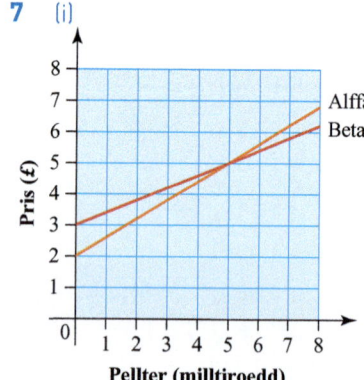

(ii) Alffa: $y = 2 + 0.6x$
Beta: $y = 3 + 0.4x$

(iii) Beta

(iv) 5 milltir

**8** (i)

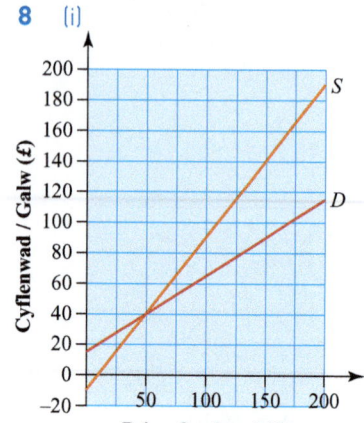

(ii) Pris ecwilibriwm = £50;
y nifer sy'n cael eu prynu
a'u gwerthu = 40

# Pennod 6

## Gweithgaredd 6.1 (tudalen 99)

1   1   4   9   16   25
    36   49   64   81   100
    121   144   169   196
    225   256   289   324
    361   400   441   484
    529   576   625

$10^2 = 6^2 + 8^2$

$15^2 = 9^2 + 12^2$

$20^2 = 12^2 + 16^2$

$25^2 = 15^2 + 20^2$

$13^2 = 5^2 + 12^2$

$17^2 = 8^2 + 15^2$

$25^2 = 7^2 + 24^2$

Gall trionglau ongl sgwâr gael eu creu ag ochrau o hydoedd y rhifau sydd wedi'u defnyddio.

## Pwynt trafod (tudalen 99)

Nac ydyn: oherwydd eu bod nhw wedi'u diffinio gan ddefnyddio ochrau triongl ongl sgwâr, maen nhw wedi'u cyfyngu i $0° < \theta < 90°$.

## Gweithgaredd 6.2 (tudalen 99)

(i)   Tua 0.89

(ii)   Yn dibynnu ar (i).

(iii)   Lluniadu triongl mwy o faint.

## Pwynt trafod (tudalen 100)

Mae angen o leiaf 3 lle degol arnoch chi:

$\tan^{-1} 0.714 = 35.5°$, ond

$\tan^{-1} 0.71 = 35.4°$.

## Pwynt trafod (tudalen 101)

Y ffwythiant gneuau fyddai tan $\theta$, oherwydd nad yw hwn yn defnyddio'r gwerth $h$ gwnaethoch chi ei gyfrifo'n gynharach.

## Ymarfer 6A (tudalen 102)

1   (i)   11.2 cm
    (ii)   7.7 cm
    (iii)   12.1 cm

(iv)   15.1 cm
(v)   6.8 cm
(vi)   7.7 cm

2   (i)   30.6°
    (ii)   50.4°
    (iii)   55.7°
    (iv)   41.4°
    (v)   45.0°
    (vi)   64.2°

3   (i)   63.6°
    (ii)   14.9 cm
    (iii)   9.1 cm

4   4.5 m

5   78.2 m

6   282.7 m

7   33.7°

8   (i)   119 km
    (ii)   33°
    (iii)   333 km h$^{-1}$

## Pwynt trafod (tudalen 104)

Ni fyddai'r canlyniadau'n newid.

## Ymarfer 6B (tudalen 105)

1   (i)   $5 + \sqrt{3}$
    (ii)   $3 + 2\sqrt{3}$
    (iii)   5
    (iv)   $\dfrac{9}{2}$

2   $\cos 30° = \dfrac{y}{6\sqrt{3}}$

$\dfrac{\sqrt{3}}{2} = \dfrac{y}{6\sqrt{3}}$

$\dfrac{\sqrt{3}}{2} \times 6\sqrt{3} = y$

$9 = y$

3   $\sin 45° = \dfrac{\sqrt{8} + \sqrt{2}}{p}$

$\dfrac{1}{\sqrt{2}} = \dfrac{\sqrt{8} + \sqrt{2}}{p}$

$p = \sqrt{2}\left(\sqrt{8} + \sqrt{2}\right)$

$p = \sqrt{16} + 2$

$p = 4 + 2$

$p = 6$

4   $(9 + 6\sqrt{3})$ cm$^2$

5   $(2\sqrt{6})$ cm

6   45°

7   (i)   100   (ii)   1559 neu 1560
    (iii)   137

8   (i)   $10\sqrt{3}$ m
    (ii)   BC = 10 m; AB = 20 m

## Pwynt trafod (tudalen 110)

Mae *heb ei ddiffinio* yn golygu na allwch chi ddarganfod gwerth ar ei gyfer. Pan fydd $\theta = 90°$, $x = 0$, $\cos \theta = 0$, felly nid yw'r un diffiniad yn gweithio oherwydd na allwch chi rannu â sero. Mae tan $\theta$ hefyd heb ei ddiffinio ar gyfer $\theta = 90° \pm$ unrhyw luosrif 180°.

## Pwynt trafod (tudalen 110)

Mae'n llinell sy'n agos iawn i siâp y gromlin ar gyfer gwerthoedd mawr o $x$ neu $y$.

## Pwynt trafod (tudalen 110)

Y cyfnod yw 180° oherwydd ei fod yn ei ailadrodd ei hun bob 180°.

Ar gyfer $-90° \leqslant \theta \leqslant 0°$, cylchdrowch y rhan o'r gromlin ar gyfer $0° \leqslant \theta \leqslant 90°$ drwy 180° o amgylch y tarddbwynt. Mae hyn yn rhoi un gangen gyflawn o'r gromlin.

Mae trawsfudo'r gangen hon drwy luosrifau 180° i'r dde neu i'r chwith yn rhoi gweddill y gromlin.

## Pwynt trafod (tudalen 111)

Bydd gan yr hafaliad nifer anfeidraidd o wreiddiau oherwydd bod y gromlin yn parhau i osgiladu a bod y llinell $y = 0.5$ yn ei chroesi nifer anfeidraidd o weithiau.

## Pwynt trafod (tudalen 111)

$293.6° = -66.4° + 360°$

Newid arwydd y brif ongl (h.y. newid + i −, neu'r ffordd arall) ac adio 360°.

Ffordd arall fyddai tynnu'r brif ongl o 360°.

## Gweithgaredd 6.3 (tudalen 113)

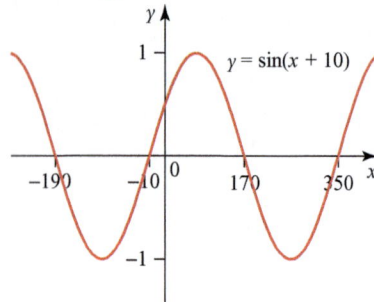

- Mae graff $y = \sin(x + 10)$ yn drawsfudiad o graff $y = \sin x$ gan 10° i'r chwith.

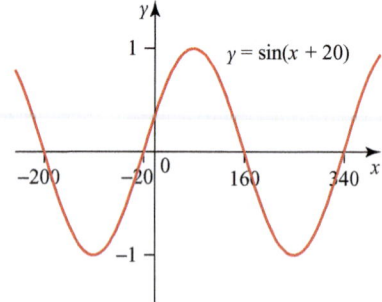

- Mae graff $y = \sin(x + 20)$ yn drawsfudiad o graff $y = \sin x$ gan 20° i'r chwith.

- Mae graff $y = \sin(x + 90)$ yr un â graff $y = \cos x$.

- $\cos x \equiv \sin(x + 90)$
  Sylwch: gallai 90 + 360n gael ei roi yn lle 90, lle mae $n$ yn gyfanrif, e.e. 450 neu −270.

- $\sin x \equiv \cos(x − 90)$
  Sylwch: gallai −90 + 360n gael i roi yn lle −90, lle mae $n$ yn gyfanrif, e.e. +270 neu −450.

## Ymarfer 6C (tudalen 113)

1. (i) 60°, 300°
   (ii) 45°, 225°
   (iii) 60°, 120°
   (iv) 210°, 330°
   (v) 90°, 270°
   (vi) 101.3°, 281.3°
   (vii) 0°, 180°, 360°
   (viii) 122.7°, 237.3°
   (ix) 90°

2. (i) $\theta = 48.2°$ neu −48.2°
   (ii) $\theta = 45.6°$ neu 134.4°
   (iii) $\theta = 69.4°$ neu −110.6°
   (iv) $\theta = −56.4°$ neu −123.6°
   (v) $\theta = 113.6°$ neu −113.6°
   (vi) $\theta = −29.1°$ neu 150.9°

3. (i) $\theta = 60°, 120°, 240°$ neu 300°
   (ii) $\theta = 45°, 135°, 225°$ neu 315°
   (iii) $\theta = 45°, 135°, 225°$ neu 315°

4. (i) $(2x − 1)(x + 1)$
   (ii) $x = 0.5$ neu −1
   (iii) (a) $\theta = −330°, −210°, −90°, 30°, 150°$ neu 270°
       (b) $\theta = −300°, −180°, −60°, 60°, 180°$ neu 300°
       (c) $\theta = −333.4°, −225°, −153.4°, −45°, 26.6°, 135°, 206.6°$ neu 315°

5. (i) $x = −180°, −108.4°, 0°, 71.6°$ neu 180°
   (ii) $x = −135°, −45°, 45°$ neu 135°
   (iii) $x = −180°, −70.5°, 70.5°$ neu 180°
   (iv) $x = −150°, −30°$ neu 90°

6. (i) $x = −300°, −120°, 60°$ neu 240°
   (ii) $x = −330°, −210°, 30°$ neu 150°
   (iii) $x = −315°, −45°, 45°$ neu 315°
   (iv) $x = −300°, −240°, 60°$ neu 120°
   (v) $x = −315°, −180°, −135°, 0°, 45°, 180°$ neu 225°
   (vi) $x = −330°, −30°, 30°$ neu 330°

7. 0°, 60°, 300° neu 360°

8. (i) 0
   (ii) −150°, −141.8°, −38.2° neu −30°

## Ymarfer 6Ch (tudalen 119)

1. (i)

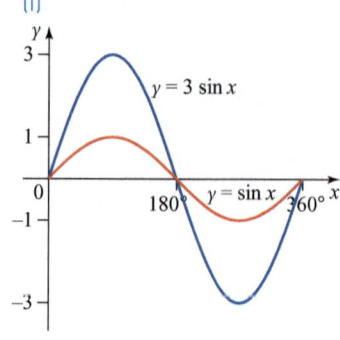

   (ii)

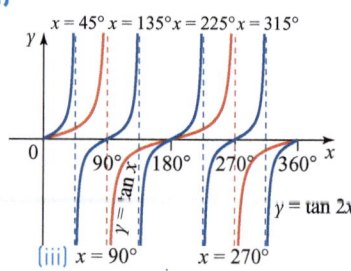

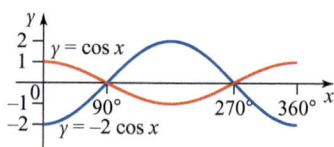

2. (i) A: $y = 4 \cos x$
      B: $y = 4 \sin x$
      C: $y = 2 \sin x$
      D: $y = \cos\left(\frac{1}{2}x\right)$

   (ii)

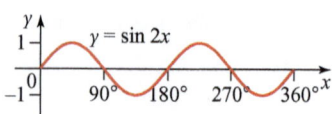

3. (i) Macs = 1, min = −1
   (ii) Macs = 3, min = −3
   (iii) Macs = 2, min = −2
   (iv) Macs = 6, min = −6
   (v) Macs = 13, min = 5
   (vi) Macs = 6, min = −4

4. (i)

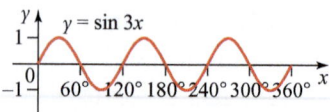

   (ii) $x = 30°$, $x = 150°$, $x = 270°$

5. (i)

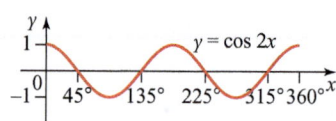

(ii) $x = 30°$, $x = 150°$,
$x = 210°$, $x = 330°$

**6** (i)

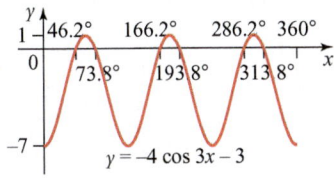

*y* = 2 cos 3*x*

(ii) $x = 40°$, $x = 80°$,
$x = 160°$, $x = 200°$,
$x = 280°$, $x = 320°$

**7** (i)

*y* = 5 sin 2*x* + 1

(ii) Macs = 6, min = −4

**8** (i)

*y* = −4 cos 3*x* − 3

(ii) Macs = 1, min = −7

# Pennod 7

## Ymarfer 7A (tudalen 125)

**1** (i) 9.85 cm²
(ii) 19.5 cm²
(iii) 15.2 cm²
(iv) 20.5 cm²

**2** 127 cm²

**3** (i) 23.8 cm²
(ii) 5.56 cm
(iii) 126 cm²

**4** (i) 308 cm²
(ii) 325
(iii) Mae'n debygol y bydd
llawer o wastraff pan fydd
teils yn cael eu torri i
greu'r ymylon, felly bydd
angen mwy o deils arno.

**5** 173 cm²

**6** $\sqrt{8}$ cm neu $2\sqrt{2}$ cm neu
2.83 cm

**7** 3.04 cm

**8** 53.1°

## Ymarfer 7B (tudalen 127)

**1** (i) 6.11 cm
(ii) 20.7 cm
(iii) 29.4 m

**2** (i) 17.5 cm²
(ii) 255 cm²
(iii) 122 mm²

**3** (i) 0.712 cm²
(ii) 82.8 cm²
(iii) 296 cm²

**4** 22.3 cm², 21.6 cm

**5** 41.7°

**6** 1.97 : 1

**7** (i) 40 cm
(ii) 51 cm²

## Pwynt trafod (tudalen 128)

Mae'n haws datrys hafaliad sy'n
cynnwys ffracsiynau os yw'r swm
anhysbys yn y rhifiadur.

## Gweithgaredd 7.1 (tudalen 130)

$$\frac{\sin Z}{6} = \frac{\sin 78°}{8} \Rightarrow Z = 47.2°$$

neu $Z = 132.8°$, ond mae 132.8°
yn rhy fawr i ffitio mewn triongl
lle mae un o'r onglau eraill yn 78°.

## Ymarfer 7C (tudalen 130)

**1** (i) 4.61 m
(ii) 11.0 cm
(iii) 5.57 cm
(iv) 7.52 cm

**2** (i) 57.7°
(ii) 16.5°
(iii) 103°
(Gwrthodwch 76.7° gan fod
yr ongl yn y diagram yn ongl
aflem.)

**3** 37.9°

**4** 3.79 km

**5** 3.59 cm, 3.59 cm, 10.7 cm,
10.7 cm

**6** Ffion (4.15 km < 4.18 km)
– ffordd arall fyddai cymharu
arwynebedd y trionglau.

## Ymarfer 7Ch (tudalen 134)

**1** (i) 6.40 cm
(ii) 8.76 cm
(iii) 13.3 cm

**2** (i) 41.4°
(ii) 107°
(iii) 90°

**3** 9.14 cm, 12.3 cm

**4** (i) 10 cm
(ii) 112°

**5** 55.8°

**6** 13.8 cm

**7** 19.0 cm²

**8** 10.0 km

**9** 8.54 cm neu 4.57 cm

## Pwynt trafod (tudalen 136)

Pe bai ongl A yn 118°, yna byddai
onglau A a B yn adio i fwy na 180°.

Ffordd arall fyddai nodi bod ochr
BC yn fyrrach nag ochr AC, felly
mae'n rhaid bod ongl A yn llai
nag ongl B.

## Ymarfer 7D (tudalen 137)

**1** 12.2 cm

**2** 6.12 km

**3** (i) 26.5 m
(ii) 19.4 m

**4** (i) 57.1°, 57.1°, 122.9°,
122.9°
(ii) 14.5 cm

**5** (i) 10.2 km
(ii) 117°

**6** (i) 29.9 km
(ii) 12.9 km h⁻¹

**7** (i) BD = 2.05 m, EG = 2.07 m
(ii) DE = 4.53 m

**8** 4.77 km

## Ymarfer 7Dd (tudalen 141)

**1** (i) 7240 cm³
(ii) 4190 m³
(iii) 3590 mm³
(iv) 6370 cm³

**2** (i) 616 cm²
(ii) 1810 m²
(iii) 804 mm²
(iv) 4300 cm²

**3** 288π cm³, 144π cm²

**4**
- (i) 1650 cm³
- (ii) 1140 m³
- (iii) 262 mm³
- (iv) 4300 cm³

**5**
- (i) 2130 cm²
- (ii) 1040 m²
- (iii) 206 mm²
- (iv) 1290 cm²

**6** 800π cm³, 360π cm²

**7**
- (i) 720 cm³
- (ii) 532 cm²

**8**
- (i) 2140 cm³
- (ii) 852 cm²

**9** 104 cm²

## Pwynt trafod (tudalen 142)

Mae'r llwybr byrraf ar hyd arc 'cylch mawr', h.y. cylch â chanol y ddaear yn ganol iddo.

## Pwynt trafod (tudalen 143)

Un enghraifft bosibl yw ramp sy'n cael ei ddefnyddio gan bobl anabl i fynd i mewn i adeilad.

## Pwynt trafod (tudalen 145)

Er enghraifft: mae'r silffoedd mewn cwpwrdd llyfrau yn baralel; mae ochr cwpwrdd ffeilio yn cwrdd â'r llawr mewn llinell.

## Gweithgaredd 7.2 (tudalen 149)

Mae set anfeidraidd o gyfanrifau o'r fath, e.e.

$8^2 + 9^2 + 12^2 = 17^2$ a

$12^2 + 16^2 + 21^2 = 29^2$

## Ymarfer 7E (tudalen 150)

**1**
- (i) 14.1 cm
- (ii) 17.3 cm
- (iii) 35.3°

**2**
- (i) 3 cm
- (ii) 72.1°
- (iii) 76.0°

**3**
- (i) 18.4°
- (ii) 13 cm
- (iii) 17.1°
- (iv) Hanner ffordd ar draws

**4**
- (i) 75 m
- (ii) 67.5 m
- (iii) 42°

**5**
- (i) 33.4 m
- (ii) 66.7 m
- (iii) 115.6 m
- (iv) 22.8°

**6**
- (i) 28.3 cm
- (ii) 42.4 cm
- (iii) 40.6 cm

**7**
- (i) 41.8°
- (ii) 219 m
- (iii) 186 m
- (iv) 51.7°

**8**
- (i) 1.57 m
- (ii) 1.547 m
- (iii) 3.05 m

**9**
- (i) 15 m
- (ii) 16.4 m
- (iii) 65.4°
- (iv) 69.9°

**10**
- (i) 5.20 cm
- (ii) 5.20 cm
- (iii) 54.7°
- (iv) 16.9 cm

**11**
- (i) 5.20 cm
- (ii) 22.0 cm²
- (iii) 35.3°

**12**
- (i) 8.49 cm
- (ii) 54.7°
- (iii) 125 cm²
- (iv) $200\sqrt{3}$ cm²

**13** 37.4°

**14** 10.3 cm

**15** 29.6°

# Pennod 8

## Gweithgaredd 8.1 (tudalen 156)

Mae cymryd $R_1 = (2, 4)$, $R_2 = (2.5, 6.25)$, $R_3 = (2.9, 8.41)$, $R_4 = (2.99, 8.9401)$ ac $R_5 = (2.999, 8.994\,001)$ yn rhoi dilyniant y graddiant, 5, 5.5, 5.9, 5.99, 5.999. Unwaith eto, mae'n ymddangos bod y dilyniant yn cydgyfeirio i 6.

## Gweithgaredd 8.2 (tudalen 157)

(i) Graddiant y cord yw $4 + h$. Graddiant y tangiad yw 4.

(ii) Graddiant y cord yw $-2 + h$. Graddiant y tangiad yw $-2$.

(iii) Graddiant y cord yw $-6 + h$. Graddiant y tangiad yw $-6$. Ym mhob achos, mae graddiant y tangiad ddwywaith gwerth y cyfesuryn-$x$.

## Gweithgaredd 8.3 (tudalen 158)

Gadewch i P fod y pwynt $(x, x^4)$ a Q y pwynt $((x + h), (x + h)^4)$.

Mae graddiant y cord PQ yn cael ei roi gan

$$\frac{QR}{PR} = \frac{(x+h)^4 - x^4}{(x+h) - x}$$

$$= \frac{x^4 + 4x^3h + 6x^2h^2 + 4h^3x + h^4 - x^4}{h}$$

$$= \frac{4x^3h + 6x^2h^2 + 4h^3x + h^4}{h}$$

$$= 4x^3 + 6x^2h + 4xh^2 + h^3$$

Wrth i Q agosáu at P, $h \to 0$, gan ddangos mai graddiant y tangiad yn $(x, x^4)$ yw $4x^3$.

## Ymarfer 8A (tudalen 159)

**1**
- (i) 2
- (ii) 5
- (iii) 3
- (iv) −4

**2**
- (i) $2x$
- (ii) $6x$
- (iii) $2x$
- (iv) $8x$

**3** $2x + 4$

**4** $4x − 7$

**5** $−4 − 10x$

## Gweithgaredd 8.4 (tudalen 160)

Ym mhob achos, mae gan y graffiau ddadleoliad fertigol o'r tarddbwynt â'i faint yn hafal i'r cysonyn, ar gyfer pob gwerth $x$.

## Ymarfer 8B (tudalen 163)

**1**
- (i) $\dfrac{dy}{dx} = 4x^3$
- (ii) $\dfrac{dy}{dx} = 6x^2$
- (iii) $\dfrac{dy}{dx} = 10x$
- (iv) $\dfrac{dy}{dx} = 63x^8$
- (v) $\dfrac{dy}{dx} = -18x^5$
- (vi) $\dfrac{dy}{dx} = 0$

(vii) $\dfrac{dy}{dx} = 10$

(viii) $\dfrac{dy}{dx} = \dfrac{3}{4}x^2$

(ix) $\dfrac{dy}{dx} = 2\pi$

(x) $\dfrac{dy}{dx} = 2\pi x$

(xi) $\dfrac{dy}{dx} = 6x^{\frac{1}{2}}$

(xii) $\dfrac{dy}{dx} = \dfrac{2}{3}x^{-\frac{2}{3}}$

2 (i) $\dfrac{dy}{dx} = 10x^4 + 8x$

(ii) $\dfrac{dy}{dx} = 12x^3 + 8$

(iii) $\dfrac{dy}{dx} = 3x^2$

(iv) $\dfrac{dy}{dx} = 1 - 15x^2$

(v) $\dfrac{dy}{dx} = 12x^2 + 2$

(vi) $\dfrac{dy}{dx} = 2$

(vii) $\dfrac{dy}{dx} = 15x^4$

(viii) $\dfrac{dy}{dx} = 3 - \dfrac{3}{5}x^{-\frac{2}{5}}$

(ix) $\dfrac{dy}{dx} = -21x^{-4} - \dfrac{1}{4}x^{-\frac{3}{4}}$

3 (i) $\dfrac{dy}{dx} = 15x^4 + 16x^3 - 6x$

(ii) $\dfrac{dy}{dx} = 5x^4 + 36x^2 + 3$

(iii) $\dfrac{dy}{dx} = 3x^2 + 84x - 5$

(iv) $\dfrac{dy}{dx} = 12x^{\frac{1}{3}} - 2x^{-\frac{2}{3}}$

4 (i) $-4x^{-5}$

(ii) $-6x^{-3}$

(iii) $6x - 4x^{-2}$

(iv) $-6x^{-4}$

(v) $2x - 2x^{-3}$

(vi) $-6x^{-3} - 6x^{-4}$

(vii) $3x^{\frac{1}{2}} + 4x^{-\frac{1}{2}} + 3x^{-\frac{3}{2}} - 6x^{-\frac{5}{2}}$

5 (i) $6x - \dfrac{6}{x^4}$

(ii) $2x - \dfrac{2}{x^3}$

(iii) $9x^2 - \dfrac{9}{x^4}$

(iv) $-\dfrac{2}{x^2} + \dfrac{6}{x^3}$

(v) $-\dfrac{1}{2x^2} + \dfrac{2}{3x^3}$

(vi) $-\dfrac{2}{3x^2} + \dfrac{3}{2x^3}$

(vii) $8 - \dfrac{7}{2}x^{\frac{3}{2}} + \dfrac{8}{3}x^{-\frac{4}{3}}$

6 (i) $y = 18x^2$

(ii) $36x$

7 (i) $20t\ \text{cm s}^{-1}$

(ii) $130\ \text{m}^2$

8 (i) $y = \dfrac{4}{3}\pi(2x)^3$

$= \dfrac{4}{3}\pi \times 8x^3$

$= \dfrac{32}{3}\pi x^3$

(ii) $128\pi$

## Ymarfer 8C (tudalen 164)

1 (i) $3x^2 + 2$

(ii) $18x^2 - 16x$

(iii) $2x + 5$

(iv) $2x + 7$

(v) $12x^2 + 4x^3 - 5x^4$

(vi) $2x - 3$

(vii) $\dfrac{5}{2}x^{\frac{3}{2}} + 12x^{\frac{1}{2}}$

(viii) $x^{-\frac{1}{2}} - 1$

2 (i) $\dfrac{5x^4 + 3x^2}{4}$

(ii) $5x^4 + 1$

(iii) $16x^3$

(iv) $6x - 5$

(v) $2x + 1$

(vi) $4x^3$

(vii) $-\dfrac{1}{6}x^{-\frac{7}{6}}$

(viii) $-\dfrac{7}{54}x^{-\frac{7}{6}} + \dfrac{4}{27}x^{-\frac{5}{6}}$

3 (i) $3x^2 - 2x$

(ii) $6x - 2$

4 $54$

5 $1$

6 $-7$

7 $10$

8 $\dfrac{15}{16}$

## Ymarfer 8Ch (tudalen 166)

1 (i) $\dfrac{dy}{dx} = 5 - 2x$

(ii) $-1$

(iii) $x + y - 9 = 0$

2 (i) $y = 4$

(ii) $9x + y = 27$

(iii) $y = 0$

3 (i) $(1, 0)$

(ii) $y = 2x - 2$

4 (i) $\dfrac{dy}{dx} = 3x^2 - 6x + 4$

(ii) $y = 4x - 3$

(iii) $x = -1, x = 3$

5 (i) $x + y = 5$

(ii) $x + y = 1$

6 (i) $2p - q = 16$

(ii) $p = 12$

(iii) $(-2, 24)$

7 $y = 3x - 5$

8 $2x + y - 15 = 0$

9 (i) Gan amnewid $x = 0$

$y = 0 - 0 + 0 = 0$

Gan amnewid $x = 1$

$y = 1.5 - 3.5 + 2 = 0$

(ii) Yn $(0, 0)$ y tangiad yw

$y = 2x$

Yn $(1, 0)$ y tangiad yw

$x + 2y - 1 = 0$

10 (i) $\dfrac{dy}{dx} = 2x - \dfrac{2}{x^2}; (1, 3)$

(ii) $y = 3$

(iii) $y = 3.5x - 2$

## Pwynt trafod (tudalen 168)

(i) $x + y + 2 = 0$ ac
$x + y - 2 = 0$

(ii) Maen nhw'n baralel.

## Ymarfer 8D (tudalen 169)

1 (i) $x > 0$

(ii) Pob gwerth $x$

(iii) $x > -1$

(iv) $x > \dfrac{3}{2}$

(v) $x > -\dfrac{2}{3}$

(vi) $x > -2$

(vii) $x < 0$   neu   $x > \dfrac{4}{3}$

(viii) $x < -5$   neu   $x > 1$

(ix) $x < -1$   neu   $x > 3$

**2** (i) $x < 0$

(ii) $x < 3$

(iii) $x < -1$

(iv) $x > 2$

(v) Pob gwerth $x$

(vi) $x < -\dfrac{1}{2}$

(vii) $-2 < x < 0$

(viii) $-3 < x < 4$

(ix) $x < -3$ neu $x > 3$

**3** $\dfrac{dy}{dx} = x^2 + 4x + 7 = (x+2)^2 + 3$

$(x+2)^2 \geq 0$ ar gyfer pob gwerth $x$.

Mae adio 3 yn golygu ei fod bob amser yn bositif, felly ffwythiant cynyddol.

**4** $\dfrac{dy}{dx} = 3x^2 - 12x + 27$

$= 3(x^2 - 4x + 9)$

$= 3((x-2)^2 + 5)$

$= 3(x-2)^2 + 15$

$3(x-2)^2 \geq 0$ ar gyfer pob gwerth $x$.

Mae adio 15 yn golygu ei fod bob amser yn bositif, felly ffwythiant cynyddol.

**5** $x > 1$

**6** $\dfrac{dy}{dx} = -2 - 3x^2$

$-3x^2 \leq 0$ ar gyfer pob gwerth $x$.

Mae tynnu 2 yn golygu ei fod bob amser yn negatif, felly ffwythiant lleihaol.

**7** $\dfrac{dy}{dx} = -\dfrac{1}{x^2}$ sy'n negatif ar gyfer pob $x \neq 0$, felly mae'r ffwythiant yn lleihaol.

**8** (i) (a) $x < -1$ ac $x > 1$

(b) $-1 < x < 0$ a $0 < x < 1$

(ii) (a) Pob $x \neq 0$

(b) Byth

(iii) (a) $-1 < x < 0$ ac $x > 1$

(b) $x < -1$ a $0 < x < 1$

(iv) (a) $x > 0$   (b) $x < 0$

**9** (i) $10\,000\,\text{cm}^3$

(ii) $1000t\,\text{cm}^3$

(iii) $1000\,\text{cm}^3\,\text{s}^{-1}$

(iv) Radiws $= 10\sqrt[3]{\dfrac{3t}{4\pi}}$

## Ymarfer 8Dd (tudalen 171)

**1** (i) $\dfrac{dy}{dx} = 9x^2 + 3$

$\dfrac{d^2y}{dx^2} = 18x$

(ii) $\dfrac{dy}{dx} = 5x^4$

$\dfrac{d^2y}{dx^2} = 20x^3$

(iii) $\dfrac{dy}{dx} = 3 - 20x^3$

$\dfrac{d^2y}{dx^2} = -60x^2$

**2** (i) $\dfrac{dy}{dx} = 4x^3 - 4x + 5$

$\dfrac{d^2y}{dx^2} = 12x^2 - 4$

(ii) $\dfrac{dy}{dx} = 6x^2 + 3$

$\dfrac{d^2y}{dx^2} = 12x$

(iii) $\dfrac{dy}{dx} = 3x^2 - 4x$

$\dfrac{d^2y}{dx^2} = 6x - 4$

**3** (i) $\dfrac{dy}{dx} = 4x + 3$; $\dfrac{d^2y}{dx^2} = 4$

(ii) $\dfrac{dy}{dx} = 8x - 4$; $\dfrac{d^2y}{dx^2} = 8$

(iii) $\dfrac{dy}{dx} = 11 - 12x$

$\dfrac{d^2y}{dx^2} = -12$

**4** (i) $\dfrac{dy}{dx} = 9x^2 - 24x + 21$

$\dfrac{d^2y}{dx^2} = 18x - 24$

(ii) $\dfrac{dy}{dx} = 8x^3 - 12x^2 + 4x$

$\dfrac{d^2y}{dx^2} = 24x^2 - 24x + 4$

(iii) $\dfrac{dy}{dx} = 45x^4 + 24x^3 + 3x^2$

$\dfrac{d^2y}{dx^2} = 180x^3 + 72x^2 + 6x$

**5** (i) $y = 13 - x$

(ii) $P = x(13 - x)$

(iii) $\dfrac{dy}{dx} = -1$; $\dfrac{dP}{dx} = 13 - 2x$

(iv) $-2$

**6** (i) $\dfrac{dy}{dx} = 9x^2 - 4x - 6$

$\dfrac{d^2y}{dx^2} = 18x - 4$

(ii) $7, -1, 22$

(iii) $-22, 14, 32$

**7** (i) $\dfrac{ds}{dt} = u + at$

$v(12) = u + 12a$

(ii) $\dfrac{d^2s}{dt^2} = a$

## Gweithgaredd 8.5 (tudalen 172)

(i)

(ii) Ffwythiant lleihaol i ddechrau ac yn mynd o werthoedd positif i werthoedd negatif $y$, yna mae'r graddiant yn sero cyn i'r ffwythiant gynyddu. Mae'n mynd drwy $(0, 0)$ â graddiant positif, mae ganddo bwynt arall â graddiant sero cyn lleihau unwaith eto a chroesi'r echelin-$x$ i werthoedd negatif $y$. Mae'n troi eto i fynd drwy'r echelin-$x$ am y 4ydd tro.

## Gweithgaredd 8.6 (tudalen 173)

Pan fydd $x = 0°$ mae'r graddiant yn sero. Yna, mae'n lleihau drwy werthoedd negatif gan gyrraedd ei werth mwyaf negatif pan fydd $x = 90°$. Mae'n cynyddu i sero pan fydd $x = 180°$ ac yn parhau i gynyddu drwy werthoedd positif nes ei fod ar ei fwyaf pan fydd $x = 270°$. Yna, mae'r graddiant yn lleihau i sero pan fydd $x = 360°$.

## Pwynt trafod (tudalen 175)

Nid oes rhagor o werthoedd pan fydd $\frac{dy}{dx} = 0$, felly nid oes rhagor o drobwyntiau. Wrth i $x$ gynyddu y tu hwnt i'r pwynt lle mae $x = 2$, mae $\frac{dy}{dx}$ yn cymryd gwerthoedd positif, felly bydd y gromlin yn croesi'r echelin-$x$ eto. I'r chwith o $x = -2$, mae'r graddiant bob amser yn negatif, gan roi pwynt croestoriad arall â'r echelin-$x$.

## Pwynt trafod (tudalen 175)

(i) Mae'r gromlin yn croesi'r echelin-$x$ pan fydd $x^3 - 12x + 3 = 0$. Nid yw hyn yn ffactorio, felly ni all gwerthoedd $x$ gael eu darganfod yn hawdd.

(ii) Dim ond pan fydd yr hafaliad a geir pan fydd $y = 0$ yn ffactorio.

## Ymarfer 8E (tudalen 178)

1  (i)  (a) $\frac{dy}{dx} = 1 - 4x; x = \frac{1}{4}$

(b) $\frac{d^2y}{dx^2} = -4$

(c) Macsimwm

(ch) $y = 1\frac{1}{8}$

(d)

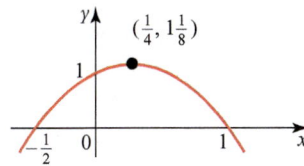

(ii) (a) $\frac{dy}{dx} = 12 + 6x - 6x^2$
$x = -1, x = 2$

(b) $\frac{d^2y}{dx^2} = 6 - 12x$

Pan fydd $x = -1, \frac{d^2y}{dx^2}$
$= 18$

Pan fydd $x = 2, \frac{d^2y}{dx^2}$
$= -18$

(c) Min pan fydd $x = -1$, macs pan fydd $x = 2$

(ch) Pan fydd $x = -1, y = -7$
Pan fydd $x = 2, y = 20$

(d)

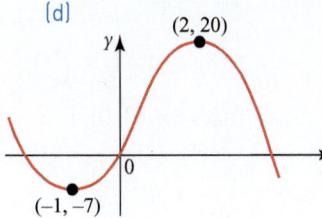

(iii) (a) $\frac{dy}{dx} = 3x^2 - 8x$
$x = 0, x = 2\frac{2}{3}$

(b) $\frac{d^2y}{dx^2} = 6x - 8$

Pan fydd $x = 0, \frac{d^2y}{dx^2} = -8$

Pan fydd $x = 2\frac{2}{3}, \frac{d^2y}{dx^2} = 8$

(c) Macs pan fydd $x = 0$,
min pan fydd $x = 2\frac{2}{3}$

(ch) Pan fydd $x = 0, y = 9$
Pan fydd $x = 2\frac{2}{3}$,
$y = -\frac{13}{27}$

(d)

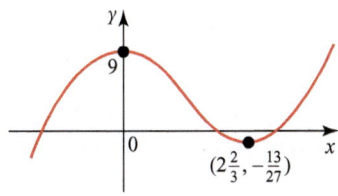

(iv) (a) $\frac{dy}{dx} = 3x^2 - 4x + 1$
$x = \frac{1}{3}, x = 1$

(b) $\frac{d^2y}{dx^2} = 6x - 4$

Pan fydd $x = \frac{1}{3}, \frac{d^2y}{dx^2} = -2$

Pan fydd $x = 1, \frac{d^2y}{dx^2} = 2$

(c) Macs pan fydd $x = \frac{1}{3}$,
min pan fydd $x = 1$

(ch) Pan fydd $x = \frac{1}{3}, y = \frac{4}{27}$
Pan fydd $x = 1, y = 0$

(d)

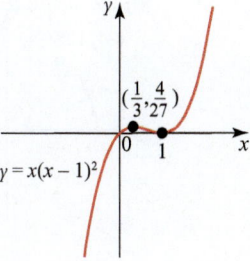

$y = x(x-1)^2$

(v) (a) $\frac{dy}{dx} = 4x^3 - 6x^2 + 2x$
$x = 0, \frac{1}{2}$ ac 1

(b) $\frac{d^2y}{dx^2} = 12x^2 - 12x + 2$

Pan fydd $x = 0, \frac{d^2y}{dx^2} = 2$

Pan fydd $x = \frac{1}{2}, \frac{d^2y}{dx^2} = -1$

Pan fydd $x = 1, \frac{d^2y}{dx^2} = 2$

(c) Min pan fydd $x = 0$

Macs pan fydd $x = \frac{1}{2}$

Min pan fydd $x = 1$

(ch) Pan fydd $x = 0, y = 0$

Pan fydd $x = \frac{1}{2}, y = \frac{1}{16}$

Pan fydd $x = 1, y = 0$

(d)

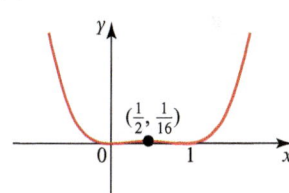

(vi) (a) $\frac{dy}{dx} = 3x^2 - 48$
$x = -4, x = 4$

(b) $\frac{d^2y}{dx^2} = 6x$

Pan fydd $x = -4, \frac{d^2y}{dx^2} = -24$

Pan fydd $x = 4, \frac{d^2y}{dx^2} = 24$

(c) Macs pan fydd $x = -4$,
min pan fydd $x = 4$

(ch) Pan fydd $x = -4, y = 128$
Pan fydd $x = 4, y = -128$

Atebion

229

(d)

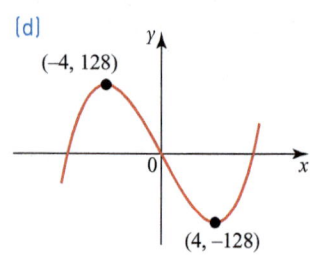

(−4, 128)

(4, −128)

(vii) (a) $\dfrac{dy}{dx} = 3x^2 + 12x - 36$

$x = -6, x = 2$

(b) $\dfrac{d^2y}{dx^2} = 6x + 12$

Pan fydd $x = -6, \dfrac{d^2y}{dx^2} = -24$

Pan fydd $x = 2, \dfrac{d^2y}{dx^2} = 24$

(c) Macs pan fydd $x = -6$, min pan fydd $x = 2$

(ch) Pan fydd $x = -6$, $y = 241$

Pan fydd $x = 2, y = -15$

(d)

(−6, 241)

25

0

(2, −15)

(viii) (a) $\dfrac{dy}{dx} = 6x^2 - 30x + 24$

$x = 1, x = 4$

(b) $\dfrac{d^2y}{dx^2} = 12x - 30$

Pan fydd $x = 1$,

$\dfrac{d^2y}{dx^2} = -18$

Pan fydd $x = 4$,

$\dfrac{d^2y}{dx^2} = 18$

(c) Macs pan fydd $x = 1$, min pan fydd $x = 4$

(ch) Pan fydd $x = 1, y = 19$

Pan fydd $x = 4, y = -8$

(d)

(1, 19)

8

0

(4, −8)

2 (i) $p = 4, q = -3$

(ii) $y = 1\frac{1}{3}, x = \frac{2}{3}$

3 (i) Min yn $\left(-\frac{1}{2}, -\frac{5}{16}\right)$, macs yn $(0, 0)$, min yn $(1, -2)$

(ii)

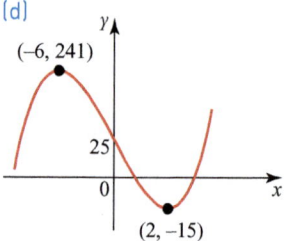

$\left(-\frac{1}{2}, -\frac{5}{16}\right)$

(1, −2)

4 (i) $y = \frac{1}{9}x^2 - \frac{2}{3}x + 2$

(ii) $\dfrac{dy}{dx} = \frac{2}{9}x - \frac{2}{3}$

$\dfrac{d^2y}{dx^2} = \frac{2}{9}$

Mae $\dfrac{d^2y}{dx^2}$ yn bositif, felly mae'r pwynt arhosol yn finimwm.

# Pennod 9

## Pwynt trafod (tudalen 181)

Mae angen i chi wybod cyfesurynnau unrhyw bwynt ar y gromlin.

## Gweithgaredd 9.1 (tudalen 181)

(i) (a) $\dfrac{dy}{dx} = 3x^2$

(b) $\dfrac{dy}{dx} = 3x^2$

(c) $\dfrac{dy}{dx} = 3x^2$

(ii) Mae'r atebion yn rhan (i) i gyd yr un peth. Nid yw gwerth y cysonyn yn effeithio arnyn nhw.

## Pwynt trafod (tudalen 182)

Ysgrifennwch 1 fel $x^0$, fel bod integru $x^0$ yn rhoi $\dfrac{x^1}{1} + c$.

## Pwynt trafod (tudalen 183)

Mae nifer anfeidraidd ohonyn nhw, oherwydd bod $y = x^3 + c$, lle gall $c$ gymryd unrhyw werth cyson.

## Pwynt trafod (tudalen 185)

Byddai angen i chi ehangu'r cromfachau i roi $2x^2 - 7x - 4$.

## Ymarfer 9A (tudalen 186)

1 (i) $y = 2x^2 + 2x + c$

(ii) $y = 2x^3 - \dfrac{5x^2}{2} - x + c$

(iii) $y = 3x - \dfrac{5x^4}{4} + c$

(iv) $y = x^3 - 2x^2 - 4x + c$

(v) $f(x) = \dfrac{5x^2}{2} + 3x + c$

(vi) $f(x) = \dfrac{x^5}{5} + \dfrac{x^4}{2} - \dfrac{x^2}{2} + 8x + c$

(vii) $f(x) = \dfrac{x^4}{4} - \dfrac{4x^3}{3} + x^2 - 8x + c$

(viii) $f(x) = \dfrac{x^3}{3} - 7x^2 + 49x + c$

(ix) $y = 7x + \dfrac{3}{4}x^{\frac{4}{3}} + c$

(x) $f(x) = \dfrac{x^5}{5} - x^2 - \dfrac{1}{x} + c$

2 (i) $\dfrac{5x^4}{4} + c$

(ii) $x^2 - 3x + c$

(iii) $\dfrac{3x^4}{4} - 2x^2 + 3x + c$

(iv) $9x - 3x^2 + \dfrac{x^3}{3} + c$

(v) $4x + c$

(vi) $\dfrac{2x^3}{3} - \dfrac{5x^2}{2} - 3x + c$

(vii) $\dfrac{x^3}{3} + x^2 + x + c$

(viii) $\dfrac{4x^3}{3} - 2x^2 + x + c$

(ix) $\dfrac{x^2}{2} + 2\sqrt{x} + c$

(x) $\dfrac{x^3}{3} + 2x - \dfrac{1}{x} + c$

**3** (i) $y = x^2 - 3x + 6$

(ii) $y = 4x + \dfrac{3x^4}{4} - 210$

(iii) $y = \dfrac{5x^2}{2} - 6x - 18$

(iv) $f(x) = \dfrac{x^3}{3} + x + 9$

(v) $f(x) = \dfrac{x^3}{3} - \dfrac{x^2}{2}$

$- 2x - 44$

(vi) $f(x) = \dfrac{4x^3}{3} + 2x^2$

$+ x - 5\dfrac{1}{3}$

(vii) $y = 5x - \dfrac{2}{3}x^{\frac{3}{2}} - 25$

(viii) $f(x) = \dfrac{4}{5}x^5 - 6x^2$

$- \dfrac{9}{x} + \dfrac{86}{5}$

**4** (i) $y = x^2 + 3x + c$

(ii) $y = x^2 + 3x - 11$

**5** (i) $y = x^3 - 2x^2 + x + 9$

**6** (i) $y = 2x^2 - x + c$

(ii) $y = 2x^2 - x + 1$

(iii) Uwchben

**7** $-1$

**8** (i) $\dfrac{dy}{dx} = 0$ pan fydd $x = 0$ ac

$x = 2$

$\Rightarrow \dfrac{dy}{dx} = kx(x - 2)$,

lle mae $k$ yn gysonyn.

Mae rhoi $k = 1$ yn

dangos bod $\dfrac{dy}{dx} = x^2 - 2x$

yn bosibilrwydd.

(ii) $y = \dfrac{x^3}{3} - x^2 + 2$

## Pwynt trafod (tudalen 187)

Mae 'enrhifo' yn golygu 'darganfod gwerth'. Mae'n briodol ei ddefnyddio yn yr enghraifft hon oherwydd ei bod hi'n bosibl darganfod gwerth integryn pendant, lle nad yw'n bosibl darganfod gwerth integryn amhendant.

## Gweithgaredd 9.2 (tudalen 188)

(i) $\displaystyle\int_1^3 x^2 \, dx = 8\dfrac{2}{3}$; $\displaystyle\int_3^1 x^2 \, dx = -8\dfrac{2}{3}$

(ii) $\displaystyle\int_{-1}^4 (x + 3) \, dx = 22\dfrac{1}{2}$

$\displaystyle\int_4^{-1} (x + 3) \, dx = -22\dfrac{1}{2}$

Pan fydd y terfannau'n cael eu rhoi yn y drefn arall, mae gan yr ateb yr un maint ond yr arwydd arall.

(iii) $\displaystyle\int_a^b f(x) \, dx = -\int_b^a f(x) \, dx$

## Ymarfer 9B (tudalen 188)

**1** 7

**2** 255

**3** 4

**4** 16

**5** $20\dfrac{2}{3}$

**6** 30

**7** 591

**8** $25\dfrac{1}{3}$

**9** $-1\dfrac{1}{3}$

**10** 12

**11** 27

**12** $5\dfrac{1}{3}$

**13** 92

**14** $-1\dfrac{1}{3}$

**15** $13\dfrac{1}{2}$

**16** 0

**17** 28

**18** $26\dfrac{2}{3}$

**19** $\dfrac{32}{3}$

**20** $-32.5$

## Gweithgaredd 9.3 (tudalen 189)

(i) A(2, 5), B(4, 9)

(ii) 14 uned$^2$

(iii) 14; mae gan hwn yr un maint ag arwynebedd y rhanbarth wedi'i dywyllu.

## Gweithgaredd 9.4 (tudalen 189)

(i) 5 uned$^2$, llai; 14 uned$^2$, mwy

(ii) (a) 6.875 uned$^2$, llai; 11.375 uned$^2$, mwy

(b) 8.555 uned$^2$, llai; 9.455 uned$^2$, mwy

(iii) $\displaystyle\int_0^3 x^2 \, dx = 9$

(iv) Mae gwerth yr integryn rhwng gwerthoedd uchaf ac isaf symiau'r petryalau. Mae'n ymddangos bod y symiau uchaf ac isaf yn agosáu at werth yr integryn.

## Ymarfer 9C (tudalen 190)

**1** 9 uned$^2$

**2** 36 uncd$^2$

**3** 2 uned$^2$

**4** $6\dfrac{2}{3}$ uned$^2$

**5** $\dfrac{1}{4}$ uned$^2$

**6** $520\dfrac{5}{6}$ uned$^2$

**7** 36 uned$^2$

**8** $13\dfrac{1}{2}$ uned$^2$

**9** $8\dfrac{8}{15}$ uned$^2$

**10** $21\dfrac{1}{3}$ uned$^2$

## Pwynt trafod (tudalen 193)

Yr arwynebedd yw 8 uned$^2$. Dylech chi bob amser gyfrifo'r arwynebeddau sydd uwchben ac o dan yr echelin-$x$ ar wahân.

## Ymarfer 9Ch (tudalen 194)

**1** $\dfrac{1}{4}$ uned$^2$

**2** (i) P: $\dfrac{5}{12}$ uned$^2$;

Q: $2\dfrac{2}{3}$ uned$^2$

(ii) $3\dfrac{1}{12}$ uned$^2$

**3** (i) $\left(\sqrt[3]{2}, 0\right)$

(ii) 0.952 uned$^2$

**4**    $21\frac{1}{12}$ uned²

**5**    (i) a (ii)

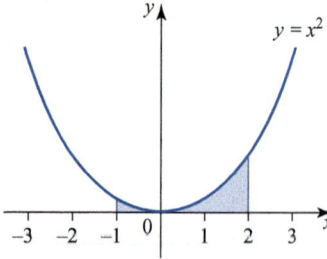

(iii)   3 uned²

**6**    (i)

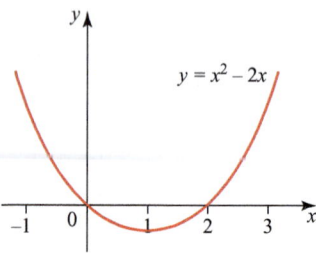

(ii)   $0 < x < 2$

(iii)   $1\frac{1}{3}$ uned²

**7**    (i) a (ii)

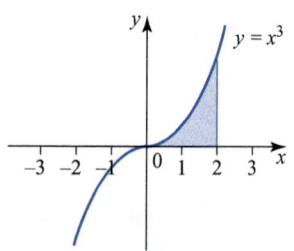

(iii)   4 uned²

(iv)   0. Oherwydd bod gan y gromlin gymesuredd cylchdro o amgylch y tarddbwynt, bydd yr arwynebeddau uwchben ac o dan yr echelin-$x$ yn canslo ei gilydd.

**8**    (i)

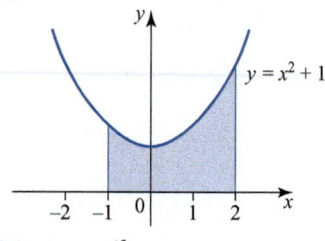

(ii)   6 uned²

---

**9**    (i)   18 uned²

(ii)

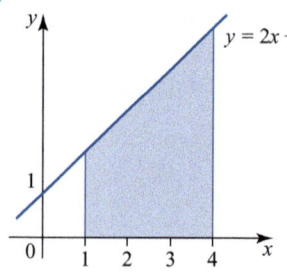

**10**   (i)

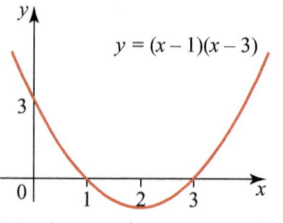

Mae'r gromlin yn croesi'r echelin-$x$ yn $(1,0)$ a $(3,0)$.

(ii)   $1\frac{1}{3}$ uned²

(iii)   Mae'r gromlin yn gymesur o amgylch y llinell $x = 2$.

**11**   (i)   A: $x = -20$; B: $x = 20$

(ii)   32 m²

(iii)   128 m²

(iv)   737 280 m³

**12**   (i)   22

(ii)   8

(iii)   $154\frac{2}{3}$ m²

(iv)   $21\frac{1}{3}$ m²

(v)   6.4 m³

**13**   (i)   $(7.625, 0)$

(ii)   6.56 m² (i 2 le degol)

## Pwynt trafod (tudalen 198)

Drwy gasglu'r termau tebyg at ei gilydd, rydych chi'n lleihau nifer yr integriadau sydd eu hangen.

## Pwynt trafod (tudalen 198)

Oherwydd bod y gromlin waelod yn rhannol uwchben ac yn rhannol o dan yr echelin-$x$.

## Ymarfer 9D (tudalen 199)

**1**    (i)

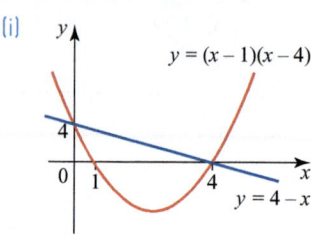

---

(ii)   $x = 0, x = 4$

(iii)   $10\frac{2}{3}$ uned²

**2**    (i)

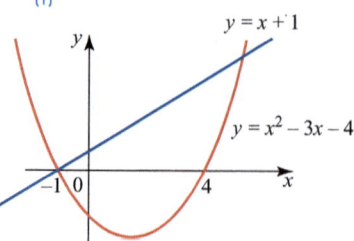

(ii)   $x = -1, x = 5$

(iii)   36 uned²

**3**    (i)

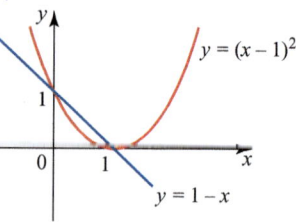

(ii)   $x = 0, x = 1$

(iii)   $\frac{1}{6}$ uned²

**4**    (i)

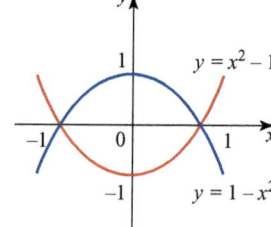

(ii)   $x = -1, x = 1$

(iii)   $2\frac{2}{3}$ uned²

**5**    (i)

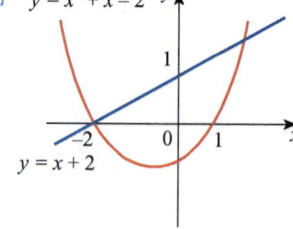

(ii)   $x = -2, x = 2$

(iii)   $10\frac{2}{3}$ uned²

**6**    (i)

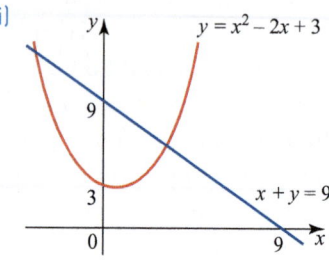

(ii)  $x = -2, x = 3$

(iii)  $20\frac{5}{6}$ uned²

**7**  (i)

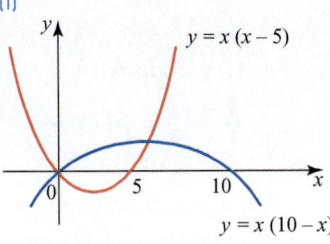

$y = x(x-5)$

$y = x(10-x)$

(ii)  $x = 0, x = 7.5$

(iii)  140.625 uned²

**8**  (i)

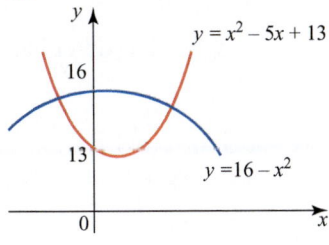

$y = x^2 - 5x + 13$

$y = 16 - x^2$

(ii)  $x = -\frac{1}{2}, x = 3$

(iii)  14.30 uned²

**9**  (i)

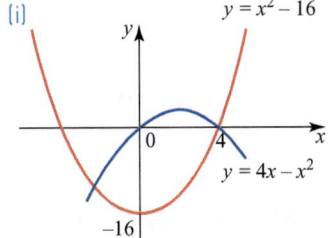

$y = x^2 - 16$

$y = 4x - x^2$

(ii)  $x = -2, x = 4$

(iii)  72 uned²

**10**  (i)

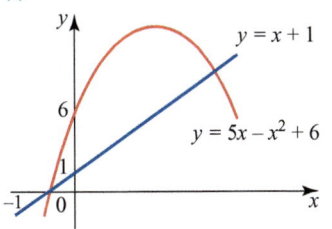

$y = x + 1$

$y = 5x - x^2 + 6$

(ii)  $x = -1, x = 5$

(iii)  36 uned²

**11**  (i)

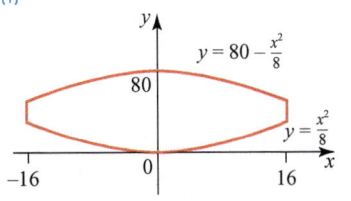

$y = 80 - \frac{x^2}{8}$

$y = \frac{x^2}{8}$

(ii)  1877 uned²

---

**12**  (i)  OA: $y = x(x + 3)$

OB: $y = x - \frac{1}{4}x^2$

AB: $y = x^2 - 6x + 9$

(ii)  A: (1, 4), B: (2, 1)

(iii)  $2\frac{5}{6}$ m²

**13**  (i)  (7.00, 12.12) (i 2 le degol)

(ii)  61.4 cm²

(iii)  737.2 cm²

# Cwestiynau ymarfer Papur 1

**1**  (a)  $\dfrac{dy}{dx} = 2 \times 3x^1 - 4 + 0$

$= 6x - 4$

(b)  $y = 5x^{-3}$

$\Rightarrow \dfrac{dy}{dx} = -3 \times 5x^{-4}$

$= -\dfrac{15}{x^4}$

(c)  $\dfrac{dy}{dx} = \dfrac{3}{7} \times x^{\frac{3}{7}-1} = \dfrac{3}{7}x^{-\frac{4}{7}}$

**2**  (a)  $\dfrac{6x^{\frac{3}{5}+\frac{4}{5}}}{x^{\frac{3}{10}}} = 6x^{\frac{7}{5}-\frac{3}{10}} = 6x^{\frac{11}{10}}$

(b)  $\dfrac{y^{\frac{1}{6}}\left(4 + y^{\frac{4}{6}}\right)}{6y^{\frac{1}{6}}} = \dfrac{4 + y^{\frac{2}{3}}}{6}$

neu  $\dfrac{4y^{\frac{1}{6}}}{6y^{\frac{1}{6}}} + \dfrac{y^{\frac{5}{6}}}{6y^{\frac{1}{6}}} = \dfrac{2}{3} + \dfrac{y^{\frac{2}{3}}}{6}$

**3**  $\left(9^{\frac{1}{3}}\right)^6 = 9^{\frac{1}{3} \times 6} = 9^2 = 81$

**4**  $\dfrac{x + 1}{6} + \dfrac{3x}{4} - \dfrac{2x - 3}{18}$

$\equiv \dfrac{6(x + 1)}{36} + \dfrac{9 \times 3x}{36}$

$- \dfrac{2(2x - 3)}{36}$

$\equiv \dfrac{6x + 6 + 27x - 4x + 6}{36}$

$\equiv \dfrac{29x + 12}{36}$

**5**  (i)  Mae angen $m$ ac $n$ fel bod $mn = 16 \times -5 = -80$ ac $m + n = 2$

$\Rightarrow m = 10$ ac $n = -8$

---

Felly $16x^2 + 2x - 5$

$= 16x^2 + 10x - 8x - 5$

$= 2x(8x + 5) - 1(8x + 5)$

$= (2x - 1)(8x + 5)$

(ii)  $(2x - 1)(8x + 5) = 0$

$\Rightarrow x = \dfrac{1}{2}$ neu $x = -\dfrac{5}{8}$

**6**  (i)  $x^2 + 8x + 13$

$= (x + 4)^2 - 4^2 + 13$

$= (x + 4)^2 - 3$

(ii)  Y gwerth lleiaf yw $-3$.

(iii)  Pan fydd $x = -4$

**7**  $y = x^2 + 5x$

$\Rightarrow y + \delta y$

$= (x + \delta x)^2 + 5(x + \delta x)$

$\Rightarrow \delta y = (x + \delta x)^2$

$+ 5(x + \delta x) - y$

$= x^2 + 2x\delta x + (\delta x)^2$

$+ 5x + 5\delta x - (x^2 + 5x)$

$= (2x + 5)\delta x + (\delta x)^2$

$\Rightarrow \dfrac{\delta y}{\delta x} = 2x + 5 + \delta x$

$\therefore \dfrac{dy}{dx} = \lim_{\delta x \to 0}(2x + 5 + \delta x)$

$= 2x + 5$

**8**  (a)  $2^3 + 9(2)^2 + 23(2) + 15$

$= 8 + 36 + 46 + 15$

$= 105$

(b)  $(-1)^3 + 9(-1)^2 + 23(-1) + 15$

$= -1 + 9 - 23 + 15$

$= 0$

$\therefore$ mae $x + 1$ yn ffactor o $x^3 + 9x^2 + 23x + 15$

(c)
$$
\begin{array}{r}
x^2 + 8x + 15 \\
x + 1 \overline{) x^3 + 9x^2 + 23x + 15} \\
\underline{x^3 + x^2} \phantom{aaaaaaaaaaa} \\
8x^2 + 23x \phantom{aa} \\
\underline{8x^2 + 8x} \phantom{aa} \\
15x + 15 \\
\underline{15x + 15} \\
0
\end{array}
$$

$x^3 + 9x^2 + 23x + 15$

$= (x + 1)(x^2 + 8x + 15)$

$= (x + 1)(x + 3)(x + 5)$

**233**

**9** $\dfrac{dy}{dx} = 3x^2 - 27$

$\Rightarrow \quad \dfrac{d^2y}{dx^2} = 6x$

Mae pwyntiau arhosol yn digwydd pan fydd $3x^2 - 27 = 0$

$\Rightarrow x^2 = \dfrac{27}{3} = 9$

$\Rightarrow x = 3$ neu $x = -3$.

Pan fydd $x = -3$,

$y = (-3)^3 - 27 \times -3 + 8$

$\quad = -27 + 81 + 8$

$\quad = 62$

Pan fydd $x = 3$,

$y = 3^3 - 27 \times 3 + 8$

$\quad = 27 - 81 + 8$

$\quad = -46$

Pan fydd $x = -3$,

$\dfrac{d^2y}{dx^2} = 6 \times -3$

$\quad = -18 < 0$

$\therefore$ macsimwm lleol yn $(-3, 62)$.

Pan fydd $x = 3$,

$\dfrac{d^2y}{dx^2} = 6 \times 3 = 18 > 0$

$\therefore$ minimwm lleol yn $(3, -46)$.

**10** $\dfrac{2}{5 - \sqrt{3}} = \dfrac{2(5 + \sqrt{3})}{(5 - \sqrt{3})(5 + \sqrt{3})}$

$= \dfrac{10 + 2\sqrt{3}}{25 - 3}$

$= \dfrac{10 + 2\sqrt{3}}{22}$

$= \dfrac{5 + \sqrt{3}}{11}$

**11** $x^2 - 6x + 3 = x + 11$

$\Rightarrow x^2 - 7x - 8 = 0$

$\Rightarrow (x - 8)(x + 1) = 0$

$\Rightarrow x = 8$ neu $x = -1$

Pan fydd $x = 8$,

$y = 8 + 11 = 19$,

a phan fydd $x = -1$,

$y = -1 + 11 = 10$

$\therefore$ y pwyntiau croestoriad yw $(8, 19)$ a $(-1, 10)$.

**12** (a) Pan fydd $x = 1$,

$y = -1^2 + 6 \times 1 - 5$

$\quad = -1 + 6 - 5 = 0$

$\therefore$ mae $(1, 0)$ yn gorwedd ar y gromlin.

Pan fydd $x = 5$,

$y = -5^2 + 6 \times 5 - 5$

$\quad = -25 + 30 - 5 = 0$

$\therefore$ mae $(5, 0)$ yn gorwedd ar y gromlin.

(b) Arwynebedd $= \displaystyle\int_1^5 (-x^2 + 6x - 5)\,dx$

$= \left[ -\dfrac{x^3}{3} + 3x^2 - 5x \right]_1^5$

$= \left( -\dfrac{5^3}{3} + 3 \times 5^2 - 5 \times 5 \right)$

$\quad - \left( -\dfrac{1^3}{3} + 3 \times 1^2 - 5 \times 1 \right)$

$= -\dfrac{125}{3} + 75 - 25$

$\quad - \left( -\dfrac{1}{3} + 3 - 5 \right)$

$= -\dfrac{124}{3} + 50 + 2$

$= -\dfrac{124}{3} + \dfrac{156}{3} = \dfrac{32}{3}$

**13** (a) $y = 3x^5 + 8x$

$\Rightarrow \quad \dfrac{dy}{dx} = 15x^4 + 8$

$\Rightarrow \quad \dfrac{d^2y}{dx^2} = 60x^3$

(b) $\displaystyle\int (4x^3 + 2x^{-2} - 9x)\,dx$

$= \dfrac{4x^4}{4} + \dfrac{2x^{-1}}{-1} - \dfrac{9x^2}{2} + c$

$= x^4 - \dfrac{2}{x} - \dfrac{9}{2}x^2 + c$

(c) $\displaystyle\int_1^4 (6x - 5)\,dx$

$= \left[ \dfrac{6x^2}{2} - 5x \right]_1^4$

$= \left[ 3x^2 - 5x \right]_1^4$

$= (3 \times 4^2 - 5 \times 4)$

$\quad - (3 \times 1^2 - 5 \times 1)$

$= (48 - 20) - (3 - 5)$

$= 28 + 2 = 30$

**14** (a) AB

$= \sqrt{(1 - -5)^2 + (7 - 11)^2}$

$= \sqrt{36 + 16}$

$= \sqrt{52} = 2\sqrt{13}$

(b) Graddiant AB yw

$\dfrac{7 - 11}{1 - -5} = \dfrac{-4}{6} = -\dfrac{2}{3}$

$\therefore$ y graddiant perpendicwlar yw $\dfrac{3}{2}$

Canolbwynt AB yw

$\left( \dfrac{1 + -5}{2}, \dfrac{7 + 11}{2} \right)$

$= (-2, 9)$

$\therefore$ y llinell sydd ei hangen yw

$y - 9 = \dfrac{3}{2}(x - -2)$

$\Rightarrow \quad 2y - 18 = 3x + 6$

$\Rightarrow \quad 3x - 2y + 24 = 0$

**15** $\dfrac{dy}{dx} = 3x^2 + 1$

$\therefore$ y graddiant pan fydd $x = 2$ yw

$3 \times 2^2 + 1 = 13$

Pan fydd $x = 2$,

$y = 2^3 + 2 = 10$

$\therefore$ y tangiad yw

$y - 10 = 13(x - 2)$

$\Rightarrow \quad y = 13x - 16$

**16** (a) Mae'n croestorri'r echelin-$x$ pan fydd

$-4\cos x + 3 = 0$

$\Rightarrow \quad \cos x = \dfrac{3}{4}$

$\Rightarrow \quad x = 41.4°$ (i 1 lle degol)

Mae hefyd yn croestorri pan fydd $x = 360 - 41.4$

$\quad = 318.6°$ (i 1 lle degol)

Y rhyngdoriadau â'r echelinau yw $(0, -1)$, $(41.4°, 0)$, $(318.6°, 0)$.

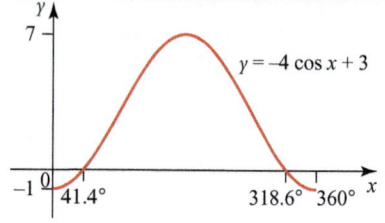

(b) Y gwerth macsimwm yw 7.

Y gwerth minimwm yw $-1$.

**17** (a) Mae croeslin y sail sgwâr yn $\sqrt{10^2 + 10^2} = \sqrt{200}$
$$= 10\sqrt{2}$$
$\therefore$ mae hanner croeslin y sail yn $5\sqrt{2}$
$$\therefore h^2 = 10^2 - \left(5\sqrt{2}\right)^2$$
$$= 100 - 50 = 50$$
$$\Rightarrow \quad h = \sqrt{50} = 5\sqrt{2}$$

(b) $\tan\theta = \dfrac{5\sqrt{2}}{5} = \sqrt{2}$
$$\Rightarrow \quad \theta = 54.7°$$
(i 1 lle degol)

**18** Gadewch i $\theta$ fod yr ongl yng nghanol y cylch sy'n cael ei chynnal gan yr arc.
$$\therefore \quad \frac{\theta}{360} = \frac{12}{2 \times \pi \times 10}$$
$$\Rightarrow \quad \theta = 360 \times \frac{6}{10\pi} = \frac{216}{\pi}$$
$$= 68.8° \quad \text{(i 1 lle degol)}$$
$\therefore$ arwynebedd y segment
$$= \frac{68.8}{360} \times \pi \times 10^2$$
$$- \frac{1}{2} \times 10^2 \times \sin 68.8°$$
$$= 60 - 46.6 = 13.4\,\text{cm}^2 \text{ (i 1 lle degol)}$$

# Cwestiynau ymarfer Papur 2

**1** (a) $\dfrac{dy}{dx} = 7 \times 5x^6 + 3x^2 + 0$
$$= 35x^6 + 3x^2$$

(b) $\dfrac{dy}{dx} = -2x^{-3}$

(c) $y = x^{\frac{1}{2}}$
$$\Rightarrow \quad \frac{dy}{dx} = \frac{1}{2}x^{-\frac{1}{2}}$$

**2** (a) $\dfrac{21y^{-\frac{1}{4}+\frac{5}{4}}}{y^{\frac{1}{5}}} = 21y^{1-\frac{1}{5}} = 21y^{\frac{4}{5}}$

(b) $\dfrac{3x^{\frac{2}{5}}\left(3 - 4x^{\frac{1}{5}}\right)}{3x^{\frac{4}{5}}} = \dfrac{3 - 4x^{\frac{1}{5}}}{x^{\frac{2}{5}}}$

neu $\dfrac{9x^{\frac{2}{5}}}{3x^{\frac{4}{5}}} - \dfrac{12x^{\frac{3}{5}}}{3x^{\frac{4}{5}}} = \dfrac{3}{x^{\frac{2}{5}}} - \dfrac{4}{x^{\frac{1}{5}}}$
$$= 3x^{-\frac{2}{5}} - 4x^{-\frac{1}{5}}$$

**3** $64^{\frac{2}{3}} \times 36^{-\frac{1}{2}} = \left(\sqrt[3]{64}\right)^2 \times \dfrac{1}{\sqrt{36}}$
$$= 4^2 \times \frac{1}{6} = \frac{16}{6} = \frac{8}{3}$$

**4** Mae 1 beiro + 1 pensil yn costio
$$\mathcal{L}\left(\frac{23}{2x+7} + \frac{16}{3x-1}\right)$$
$$= \mathcal{L}\left(\frac{23(3x-1) + 16(2x+7)}{(2x+7)(3x-1)}\right)$$
$$= \mathcal{L}\left(\frac{69x - 23 + 32x + 112}{(2x+7)(3x-1)}\right)$$
$$= \mathcal{L}\left(\frac{101x + 89}{(2x+7)(3x-1)}\right)$$

**5** (i) Mae angen $m$ ac $n$ fel bod
$mn = 24 \times -1 = -24$
ac $m + n = 5$
$$\Rightarrow m = 8 \text{ ac}$$
$n = -3$
Felly $24x^2 + 5x - 1$
$$= 24x^2 + 8x - 3x - 1$$
$$= 8x(3x + 1) - 1(3x + 1)$$
$$= (8x - 1)(3x + 1)$$

(ii) $(8x - 1)(3x + 1) = 0$
$$\Rightarrow \quad x = \frac{1}{8} \text{ neu } x = -\frac{1}{3}$$

**6** $x^2 + 12x + 4$
$$= (x + 6)^2 - 6^2 + 4$$
$$= (x + 6)^2 - 32$$
$\therefore$ y gwerth lleiaf yw $-32$.

**7** $y = x^2 - 2x$
$$\Rightarrow \quad y + \delta y$$
$$= (x + \delta x)^2 - 2(x + \delta x)$$
$$\Rightarrow \quad \delta y = (x + \delta x)^2$$
$$- 2(x + \delta x) - y$$
$$= x^2 + 2x\delta x + (\delta x)^2$$
$$- 2x - 2\delta x - \left(x^2 - 2x\right)$$
$$= (2x - 2)\delta x + (\delta x)^2$$
$$\Rightarrow \quad \frac{\delta y}{\delta x} = 2x - 2 + \delta x$$
$$\therefore \quad \frac{dy}{dx} = \lim_{\delta x \to 0}(2x - 2 + \delta x)$$
$$= 2x - 2$$

**8** (a) $(-3)^3 - 2(-3)^2 - 13(-3) - 10$
$$= -27 - 18 + 39 - 10$$
$$= -16$$

(b) $(-2)^3 - 2(-2)^2 - 13(-2) - 10$
$$= -8 - 8 + 26 - 10 = 0$$
$\therefore$ mae $x + 2$ yn ffactor o $x^3 - 2x^2 - 13x - 10$.

(c)
$$\begin{array}{r} x^2 - 4x - 5 \\ x+2\overline{)x^3 - 2x^2 - 13x - 10} \\ \underline{x^3 + 2x^2} \\ -4x^2 - 13x \\ \underline{-4x^2 - 8x} \\ -5x - 10 \\ \underline{-5x - 10} \\ 0 \end{array}$$
$$x^3 - 2x^2 - 13x - 10$$
$$= (x + 2)(x^2 - 4x - 5)$$
$$= (x + 2)(x - 5)(x + 1)$$

**9** $\dfrac{dy}{dx} = 3x^2 + 6x$
$$\Rightarrow \quad \frac{d^2y}{dx^2} = 6x + 6$$
Mae pwyntiau arhosol yn digwydd pan fydd
$3x^2 + 6x = 0$
$$\Rightarrow \quad 3x(x + 2) = 0$$
$$\Rightarrow \quad x = 0 \text{ neu } x = -2$$
Pan fydd $x = 0$,
$y = 0^3 + 3 \times 0^2 - 7$
$$= 0 + 0 - 7 = -7$$
Pan fydd $x = -2$,
$y = (-2)^3 + 3 \times (-2)^2 - 7$
$$= -8 + 12 - 7 = -3$$
Pan fydd $x = 0$,
$\dfrac{d^2y}{dx^2} = 6 \times 0 + 6 = 6 > 0$
$\therefore$ minimwm lleol yn $(0, -7)$.
Pan fydd $x = -2$,
$\dfrac{d^2y}{dx^2} = 6 \times -2 + 6 = -6 < 0$
$\therefore$ macsimwm lleol yn $(-2, -3)$.

**10** $\dfrac{1}{6 + \sqrt{2}} = \dfrac{6 - \sqrt{2}}{\left(6 + \sqrt{2}\right)\left(6 - \sqrt{2}\right)}$
$$= \frac{6 - \sqrt{2}}{36 - 2} = \frac{6 - \sqrt{2}}{34}$$

**11**   $3x^2 + 5x - 8 = 2 - x$

$\Rightarrow 3x^2 + 6x - 10 = 0$

$\Rightarrow x = \dfrac{-6 \pm \sqrt{6^2 - 4 \times 3 \times -10}}{2 \times 3}$

$= \dfrac{-6 \pm \sqrt{36 + 120}}{6}$

$= \dfrac{-6 \pm \sqrt{156}}{6}$

$= \dfrac{-3 \pm \sqrt{39}}{3}$

$\therefore y = 2 - \left(\dfrac{-3 \pm \sqrt{39}}{3}\right)$

$= \dfrac{6}{3} - \dfrac{-3 \pm \sqrt{39}}{3}$

$= \dfrac{9 \mp \sqrt{39}}{3}$

$\therefore$ y pwyntiau croestoriad yw

$\left(\dfrac{-3 + \sqrt{39}}{3}, \dfrac{9 - \sqrt{39}}{3}\right)$ a

$\left(\dfrac{-3 - \sqrt{39}}{3}, \dfrac{9 + \sqrt{39}}{3}\right)$

**12**   Arwynebedd $= \displaystyle\int_0^8 (8x - x^2)\,dx$

$= \left[4x^2 - \dfrac{x^3}{3}\right]_0^8$

$= \left(4 \times 8^2 - \dfrac{8^3}{3}\right) - (0 - 0)$

$= 256 - \dfrac{512}{3} = \dfrac{768}{3} - \dfrac{512}{3}$

$= \dfrac{256}{3}$

**13**   (a)   $y = 3x^{11}$

$\Rightarrow \dfrac{dy}{dx} = 33x^{10}$

$\Rightarrow \dfrac{d^2y}{dx^2} = 330x^9$

(b)   $\dfrac{dy}{dx} = 6x^2 - 3$

$\Rightarrow y = 2x^3 - 3x + c$

Pan fydd $x = 1$, $y = -6$

$\therefore -6 = 2 \times 1^3 - 3 \times 1 + c$

$\Rightarrow -6 = 2 - 3 + c$

$\Rightarrow c = -5$

$\therefore y = 2x^3 - 3x - 5$

**14**   (a)   $\displaystyle\int (12x^5 - 2x^{-3} + 2x)\,dx$

$= \dfrac{12x^6}{6} - \dfrac{2x^{-2}}{-2} + \dfrac{2x^2}{2} + c$

$= 2x^6 + \dfrac{1}{x^2} + x^2 + c$

(b)   $\displaystyle\int_2^3 (8x + 1)\,dx$

$= \left[\dfrac{8x^2}{2} + x\right]_2^3$

$= \left[4x^2 + x\right]_2^3$

$= (4 \times 3^2 + 3)$

$\quad - (4 \times 2^2 + 2)$

$= 39 - 18 = 21$

**15**   (a)

$AB = \sqrt{(-2 - 4)^2 + (9 - 1)^2}$

$= \sqrt{36 + 64}$

$= \sqrt{100} = 10$

(b)   Graddiant AB yw

$\dfrac{9 - 1}{-2 - 4} = \dfrac{8}{-6} = -\dfrac{4}{3}$

$\therefore$ y llinell sydd ei hangen yw

$y - 1 = -\dfrac{4}{3}(x - 4)$

$\Rightarrow 3y - 3 = -4x + 16$

$\Rightarrow 4x + 3y = 19$

**16**   $\dfrac{dy}{dx} = 2x - 3$

$\therefore$ y graddiant pan fydd $x = 5$ yw

$2 \times 5 - 3 = 7$

Pan fydd $x = 5$,

$y = 5^2 - 3 \times 5 + 7$

$= 25 - 15 + 7 = 17$

$\therefore$ y tangiad yw

$y - 17 = 7(x - 5)$

$\Rightarrow y = 7x - 18$

**17**   (a)

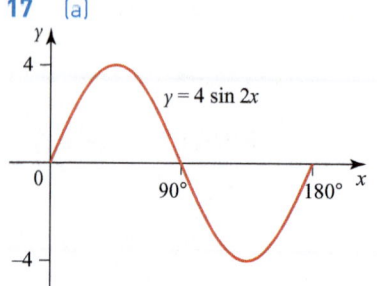

Rhyngdoriadau'r echelinau yw $(0°, 0)$, $(90°, 0)$, $(180°, 0)$.

(b)   $\sin 2x = \dfrac{2}{4} = \dfrac{1}{2}$

$\Rightarrow \quad 2x = 30°$

$\Rightarrow \quad x = 15°$

neu $x = 90 - 15 = 75°$

**18**   $AC = \sqrt{4^2 + 12^2}$

$= \sqrt{16 + 144} = \sqrt{160}$

$\therefore AF = \sqrt{\sqrt{160}^2 + 3^2}$

$= \sqrt{160 + 9} = \sqrt{169}$

$= 13\,cm$

**19**   $\sin 30° = \dfrac{9}{AC}$

$\Rightarrow AC = \dfrac{9}{\frac{1}{2}} = 18$

$\cos 30° = \dfrac{AC}{AD} = \dfrac{18}{AD}$

$\Rightarrow AD = \dfrac{18}{\frac{\sqrt{3}}{2}} = \dfrac{36}{\sqrt{3}}$

$= \dfrac{36\sqrt{3}}{3} = 12\sqrt{3}$

$\tan 30° = \dfrac{x}{AD} = \dfrac{x}{12\sqrt{3}}$

$\Rightarrow x = \dfrac{1}{\sqrt{3}} \times 12\sqrt{3}$

$= 12\,cm$

# Mynegai